政治经济学

主　编　罗润东

副主编　崔宇明　巫威威　岳　军

清华大学出版社

北京交通大学出版社

·北京·

内 容 简 介

本书主要讲述政治经济学基本理论及其在中国社会主义市场经济条件下的发展与探索，具体包括以下内容：商品、货币、资本与剩余价值、资本积累、资本循环和周转、社会总资本再生产和实现、资本主义制度下的分配、垄断资本主义、经济全球化和资本主义的历史地位、社会主义基本经济制度、社会主义市场经济、社会主义市场经济的微观主体、国民经济的总量平衡、社会主义经济增长和经济发展、社会主义国家的对外经济关系、社会主义国家的宏观调控。

本书适合于高等院校经济与管理专业基础理论课教学使用，也可作为经济与管理干部培训及研究生考试复习参考用书。

图书在版编目（CIP）数据

政治经济学／罗润东主编. — 北京：清华大学出版社；北京交通大学出版社，2010.6
（2019.7 重印）

ISBN 978-7-5121-0128-9

Ⅰ. ① 政…　Ⅱ. ① 罗…　Ⅲ. ① 政治经济学　Ⅳ. ① F0

中国版本图书馆 CIP 数据核字（2010）第 104595 号

责任编辑：刘　洵

出版发行：清 华 大 学 出 版 社　　邮编：100084　　电话：010-62776969

　　　　　北京交通大学出版社　　邮编：100044　　电话：010-51686414

印 刷 者：北京鑫海金澳胶印有限公司

经　　销：全国新华书店

开　　本：185×260　印张：18.25　字数：390 千字

版　　次：2019 年 7 月第 1 版第 2 次修订　2019 年 7 月第 7 次印刷

书　　号：ISBN 978-7-5121-0128-9/F·658

印　　数：13 001 ～ 14 500 册　定价：46.00 元

政治经济学

主　　编　罗润东

副　主　编　(按姓氏音序排列)：

崔宇明　巫威威　岳　军

编写组成员　(按姓氏音序排列)：

陈国富　崔宇明　戈黎华

罗润东　巫威威　岳　军

前　言

　　政治经济学是以马克思主义经济学的基本原理和建设有中国特色社会主义理论为指导。它遵循历史唯物论和唯物辩证法的科学方法，坚持理论和实际相结合，以资本主义和社会主义生产关系和经济运行分析为主线，全面、系统阐述经济运行的基本规律。因此，它是目前我国经济类专业本科生必须掌握的理论分析工具之一。本书适合各高等院校经济与管理专业的基础理论课教学使用，也适合经济与管理类干部培训使用。

　　根据政治经济学内容的内在逻辑性，全书分上、下两篇：上篇为《政治经济学基本理论》，具体包括商品、货币、资本与剩余价值、资本积累、资本循环和周转、社会总资本再生产和实现、资本主义制度下的分配、垄断资本主义、经济全球化和资本主义的历史地位；下篇为《中国社会主义市场经济理论的探索与发展》，具体包括社会主义基本经济制度、社会主义市场经济、社会主义市场经济的微观主体、国民经济的总量平衡、社会主义经济增长和经济发展、社会主义国家的对外经济关系、社会主义国家的宏观调控。从教材编写角度而言，这一划分既可以使学生清晰地了解经典作家原创的基本理论，又可以使学生认识到政治经济学基本理论在社会主义条件下的发展，而且可以避免传统分类方法（把"政治经济学"分为资本主义部分与社会主义部分）人为造成的两种学科分支的理论对立及逻辑不清。同时，这一编写安排也便于各教学单位根据学时设置选学部分或全部。在具体编写过程中，我们期望达到的目标是兼顾理论的逻辑完整性、内容的新颖性相统一，做到不为追求理论体系稳定性而忽视重大实践现象与理论最新成果，同时也不为片面突出教材内容新颖而使理论体系支离破碎。本书积极吸收国内外政治经济学关于资本主义和社会主义的最新研究成果，突出政治经济学基本原理的科学性及对现实的指导性。

　　本书作为山东大学精品课建设成果，编写工作是在"政治经济学"教学团队全体成员的努力下完成的。此外，南开大学陈国富教授、天津外国语大学戈黎华讲师参编了部分章节。编写组成员分工如下：第一章（罗润东、巫威威）；第二章至第六章（巫威威）；第七章至第十章（崔宇明）；第十一章、第十二章、第十五章、第十六章（岳军）；第十三章、第十四章（戈黎华）；第十七章（陈国富、岳军）。白利娜、崔如慧两位研究生做了有关资料的搜集与整理工作。全书由罗润东教授统审定稿。

　　在本书编写过程中，编写组成员对国内有关政治经济学教材版本进行了参考和借鉴，同时也吸收了最新的学术研究成果，编写组在此对有关教材编者及研究成果作者表示感谢。此外，限于我们编写水平与时间原因，难免有疏漏之处，希望有关专家及读者提出宝贵意见，以便我们修订时更正。

编　者

2010 年 6 月

目 录

上篇　政治经济学基本理论

下篇　中国社会主义市场经济理论的探索与发展

上 篇

政治经济学基本理论

上　篇

政治经济学基本理论

第一章　导论

政治经济学是一门研究人类社会生产关系及其运动规律的科学。为使读者学好这门科学，在本书之首，我们首先对政治经济学的形成历史、研究对象、研究任务、研究方法及学科地位等问题作概括介绍，以使读者对这门科学形成一个总体的了解。

第一节　政治经济学的创立及其研究对象

一、政治经济学的创立

在政治经济学作为一门独立的学科出现之前，人类在漫长的社会生产实践中萌发了经济观点，并逐渐形成系统的经济思想和经济理论。

在历史文献中，最早使用"经济"一词的是古希腊思想家色诺芬（约公元前430—前354年）。在他所著的《经济论》中，"经济"是指"家庭管理"，即奴隶主对庄园的管理。而中国古汉语原有的"经济"一词，则指"经邦济世"、"经国济民"，即治理国家、拯救庶民。19世纪后半期，日本学者使用中国古汉语中的"经济"一词翻译西方经济著作，20世纪初我国又从日本引入富有现代含义的"经济"词语。现在，"经济"一词的含义包括：物质资料的生产和再生产活动；一个国家国民经济的总称；社会生产关系的总和或经济基础；节约；收入状况和物质条件。

"政治经济学"一词，最初是由法国的重商主义者安徒万·德·蒙克莱田提出的。1615年，他发表了《献给国王和王后的政治经济学》一书。随后，法国思想家卢梭于1755年在《大百科全书》中刊登了《政治经济学》一文；1767年，英国经济学家詹姆斯·斯图亚特写了名为《政治经济学研究》的著作。此后，"政治经济学"这一术语开始在西方各国普遍使用。他们之所以在"经济学"之前加上"政治"这个修饰语，是为了表明所研究的经济学已经超出原有的"家庭管理"的视角，探讨的是整个国家的经济问题。

政治经济学作为一门独立的科学，是随着资本主义生产方式的产生和发展而逐渐形成的。重商主义最早对资本主义生产方式进行了理论探讨。他们反对古代思想家和中世纪经院哲学家维护自然经济、反对货币财富的观点，认为金银是财富的唯一代表，增加一国财富的途径除了开采金银矿之外就是扩大对外贸易。因此，主张国家干预经济生活，促进对外贸易发展。这是经济思想发展史上的一大进步。但是，由于重商主义把经济学的研究范围仅限于流通领域，因而重商主义理论只是"政治经济学的前史"。

资产阶级古典政治经济学将理论研究由流通领域转向生产领域，才拉开了真正的现代经济科学发展的帷幕。首先把政治经济学的研究视角从流通领域转向生产领域的是法国的重农学派，代表人物是布阿吉尔贝尔和弗·魁奈。重农学派的研究范围限于农业生产领域，把农业看成是"纯产品"（剩余价值）的唯一生产部门。这是对资本主义生产的第一个系统的理解。

资本主义生产方式的典型国家是英国，因而典型的资产阶级古典政治经济学也是在英国产生的。英国的资产阶级古典政治经济学，始自威廉·配第，亚当·斯密集大成，到大卫·李嘉图得以最终完成。古典政治经济学克服了重商主义的缺陷，研究了资本主义生产的内在联系，提出了劳动创造价值等重要观点，并接触到剩余价值这一资本主义生产的实质，从而将资产阶级政治经济学的发展推向顶峰。但是，由于英国古典政治经济学代表人物的阶级局限性，以及资本主义经济制度刚刚确立、各种经济矛盾尚未充分暴露，他们把资本主义制度看作是自然永恒的社会制度，未能揭示社会经济运动的规律性，其理论体系及观点的缺陷是十分明显的。

当资产阶级取得了统治地位，无产阶级同资产阶级的矛盾日益尖锐并威胁到资本主义制度时，资产阶级古典政治经济学被资产阶级庸俗政治经济学所代替。后者不断偏离古典政治经济学的原有基础，抛开其科学因素，着重于经济生活的现象描述和制度辩护，法国的萨伊、英国的马尔萨斯和詹姆斯·穆勒等为其代表人物。

与此同时，作为独立的政治力量登上历史舞台的无产阶级，迫切要求自己的思想家对资本主义制度和无产阶级的斗争出路作出理论说明，马克思主义政治经济学就是在这样的历史背景下诞生的。马克思和恩格斯在批判地继承资产阶级古典政治经济学科学成分的基础上，运用全新的世界观和方法论——辩证唯物主义和历史唯物主义，研究了资本主义生产方式及与之相适应的生产关系和交换关系，创立了科学的劳动价值论和剩余价值论，揭示了资本主义经济制度的内部结构、本质特征及运动规律，进而揭示了社会化大生产、商品经济发展以至人类社会发展的一般规律，开创了人们自觉地认识和利用客观经济规律以"破坏旧世界"和"建设新世界"的历史，实现了政治经济学的伟大革命。

马克思主义政治经济学是发展的理论。理论必须由实践来检验，在实践中发展。马克思创立的政治经济学基本原理已被实践所证实，并随着时代、实践和科学的发展而不断发展。马克思主义政治经济学创立以来的100多年中，各国马克思主义思想家针对不同时代、不同国家的重大现实问题，运用马克思主义世界观和方法论加以分析和研究，使马克思主义政治经济学随着社会实践的发展不断得到丰富和发展。

我们今天学习政治经济学，应当认识到：根据研究对象来区分，政治经济学一般分为资本主义部分和社会主义部分；从所处的阶段考虑，政治经济学研究划分为处于资本主义社会的政治经济学和处于社会主义社会的政治经济学，两者均可包括资本主义部分和社会主义部分，处于两个不同社会阶段的政治经济学都要分析资本主义和社会主义。马克思所创立的政治经济学分析他当时所处的资本主义经济并推导当时还不存在的未来的社会主义经济。而处于社会主义阶段的政治经济学则是分析实践中的社会主义经济，所分析的资本主义经济不是前社会主义的资本主义，而是与社会主义并存的资本主义经济。不同阶段的政治经济学的使命不完全一样。处于资本主义阶段的政治经济学的使命是推翻所处的社会，处于社会主义现阶段的政治经济学的使命是建设所处的社会。政治经济学使命的这种转型，决定了政治经济学范式的变化，即从研究如何推翻资本主义社会转向研究如何建设好社会主义社会，如何调整生产关系、提高社会生产率、增加社会财富及增进社会福利。

二、政治经济学的研究对象

（一）政治经济学研究的出发点是物质资料生产

马克思主义政治经济学研究的出发点是物质资料的生产。人类要生存和发展，必须有衣、食、住等生活资料。这些生活资料只能靠人们自己的生产活动来创造。物质资料的生产方式及其发展变化，决定着人类社会的其他生活方式，决定着人类社会形态及其发展变化。只有在物质资料生产的发展使人们的物质生活得到一定程度满足的条件下，人们才有可能从事物质资料生产以外的其他社会活动，并且物质资料生产的发展程度决定着政治、文化、科学和教育等社会活动的发展水平。因此，物质资料的生产是人类社会生存和发展的基础，人类的生产活动是最基本的实践活动。

需要指出，马克思当时所研究的生产限于物质资料的生产。它反映了这样的事实：物质资料的生产是人类社会存在和发展的基础。限于当时的生产力水平，服务所占的比例很小，而且服务基本上属于剥削者的奢侈性消费。而经济发展到现代，服务不仅因其领域的扩大成为社会财富越来越大的一部分，而且也越来越多地进入劳动者的消费范围。服务业也就作为第三产业与工业、农业并列。这样，服务领域因其在国民经济中地位的提高而进入了政治经济学研究的范围。当今的政治经济学，虽然也是以生产作为出发点，但这里讲的生产不仅涉及物质资料生产，也涉及服务领域提供服务。马克思关于物质生产领域中经济关系分析的逻辑和方法同样可以用于服务领域的政治经济学研究。这可以说是政治经济学研究领域的与时俱进。

在物质资料的生产过程中，人们首先要与自然界发生关系。物质资料的生产过程，就是人们征服自然、改造自然，使其适合人们需要的过程。人类社会生产物质资料的能力就是生产力，生产力是推动社会生产发展的决定因素。生产力发展水平的高低，直接与劳动者的劳动经验和劳动技能的状况、自然物质的优劣、生产工具的完善程度有关。因此，生产力包括劳动者、劳动对象和劳动资料三个要素。

劳动者是生产的主体和首要的生产力，是生产力构成要素中最重要的决定性因素。物质资料生产过程是人类调整、改造和征服自然的过程。离开劳动者的劳动，任何生产资料都不能发挥作用。生产资料要由人来改变和使用，生产工具也要由人来创造和改进。因此，劳动者是社会生产力中最根本的力量。

劳动对象是人们在生产过程中将劳动加于其上的东西，是被劳动直接加工改造的对象。劳动对象可以分为两类：一类是没有经过人类劳动加工过的自然物质；一类是经过人类劳动加工过的物质，这类劳动对象又称为原料。一切原料都是劳动对象，但劳动对象并不都是原料。

劳动资料也称劳动手段，它是人们用来加工劳动对象、生产物质产品所需要的一切物质资料和物质条件。其中，主要是生产工具，它相当于人的器官的延长和扩大。从原始人使用的石块、木棒到今天的智能化机器体系，生产工具发生了根本的变化。生产工具的发展状况，是社会生产力发展水平的物质标志。除了生产工具以外，劳动资料还包括除了劳动对象以外的一切物质条件，如生产用建筑物、道路、灯光照明等。没有它们，劳动过程就不能正常进行。

生产力的三个要素中，劳动者是生产过程中人的因素，劳动者的劳动称为生产劳动。劳动对象和劳动资料是生产过程中物的因素，它们又称为生产资料。

生产力的这三个实体性要素，都与科学技术水平有着密切联系。劳动者掌握的科技知识越丰富，劳动技能就越高；科学技术越发展，生产工具就越先进，劳动对象的数量和质量提升程度也就越大。当前，蓬勃发展的科学技术成为提高生产力的重要源泉，被看作是第一生产力。不过，科学技术是通过影响生产力的三个实体性要素来影响生产力的发展的，它本身并不构成生产力独立的实体性要素。

（二）政治经济学的研究对象是社会生产关系

在物质资料的生产过程中，不仅是人们同自然界发生关系，人们彼此之间也要形成关系。单个的人无法与自然力量抗衡，个人的生产实际上是不存在的。物质资料的生产总是社会的生产。在生产过程中，人们只有结成一定的关系共同活动和互相交换活动，才能与自然界发生联系。人们在生产过程中结成的各种经济关系，叫作生产关系。

由于生产活动是最基本的实践活动，因而生产关系是人们最基本的社会关系。生产关系包括三个方面：生产资料的所有制形式；人们在直接生产过程和交换过程中所处的地位和关系；产品的分配关系。其中，生产资料所有制是整个生产关系的基础，它决定着生产关系中的其他方面。

无论是物质生产，还是文化生产和服务生产，其总过程，都是由生产、分配、交换、消费四个环节组成的有机整体。生产是起点，消费是终点，分配和交换是连接生产与消费的中间环节。生产、分配、交换、消费互相制约、互相依赖，构成生产总过程的矛盾运动。政治经济学要从社会生产总过程的各个环节，全面考察人们的生产、分配、交换、消费的各种经济关系及其表现形式。

　　生产资料所有制关系决定着不同社会集团在生产中的地位和相互关系。生产资料是生产必需的物质条件，谁占有生产资料，谁就在生产中处于控制和支配地位。生产过程运动的直接目的及各社会集团在社会生产中的地位及其相互关系，都以生产资料所有制关系为基础。此外，各个社会集团内部人们在生产过程中的相互关系也是生产关系的重要内容。这种关系的性质同样是由人们对生产资料的关系和人们在生产中的地位决定的。

　　广义的分配关系包括生产资料和产品分配两个方面的内容。这里分配关系主要是指产品分配。首先，生产关系的性质决定分配关系的性质。分配关系是由生产资料所有制及人们在生产中的地位和相互关系决定的，生产资料归谁所有，产品就归谁占有。其次，生产力发展水平是分配方式的重要决定因素。分配方式毕竟本质上取决于可分配的产品的数量。最后，分配关系对生产资料所有制关系和生产关系有反作用。如果分配关系与生产关系的性质相适应，就会巩固和维护所有制和生产关系；相反，不相适应的分配关系则会对所有制和生产关系产生破坏作用。

　　交换是生产、分配和消费的中间环节。人们通过分配所取得的消费品的份额，大都要经过交换才能获得自己所需要的消费品。首先，生产的性质和形式决定着交换的性质和形式。商品交换在形式上看是物与物的关系，实质上是不同的生产资料或商品所有者相互之间交换劳动的关系。其次，生产的广度和深度决定着交换的范围和规模。最后，交换对生产具有反作用。交换越发展，社会劳动分工就越深化。

　　消费关系是指人们在产品消费过程中形成的经济关系。消费分为生产性消费和个人消费。通常所说的消费，是指个人消费。首先，消费要以社会生产力发展水平为基础。如果没有生产创造出来的各种物质资料，就不会有人们的各种消费活动。生产的物质资料的数量和种类，决定了消费的水平和结构。生产出什么样的消费用品，就会形成什么样的消费方式。其次，消费关系要受到生产关系性质的制约。在社会生产力规定的物质限度内，各社会集团的消费水平及其差别，是由生产资料所有制关系决定并由分配关系直接规定的。不同社会集团消费水平的差别是消费领域经济关系性质的体现。再次，消费关系对生产关系具有反作用。消费使生产得到最终实现。生产出来的产品，如果不进入消费，它就不是现实的产品。所以，只有当产品进入消费，生产行为才算最后完成。最后，消费为生产提供目的和动力。如果没有消费，生产也就失去了意义，人们就不会去从事各种生产活动。当消费关系与生产关系的性质相适应时，就会促进社会生产力的发展和这种生产关系的巩固。如果消费关系与生产关系的性质不相适应，则会阻碍社会生产力的发展。

　　总之，作为政治经济学研究的生产关系，并不只是直接生产过程中的关系，而且还包括分配关系、交换关系和消费关系。其中，也包括从个人及其家庭、企业、国家和国际等各个层面来考察和分析经济关系。

　　当今世界的经济学有马克思主义政治经济学和西方经济学两大体系。研究这两大体系研究对象的差别，有利于进一步明确政治经济学的研究对象。

经济学对某个经济体的分析可分为两个层次：一是本质层次的分析，即对生产关系层次的分析；二是表层层次的分析，即对经济运行层次的分析。一般说来，西方经济学偏重于对经济现象的表层描述和分析。根据萨缪尔森的规定，其首要任务是对生产、失业、价格和类似的现象加以描述、分析、解释，并把这些现象联系起来进行系统的分析。而马克思主义政治经济学偏重于对经济关系本质的分析，它研究物与物关系背后的人与人之间的社会关系，研究经济制度的本质规定，特别是注重经济关系运动的规律性分析。它建立的各种经济范畴都反映一定的社会关系。马克思主义政治经济学与西方经济学的研究对象也可能交叉。偏重经济运行分析的西方经济学，也会涉及经济制度的分析，但这种制度分析是以资本主义基本经济制度是永恒的制度为前提的，从总体上说它着重研究的是微观和宏观经济运行中各种经济变量之间的关系。偏重生产关系分析的马克思主义政治经济学也会分析经济运行，但它对经济运行分析的重点是各种生产关系在经济运行中的作用和调整。

显然，上述两个理论体系有着重大的差异，它们依据各自的研究方法、层次作经济分析，具有不同的理论和现实意义，因而不能简单地以一个代替另一个，也不宜将二者合二为一。当代马克思主义政治经济学应当以物质和文化生产力的发展为出发点，重点研究资本主义社会和社会主义社会的经济关系和经济制度，并涵盖资源配置、经济运行、经济行为、经济发展和人的福利等基本层面的内容。它主要应阐释的是制度层面而非技术层面，是理论层面而非政策和应用层面。

第二节　政治经济学的研究任务与方法

一、政治经济学在经济学科中的地位和学习意义

经济学是一个庞大的学科体系，除了政治经济学之外，还包括研究各个部门领域的经济理论。整体上看，经济学科可以分为理论经济学和应用经济学两大类，政治经济学属于理论经济学，其他分支学科则属于应用经济学。作为理论经济学，一方面，马克思主义政治经济学是其他各个分支学科乃至整个科学的经济学科体系的理论基础。马克思主义政治经济学是在唯物史观的指导下，运用唯物辩证法的根本方法，来研究生产关系、揭示经济运动规律的。而国民经济各个具体部门、具体运行环节也都是在一定的生产关系形式下存在和发展的，它们的发展、变化也都受相应的经济运动规律的支配。因此，马克思主义政治经济学关于社会生产关系本质、特点及其运动规律的理论，对于认识经济分支学科领域中生产关系的具体形式、运行机制有直接的指导作用。另一方面，其他分支学科具有对马克思主义政治经济学的反作用。经济学科体系中其他一切分支学科都带有程度不同的应用性，它们不仅阐明了国民经济各个部门、职能环节和运行机制方方面面的原理，而且运用

这些原理来解决方方面面的实际问题。实践是检验真理的唯一标准，也是充实、丰富、发展真理的源泉。通过这些分支学科的实际应用，不仅可检验并丰富、发展这些分支学科自身所阐述的一系列原理，而且也可检验并丰富、发展作为这些分支学科理论指南的马克思主义政治经济学的一般原理。

当代资本主义和社会主义，都经历着新的发展和变化，出现了许多新现象、新特点和新问题。如何认识现代资本主义，如何认识实践中的社会主义，是在新的历史条件下对马克思主义政治经济学提出的新课题，需要发展了的马克思主义政治经济学做出回答。

首先是对现代资本主义的认识。自 20 世纪 50 年代以来，资本主义世界处于相对稳定和发展的状态。新技术革命推动了社会生产力和资本主义经济的迅速发展，人民的平均生活水平也明显提高，资本主义制度所固有的各种矛盾也有不同程度的缓和。虽然我们不能简单地套用传统的马克思主义政治经济学中的某些现成结论去对资本主义的这些新发展进行说明，但是，新的认识、新的研究，要以正确的立场、科学的世界观和方法论为基础。应该承认，面对现代资本主义，马克思主义政治经济学的个别结论可能已经过时，但其作为一种认识社会的科学体系并没有过时。它仍然可以为认识和研究现代资本主义提供科学的世界观和方法论，成为研究现代资本主义的指导思想的理论基础。马克思主义政治经济学也因此而得到新发展。

其次是对实践中的社会主义的认识。马克思在分析资本主义经济矛盾时合乎逻辑地推导了未来社会主义社会的某些经济特征。这些是在发育成熟的资本主义社会的基础上建立起来的成熟的社会主义社会的经济特征。而我国目前所处的还是社会主义初级阶段，当我们在实践马克思关于社会主义的要求时，就不能教条式地对待这些规定，而应该结合我国社会主义现阶段的现实条件来研究社会主义规定性。一方面，要明确马克思主义政治经济学是工人阶级政治经济学，是为工人阶级的利益和人类解放事业服务的，马克思揭示的社会生产关系运动规律的理论是科学的学说，马克思的这些规定仍然可以成为建设社会主义的奋斗目标。另一方面，要仔细研究《资本论》作这些规定所需要的经济条件，在此基础上根据《资本论》的逻辑得出在社会主义初级阶段不可能完全实现这些规定的要求的结论。

再次是寻求指导市场经济运行的一般经济理论。马克思主义政治经济学通过对资本主义商品经济时代的总体研究，科学地揭示了作为人类社会经济形式的商品经济的基本规律、特殊规律和一般规律。其中，商品货币理论、竞争理论、资本积累理论、资本有机构成理论、资本循环和周转理论、社会总产品实现条件理论、平均利润率规律理论、流通费用理论、地租理论、信用经济理论、经济周期理论，等等，这些都是市场经济条件下资源配置的一般规律。我国所建立和完善的社会主义市场经济除了具有社会主义基本制度的特征外，还具有现代市场经济的共性。马克思揭示的市场经济一般原理对我国现阶段的经济研究和经济实践具有明显的指导作用。

二、政治经济学的研究任务

马克思主义政治经济学研究的目的和任务，是揭示和阐明人类社会历史发展的经济规律。社会生产关系的运动是在生产力和生产关系、经济基础和上层建筑的相互联系、相互制约和相互作用中进行的。社会生产力和生产关系、经济基础和上层建筑之间的辩证统一关系构成人类社会运动的基本矛盾。这一基本矛盾是推动人类社会发展变化的根本动力。因此，政治经济学必须在人类社会基本矛盾的对立统一关系中，才能揭示社会生产关系的运动规律。

生产力和生产关系是社会生产不可分割的两个方面。生产力和生产关系的统一，构成物质资料的生产方式。生产力是生产方式的物质内容，生产关系是生产方式的社会形式。在生产力和生产关系的矛盾统一体中，生产力是矛盾的主要方面。从根本上说，有什么样的生产力，就会有什么样的生产关系与它相适应。生产力是最革命、最活跃的因素，生产力的发展，会引起生产关系的相应变化。历史上每一种新的生产关系的出现，归根结底，都是生产力发展的结果。

同时，生产关系对生产力具有反作用。同生产力相适应的生产关系，会促进生产力的发展；同生产力不相适应的生产关系，会阻碍生产力的发展。但是，生产关系不能长久地处于与生产力发展不相适应的状态，迟早要被能适应生产力性质的新的生产关系所代替。生产关系一定要适应生产力，这是人类社会发展的客观规律。

生产关系和生产力的矛盾，是推动人类社会发展的基本动力。经济基础和上层建筑的矛盾，是制约社会生产方式发展的重要因素。生产关系的总和构成社会的经济基础，在此基础之上，建立起来的政治法律制度及与它相适应的政治、法律、哲学、宗教、文艺等意识形态，统称为上层建筑。经济基础决定上层建筑。有什么样的经济基础，就要求建立什么样的上层建筑为它服务。经济基础的发展变化，要求改变旧的上层建筑，建立与之相适应的新的上层建筑。同时，上层建筑对经济基础也有反作用。与经济基础相适应的上层建筑，会对这种经济基础起保护和发展的作用。与经济基础不相适应的上层建筑，会阻碍经济基础的发展，甚至还会动员一切力量来破坏经济基础的变革。不过，经济基础的发展最终会摧毁旧的上层建筑，建立起与之相适应的新的上层建筑。

政治经济学以生产关系作为研究对象，揭示生产关系的发展运动规律，必须把生产力和上层建筑包括在其研究的范围内。因为，在人类社会生产关系发展变化的历史过程中，社会生产力是生产关系发展变化的根据，上层建筑是生产关系发展变化的重要条件。只有了解生产力决定生产关系，才能揭示出生产关系变革的根本动因，才能懂得发展生产力对于变革旧生产关系和巩固新生产关系的巨大意义，才能按照生产力发展状况的要求及时变革和调整生产关系；只有了解上层建筑的存在和发展状况，才能阐明生产关系发展变化的特殊的社会历史条件，从而对社会生产关系变革的历史曲折性作出科学的说明。

根据马克思主义理论，当资本主义发展到一定阶段，社会生产力和生产关系的对抗性矛盾单靠资本主义自身的力量是不能从根本上得到解决的，因而资本主义必然为社会主义所代替。而社会主义社会的这种矛盾，可以通过社会主义制度的自我完善和自我发展得到解决。因此，以资本主义为对象的政治经济学分析生产力与生产关系的矛盾运动，目的是揭示资本主义生产关系对生产力的阻碍作用，寻求改变这种生产关系的动力。除此以外，我们也要研究和借鉴资本主义在其制度允许的范围内为缓解矛盾、避免社会矛盾激化而采取的调整生产关系的措施，为社会主义建设和发展所借鉴。以社会主义为对象的政治经济学也要分析生产力和生产关系的矛盾运动，但目的是寻求完善社会主义生产关系的途径，通过社会主义社会生产关系的自我完善和发展，进一步解放和发展生产力。

社会生产力决定生产关系，生产关系一定要适合生产力的发展状况，这是一条支配人类社会历史发展过程的基本经济规律。科学地认识这一决定人类社会发展的基本经济规律，并且揭示出它在人类历史不同发展阶段的特殊表现形式，这是马克思主义政治经济学的根本任务，也是人们利用客观经济规律，制定正确的路线、方针和政策的需要。

所谓经济规律，就是经济现象和经济过程内在的、本质的和必然的联系。

同其他规律一样，经济规律也是客观的，是不以人的意志为转移的。它在一定的经济条件下产生并发挥作用。不管人们承认与否、认识与否，它们始终按照自己的要求起着作用。一旦经济条件变化了，它也就随之发生变化甚至消失。它的客观性质还在于，人们不能违背它，也不能制定或任意改造它。任何违背经济规律的行为，都会受到经济规律的惩罚。不过，人们在经济规律面前也并非无能为力。人们能够发现、认识和掌握它们，并学会正确地利用它们。因此，既要深刻认识经济规律的客观性，又要充分重视人们的主观能动性。

与自然规律相比，经济规律有两个主要特点：其一，大多数经济规律都不是长久不变的。它们只在一定的历史阶段发生作用，随经济条件的变化而变化；其二，经济规律的作用必须通过人的经济行为和经济活动而得到发挥，并直接涉及人们的物质利益。因而，人们在利用经济规律时，经常会受到认识能力和利益关系的限制，从而使经济规律的作用受到干扰。

按照经济规律存在和发挥作用的社会经济条件不同，经济规律大致可以分为三类：① 一切社会共有的经济规律。这是在任何社会中都普遍起作用的经济规律，如生产关系一定要适合生产力性质的规律，节约劳动时间的规律，等等。这类经济规律，表现人类所有社会形态经济发展过程中最一般的共同的本质联系。它们作为不同社会经济形态规律系统中的构成部分，在作用的形式上，由于受到不同的规律系统的制约而表现出差别。② 几个社会共有的经济规律。这是在具有某种相同经济条件的几种社会形态中共同起作用的经济规律，如商品经济的价值规律、供求规律、货币流通规律，等等。这类规律体现几个社会形态经济运行过程中共同的内在联系，但其具体效应的发挥，还是会出现差异的。③ 一种社会形态特有的经济规律。这是只在一个特定社会形态中起支配作用的经济规律，如资本主义社会中的剩余价值规律，社会主义社会中的按劳分配规律。这类规律，表现它们赖以存在的社会生产关系特有的本质联系。

每个社会都有诸多经济规律同时存在，并且其相互联系组成一个经济规律体系。在这个经济规律体系中，总有一条经济规律起着主导作用，决定着该社会经济发展的一切主要方面和一切主要过程，决定着生产的实质和发展方向。这种经济规律便是该社会的基本经济规律。该社会存在的其他经济规律的作用范围和程度都会受到基本经济规律的制约。

三、政治经济学的研究方法

科学的理论要以科学的方法论为指导。马克思主义政治经济学是以唯物辩证法作为方法论基础的。应用辩证唯物主义方法论来研究社会生产关系，必须采用科学抽象法。科学抽象法的叙述方法实质上是逻辑分析方法与历史分析方法的统一。

（一）唯物辩证法

唯物辩证法是内容与形式、本质与现象等范畴，以及对立统一、量变与质变、否定与肯定等规律的方法论总称。坚持这种基本方法，就要在政治经济学的研究中坚持：① 唯物的观点。物质是第一性的，意识是第二性的，社会存在决定社会意识，而不是相反。② 发展变化的观点。社会生产关系是一种处于不断运动中的社会有机体。③ 矛盾的观点。事物内部固有的矛盾是事物发展变化的根据，社会经济形态也同样如此。④ 阶级的观点。经济关系最本质的内容是人们之间的物质利益关系。在阶级社会中，经济关系中的矛盾表现为各个社会集团即各个阶级之间的矛盾和斗争。

（二）科学抽象法

科学抽象法就是运用人们思维的抽象力，从大量的社会经济现象中，抽去外部的、偶然的、非本质的联系，找出内部的、必然的、本质的联系，形成科学理论体系的方法。马克思的抽象法包含相互联系的两个科学思维过程。

从具体到抽象的研究过程。就是依据唯物辩证法，对普遍存在的、具体的经济现象进行分析，撇开次要的因素，从中找出最基本、最简单的东西，并综合它的各种发展形式及其内在的必然联系，阐明经济范畴，揭示经济规律。运用抽象法分析经济问题，要求充分地占有实际材料。因为社会经济过程是纷繁复杂的，只分析部分事实很可能得出错误的结论。马克思在分析资本主义经济时，面对纷繁的各种具体的资本形式和经济现象，首先利用抽象方法，抽象出商品价值、使用价值、抽象劳动、具体劳动等最基本的经济范畴。

从抽象到具体的叙述过程。也就是依据前一过程的结果，从最简单、最基本的范畴开始，逐步上升到复杂和具体的经济理论范畴，通过经济理论范

畴的上升和转化，把客观经济运动和发展过程在理论上再现出来。马克思在
《资本论》中说明资本主义经济时从商品这个最简单的范畴开始，逐步展开分
析货币、资本等越来越复杂和具体的经济范畴，最终对资本主义经济关系这
个复杂的社会机体进行了全面深刻的剖析，揭示了它的本质及其运动的规
律性。

（三）逻辑与历史相统一的方法

这里所说的逻辑，指的是阐明经济现象和经济过程从简单的经济关系和
经济理论范畴分析开始，逐步上升到复杂的、具体的经济关系和经济理论范
畴的逻辑进程。历史的研究方法则是指，按照历史的真实发展进程来把握经
济现象和经济过程运动规律的方法，历史从哪里开始，思维过程也应从哪里
开始。

马克思在分析资本主义生产关系时，是按照商品、货币、资本、剩余价
值……这样一个逻辑顺序展开的。这种逻辑的分析方法正确地反映了经济范
畴在揭示资本主义生产关系中所处的地位和相互关系，同时，这些经济范畴
的逻辑顺序与它们所反映的生产关系的历史发展过程又是完全一致的。

除此之外，在政治经济学的研究中，还需要运用综合方法、归纳方法、
演绎方法及规范方法和实证方法等认识手段，适当借鉴系统论、伦理学和心
理学等的某些方法和范畴。所有这些，共同构成了马克思主义政治经济学的
方法论体系。马克思正是彻底批判了资产阶级经济学家的唯心论和形而上学，
出色地运用了这些方法论，才成功地创建了工人阶级的政治经济学。当代马
克思主义政治经济学也要贯彻和发展这一科学的方法论体系。

📖 本章小结

本章主要阐述政治经济学的产生与发展，阐明其研究对象与范围、研究
任务、研究方法，以及学习和研究的重要性。

经济思想伴随着经济实践而发展。马克思主义政治经济学的创立和发展，
是人类经济学说史上的科学标志，是先进文化的代表。

物质资料生产是政治经济学研究的出发点，它是生产力和生产关系的统
一。生产力包括劳动对象、劳动资料和劳动者三个要素。生产关系包括三个
方面：生产资料的所有制形式；人们在直接生产过程和交换过程中所处的地
位和关系；产品的分配关系。

政治经济学是研究生产关系的一门科学，既要联系生产力，又要联系上
层建筑，以及从微观、宏观和国际等不同层面，来揭示生产关系发展和变化
的规律性。其研究范围比研究对象广泛。

政治经济学要从社会生产总过程的各个环节，全面考察人们的生产、分
配、交换、消费的各种经济关系及其表现形式。

揭示生产关系及其实现和发展的运动规律，是政治经济学的根本任务。
经济规律是经济现象和经济过程内在的、本质的和必然的联系。

马克思主义政治经济学是以唯物辩证法作为方法论基础的。

马克思主义政治经济学在经济学科中处于重要地位，作为理论经济学，是其他各个分支学科乃至整个科学的经济学科体系的理论基础。

❓ 思考题

1. 解释下列概念：生产力、生产关系、经济规律。
2. 试论生产力和生产关系的相互关系的原理。
3. 简述生产与分配、交换、消费之间的关系。

第二章 商品

商品包含着商品经济一切矛盾的胚芽。马克思主义政治经济学的分析从商品开始，并由此建立了科学的理论体系。本章中心是分析商品的价值实体、价值量、商品经济的基本矛盾及商品经济的基本规律——价值规律，揭示商品经济的内在矛盾及其运动的规律性，阐明马克思的劳动价值理论，为学习和研究剩余价值理论及全部马克思主义政治经济学奠定理论基础。

第一节 商品价值

一、商品两因素

"资本主义生产方式占统治地位的社会的财富，表现为'庞大的商品堆积'，单个的商品表现为这种财富的元素形式。"① 商品既是资本主义经济的细胞形式，又是资本关系形成的历史前提。所以，政治经济学的分析是从商品开始的。

商品是用来交换的劳动产品，具有使用价值和价值两个因素。任何商品都是一种能满足人们某种需要的产品；同时，又是一种能用来交换的产品。

商品首先必须是靠自己的物质属性来满足人们某种需要的有用物。商品能满足人们某种需要的属性，就是商品的使用价值。由于商品的自然属性不同，商品的使用价值也就不同。又由于同一商品有多方面的自然属性，商品的使用价值是多种多样的。随着劳动生产力的提高、科学技术的进步、生产经验的积累，同一种商品的多种使用价值会越来越多地被人们发现。同样，就整个社会而言，人们在同自然界作斗争的过程中，商品的数量及满足需要的自然属性是会不断丰富和发展的。当然，随着社会历史的发展，对商品数量和自然属性的衡量尺度也会发生变化。

商品的使用价值构成一切社会财富的物质内容，是人类社会生存和发展的必要条件。由于商品的使用价值是由商品的自然属性决定的，因此，它本身并不反映社会生产关系。马克思说："我们从小麦的滋味中尝不出种植小麦的人是俄国的农奴、法国的小农，还是英国的资本家。使用价值虽然是社会需要的对象，因而处在社会联系之中，但是并不反映任何社会生产关系。"②

① 资本论：第1卷. 北京：人民出版社，2004：47.
② 马克思恩格斯全集：第13卷. 北京：人民出版社，1962：16.

使用价值本身不属于政治经济学的研究范围。政治经济学是把使用价值当作商品的一个因素，从使用价值和交换价值以至价值的联系中来研究使用价值的。

商品的使用价值比一般物品的使用价值要复杂得多，具有以下特点：第一，作为商品的使用价值，不是为了满足自己的需要，而是为了满足他人的需要，因此，它是社会的使用价值。第二，它供给别人满足需要，不是无代价地奉献或赠与，而是通过交换转移到别人手里，因此，它是交换价值的物质承担者。

具有使用价值的物品一旦进入交换就具有交换价值。交换价值首先表现为一种使用价值同另一种使用价值相交换的量的关系或比例。例如，1 只绵羊与 20 尺布相交换，20 尺布就是 1 只绵羊的交换价值。在市场上，一种商品可以同其他许多商品相交换形成不同的交换比例，具有不同的交换价值。而且，各种商品相交换的比例，还会因地因时不同而不断变化，但在同一地区、同一时间大致相同。

为什么 1 只羊的交换价值是 20 尺布，或者说，商品交换价值是如何决定的？交换价值不可能是由它们的使用价值决定的。因为羊和布作为两种不同的使用价值，不可能在质上等同从而在量上加以比较。要得出正确的答案必须撇开使用价值属性，另辟蹊径。而一旦将商品的使用价值属性撇开，它就只剩下一个属性，即人类劳动产品这个属性。而我们在撇开商品的特殊使用价值的同时，也就撇开了生产特殊使用价值的劳动的特殊形式。这样，就从生产各种使用价值的形式各异的劳动中抽象出作为人的脑力和体力支出的一般人类劳动，其质相同而量可以比较。这种凝结在商品中的一般人类劳动就是商品的价值。两种使用价值不同的商品之所以能够按一定比例交换，原因就在于交换双方的价值是相等的。商品价值是交换价值的基础和内容，交换价值是价值的表现形式。

马克思通过商品的交换价值找到了隐藏在商品中的价值，揭示了价值同劳动的关系，价值是一般人类劳动的凝结，价值是商品的社会属性。商品生产者以各自商品的价值为基础进行交换，实际上是商品生产者互相交换劳动。因此，价值体现的是商品生产者互相交换劳动的生产关系，这就是价值的本质。

有的资产阶级经济学家认为，决定商品交换比例的是商品的效用，是使用价值。这种观点是错误的。首先，不同的效用、不同的使用价值，没有共同性，因而是无法比较的。其次，认为效用大小决定交换价值大小，必然陷于主观价值论。按照这种观点，同一块面包对饥肠辘辘的人交换价值就大，对吃饱喝足的人交换价值就小，这种认识是不正确的。实际情况是，同一块面包在同一时间和地点，都会卖一样的价格，即具有相同的交换价值。

有的资产阶级经济学家认为，交换价值的大小是由供求决定的，这种观点也是不正确的。当然，商品交换价值的波动、变化与供求关系是有关的，商品供不应求时，交换价值会提高；反之，交换价值就会下降。但是，这种现象并没有从根本上解决交换价值由什么决定的问题。它不能回答在商品供求一致时，交换价值是由什么决定的；也不能回答在交换价值上下波动时，这种波动为什么总是要受到一定的约束。

近年来，随着科学技术的迅速发展，理论界关于劳动价值理论出现了新的争论。主要有两种代表性观点。一是"知识价值论"。对信息社会颇有研究的奈斯比特在《大趋势》一书中认为，在信息社会里，价值的增长不是通过劳动，而是通过知识实现的。"劳动价值论"诞生于工业经济的初期，必将被新的"知识价值论"所取代。事实上由于劳动者对知识掌握程度同其劳动复杂程度成正比，因而，知识能通过提高劳动复杂程度而对价值生产起到相当重要的作用。可见，该理论只能是对"劳动价值论"的丰富。二是"要素价值论"。该理论把价值的源泉归纳于商品生产的所有要素投入。这是西方某些学者试图对"劳动价值论"进行的"改造"。马克思在对商品生产和价值生产的论述中清晰地指出：物化劳动转移旧价值，活劳动创造新价值。了解价值的概念和内涵，就不难看出"要素价值论"的谬误。

无论如何，人类以劳动创造价值是不容置疑的。马克思关于劳动创造价值的理论是马克思主义政治经济学的基石，并且是剩余价值学说的理论基础。

商品是使用价值和价值的对立统一体。其统一性表现在：二者相互依存，缺一不可。价值的存在要以使用价值的存在为前提，凡是没有使用价值的东西，就不会有价值；使用价值是价值的物质承担者，价值寓于商品的使用价值之中。第一，一种物品如果没有使用价值，就是无用之物，就没有人需要它，因而不可能有价值。即使在这种商品上耗费了劳动，这些劳动也是无效劳动，劳动失去社会需要的使用价值作为载体，就不能形成价值。第二，一种物品具有使用价值，但不是劳动产品，其中没有凝结人类劳动，没有价值，也不会成为商品。第三，有些物品有使用价值，也是劳动产品，但只是供生产者自己消费，并不是通过交换满足他人需要，耗费在其中的劳动也不形成价值，因而也不是商品。

商品的使用价值和价值又是相互矛盾的。其矛盾性表现在：两者互相排斥、互相对立。第一，商品生产者生产商品是为了获得价值。但为了获取价值，又必须生产出自己所不需要的使用价值。消费者购买商品是为了获得它的使用价值，而不是为了取得它的价值。但为了获得使用价值，就必须支付价值。可见，商品的使用价值和价值对于同一商品生产者而言是相互分离的，在商品买卖中，任何商品生产者都不能同时占有商品的使用价值和价值。第二，商品使用价值和价值矛盾的解决以商品交换为条件。只有通过商品交换，把商品卖出去，才能使商品生产者实现商品的价值，使消费者得到使用价值，从而使商品的内在矛盾得到解决。

二、劳动的二重性

商品的两因素是由体现在商品中的劳动二重性决定的。生产商品的劳动既是具体劳动，又是抽象劳动。

具体劳动是指在一定的具体形式下进行的劳动。人们为了生产满足各种不同需要的商品，就要进行各种特殊性质和具体形式的劳动。他们的劳动目的、劳动手段、劳动对象、操作方法和劳动结果都不相同。例如，铁器是由铁匠的劳动生产的，木器是由木匠的劳动生产的，衣服是由裁缝的劳动生产的。因此，要生产各种不同的使用价值，就要进行不同形式劳动。各式各样的具体劳动，分门别类，形成社会分工的基础。

具体劳动创造商品的使用价值，它反映人和自然的关系，是劳动的自然属性。人类要生存，就需要消费各种物质资料，这些物质资料是通过具体劳动创造的。所以，具体劳动不仅是商品生产条件下所必要的，而且是人类社会生存和发展的永久性条件。人类无论在何种制度下，都是用各种具体劳动生产出种类繁多的使用价值，满足自身的生产和生活需要。具体劳动创造使用价值的属性，不以社会形态的变化为转移，但是，具体劳动的种类和规模却随着社会的发展而变化。

具体劳动创造使用价值，但它不是使用价值即物质财富的唯一源泉。因为，在生产使用价值的过程中，生产者的具体劳动只是改变物质的形态，并且这种改变物质形态的劳动还经常依靠自然力的帮助。只有具体劳动作用在某种自然物质上，才能生产出一定的使用价值。因此，具体劳动与自然物质共同构成使用价值的源泉。

抽象劳动是指撇开劳动的具体形式的无差别的一般人类劳动。生产商品的具体劳动是千差万别的，但抛开劳动的具体形式，任何生产商品的劳动都是人类劳动力的支出。无论是铁匠、木匠，还是裁缝，他们在劳动过程中，总是要消耗劳动力，消耗自身的体力和脑力，从这个意义上说，这种人的大脑、肌肉、神经等脑力和体力的耗费是无差别的。抽象劳动是同质的，只存在量的差别。

抽象劳动形成商品的价值，体现商品生产者相互交换劳动的社会关系，是商品生产特有的范畴，是劳动的社会属性。只有在劳动产品成为商品的条件下，要确定不同商品交换的比例，才有必要将各种不同的具体劳动转化为同质的抽象劳动，凝结在商品中的抽象劳动才表现为价值，成为商品的价值实体和商品交换价值的共同基础。如果不进行商品交换，就没有必要把生产商品的劳动区分为具体劳动和抽象劳动。

抽象劳动构成商品的价值实体，并形成商品价值的唯一源泉，在价值中不包含任何一个非劳动的自然物质的原子。

生产商品的具体劳动与抽象劳动的关系是：一方面，二者是统一的。具体劳动和抽象劳动不是两次或两种劳动，而是同一劳动过程的两个方面。商品生产者在进行具体劳动的同时，也就支出了抽象劳动。不论在时间上还是空间上，具体劳动与抽象劳动都是不可分割的。生产商品的劳动不管其劳动的具体形式如何，都同时表现为一种抽象劳动的支出，这就是劳动二重性在劳动过程中表现出的统一点。在劳动二重性的统一点上，商品生产者不仅生产了商品的使用价值，而且创造了商品的价值。另一方面，二者又是对立的。

生产者只是把具体劳动看成是达到生产目的的必要手段，他从事具体劳动只是为了能在交换中使之转换为抽象劳动，使劳动过程中的抽象劳动的支出得到实现和补偿。因此，以抽象劳动为目的，具体劳动就成为实现抽象劳动的必要前提。而一旦交换成功，买卖双方就各得其所。卖方得到抽象劳动形成的价值，买方得到各种具体劳动生产的使用价值。于是，具体劳动就与抽象劳动相分离。

劳动二重性学说是理解马克思主义政治经济学的枢纽，是彻底揭示资本主义内在矛盾及其规律的一个基点。在马克思以前，资产阶级古典经济学家，如威廉·配第、大卫·李嘉图等人，也曾经提出过劳动创造商品价值的观点。但他们所说的劳动是笼统的劳动，是概念性的劳动。因此，并不知道是什么劳动创造价值，怎样形成价值。所以，他们的劳动创造价值的理论是不全面和不彻底的。只有马克思运用劳动二重性的学说，才第一次科学地确定了什么样的劳动形成价值、为什么形成价值及怎样形成价值。马克思的劳动二重性学说也为剩余价值论奠定了基础。运用劳动二重性学说，马克思深刻地描述了剩余价值的来源和本质，揭露了资本家剥削雇佣工人的秘密，最终解决了剩余价值论的核心问题。

三、私有制商品经济的基本矛盾

在以私有制为基础的商品经济中，每个商品生产者都是生产资料的私有者，生产什么、生产多少及怎样进行生产，都由他们自己决定，生产成果归他们自己所有，经营风险也由他们个人来承担。因此，生产商品的劳动具有私人性质，是私人劳动。同时，由于社会分工的存在，商品生产者是相互依赖、相互依存的，他们既为满足他人的需要而生产，又都依赖他人的供给而生存，他们的劳动是社会总劳动的一个组成部分。因此，生产商品的劳动又具有社会性质，是社会劳动。

私人劳动与社会劳动的矛盾表现为生产商品的劳动既是私人劳动，又是社会劳动，但私人劳动并不直接就是社会劳动，私人劳动要转化为社会劳动必须通过商品交换才能实现。交换商品不仅以具体劳动形成不同的使用价值为前提，还以劳动量的比较为基础，这就要将具体劳动转化为抽象的人类劳动，于是，凝结在商品中的抽象劳动，才表现为商品的价值。可见，劳动二重性及商品自身的两因素，追根溯源，都来自私人劳动和社会劳动的矛盾，都是生产商品的私人劳动所具有的这种间接社会劳动的特性所决定的。

私人劳动和社会劳动的矛盾是社会生产关系和生产力这一人类社会基本矛盾在私有制商品经济中的直接体现，它是以私有制为基础的商品经济的基本矛盾，它存在于商品经济的各个方面，存在于商品经济发展的一切阶段，对商品经济具有重要影响。

第一，私人劳动和社会劳动的矛盾是商品经济一切矛盾的根源。私人劳动与社会劳动的矛盾，决定着私人劳动要转化为社会劳动，必须通过商品交换。进而就要比较和计量交换双方商品的劳动量，就必须把各种不同质的具体劳动还原为同质的抽象劳动。所以在私有制为基础的商品经济中，私人劳动与社会劳动的矛盾决定了具体劳动和抽象劳动的矛盾，而商品内部使用价值和价值的矛盾，则是由具体劳动与抽象劳动的矛盾决定的。如果私人劳动不能转化为社会劳动，具体劳动就不能还原为抽象劳动，商品的使用价值与价值也就不能实现。

第二，私人劳动和社会劳动的矛盾决定着商品生产者的命运。如果商品交换成功，商品生产者生产商品的劳动就得到社会承认，私人劳动就转化为社会劳动，商品的价值就得到实现，耗费在商品生产中的劳动也就得到补偿。相反，如果商品交换不成功，私人劳动就不能转化为社会劳动，商品的价值就不能得到实现，生产商品耗费的劳动也就得不到补偿，商品生产者经济上就会受到损失，长期如此就会导致生产者破产。

第三，在资本主义商品经济阶段，私人劳动和社会劳动的矛盾发展为资本主义的基本矛盾，即生产社会化和资本主义私人占有制之间的矛盾。因为，当资本主义商品经济取代简单商品经济以后，商品生产也由分散的个体生产变为许多人在一起协同劳动的社会化大生产，各企业、各部门之间互相联系、互相制约。但生产资料仍然掌握在资本家个人或集团手里，生产什么、生产多少、怎样生产仍然由资本家个人说了算，生产的商品也全部归资本家占有，这就形成了生产社会化和资本主义私人占有制之间的矛盾。这是资本主义社会的基本矛盾，它贯穿于资本主义产生、发展和灭亡的全过程，决定了资本主义的历史命运。

四、商品拜物教

拜物教就是对物的偶像崇拜。在以私有制为基础的商品生产条件下，商品生产者之间的关系表现为物与物即商品与商品的关系。商品本来是商品生产者生产出来的，但在商品关系中，它却成了支配商品生产者命运的力量。如果商品生产者的商品销路好，能卖好价钱，他的生产就能发展，甚至发财致富；如果他的商品卖不出去，或卖不到好价钱，就会赔本甚至破产。人们对这种现象不理解，以为商品有一种神秘的力量在支配自己，因而像崇拜偶像一样崇拜商品，这种情形就叫做商品拜物教。马克思深刻指出，商品形式和商品价值关系，只是人们自己的一定的社会关系，但它在人们面前采取了物与物的关系的虚幻形式。

货币出现以后，商品交换必须以货币为媒介来进行。这时，商品生产者之间的联系就通过货币来实现。本来是商品生产者互相交换其劳动，现在表现出来的却是某种商品卖多少钱。用钱——货币可以购买一切商品，货币具有无限效力。过去，是商品支配人，现在变成了货币支配人，人们崇拜货币、追逐货币，产生了货币拜物教。马克思指出，货币拜物教的谜就是商品拜物教的谜，只不过是变得明显了。

商品的神秘性质并非来源于商品的使用价值。作为使用价值，它能够满足人们某种需要，是商品的自然属性，没有什么神秘之处。商品的神秘性也不是来源于商品价值实体——劳动。因为，其一，从抽象劳动来看，尽管具体劳动千差万别，但是任何劳动都是人类的脑髓、神经、肌肉等的支出；其二，从劳动量来看，一切劳动都是用时间计算；其三，从劳动具有社会性来看，只要存在社会分工，不同产品的生产者之间，就要互相依赖，彼此为对方工作，谁也离不开谁。这些都没有什么神秘的地方。

马克思指出：商品的神秘性，显然是从这种形式本身来的，即产生于商品形式本身。因为，第一，商品生产者无差别的人类劳动，表现为劳动产品都具有价值，而价值又表现为劳动产品的物质属性，似乎劳动产品天然就具有价值；第二，生产劳动产品花费的劳动时间，采取了劳动产品具有价值量的形式；第三，商品生产者之间相互交换劳动的社会关系，采取了商品之间即物与物之间联系的形式。正是在这种条件下，物与物之间的关系才能把人和人之间的社会关系掩盖起来，从而产生了商品拜物教。

归根结底，商品拜物教来源于生产商品所特有的间接劳动的性质，即生产商品的劳动直接表现为私人劳动或个别劳动，但由于社会分工，各种私人劳动或个别劳动又是社会总劳动的组成部分，是社会劳动。由于私人劳动或个别劳动的社会性质不能直接表现出来，只有通过商品交换才能间接表现出来，即通过相互交换他们所生产的商品才能表现出来，这样就使本来是商品生产者之间的劳动联系，表现为物与物之间的交换关系。人与人的关系被物的外壳掩盖起来，物决定着人的命运。这样，人和物的关系颠倒了，产生了商品拜物教。

就客观而言，商品拜物教或货币拜物教是商品经济的产物，或确切地讲是商品经济条件下社会生产关系借以表现的特定形式。在现实社会中，只要存在商品经济就不能消除生产关系被物化的这种经济现象，就会存在商品拜物教或货币拜物教。

第二节　商品价值量的决定

一、个别劳动时间和社会必要劳动时间

商品的价值不仅有质的规定性，还有量的规定性。商品的价值是质和量的统一。既然价值是抽象劳动的凝结，商品的价值量就是生产商品所耗费的劳动量，即凝结在商品中的一般人类劳动量。劳动时间是衡量劳动量的天然尺度，因此，价值量的大小是由劳动时间的多少决定的。

社会上每一种商品都是由许多不同的生产者生产的。生产同种商品的生产者由于生产的主客观条件不同，所耗费的劳动时间也会不同。各个商品生产者实际耗费的劳动时间就是个别劳动时间。由个别劳动时间形成的价值是商品的个别价值。价值是商品的社会属性，商品的价值量不可能由个别劳动时间决定。否则会鼓励懒惰、落后，商品交换也不可能接受这种由个别劳动时间决定的价值量。

商品的价值量只能由生产商品的社会必要劳动时间决定。因为形成商品价值实体的劳动作为人类无差别的劳动，本身具有一般性，因此，决定商品价值量的劳动时间只能是一般的劳动时间，即社会必要劳动时间。否则，同种商品就不会有同一的价值量。按照马克思的说法，同一的人类耗费，就是指它具有社会平均劳动力性质，起着社会平均劳动力作用，从而商品的价值量只能由平均必要劳动时间或社会必要劳动时间来规定。

社会必要劳动时间是指在现有的社会正常的生产条件下，在社会平均的劳动熟练程度和劳动强度下制造某种使用价值所需要的劳动时间。显然，马克思所描述的决定价值量的社会标准是商品生产者共同的社会行为的结果，而不能由任何一个商品生产者所耗费的个别劳动时间来决定。由于是生产者的共同社会行为，因此标准必须有一定的范围。主要包含三个因素：生产条件、劳动熟练程度、劳动强度。生产条件是物的方面，如劳动资料、劳动对象、劳动设施等；劳动熟练程度是人的方面，如技能、经验等；而劳动强度则是人与物的结合方面。进一步应注意到这三个因素具有一定的设定，即生产条件是"现有的社会正常的"，劳动熟练程度和劳动强度是"社会平均的"。这样，衡量劳动量天然尺度的劳动时间，就显得相当客观和十分公正。社会必要劳动时间是在商品生产者背后，通过市场上无数次交换而自发形成的。

商品的价值量取决于生产商品的社会必要劳动时间，这对商品生产者具有极其重要的意义，它关系到商品生产者在竞争中的成败。商品生产者生产商品的个别劳动时间多于社会必要劳动时间，他在生产商品上所耗费的劳动有一部分得不到补偿，就会亏损，在市场竞争中就会处于不利的地位；商品生产者生产商品的个别劳动时间等于社会必要劳动时间，他在生产该商品上所耗费的劳动就能得到全部补偿；商品生产者生产商品的个别劳动时间小于社会必要劳动时间，不仅他在生产该商品上所耗费的劳动能得到全部补偿，而且还可以获得更多的收入，这表明该商品生产者的少量个别劳动得到了较多的社会承认，从而在市场竞争中处于有利地位。

二、简单劳动和复杂劳动

在比较和计量商品价值量大小时，还必须区分简单劳动和复杂劳动。

生产商品的劳动有简单劳动与复杂劳动之分。简单劳动是指因工艺、技术要求简单，不需要经过专门训练就能从事的劳动。这是一种简单劳动力的支出，也就是任何一个劳动者普遍具有的劳动力的耗费。一般来说，它是以体力支出为主要内容的劳动。简单劳动的规定性不是固定不变的，不同历史时期有不同的规定。先进生产力或先进地区的简单劳动要比落后生产力或落后地区的简单劳动复杂一些。当然，随着社会科技的发展，相对复杂的劳动又会变得相对简单，原来意义上的复杂劳动变成新的意义上的简单劳动。复杂劳动指需要经过专门培养与训练才能从事的劳动。复杂劳动包含着较多的技能和知识的运用，因此，这是一种具有一定技能和知识的复杂劳动力的支出。

复杂劳动和简单劳动在同一时间内所创造的价值是不相等的，复杂劳动"是自乘的或不如说多倍的简单劳动，因此，少量的复杂劳动等于多量的简单劳动"[①]。这是因为，复杂劳动的劳动力比普通劳动力需要较高的教育费用，它的生产要花费较多的劳动时间，因此它具有较高的价值。既然这种劳动力的价值较高，它也就表现为较高级的劳动，也就在同样长的时间内物化为较多的价值。

在市场经济条件下，创造商品价值的抽象劳动是简单劳动。对劳动者的劳动量计量，要以简单劳动为单位，将复杂劳动折算为倍加的简单劳动。这样，就可以按同一尺度衡量劳动的差别，使得复杂程度不同的劳动，都可以用同一的简单劳动按照一定的比例进行比较。

三、商品价值量与劳动生产率

商品价值量随着社会必要劳动时间的变化而变化，社会必要劳动时间又随着劳动生产率的变化而变化。商品价值量同生产商品的劳动生产率有着密切的关系。

劳动生产率是指劳动者在一定时间内生产某种使用价值的效率。它可以有两种表示形式：用单位时间内生产的产品数量来表示，或用生产单位产品所消耗的劳动时间来表示。影响劳动生产率高低的因素是多种多样的，一般归纳为以下几种：社会科学技术的发展和应用状况；生产技术装备的规模和效能状况；劳动者的文化知识水平和操作状况；生产的自然条件和组织状况；原材料、能源等的质量和供应状况等。以上各因素都将对劳动生产率产生一定的影响，从而影响所生产的商品的价值量。在人类社会生产的不同发展阶段，上述各种因素对生产率的影响程度是不同的。在现阶段，科学技术发展水平已经成为影响劳动生产率的最重要的因素。

社会科学技术的发展带来了劳动生产率的变化，劳动生产率的变化必然引起商品价值量的变化。劳动生产率越高，同一劳动在单位时间内生产的商品越多，或用于生产单个商品的社会必要劳动时间越少，其价值量也越小；反之，亦然。可见，商品的价值量与体现在商品中的劳动的量成正比，与这一劳动的生产力成反比。这也就是说，随着劳动生产率的提高，单位时间生产的商品数量增加，单位商品的价值量将随之减少，但是，同一劳动时间里创造的价值总量是不变的。商品价值量的变化规律，使商品生产者就社会必要劳动时间展开激烈的竞争，从而有效地促进社会技术进步。这也使我们看到，随着科学技术的发展，劳动生产率将不断提高，单位使用价值包含的价值量日益减少将成为必然趋势。但是，劳动的日益复杂性，又会使社会总价值增大。

---

① 资本论：第 1 卷．北京：人民出版社，2004：58.

第三节 价值规律

一、价值规律的基本内容

在商品经济运行中，存在着许多客观经济规律，如价值规律、供求规律、竞争规律、货币流通规律等，这些规律相互联系、相互影响，推动着商品经济的运动和发展。其中，起着最主要作用的是价值规律。价值规律不仅贯穿商品生产和商品交换的始终，体现在社会再生产的生产、分配、交换和消费的各个领域，而且制约着商品经济的其他规律和矛盾运动，支配着每一经济主体的行为和命运，调节着商品经济的全部运行过程，决定着商品经济的整个发展。无论在什么社会形态中，凡是商品生产和商品交换存在的地方，价值规律就存在并发生作用。价值规律在市场经济规律体系中起着基础性规律的作用，其他规律都要在它的基础上发挥作用。

价值规律的基本内容是：商品的价值量决定于生产商品的社会必要劳动时间，商品必须按照价值量相等的原则进行交换。这表明，价值规律既是价值如何决定的规律，也是价值如何实现的规律。

先看商品价值如何决定的问题。不同的商品生产者，由于主客观条件的差别，生产同一种商品所耗费的个别劳动时间是千差万别的。不等的个别劳动时间形成不等量的个别价值。但是，商品是用来满足社会需要的产品，社会对于使用价值相同的商品，只承认同一的价值。单位商品的价值不是决定于生产该商品的个别劳动时间，而是决定于社会必要劳动时间，即在现有的社会正常的生产条件下，在社会平均的劳动熟练程度和劳动强度下，制造某种使用价值所需要的劳动时间。社会必要劳动形成商品的社会价值，商品的交换是依据社会价值进行的。例如，假定生产某种商品的企业有优等条件、中等条件和劣等条件三类情况，它们生产同一种单位商品的个别劳动时间分别为 2 小时、3 小时、4 小时。如果其中中等条件的企业代表社会正常的生产条件，具有社会平均的劳动熟练程度和劳动强度，它生产单位商品耗费的 3 小时劳动，就是生产该种单位商品的社会必要劳动时间，决定该种商品的社会价值量。以此为标准，劣等条件企业的个别劳动时间为 4 小时，超过社会必要劳动时间 1 小时，超过的部分就不能为社会所承认，从而不能形成社会价值；而优等条件企业的个别劳动时间仅 2 小时，低于社会必要劳动时间 1 小时，但是社会承认这 2 小时形成 3 小时的社会价值，即同样的劳动时间形成更大的社会价值。

以上所说的是指第一种含义的社会必要劳动时间，指同一部门内部生产同种商品的社会必要劳动时间，形成该种商品的社会价值，是部门内部竞争和比较的结果。然而，商品交换是在不同种类的商品之间进行的，从而形成了不同部门之间的竞争和劳动比较。这就涉及价值如何实现的问题。为此，马克思提出了第二种含义的社会必要劳动时间的概念。第二种含义的社会必要劳动时间是指社会总劳动量按一定比例用来生产某种商品所要耗费的社会必要劳动时间，涉及的是社会总劳动在不同生产部门之间的数量关系和分配比例，是在不同生产部门之间形成的。商品按照社会价值进行交换，就必须使社会生产这种商品所耗费的劳动时间总量符合社会总劳动时间按比例分配给这种商品的必要劳动时间，即生产某种商品所耗费的劳动时间在社会总劳动时间中所占比例符合社会需要，同社会分配给这种商品的劳动时间比例相适应。它表现为市场上该种商品的总供给量和需求量大体一致。如果生产某种商品所使用的劳动时间多于社会按比例分配到该类商品上的必要劳动时间，那么即使这种商品的每一单位商品都符合第一种含义的社会必要劳动时间规定，也还会有一部分价值得不到实现；反之，该种商品中每一单位商品实现的价值就会高于其自身的实际价值。

例如，假定社会有甲、乙、丙三个生产部门，在某一时期，社会对其产品需要量及投入的社会必要劳动量分别为：甲部门 50 件，共 150 小时；乙部门 100 件，共 200 小时；丙部门 150 件，共 300 小时。但实际上，甲部门生产了 60 件，耗费了 180 小时；乙部门生产了 100 件，耗费了 200 小时；丙部门生产了 120 件，耗费了 240 小时。这样，乙部门生产的商品数量与社会对该部门商品的需求量相适应，所耗费的社会必要劳动量与社会需要的必要劳动量相一致，于是，该部门单位商品的社会价值及其总价值便得到完全实现。甲部门生产商品的劳动总量超过社会需要的必要劳动量 30 小时，对该类商品的供给超过需求 10 件，于是有两种可能，或者该部门的商品有 10 件积压卖不出去，或者该部门的商品只能低于其价值去进行交换，即由 3 小时降为 2.5 小时来实现。丙部门生产商品的劳动总量小于社会需要这种商品的必要劳动量 60 小时，在市场上表现为供不应求，该部门的商品将高于其社会价值，由 2 小时上升为 2.5 小时来实现。这种商品价值实现的规律性，支配着商品生产者积极生产市场上供不应求的商品，缩减生产市场上供过于求的商品。

社会必要劳动时间的两种含义具有相关性，共同决定商品的价值。第一种含义是价值的决定，第二种含义则是价值的实现。不过，两种含义在分析角度上又各有区别：第一种含义是从社会生产条件的角度来说明社会必要劳动时间的，第二种含义则是从社会需要的角度来说明社会必要劳动时间的；第一种含义所决定的是单位商品的价值，第二种含义所决定的则是部门总产品的价值；第一种含义涉及劳动消耗，第二种含义则涉及社会规模的使用价值。这就是整个价值规律在价值决定和价值实现上的内在规定性。

二、价值规律的表现形式

在货币出现以后，商品价值的货币表现就是价格。所以，商品以价值为基础进行等价交换，就是要求价格符合价值。价格水平的高低首先取决于商品价值量的大小，价格水平的变动也首先取决于商品价值量的变化。可见，商品价值是价格的内容和客观基础，而价格则是价值的表现形式。

当然，这绝不是说，每一次的商品交换都必须是价格和价值完全一致。

实际上，商品价格和价值相一致是一种偶然现象，不一致才是经常现象。这是因为，商品的价格虽然以价值为基础，但还有其他因素会影响价格，其中主要是供求关系。当某些商品供不应求时，随着购买者之间展开激烈的竞争，价格就会涨到价值以上；当某种商品供过于求时，随着售卖者之间竞争的加剧，价格会跌到价值以下。由于供求关系的变化，价格时而高于价值，时而低于价值，围绕价值上下波动。

这种价格经常背离价值的情况并不意味着价值规律不起作用或价值规律遭到破坏。首先，商品的价格以价值为基础，它的涨落，总是围绕着价值这个中心进行，变动的幅度一般不会离开价值太远。例如，不管自行车如何供不应求，价格飞涨，它总不会涨到等于一辆汽车的价格。其次，从短期的、个别的交换过程看，价格经常背离价值，但价高者所得，正是价低者所失，就整个社会来说，总价格与总价值仍基本一致；如果从较长时期来看，商品价格上涨部分与下跌部分可以相互抵消，价格与价值趋于一致。这是因为，各种商品的价格不仅受供求关系的影响，而且也反过来影响供求关系，从而使价格和价值趋于一致。商品供不应求的时候，购买者争相抢购，使价格上涨到价值以上，生产者便会扩大生产，使该种商品的供应大大增加，而购买者则会尽量少买或购买代用品，减少需求，其结果使商品供求平衡，甚至变成供过于求。反之，商品供过于求的时候，由于售卖困难，价格下跌，生产者减少生产或转产，减少了供给，而购买者愿意购买，增加了需求，商品供过于求变成了供不应求。由于供求关系的变化，引起价格相应发生变化，使价格和价值趋于一致。由此可见，价格围绕价值上下波动的情况，不仅不违背价值规律，而且恰恰是私有制下价值规律在价值实现中的表现形式。这是因为，在以私有制为基础的商品经济中，竞争和生产无政府状态规律起作用，每个商品生产者盲目进行生产，他并不确切知道社会上和自己生产同类商品的究竟有多少人，能生产多少商品，也不知道市场对这种商品的需求有多大。因而，商品的供给和需求很难一致。当供不应求时，价格上涨；供过于求时，价格下跌。正是由于价格由价值决定并受供求关系影响，使其始终围绕价值上下波动，从而成为价值规律在价值实现中的表现形式。

三、价值规律的作用

价值规律通过价格围绕价值上下波动表现自己的过程，就是其发挥作用的过程。商品经济中，价值规律的基本作用表现为以下几方面。

第一，价值规律调节生产资料和劳动力在各个部门之间的分配。这是通过不同生产部门的商品生产者之间的竞争来实现的。在社会分工的条件下，社会生产的各部门、各企业之间存在着密切的关系，商品生产者彼此需要对方的产品，而且需要的量也是按比例的。分工越细，联系越密切，相互间的依赖性越大，这在客观上要求按比例分配生产资料和劳动力，以保证生产和再生产的顺利进行。在市场经济条件下，商品生产者要根据商品价格的上涨和下跌来了解社会需要什么、需要多少和不需要什么，并据此来安排自己的生产。市场价格的涨落便成为商品生产者了解市场供求状况的晴雨表。市场价格不仅是晴雨表，而且也是调节器。因为价格涨落直接涉及商品生产者的经济利益，指挥着商品生产者展开激烈的竞争，竞争的实质是各个生产者竭力争取生产市场上有利可图的商品。当某种商品的价格上涨到价值以上时，表明这种商品的供给不能满足需要，生产这种商品特别有利可图，它必然会吸引许多商品生产者生产这种商品；反之，价格低于价值，生产这种商品不仅无利可图，甚至亏本，会使许多生产者放弃这种商品的生产而把生产资料和劳动力从这个部门转移出去。

第二，价值规律刺激商品生产者改进生产技术，改善经营管理，提高劳动生产率，从而促进社会生产力的发展。这是通过同一生产部门的不同生产者之间的竞争来实现的。按照价值规律的要求，商品的价值量不是由生产商品的个别劳动时间决定，而是由社会必要劳动时间决定。这样就出现了三种情况：第一种是个别劳动时间等于社会必要劳动时间，生产者的劳动耗费能够得到补偿；第二种是个别劳动时间低于社会必要劳动时间，按社会必要劳动时间出售商品，生产者不仅可以补偿自己的劳动耗费，而且可以获得较多利润；第三种是个别劳动时间高于社会必要劳动时间，按照社会必要劳动时间出卖，生产者就会亏本甚至破产。商品生产者的个别劳动时间之所以不同，原因是他们的技术装备不同，劳动强度、熟练程度不同，经营管理水平不同，因而劳动生产率不同。在这些条件中，最主要的是技术水平，而且这个条件的作用越来越大。一切商品生产者，为了获得更多的盈利，在竞争中击败对手而不致被对手击败，就要努力改进生产技术，提高劳动生产率，从而促进了技术和整个社会生产力的发展。

第三，价值规律调节商品生产经营者的利益分配。在商品生产条件下，存在着个别劳动时间和社会必要劳动时间的矛盾，这一矛盾使商品生产者在生产、流通和竞争中所处的地位不同，从而获得的经济利益不同。生产相同商品的生产者，由于主、客观条件不同，生产商品的个别劳动时间有很大差别。但是，在同一个市场上，只能按由社会必要劳动时间决定的价值量出卖。这样，生产条件好的商品生产者就能获得较多利润，生产条件差的商品生产者就会处于不利地位，甚至破产。这样在价值规律的作用下就不可避免地会出现富者越富、贫者越贫的"马太效应"，必然发生商品生产者的两极分化。

四、价值规律是商品经济的基本经济规律

所谓基本经济规律，是指在一定社会形态中起支配作用的经济规律。价值规律就是商品经济的基本经济规律。

第一，价值规律体现了商品经济的本质联系。商品是用来交换的劳动产品，与自然经济等其他经济形式相比，商品经济不仅仅是直接以交换为目的的经济形式，更主要的是它具有平等性，是具有独立经济利益的商品生产者通过平等互利的商品交换来实现自身利益的社会经济形式。价值规律在价值决定方面规定商品的价值由生产它的社会必要劳动时间决定，社会必要劳动

时间是各个商品生产者个别劳动时间的平均，从而体现出他们之间在生产领域的平等性。在价值实现方面，价值规律要求按照等价交换原则进行交换，即按照由社会必要劳动时间决定的价值进行交换，从而体现了商品生产者在流通领域的平等性。因此，价值规律的基本内容体现了商品生产和交换的平等互利的本质联系，是调节商品生产者之间经济利益的规律。

第二，价值规律存在于商品经济发展的各个阶段。商品经济经过了漫长的发展历程，先后经历了简单商品经济、资本主义商品经济和社会主义商品经济等阶段。尽管商品经济在不同的阶段有不同的特点和特有的规律，但是，无论是哪个阶段，生产什么、生产多少、怎样生产都是其需要解决的最基本和最一般的问题，而这些问题的解决受到价值决定和价值实现的制约，即价值规律的支配。商品生产者要根据不同类商品的价格状况选择商品类型，要根据该种商品的供求状况确定生产的规模，要根据某种商品竞争状况和技术水平选择生产的方式。一方面，无论是价格状况、供求状况，还是竞争状况，都是由价值规律支配的，都是价值规律作用的表现形式。另一方面，商品生产者作出这些决策的动力是获取利润，获利必须有效解决商品的价值决定和价值实现问题，价值规律既是价值决定的规律，又是价值交换的规律，支配了商品生产者的决策。因此，价值规律存在于商品经济发展的各个阶段，是商品经济最一般、最基本、最普遍的规律。

第三，价值规律支配商品经济的其他规律。在商品经济中，也存在着多种经济规律，除了价值规律之外，还有供求规律、竞争规律、货币流通规律等。每一个经济规律都有各自的运行机制和运动方式，但是，各个经济规律之间又相互联系、相互制约，共同形成了商品经济的经济规律体系。其中，价值规律发挥着支配其他规律的核心作用。

📖 本章小结

商品是用于交换的劳动产品，具有使用价值和价值两个因素。使用价值是商品的自然属性，价值是商品的社会属性。

商品的两因素是由生产商品的劳动二重性决定的。劳动的二重性是具体劳动和抽象劳动，具体劳动是劳动的自然属性，抽象劳动是劳动的社会属性。具体劳动生产使用价值，抽象劳动形成价值。劳动二重性学说是理解马克思主义政治经济学的枢纽。

在以私有制为基础的商品经济中，劳动二重性反映了私人劳动和社会劳动的矛盾。

商品的价值是抽象劳动的凝结。商品的价值量由生产商品的社会必要劳动时间决定。在计算商品价值量时，要以简单劳动为尺度，复杂劳动要折合为简单劳动。商品价值量与体现在商品中的劳动量成正比，与生产商品的劳动生产率成反比。

价值规律是商品经济的基本规律，商品经济的运行受价值规律的制约。

价值规律的基本内容是：商品的价值量决定于生产商品的社会必要劳动时间，商品必须按照价值量相等的原则进行交换。商品价格由价值决定并受供求关系的影响，围绕着价值上下波动，这是价值规律的表现形式。价值规律是商品经济的基本经济规律，在商品经济中必然存在并发生作用。

思考题

1. 解释下列概念：商品、使用价值、价值、社会必要劳动时间、简单劳动、复杂劳动、劳动生产率。
2. 怎样理解商品价值和使用价值的对立统一关系？
3. 为什么说劳动二重性决定了商品两因素？
4. 为什么说劳动二重性学说是理解马克思主义政治经济学的枢纽？
5. 商品的价值量为什么不能由商品生产者所耗费的个别劳动时间来决定？
6. 阐述价值规律在商品经济中的作用。

第三章 货币

商品是使用价值与价值的矛盾统一体，其中，价值体现了商品的社会属性，它在商品与商品的交换中表现出来。货币的出现显示出商品经济内在矛盾的扩展。本章通过分析商品价值形式的演变说明货币的产生与本质，在此基础上阐述货币的职能和货币流通规律的内容。

第一节　价值形式的演变与货币的产生

商品既然具有使用价值和价值两个因素，因而也就相应地具有两种表现形式——使用价值的表现形式和价值的表现形式。使用价值的表现形式就是商品的自然体本身，是人们可以直接感触到的。价值的表现形式则不然，它体现为商品的社会属性，是看不见、摸不着的，从孤立的物品上无法表现出来。既然价值体现商品的社会属性，那么商品的价值就只有在商品与商品的社会关系即商品交换中才能表现出来。所谓商品的价值形式，就是价值的表现形式，也就是交换价值。价值形式随着商品交换的发展而发展，经历了四个发展阶段：简单的价值形式、扩大的价值形式、一般价值形式和货币形式。

一、简单的价值形式

一种商品的价值偶然地表现在另一种商品上，这种价值形式就是简单的价值形式。简单价值形式是和原始社会末期出现的简单的、偶然的物物交换相适应的。用公式表示就是：

$$1 \text{ 只绵羊} = 2 \text{ 把石斧}$$

这种价值形式虽然简单，但一切价值形式的秘密都隐藏在其中。分析了简单的价值形式的内容，实际上也就分析了一切价值形式的共同内容。

在这个价值等式中，等式两端的商品处于不同的地位，起着不同的作用。绵羊是用石斧来表现自己的价值的，石斧则是绵羊价值的表现材料。因而，绵羊起着主动的作用，它的价值表现为相对价值，即只是相对地被表现出来，所以，它处于相对价值形式。而石斧起着被动的作用，它是用来表现绵羊的价值的，所以处于等价形式。

相对价值形式和等价形式处于同一价值形式的两极，它们是对立统一的关系：既相互依赖、互为条件，又相互排斥、相互对立。两者的统一表现在：一种商品处于相对价值形式上，是以另一种商品处于等价形式上为条件的；一种商品处于等价形式上，同样以另一种商品处于相对价值形式上为条件，缺少任何一方都不成为价值形式。两者的对立表现在：在同一价值关系表现中，一个商品不能既处于相对价值形式上，同时又处于等价形式上，因为任何商品都不能用自己来表现自己的价值，也不会自己同自己相交换。需要指出的是，在简单的价值形式中，相对价值形式和等价形式的对立很不固定，如上例中，假如石斧处于主动地位，要绵羊来表现它的价值，等式就颠倒过来成为"2 把石斧 = 1 只绵羊"。

相对价值形式是在商品交换中使自己的价值得到相对表现的形式。绵羊和石斧之所以能够按照一定比例相交换，是因为它们都是劳动的产品，都耗费了抽象的一般人类劳动，都具有价值。从量的方面来考察，处于相对价值形式上的商品的价值量相对地表现在处于等价形式上的商品的使用价值量上；商品的价值量取决于相交换的两种商品的社会必要劳动量之间的比例关系。例如在"1 只绵羊 = 2 把石斧"的等式中，假定生产 1 只绵羊耗费的社会必要劳动量为 200 小时，生产 1 把石斧的社会必要劳动量为 100 小时。如果生产 1 只绵羊的社会必要劳动量不变，而生产一把石斧的社会必要劳动量减少到 50 小时，这样，就有 1 只绵羊 = 4 把石斧。可见，相对价值形式价值量的变化取决于等式两边商品价值量的变化。因此，这只是一种相对的价值量，即价值量的相对表现，而不是其绝对的表现。

等价形式是某种商品充当价值的代表与另一种商品直接交换的形式。处于等价形式的商品叫作等价物，也称为价值镜，即反映处于相对价值形式上的商品价值的一面镜子。等价形式具有三个特点：第一，使用价值成为价值的表现形式，即处于等价形式上的商品是用它的使用价值作为价值的表现形式，或者说，它是用自己的使用价值作为价值的化身来表现其他商品的价值；第二，具体劳动成为抽象劳动的表现形式，处于等价形式上的商品，本来也是一定的具体劳动的产品，但由于它处于等价形式的地位，成为表现其他商品价值的材料，因此生产这种等价物的具体劳动也就成为抽象劳动的表现形式；第三，私人劳动成为直接的社会劳动形式，在商品经济中，生产各种商品的劳动都是私人劳动，同时由于它们都是社会分工体系中的一部分，因此，又都是社会劳动。但是，由于生产商品的劳动的社会性，只有当这种商品能够用于和其他商品相交换时，才会得到社会的承认。处于等价形式上的商品，作为能够直接和其他商品相交换的等价物，它所包含的私人劳动，也就成为直接社会形式的劳动。

可见，在简单的或偶然的价值形式中，商品的内在矛盾即使用价值和价值的矛盾、具体劳动和抽象劳动的矛盾转化为外部矛盾，表现为两种商品之间的关系。处在相对价值形式上的商品，只是当作使用价值而存在，它的价值要通过另一种商品来表现；处于等价形式上的商品，只是当作价值而存在，其使用价值成为表现另一种商品价值的材料。

简单价值形式与简单的偶然的商品交换相适应。在价值的表现上，简单价值形式无论从质的方面考察还是从量的角度分析都是很不充分的。在简单价值形式中，一种商品的价值只是表现在另一种商品的使用价值上，还没有把价值作为无差别人类劳动凝结这一质的同一性充分表现出来；在简单价值形式时，商品交换是偶然现象，商品交换的比例具有偶然性，商品交换的比例关系受价值量调节的客观规律性也未充分表现出来。随着第一次社会大分工的出现和社会生产力的发展，商品交换的种类和范围扩大了，简单价值形式便发展到扩大的价值形式。

二、扩大的价值形式

随着社会生产力的发展，原始社会末期出现了第一次社会大分工，畜牧业从农业中分离出来。社会生产力得到进一步发展，剩余产品不断增加，商品交换逐渐成为经常化的行为。随着商品交换的发展，一种商品已经不是偶然地而是经常地和许多商品相交换。这样，简单的价值形式就发展为扩大的价值形式。一种商品的价值表现在其他一系列商品上的价值形式，就叫作扩大的价值形式。用等式表示就是：

$$1 \text{ 只绵羊} \begin{cases} = 2 \text{ 把石斧} \\ = 80 \text{ 斤粮食} \\ = 60 \text{ 尺布} \\ = 5 \text{ 张兽皮} \\ = \text{一定量其他商品} \end{cases}$$

在扩大的价值形式中，处于相对价值形式的商品的价值已经不是偶然地表现在另一种商品上，而是经常地表现在一系列的其他商品上，每一种其他商品体都成为反映它的价值镜。这时，作为等价物的已经不是一种商品，而是许多种不同的商品了。扩大的价值形式表明，商品的价值同它借以表现的使用价值的特殊形式是没有关系的。一种商品之所以能够同一系列使用价值不同的商品发生等价交换，只是因为它们都是人类劳动的产物。价值实体是物化在商品中的一般人类劳动这一本质，在扩大的价值形式中得到了更清楚的证明。在数量上，由于交换已是经常的事情，价值量基本稳定，各种商品的交换比例更接近于它们所包含的劳动量的比例。也就是说，商品交换的比例越来越由社会必要劳动时间决定了。

扩大的或总和的价值形式的价值表现比简单价值形式更为充分，范围更广，从而促进了商品交换的发展。但扩大的价值形式毕竟只是简单价值形式的扩大或总和，从价值表现的要求来看，它仍有局限性。从相对价值形式看，每一个商品的价值表现都是一个无穷的系列，还没有一个共同的、统一的表现；从等价形式看，还没有形成一个大家公认的统一的一般等价物。在实践中，这种局限性表现为交换过程中的困难，例如，有绵羊的人希望用绵羊交换石斧，而有石斧的人却需要粮食，有粮食的人则需要布。如果有布的人需要绵羊，则有绵羊的人就需要用绵羊换布，再用布换粮食，最后才能用粮食换到石斧，如果有布的人不需要绵羊，那么，交换就会更加困难。随着商品交换的发展和矛盾的日益加深，扩大的价值形式发展到一般价值形式。

三、一般价值形式

一般价值形式是适应解决扩大的价值形式的矛盾而产生的。在长期交换过程中，商品所有者逐渐认识到，如果先将自己的商品换成市场上大家都愿意接受的商品，然后用这种商品去换回自己所需要的商品，交换就比较容易实现。这样，在商品所有者自发活动的基础上，便逐渐从商品世界中分离出某种商品来作为交换的媒介，一切商品的价值都由这种商品来表现，这样的价值形式就是一般价值形式。用等式表示就是：

$$
\left.
\begin{array}{l}
2\ \text{把石斧} = \\
80\ \text{斤粮食} = \\
60\ \text{尺布} = \\
5\ \text{张兽皮} = \\
\text{一定量其他商品} =
\end{array}
\right\}\ 1\ \text{只绵羊}
$$

一般价值形式的出现是价值形式发展的一个重要阶段，是价值形式发展过程中的一次质的飞跃。这是因为：① 在扩大的价值形式中，处在相对价值形式上的商品（如绵羊）的价值表现在许多商品上，而在一般价值形式中，尽管许许多多商品的使用价值千差万别，但是它们的价值表现却是一样的，一切商品的价值都是通过作为一般等价物的商品（如绵羊）表现出来的；② 在扩大的价值形式中，每种商品的价值都有自己的表现系列，而在一般价值形式中，一切商品的价值都统一表现在一种商品上，这样，一切商品的价值作为无差别的人类劳动凝结的性质，便完全地、充分地表现出来了；③ 在扩大的价值形式中，一种商品究竟是处于相对价值形式还是处于等价形式，是不固定的，而在一般价值形式中，作为一般等价物的商品，成了一切商品价值的表现材料，除了一般等价物以外，其他一切商品都丧失了作为等价物的资格，商品究竟是处在相对价值形式上还是处在等价形式上，已不再是可以逆转的了。总之，在一般价值形式中，价值表现是简单的、统一的，所以是一般的。在这里，物物交换便发展成了以一般等价物为媒介的商品流通。

一般价值形式克服了扩大的价值形式的缺点和局限性，在很大程度上促进了商品交换的发展。但它也有不足之处，即一般等价物还没有固定在某一种商品上，在不同时期、不同地区充当一般等价物的商品是不同的。在历史上，贝壳、兽皮、盐等都充当过一般等价物。由于一般等价物的不固定、不统一，给商品交换带来了新的困难。于是，客观上要求有一个固定的统一的商品来充当一般等价物。当一般等价物固定地由金、银等贵金属来承担时，它们就成了货币，一般价值形式就过渡到货币形式。

四、货币形式

货币形式是价值形式发展的完成阶段。在这一阶段，一切商品的价值都统一由货币来表现，货币成为价值和财富的化身。

当某种商品从商品世界中分离出来，并固定地独占了一般等价物的地位时，这种特殊商品就成了货币，这种价值形式就是货币价值形式。用等式表示就是：

$$
\left.
\begin{array}{r}
2\ 把石斧 = \\
80\ 斤粮食 = \\
60\ 尺布 = \\
5\ 张兽皮 = \\
一定量其他商品 =
\end{array}
\right\} 1\ 克黄金
$$

货币形式与一般价值形式并没有本质区别，唯一的区别只是一般等价物固定于金银商品上。金银能够固定地充当一般等价物，取得直接代表社会劳动的特权地位，并不是金银有什么神秘的地方，而是由于它的自然属性使之最适合充当货币材料。一是体积小，价值大，便于收藏和携带；二是质地坚固，不易腐烂变质，便于长期保存；三是质地均匀，硬度小，易分割和合并。马克思指出，金银天然不是货币，但货币天然是金银。随着商品经济的发展，货币形式也在发生着变化，但是，不管货币形式怎样变化，货币充当一般等价物的本质作用不会改变。

货币的出现，使整个商品世界分成了两极：一极是除货币以外的所有其他商品，它们只是直接作为使用价值存在；另一极是货币，它直接作为价值的化身而存在，固定充当一般等价物表现其他一切商品的价值。货币的出现使商品内部的使用价值和价值的矛盾转化为商品与货币的外部对立。可见，货币是商品价值形式的完成形式，是商品交换发展到一定阶段的产物，是商品内在矛盾发展的必然结果。

五、货币虚拟化的逻辑过程

货币在发展中逐渐脱离贵金属转化为信用货币，信用货币在实践中采取了从纸币到银行账户、信用卡等各种形式，转化为一种纯粹的账面数字，这一过程就是货币的虚拟化过程。20 世纪上半叶，黄金先后在各国国内退出了货币领域，到 20 世纪 70 年代初，黄金最终退出了世界货币领域，从此，货币完全脱离贵金属，被虚拟化了。

实际上，货币出现以后，它作为价值的独立化代表在形态上与使用价值相脱离的过程并没有结束，货币摆脱任何具体使用价值的过程在金银独占货币地位之后就逐渐展开了。

贵金属之所以被作为货币，根本原因在于价值——物化的商品经济下的社会关系赋予了它们这种社会职能。没有这种社会关系，贵金属与其他商品的使用价值相比，除了物质特性以外没有任何区别。在货币自发产生的过程中，在生产力尚不发达的条件下，人们只能从社会既有的商品中选择金银等材料来表现商品的价值，从而把金银推上了货币的位置。但是，货币产生和发展的根本原因不在于贵金属的物理化学特性，而是推动价值形式发展的商品内部矛盾运动。贵金属货币形成后，它自身就存在着一个新的矛盾，即其衡量价值的社会属性与金银的使用价值的矛盾，表现为货币所代表的价值运动受到金银的使用价值的束缚。价值运动中，价值形态变化要求不受物质运动过程的阻碍，但是，金银充当货币则使价值的转手受到物质运动的"摩擦力"，从而产生了不必要的耗费；价值作为物化劳动的结晶是随着商品生产的发展而增加的，但金银等贵金属则受到它们本身的生产条件，包括贵金属的储量、开采技术、冶炼与提纯技术，以及金银的生产技术与一般商品生产技术的相对提高的速度差别等因素的制约。

随着生产力的日益提高，商品的种类和数量越来越多、交易的范围更广泛、交易的时间越来越短暂，黄金的个别使用价值与社会属性和社会职能之间的矛盾就会越来越尖锐。从长期看，金属的储量及开采量远远赶不上商品交换扩大对货币需要的增加，特别是在商品关系向各个领域渗透的情况下，许多以前不使用货币的领域都逐步纳入了货币交换的范围。随着经济发展和"货币化"程度的提高，贵金属货币的内在矛盾激化。一方面，商品经济的发展对货币的需求量越来越超出了贵金属货币的生产能力；另一方面，早期使贵金属从其他商品中分离出来成为货币的种种特性，如便于携带、便于分割等优点同逐步发展起来的信用货币和信用与结算工具相比，优势已经逐步丧失。因而，信用货币代替金属货币执行货币的职能就成为货币内部矛盾运动的必然逻辑结果。

这些新的货币形式虽然在方便和快捷等方面都优于贵金属货币，但它们却不像贵金属那样本身具有价值，并且价值比较稳定。因此，随着信用制度的发展，中央银行制度作为在资本主义条件下经济社会化的一个重要制度机构，承担着对货币数量进行控制的职能。

第二节　货币的本质与职能

价值形式的发展过程表明，货币在本质上也是一种商品。作为商品，它与普通商品一样，也具有使用价值和价值。但是，货币又不是普通的商品，而是固定地充当一般等价物的特殊商品。货币的这种一般等价物作用使商品生产者之间的社会生产关系必须通过货币才能表现出来。因此，货币是固定地充当一般等价物的特殊商品，体现着商品生产者之间的社会经济关系。

货币的职能是指货币在社会经济生活中的作用，它是由货币的本质决定的，是货币本质的具体体现。在发达商品经济中，货币具有五种职能。

一、价值尺度

货币在表现其他商品的价值，并衡量商品价值量的大小时，便执行价值尺度的职能。货币之所以能够执行价值尺度职能，是因为货币本身也是商品，凝结着一般人类劳动。这样，一切其他商品都可以用作为一般等价物的货币商品去衡量，表现自己的价值，这个一般等价物的货币商品便成了衡量其他一切商品共同的价值尺度。

商品价值量的大小，是由凝结在该商品中的社会必要劳动时间来决定的。

所以社会必要劳动时间是衡量商品价值的内在尺度。但是，商品的价值量不能用劳动时间直接表现出来，必须借助货币外化出来，即通过在交换过程中等于多少货币间接地表现出来。因此，货币作为价值尺度也就是商品价值的外在尺度，它是商品内在的价值即社会必要劳动时间的必然表现。

用货币表现的商品价值叫作价格，它代表着商品与货币的交换比例。商品价值是价格的基础，价格是商品价值的表现形式。货币执行价值尺度职能，是表现其他商品的价值，因此，不需要现实的货币，只要有想象的或观念的货币即可。各种商品具有不同的价值量，用货币来衡量，就表现为不同的货币数量。为此，货币自身也必须有一个确定的计量单位，以便表示货币的数量，这种计量货币的单位及其等分，叫作价格标准。金银的自然计量单位是重量单位，因此，金银的重量单位及其等分就成为历史上最初的货币单位名称。后来，由于货币制度的演化及在各国经济往来中与外国货币发生关系，货币单位的名称逐渐脱离了重量单位名称。不同国家有不同的货币单位，因而有不同的价格标准。例如，英国的英镑、便士，美国的美元、美分，中国的元、角、分，等等。

价格标准不是货币的一个独立职能，它是由货币执行价值尺度的职能派生出来的。二者有着密切的关系：货币执行价值尺度的职能是通过价格标准来实现的，价格标准是为了货币执行价值尺度职能而作出的技术规定。但是两者也有很大的区别：第一，价值尺度用来衡量各种不同商品的价值，价格标准则用来衡量货币本身的量；第二，作为价值尺度的货币本身具有价值，其价值随着生产货币的劳动生产率的变化而变化，价格标准与劳动生产率的变动无关；第三，价值尺度是在商品经济发展中自发产生的，并不依存于国家权力，而价格标准则通常是由国家法律规定的。

二、流通手段

货币充当流通手段，就是货币在商品交换中起媒介作用。

货币产生之后，商品交换从物物交换转化为以货币为媒介的交换，这一交换把一个统一的商品交换过程分解为两个过程：一是卖的过程，二是买的过程。这种以货币为媒介的商品交换就是商品流通。

在商品的价值形态变化 $W—G—W$ 的过程中，流通的第一阶段 $W—G$，是整个过程的最关键阶段。马克思曾说，$W—G$ 是商品惊险的跳跃，这个跳跃如果不成功，摔坏的不是商品，一定是商品所有者。这是因为私人劳动与社会劳动的矛盾，使商品必须转化为货币，投入商品生产的劳动才能被社会所承认，但是生产资料的私有制使社会生产呈现无政府状态，因此商品转化为货币、转化为多少货币成为不确定的事情。商品转化为货币以后，它就取得了社会所承认的一般价值形式，因而可以直接交换所需的其他商品。

货币充当流通手段，打破了商品直接交换在时间上和空间上的限制，促进了商品交换的发展。但是，买和卖的分离也包含着危机的可能性。这是因为交换过程在时间上和空间上分开了。商品所有者在一地卖出商品以后，并不一定在当地买，或者不一定马上买。这样就有可能使一些人的商品卖不出去，造成生产的相对过剩。所以在以货币为媒介的商品流通中，已经包含着发生商品相对过剩危机的可能性。

商品流通过程带来的交换范围扩大和程度的加深，形成了交换活动对货币的强烈依赖。货币不断地作为购买手段实现商品的价值，把商品从卖者手中转到买者手中，同时，它自身又不断地从买者手中转到卖者手中。货币不断地作为购买手段与各种商品更换位置的运动，就构成了货币流通。货币流通是由商品实现自身价值的运动所引起的，商品流通是货币流通的基础，货币流通则是商品流通的表现。

在商品流通中，货币充当交换的媒介不能是观念上的，而必须是现实的货币，这是因为商品生产者的目的是为了交换，为了把自己手中的商品换成货币，使自己的劳动得到社会的承认，所以商品生产者出卖商品所获得的货币必须是现实的货币。但是作为流通手段的货币，并不用于贮藏，而是要用以购买其他商品。在这里，货币在商品交换过程中处于不断流动的状态。就一个商品生产者来说，货币在他手中只是一个转瞬即逝的要素，马上又要被别的商品所代替。只要货币能够按照它所代表的价值买到所需要的商品，就会在流通中被人们接受。这样，在一定限度内就可能出现不足值的货币仍可作为流通手段的情况。这种可能性导致了纸币的产生。最初的纸币是银行发行的，代表金属货币流通，并可以兑换成贵金属货币的银行券。以后，随着纸币流通成为一种固定化的制度，又出现了不能兑换金属货币的信用货币，即以国家信用为依据，由国家发行并强制流通的价值符号。今天，纸币已成为现代经济中最基本的流通手段。

价值尺度与流通手段的职能是货币最基本的职能。以下各种职能都是由这两种基本职能派生出来的。

三、贮藏手段

当货币退出流通领域，被人们当作独立的价值形态和社会财富的一般代表加以保存时，就执行贮藏手段的职能。

货币之所以能够执行贮藏手段，乃是因为货币是一般等价物，是社会财富的一般代表，人们贮藏货币就意味着可以随时将其转变为现实的商品。作为贮藏的货币，必须是足值的金属铸币或贵金属本身。货币贮藏一般有两种形式，一是直接贮藏金银；二是贮藏金银制品。

货币作为贮藏手段的职能是随着商品生产和商品流通的发展而不断发展的。最初，人们只是把满足自己需要以后多余的部分产品拿去交换，换取货币后暂时不购买商品就把它贮藏起来。随着商品生产的发展，贮藏一定数量的货币也成为顺利进行再生产的必要条件，因为商品生产者生产和销售商品需要一定的时间，为了在出售商品以前能够购买生产资料和生活资料，使生产不致中断，商品生产者手中必须贮藏有货币。此外，求金欲也使人们在出卖商品以后不再购买，而把货币作为绝对的社会财富贮藏起来。

　　在金属货币流通的条件下，贮藏货币具有自发地调节货币流通的特殊作用。当流通领域所需要的货币量增加时，货币供不应求，货币就会升值，从而刺激货币从贮藏中流出，加入流通领域成为流通手段；而当流通中所需要的货币量减少时，货币供过于求，货币就会贬值，有一部分货币就会自动退出流通领域成为贮藏货币。这样，贮藏货币就像蓄水池一样，能够自发地调节流通中的货币量，使之与流通中的客观需要量相适应。由于贮藏货币的这种特殊作用，在足值的金属货币流通条件下，一般不会发生货币过多的现象。

四、支付手段

　　货币的支付手段职能是指货币用来清偿债务或支付赋税、租金、工资等的职能。

　　货币作为支付手段的职能最初产生于赊卖赊买的商品交换中，是与商业信用联系在一起的。由于一些商品生产过程的季节性和地域性差异，在客观上要求商品的出售与商品价值的实现在时间上分离，这样就产生了赊销和赊购。这时，卖者成为债权人，买者成为债务人，买卖双方约定一定时期，到期由买者向卖者支付货款。因此，商业信用是货币支付手段职能产生的前提条件。当商品生产达到一定水平时，货币支付手段的作用就超越了商品生产者之间清偿债务这个范围，如缴纳地租、税金、支付工资及其他劳动报酬、财政、信贷收支，等等。

　　货币作为支付手段，一方面，暂时缓解了因缺乏现金而不能购买商品的矛盾，使商品在缺乏现金的情况下得以流通，减少了流通中所需要的货币量，从而有利于商品经济的发展。另一方面，它也进一步扩大了商品经济的矛盾。商品生产者之间互相赊欠，形成一系列债务关系的链条，其中任何一个环节如不能按期偿还，支付链条中断，就会引起连锁反应，使整个信用关系遭到破坏，导致商品生产和经营无法顺利进行，这扩大了商品经济的矛盾，使爆发经济危机的可能性进一步加深。

五、世界货币

　　货币越出国界在世界市场上发挥一般等价物的作用，叫作世界货币。世界货币的职能是国际贸易发展的结果。

　　在早期的对外贸易中，货币一般只限于贵金属——黄金和白银。各国内部法定的纸币和普通金属铸币"穿着国家服装"，通常不能越出国界。因此，它们不能充当世界货币。只有"脱掉了国家服装"的贵金属才可以在国与国之间的经济往来中作为一般的支付手段。

　　世界货币的职能主要表现在三个方面。① 作为国际间支付手段，用来支付国际收支差额。各国之间政治、经济、文化联系引起的相互之间的货币支付，有时采取债务相互抵消以后只支付差额的做法。这时，货币就作为国际间的一般支付手段。② 作为国际的一般购买手段，主要是一国单方向另一国购买商品，货币商品直接同另一国的一般商品相交换。③ 充当国际间财富转移的手段。货币作为社会财富的代表，可由一国转移到另一国，如资本的转移、对外援助、战争赔款等。

货币的五种职能是有机地联系着的，它们共同表现货币作为一般等价物的本质。一般等价物必须具有能够表现与一切商品相交换的能力的基本特征。当货币表现一切商品的价值时，就发挥了价值尺度职能。而当货币与一切商品相交换时，则具有流通手段职能。因此，价值尺度与流通手段是货币的基本职能，两者互相联系、不可分割。由于货币具有价值尺度和流通手段职能，才使人们产生了贮藏货币的动机；也只有当一种商品成为货币之后，它才成为价值的独立体现物，从而才会因流通的中断而转入贮藏。但贮藏手段同时又是潜在的流通手段，一旦流通需要，货币又会重新进入流通。因此，贮藏手段职能是与货币的价值尺度和流通手段职能紧密联系的。在信用交易的条件下，货币在发挥支付手段职能以前，首先在发挥价值尺度职能。因为信用交易的契约只有在议定商品价格以后才能成立。同时，支付手段职能的产生也是基于流通手段和贮藏手段职能的发展。这是因为：首先，以货币买卖商品的形式必然是先行于以信用买卖商品的形式；其次，正是由于贮藏手段职能的发展，人们发现货币不仅可以作为剩余产品和流通手段准备金被贮藏起来，而且可以用来偿还债务。随着国际贸易的产生和发展，货币也超越国界，具有了世界货币职能。

第三节　货币流通规律

一、贵金属货币流通规律

货币流通规律是指决定在一定时期内商品流通中所需要货币量的规律。

货币流通由商品流通引起并表现商品流通，货币流通的规模和速度也是由商品流通的规模和速度决定的。因此，在一定时期内，商品流通中所需要的货币量首先取决于流通中商品的数量。但货币流通又与商品流通有所不同，商品从生产过程进入流通过程后，经过交换就退出流通领域、进入消费领域，而货币却一直停留在流通领域中，不断地为商品流通作中介。这样，流通中所需要的货币量就取决于下列因素：① 待流通的商品数量；② 商品价格水平；③ 货币流通速度。其中前两项即商品价格与商品数量的乘积就是商品价格总额。在一定时期，流通中所需要的货币量与商品价格总额成正比，与同一单位货币流通速度成反比，这就是金属货币流通规律。这种关系可用公式表示如下：

$$流通中所需要的货币量 = \frac{商品价格总额}{同一单位货币的平均流通速度（次数）}$$

如果以 M 代表执行流通手段职能的货币量，以 P 代表商品价格水平，以 Q 代表流通中商品数量，以 V 代表货币流通速度，则货币流通规律的数学表达式为：

$$M = \frac{PQ}{V}$$

货币支付手段的职能使有些商品交换采取了赊购赊销形式，不需要现金参加交易，从而引起货币需要量的变化。因此，上述公式要作适当调整，即在商品价格总额中减去赊销商品的价格总额（即延期支付的总额）和债权债务相互抵消的商品价格总额，再加上过去销售而到期必须支付的商品价格总额，这才是在这一时期内真正需要用货币作为媒介来完成商品交换的总额。这样，原来的货币流通量的公式应该扩充为：

$$流通中所需货币量 = \frac{全部商品价格总额 - 赊销商品的价格总额 + 到期的支付总额 - 相互抵消的支付总额}{同一单位货币的平均流通速度（次数）}$$

在贵金属货币流通情况下，由于货币本身具有价值，能够执行贮藏手段的职能，因而可以自发地调节流通中的货币量，使之与客观需要量相适应。

二、纸币流通规律

纸币流通规律是指流通中纸币总量所代表的价值量决定于货币需要量的规律。它是货币流通规律在纸币流通条件下的特殊表现形式。

纸币是由国家发行并强制使用的价值符号，本身没有价值。纸币是金属货币的符号，它代替金属货币执行流通手段的职能。无论发行多少纸币，它只能代表商品流通中所需要的金属货币量。因此纸币流通规律是以金属货币流通规律为基础的。纸币发行量应根据金属货币流通规律决定的货币需要量来确定。因此，纸币的发行量必须以商品流通中所需要的具有内在价值的金属货币数量为限度。如果纸币发行量超过上述限度，较大的纸币总额仍只能代表流通中所需要的金币的价值，每张纸币所代表的金币量就会相应减少，造成纸币贬值、物价上涨，这一现象叫作通货膨胀。

通货紧缩是与通货膨胀相对应的一个概念，是指一般物价水平的持续下跌，即物价出现负增长。所谓一般物价水平，是指具有普遍代表意义的价格水平，即包括商品和劳务等价格水平。单一商品或某一部门商品价格下降并不构成通货紧缩。通货紧缩的原因是多种多样的，从世界各国发生的通货紧缩来看，它可能与货币政策有关，也可能与生产能力过剩、有效需求不足、政府支出缩减和放松管制等因素有关。

通货膨胀和通货紧缩都可能给经济发展带来灾难性的后果。要保持国民经济的持续、快速、健康发展，既要防止通货膨胀，又要防范通货紧缩。

📖 本章小结

货币是商品生产和商品交换矛盾的产物。商品价值形式的发展依次经历了简单的价值形式、扩大的价值形式、一般价值形式和货币形式四个发展阶段。货币是价值表现的最完备形式，它是在长期商品交换发展过程中产生的。

货币的本质是固定地充当一般等价物的特殊商品。货币具有五种职能，其中最基本的职能是价值尺度和流通手段，其他三种职能是贮藏手段、支付手段、世界货币。

货币的流通规律是：在一定时期内，流通中所需要的货币量与商品价格总额成正比，与同一单位货币流通速度成反比。纸币流通规律是货币流通规律在纸币流通条件下的特殊表现形式，纸币的发行限于它象征地代表的金（或银）的实际流通的数量。在纸币流通的情况下，如果纸币的发行量与商品流通中所需金属货币量不一致，就会引起通货膨胀或通货紧缩现象，危害经济的正常运行。

❓ 思考题

1. 解释下列概念：价值形式、货币、货币流通规律。
2. 试述货币的本质和职能。
3. 阐述货币流通规律的内容。

第四章　资本与剩余价值

本章从资本总公式的矛盾出发，分析了劳动力商品的特点，劳动力成为商品是货币转化为资本的前提；揭示了资本主义生产过程的本质特征是劳动过程和价值增值过程的统一；通过区分不变资本与可变资本及各自在价值增值过程中的不同作用，进一步揭示了剩余价值产生的源泉；考察了剩余价值率和剩余价值量，指出剩余价值规律是资本主义的基本经济规律；最后阐述了绝对剩余价值生产和相对剩余价值生产这两种剩余价值生产的基本方法。

第一节　货币转化为资本

一、作为货币的货币和作为资本的货币

货币是商品交换发展的结果，也是资本的最初表现形式。一切资本的投入都总是以货币的形式出现的。也就是说，资本总是表现为货币，但货币本身并不是资本，货币在一定条件下才成为资本。作为货币的货币与作为资本的货币有着本质区别。

作为货币的货币，其流通形式是：$W—G—W$（商品—货币—商品）

作为资本的货币，其流通形式是：$G—W—G'$（货币—商品—货币）

这两种流通形式，虽然都是买和卖两个阶段的统一，每一阶段都有商品和货币的交换，但是它们在形式、内容和目的上都是有区别的。

首先，二者在流通形式上不同。$W—G—W$，以卖开始，以买结束，运动的起点与终点都是商品，货币是整个过程的媒介；$G—W—G'$，以买开始，以卖结束，运动的起点与终点都是货币，商品是这个过程的媒介。

其次，两者在内容上不同。在简单商品流通中，两端的使用价值不同的商品构成了流通的实际内容，使用价值是运动的主体。而在资本流通中，其实际内容是货币的支出与收回，价值是运动的主体。

再次，流通的目的和动机不同。商品流通的最终目的是满足消费需要，追求的是使用价值；资本流通的目的是交换价值本身，是为了增值。在商品流通中，两极都是商品，它们的价值量相等，但使用价值不同，所以不同使用价值的交换是这一运动的内容。而在资本流通中，两极都是货币，它们没有质的不同，只有量的差异。经过资本流通，最后从流通中取回的货币多于起初投入的货币。这一过程的完整形式是 $G—W—G'$。其中 $G' = G + \Delta G$，即等

于原预付资本额 G 加上一个增值额 ΔG。马克思把这个增值额 ΔG 叫作"剩余价值"。资本所有者就是为了这个剩余价值而投入货币的。

当货币能够带来剩余价值时，货币也就变成了资本。资本就是能够带来剩余价值的价值。

二、资本总公式及其矛盾

公式 $G-W-G'$ 反映了所有资本的最一般的运动形式。首先，它直接反映了商业资本的运动形式。其次，它也反映了产业资本的运动形式。产业资本也是从货币开始，由货币转化为商品，然后通过商品的出售，再转化为更多的货币。虽然其中还包括一个生产过程，但不过是对 $G-W-G'$ 公式的补充。再次，生息资本的运动公式 $G-G'$ 也只是对 $G-W-G'$ 公式的简化。所以，$G-W-G'$ 综合地反映了商业资本、产业资本和生息资本的最一般的运动形式，马克思称之为资本总公式。

按照价值规律的要求，商品交换按等价的原则进行。流通只会引起商品价值的形态变化，并不会改变商品的价值量。即使在流通中存在贱买贵卖、互相欺诈等不等价交换的现象，这种不等价交换也只能改变社会财富在不同商品生产经营者之间的分配，社会价值总量并不会增加，整个商品生产经营者阶层和社会不能靠欺诈发财致富。然而，在上述资本流通公式中，资本在流通中不仅保存了自身价值，而且带来了剩余价值，这显然同价值规律相违背。资本总公式存在着价值增值与等价交换的矛盾，"资本不能从流通中产生，又不能不从流通中产生。它必须既在流通中又不在流通中产生"①。这就是资本总公式的矛盾。这个矛盾表明，剩余价值不能在流通中产生，又不能不在流通中产生，它的产生必须以流通为媒介。

资本总公式的矛盾如何解决呢？解决了这个矛盾，也就揭示了剩余价值产生的秘密。在流通领域中既然等价交换是前提，显然，剩余价值便不能从作为资本的货币本身产生，因为货币作为购买手段或支付手段，只是实现商品的价值，其价值量没有增值；它也不能在上述公式的第二阶段（商品出卖阶段）产生，因为商品的价值已定，不会因出卖而发生价值增值。因此，价值变化只能发生在资本总公式的第一阶段所购买的商品上，但不能发生在这种商品的价值上。因为等价交换是商品交换的内在规律，于是价值增值只能发生在所购买商品的使用价值上。也就是说，要获得剩余价值，货币所有者就必须在市场上买到一种特殊的商品，它有一种特殊的使用价值，即具有成为价值源泉的特殊属性。它的使用能够创造出价值，并且能够创造出比自身价值更大的价值。这种特殊商品就是劳动力。所以，劳动力成为商品是问题的关键，是解决资本总公式矛盾的根本条件，也是货币转化为资本的前提。

---

① 马克思恩格斯全集：第 23 卷．北京：人民出版社，1972：188.

三、劳动力商品

劳动力是指人的劳动能力，是人的体力和脑力的总和。劳动力存在于活的人体中，健康的人到了一定的年龄就具有了劳动力。在任何社会，劳动力都是社会生产的基本要素，但只有在一定社会条件下，劳动力才会成为商品。

劳动力要成为商品，必须具备两个基本条件：第一，劳动者有完全的人身自由，能够自由地出卖自己的劳动力，并且，劳动力只是按一定时间出卖，而不是终身出卖为奴隶；第二，劳动者除了自己的劳动力以外，既没有生产资料，又没有生活资料，除了出卖自己的劳动力，别无生路。前者意味着劳动者不存在人身依附，后者意味着劳动者没有生产资料，自由得一无所有。马克思认为，只有在资本主义私有制条件下，劳动力才同时具备这两个条件。

劳动力商品和其他商品一样，也具有价值和使用价值两个因素。

劳动力商品的价值和其他商品的价值一样，是由生产和再生产这种商品的社会必要劳动时间决定的。劳动力存在于人体中，劳动力的生产和再生产，要以这个活的人体存在为前提。只有当劳动者消费了各种生活资料，使身体处于正常状态，才能不断地提供劳动力，才可实现劳动力的生产和再生产。因而，生产和再生产劳动力的社会必要劳动时间，可以还原为生产维持劳动者生存所必需的生活资料的社会必要劳动时间。具体地说，劳动力的价值包括三部分：一是为维持劳动者自身生存所需要的生活资料的价值，以满足生产和再生产劳动力的基本生活需要；二是维持劳动者家属生存所必需的生活资料的价值，用以延续后代，保持劳动力源源不断地供应；三是使劳动者掌握必要的生产技术所必需的教育和训练费用。

构成劳动力价值的上述各种物质内容，并不是一成不变的。由于各国的自然环境条件不同，历史形成的经济和文化发展程度不同，劳动阶级的形成条件和特点不同，因而生活习惯和要求也不同，这就使得各国生产和再生产劳动力所必需的生活资料在范围、类别及质量上都存在很大的差别。同样，同一国家的不同发展时期，所需要的生活资料的物质内容也会发生较大的变化。

正如商品的价值与劳动生产率具有密切关系一样，科学技术的进步和社会生产力的提高，会同时从相反方向引起劳动力价值量的变动。一方面，它使劳动力价值所包含的物质内容，即使用价值的范围、数量和质量在日益扩大和提高，而成为促使劳动力价值提高的因素；另一方面，它又使这些使用价值的价值量日益下降，而成为促使劳动力价值降低的因素。这两种因素交错作用，形成方向相反的趋势，使劳动力的价值量的变动呈现复杂的情况。资本主义经济的发展，客观上存在不断降低商品价值，从而降低雇佣劳动力价值的总趋势。

劳动力商品的最大特点在于其使用价值的特殊性。劳动力的使用价值就是劳动本身，这与一般商品的使用价值不同。一般商品在使用过程中，随着使用价值的消失或转换形态，其价值或者随之消失，或者转移到新的商品中去。劳动力商品的使用价值不仅能创造价值，而且能创造出超过自身价值以上的价值。正是对劳动力这种特殊商品的购买，从而对劳动力使用价值的运用，才使得资本家的货币转化为资本，实现价值增值。

劳动力的买卖是在流通中进行的。拥有货币的资本家和拥有劳动力的工人是作为自由的、在法律上平等的人缔结契约，彼此作为商品所有者发生等价交换关系。这与以往的奴隶社会和封建社会相比，是一种历史的进步。可是，这里的自由和平等只是表面上的。当资本家把劳动力商品买来之后，一离开流通领域，情形就完全变了：原来的货币所有者变成了资本家，昂首在前；劳动力所有者变成雇佣劳动者，尾随在后。一个笑容满面，雄心勃勃；一个战战兢兢，畏缩不前，像在市场上出卖了自己的皮一样，只有一个前途——让人家蹂躏，给资本家生产剩余价值。显然，这里的"自由"、"平等"，实际上是资本家剥削工人的"自由"，是资产阶级压迫和剥削工人阶级的不平等。

第二节 剩余价值的生产过程

一、资本主义生产过程

资本主义生产过程，同样是一般的人类劳动过程。它作为劳动过程，也是三个基本要素——劳动本身、劳动对象和劳动资料的有机结合。劳动过程就是劳动者运用劳动资料作用于劳动对象，生产出新产品的过程，也是人和自然之间的物质变换的过程。劳动过程这种一般性质，是一切社会的劳动过程所共有的，同样也适用于资本主义劳动过程。但是，人的劳动不是抽象和孤立的，而是一定生产关系下的社会过程。因而，在不同的社会制度下，劳动过程又各具特点。

在资本主义社会形态下，生产资料掌握在资本家手中，采取了资本的形式，被作为雇佣和剥削工人的手段；广大工人则是作为一无所有的雇佣劳动者进入劳动过程的。资本家在市场上购买到生产资料和劳动力以后，劳动力的使用价值就归资本家所有了。资本家消费劳动力的使用价值，就是迫使工人去劳动，于是就开始了资本主义的劳动过程。这就决定了资本主义劳动过程具有两个显著特点：一是工人在资本家的监督下劳动，他们的劳动属于资本家，这就决定了资本主义劳动过程中工人劳动的强制性；二是劳动产品属于资本家。由于生产资料归资本家所有，工人又隶属于资本家，作为劳动过程结果的产品自然也归资本家所有，而与直接生产者无关。

二、资本价值增值过程

资本主义生产是商品生产。但是资本家的目的不是生产使用价值，而是生产剩余价值。他之所以要生产使用价值，是因为使用价值是价值的物质承担者。因此，资本主义生产过程不仅是劳动过程，还是价值增值过程。

　　资本主义生产过程的本质特征在于，它是劳动过程与价值增值过程的统一。资本主义劳动过程是生产使用价值的过程，价值增值过程是生产价值和剩余价值的过程。前者是后者的物质基础，后者则是资本主义生产过程的本质所在。

　　根据马克思的劳动二重性学说，对资本价值增值过程的考察可以分成两个层次。

　　首先考察价值形成过程。假定某资本家投资开办一个纺纱厂，雇佣纺纱工人每人每天劳动力的价值为3元；每人每天劳动6小时，纺纱5公斤；消耗棉花5公斤，价值10元；消耗纱锭（代表用掉的劳动资料）价值2元。于是，5公斤棉纱的价值就是：

　　棉花的价值10元+纱锭的价值2元+纺纱工人6小时劳动所创造的价值3元=15（元）

　　这正好是资本家为生产5公斤棉纱所付出的资本总额。投资15元，生产的产品价值也是15元，这对于资本家来说是没有意义的。因而，资本家要千方百计地使价值形成过程转变为价值增值过程。

　　其次考察价值增值过程。从价值形成过程转变为价值增值过程，关键的一点在于劳动时间的长短。资本家支付给工人3元的工资，是纺纱工人劳动力的日价值，相当于6小时劳动创造的价值。但是，资本家不会满足于只让工人劳动6小时。因为，资本家支付了劳动力的日价值之后，就获得了对劳动力一天的支配权，资本家就可以让工人在一天内劳动更长的时间；而且，工人在得到3元的工资之后，购买生活资料，满足了一天的生存需要，在一天中可以劳动更多的时间。

　　比如，在上例中，资本家要求纺纱工人一天劳动12小时，劳动时间比以前增加一倍，消耗的生产资料也会相应地增加一倍。这样，一个工作日所消耗的棉花就从5公斤（10元）增加到10公斤（20元），所消耗的纱锭的价值就从2元增加到4元；纺纱工人生产出的棉纱也从原来的5公斤增加到10公斤；工人12小时的劳动作为抽象劳动创造出新价值6元。这样，资本家的预付资本为：

　　购买棉花10公斤20元+购买纱锭4元+购买劳动力3元=27（元）
　　生产出的棉纱的价值总额为：

　　生产资料的转移价值24元+新创造的价值6元=30（元）

　　资本家销售收入30元，比预付资本多出3元。这多出的3元就是剩余价值，即纺纱工人在一个工作日（12小时）中创造的新价值（6元）大于劳动力价值（3元）的超过额，它被资本家无偿地占有了。所以，剩余价值是由雇佣工人创造的、被资本家无偿占有的、超过劳动力价值的价值。剩余价值体现着资本家对工人的剥削。

　　可见，只要资本家把雇佣工人的劳动时间延长到为补偿劳动力价值所需要的时间以上，生产过程中新创造的价值就会超过劳动力的价值，就会有剩余价值。所以，价值增值过程不过是超过劳动力价值的补偿这一定点而延长了的价值形成过程。在价值增值过程中，工人的劳动时间分为两部分，一部分是再生产劳动力价值的时间，叫作必要劳动时间；另一部分是生产剩余价值的时间，叫作剩余劳动时间。

三、不变资本与可变资本

马克思主义政治经济学从劳动二重性出发，揭示了劳动过程中人的因素和物的因素在产品价值形成中起着不同的作用。工人消耗了一定量的劳动，一方面把劳动加到劳动对象上，创造了新价值；另一方面把生产资料的旧价值转移到新产品上而被保存下来。这种转移也是通过劳动实现的。工人并不是在同一时刻内劳动两次：一次为自己的劳动创造新价值，一次转移或保存旧价值。工人在同一时刻内从事劳动引起两种结果，只是由他的劳动本身的二重性所决定的，即抽象劳动创造新价值，具体劳动转移和保存旧价值。

资本家的预付资本总是分为两部分：一部分用来购买生产资料，另一部分用来购买劳动力。资本的这两个不同部分，在价值增值过程中的作用是不同的。

购买生产资料的资本，在生产过程中，转移自己的旧价值，价值量不发生变化，称之为不变资本（C）。购买劳动力的那部分资本则不同，它以工资的形式支付给工人，由工人在生产过程以外用于个人消费，再在生产过程中重新创造出来。因而这部分资本的价值不能转移到新产品中去。在生产中实际发挥作用的，是它所购买的劳动力，而劳动力的使用能够增加价值。由于这部分资本的价值会发生增值，称之为可变资本（V）。

根据资本这两部分在价值增值中的不同作用，把资本区分为不变资本和可变资本，是马克思的伟大功绩。这一理论对揭露剩余价值的来源及资本家对工人的剥削程度具有重要意义，它揭示了剩余价值是由可变资本带来的，剩余价值的真正源泉是工人的剩余劳动。不变资本作为活劳动的吸收器，固然也是价值增值的一个必要条件，但它本身不能带来剩余价值。

机器、厂房、原材料及劳动力等都只是资本的存在形式，但本身不是资本。资本就是能够带来剩余价值的价值，资本在本质上不是物，而是以物为媒介的特定的生产关系，即生产资料的所有者——资本家剥削一无所有的雇佣工人的关系。这是资本的最深刻的本质。马克思科学地指出："资本不是一种物，而是一种以物为媒介的人和人之间的社会关系。"[1] 那种把资本关系物化和神秘化的观念，是一种资本拜物教观念，是商品拜物教和货币拜物教的发展。

马克思的不变资本和可变资本的原理，不会因为生产过程全面自动化和机器人的出现而有所改变。首先，自动化机器体系再先进，也仍然是机器，它在生产中仍然作为劳动资料发挥作用，是创造使用价值的手段，在价值增

---

① 资本论：第 1 卷．北京：人民出版社，2004：834．

值过程中属于不变资本，并不能增加任何新价值。其次，价值是一般人类劳动的凝结，劳动是商品价值的唯一源泉，自动化的机器虽然代替了人的一部分劳动，但是不可能完全取代人的劳动，也不能改变劳动者在生产中的主体地位。机器再先进，总要由人来安装、调试、操纵和维修。机器的制造和控制正是凝结了人的活劳动，而且是更为复杂的活劳动。

四、剩余价值率与剩余价值量

剩余价值只是可变资本发生价值变动的结果，因此通常用剩余价值与可变资本对比来反映实际使用的可变资本的增值程度，即工人创造剩余价值的能力。剩余价值与可变资本之间的比率就是剩余价值率，剩余价值率通常用 m' 来表示，则有：

$$m' = \frac{m}{v}$$

与工人创造的价值分为 v 和 m 两部分相联系，工人的工作日也可分为两部分，一部分是再生产劳动力价值的必要劳动时间，在这部分时间内耗费的劳动称为必要劳动，另一部分是工人创造剩余价值的剩余劳动时间，在这部分时间内耗费的劳动叫剩余劳动。工人剩余劳动的凝结，或者说物化的剩余劳动，便是剩余价值的实体。所以，剩余价值率的公式也可以表示为：

$$剩余价值率 = \frac{剩余劳动时间}{必要劳动时间} = \frac{剩余劳动}{必要劳动} \times 100\%$$

上述两个公式是同一关系的两种不同表示形式。前一公式以物化劳动的形式表示资本增值程度，它表示在雇佣工人所创造的价值中，资本家和工人各自占有的份额；后一公式则以活劳动的形式表示剥削程度。

剩余价值率与剩余价值量是两个不同的概念。剩余价值率是一个相对量，反映不出资本家获得的剩余价值的绝对量。要全面了解资本家对工人的剥削情况，既要考察剩余价值率，又要考察剩余价值量。剩余价值量取决于两个因素：剩余价值率和可变资本总量。如果以 M 代表剩余价值总量，V 代表可变资本总量，则：

$$M = m'V$$

可见，资本家可以通过两个途径增加剩余价值总量：一是提高剩余价值率，即每个工人提供更多的剩余价值；二是扩大生产规模，增加可变资本总量，使用更多的工人。

从对剩余价值量的分析中可以看出，工人人数是决定剩余价值量的一个重要因素，而雇用一定数量的工人，就要求货币所有者手中有一定量最低限额的可变资本和相应的不变资本。可变资本的最低限额能够保证工人所生产的剩余价值量足以使投资者基本脱离生产劳动。如果没有这个最低限额的资本，雇工不多，他就还要直接参加生产劳动，他也就只能成为一个介于资本家和工人之间的"小业主"。所以，货币转化为资本有一个数量界限，也是小业主转化为资本家的资本数量界限。

五、剩余价值规律

资本主义生产的直接目的和决定性动机，就是无休止地采取各种方法获取尽可能多的剩余价值。这样一种不以人的意志为转移的客观必然性，就是剩余价值规律。剩余价值规律是资本主义生产方式的基本经济规律。

第一，剩余价值规律反映了资本主义生产关系的本质。剩余价值规律反映了资本主义生产的目的和达到目的的手段，即用提高剩余价值率和剥削更多工人的办法攫取更多的剩余价值。

第二，剩余价值规律决定着社会资本运行的各个环节。剩余价值的生产过程是资本主义生产和再生产过程的基础和核心。流通过程则是为剩余价值生产准备条件，并使剩余价值得到实现的过程。分配过程主要表现为剩余价值在社会各利益主体之间的分配过程。消费过程是剩余价值生产的要素，即劳动力的再生产过程，同时也是资本家消费剩余价值和维持生活的过程。

第三，剩余价值规律决定了资本主义生产方式的发展及其历史趋势。资产阶级为了追求剩余价值，总是要设法改进生产技术和设备，不断扩大生产规模和销售市场，从而不断促进资本主义生产方式的发展；同时也不断地加强和扩大对无产阶级的剥削，从而不断地深化着社会阶级矛盾和社会生产力与生产关系的矛盾，这就决定了资本主义生产方式最终必然为另一种更先进的生产方式所取代。

剩余价值理论是马克思主义经济理论的基石。马克思对资本主义生产过程的剖析，揭示了剩余价值的来源和资本主义生产的实质，也就解决了剩余价值理论的核心问题。马克思在批判的基础上建立起来的剩余价值学说，是理解全部资本主义经济关系的一把钥匙，并且为无产阶级指明了争取彻底解放的道路。对此，恩格斯评价说，这个问题的解决是马克思著作的划时代的功绩。它使社会主义者早先像资产阶级经济学者一样在深沉的黑暗中摸索的经济领域，得到了明亮的阳光的照耀。科学的社会主义就是从此开始，以此为中心发展起来的。

第三节 剩余价值的生产方法

剩余价值生产的基本方法有两种，一是绝对剩余价值生产，二是相对剩余价值生产。

一、绝对剩余价值生产

在必要劳动时间不变的条件下，由于劳动日的绝对延长而生产的剩余价值，叫作绝对剩余价值。这种生产方法就是绝对剩余价值生产。

例如，假定劳动日长度为 12 小时，其中 6 小时为必要劳动时间，6 小时为剩余劳动时间，剩余价值率为 100%。如果资本家把劳动日延长到 15 小时，必要劳动时间不变，仍然是 6 小时，剩余劳动时间就从 6 小时增加到 9 小时，剩余价值率提高到 150%。

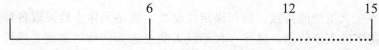

必要劳动时间：6（小时）　剩余劳动时间：15-6=9（小时）

在社会生产力水平和生产必要生活资料的社会必要劳动时间既定的情况下，生产劳动力价值的必要劳动时间一般是一个既定的量。而劳动日的长度是一个可变量。因此，企业能够采取延长劳动日的方法来增加剩余价值的生产。但是，劳动日长度只能在一定限度内变动。它的最高限度取决于两个因素。① 生理界限。一个人每天总要有吃饭、睡觉等非劳动时间，这是生理因素决定的，没有这种需要，就不会有劳动力的恢复。② 道德界限。工人必须有时间满足精神方面的需要，如读书、看报、抚育子女和参加必要的社会活动等。这种需要的范围与数量，由经济和文化发展的一般状况决定。但是，工作日的生理界限和道德界限都有很大的伸缩性，在必要劳动时间以上延长劳动日的可能性还是很大的。

在资本主义社会，工人阶级为了维护自身的生存权利，为缩短劳动日而同资产阶级进行了长期的顽强斗争。第一次世界大战后，资本主义国家才先后实行了 8 小时工作日制。第二次世界大战后，只有在少数发达资本主义国家，第一职业的名义工作日才得到缩短。劳动日的缩短，一方面是工人阶级持续斗争的结果，在不减少收入的条件下，缩短劳动时间，已成为资本主义国家工人阶级在现阶段的主要社会经济要求之一。另一方面也反映了现代科技革命带来的新变化。一是劳动生产率大幅度提高，工人为再生产劳动力价值所需要的必要劳动时间不断减少，即使缩短劳动日，资本家仍可获得更多的剩余价值。二是由于生产自动化的推广，工人的劳动强度增加，劳动消耗量大，缩短劳动时间也是弥补劳动消耗、保证劳动力正常发挥，以榨取更多剩余价值的需要。三是由于自动化排挤工人，失业问题日益严重，缩短劳动日，相应增加就业人数，已成为资本家调和阶级矛盾的需要。四是由于技术的急速发展，需要工人不断补充科学技术知识，缩短劳动日，为工人提供更多学习的时间，也是适应现代化的需要。总之，当代发达资本主义国家缩短工人的劳动时间，不仅有了可能，而且有利于维持资本统治。这并不意味着剥削程度的减轻，也并不等于绝对剩余价值生产就完全失去了现实意义。因为无论工作日的绝对长度如何，工作日仍然由必要劳动时间和剩余劳动时间所构成，雇佣工人只能在为资本家提供剩余劳动的条件下，才能获得工作的权利；同时，工作日缩短的程度远远低于劳动生产率提高的程度。

二、相对剩余价值生产

在劳动日长度不变的条件下，由于必要劳动时间缩短，剩余劳动时间相应延长而生产的剩余价值，叫作相对剩余价值。这种生产方法就是相对剩余价值生产。

例如，假定劳动日长度为 12 小时，其中 6 小时为必要劳动时间，6 小时为剩余劳动时间，剩余价值率就是 100% 。如果劳动日长度不变，而把必要劳动时间缩短为 4 小时，则剩余劳动时间相应延长为 8 小时，剩余价值率提高到 200% 。

必要劳动时间：4小时   剩余劳动时间：8小时

相对剩余价值的生产以缩短必要劳动时间为前提，而要缩短必要劳动时间，就要降低劳动力的价值；要降低劳动力的价值，就要提高社会劳动生产率，降低生活资料及生产生活资料所需要的生产资料的价值。所以，相对剩余价值的生产，是社会劳动生产率普遍提高的结果。

相对剩余价值的生产以整个社会劳动生产率的提高为条件，在现实经济运行中则是各个资本家追逐超额剩余价值的结果。个别资本家采用新技术、提高劳动生产率的直接动机，就是追求超额剩余价值。然而，个别资本家纷纷追逐超额剩余价值的结果，必然促使社会劳动生产率的普遍提高和劳动力价值的降低，从而所有的企业都能获得相对剩余价值。

超额剩余价值是商品个别价值低于社会价值的差额。例如，假定纺织部门生产布的平均劳动生产率为：每个工人 1 天 12 小时生产 12 尺布，耗费生产资料价值 12 元，12 小时劳动生产创造的新价值也是 12 元，12 尺布的价值共计 24 元。每尺布的社会价值是 2 元。如果有一个纺织厂率先改进生产技术，企业劳动生产率提高了 1 倍，工人在 12 小时内可以生产 24 尺布。24 尺布耗费的生产资料价值是 24 元，12 小时劳动创造的新价值仍是 12 元，24 尺布的总价值便是 36 元，每尺布的个别价值下降到 1.5 元。但这个纺织厂的资本家仍可按每尺布 2 元的社会价值出卖他的布。这样，他便可从每尺布中获得 0.5 元的超额剩余价值。即使在需要降低出售价格的情况下，只要每尺布的价格在 1.5 元以上，仍可获得超额剩余价值。

超额剩余价值实质上也是相对剩余价值，是相对剩余价值的特殊表现形式。如按前例，工人每小时创造 1 元新价值，一般必须用 6 小时才能生产出劳动力价值的等价（6 元）。现在这个纺织厂的劳动生产率提高了 1 倍，每个织布工人 12 小时能生产 24 尺布，价值 48 元，除去生产资料的转移价值 24 元，实现了 24 元新价值，平均每小时 2 元，高出平均水平 1 倍。但是投资者付给工人的劳动日价值仍是 6 元，工人只要用 3 小时就能生产出劳动力价值的等价。这样，该厂工人必要劳动时间减少为 3 小时，剩余劳动时间相应延长到 9 小时，剩余价值率由原来的 100% 提高到 300% 。

个别资本家获得超额剩余价值是一种暂时的现象。因为追求剩余价值的内在冲动与竞争的外在压力，迫使其他资本家也必须不断改进技术和提高劳动生产率，等到整个生产部门的劳动生产率普遍提高以后，商品的社会价值降低，原来由商品个别价值和社会价值差额形成的超额剩余价值就会消失。

不过，超额剩余价值在这个企业消失，又会在另一个企业产生。因而从整个社会看，它的存在仍是持续不断的。而且，正是这种此起彼伏追逐和实现超额剩余价值的经济过程，导致了社会劳动生产率的普遍提高，从而使工人必需生活资料趋于便宜，劳动力价值日益降低，相对剩余价值不断增加。

生产剩余价值的两种方法既有联系，又有区别。

第一，绝对剩余价值的生产构成资本主义的一般基础，并且是相对剩余价值生产的起点。资本家必须使工人的劳动超出必要劳动，出现剩余劳动，才有可能获得剩余劳动和剩余价值。把工作日延长到必要劳动以上的生产，就是绝对剩余价值的生产。没有它，就没有资本主义生产，所以，它构成资本主义生产的基础。相对剩余价值的生产也是以工作日延长到必要劳动以上为前提。没有这个前提，就没有相对剩余价值的生产，所以，绝对剩余价值的生产是相对剩余价值生产的起点。

第二，绝对剩余价值的生产只同工作日的长度有关，相对剩余价值的生产使劳动的技术过程和社会组织发生根本的革命。绝对剩余价值的生产，从量上说关键的问题是工作日长度，工作日越延长，绝对剩余价值就越多。在工作日不变的条件下，通过缩短必要劳动时间、相应延长剩余劳动时间而生产的剩余价值，则是相对剩余价值。要缩短必要劳动时间，延长剩余劳动时间，必须降低劳动力的价值。要降低劳动力的价值，则必须提高社会劳动生产率。所以相对剩余价值的生产，关键在于使劳动的技术过程和社会组织发生根本的革命。

在资本主义发展的不同阶段，绝对剩余价值与相对剩余价值生产方法发挥着不同的作用。在资本主义发展初期，由于生产技术水平低，劳动生产率低，绝对剩余价值生产是资本家提高剩余价值率、攫取更多剩余价值的主要方法；随着资本主义的发展，技术与劳动生产率水平不断提高，工人阶级为缩短工作日进行不懈的斗争，相对剩余价值生产方法逐渐成为主要的剩余价值生产方法。

📖 本章小结

作为资本的货币，其流通公式是：$G—W—G'$。其目的是要经过流通取回更多的货币。货币只有作为带来剩余价值的价值时，才成为资本。货币转化为资本的条件是劳动力成为商品。劳动力商品的价值和其他商品的价值一样，是由生产和再生产这种商品的社会必要劳动时间决定的，可以还原为生产维持劳动者生存所必需的生活资料的社会必要劳动时间；劳动力商品的最大特点在于其使用价值的特殊性，劳动力商品的使用价值就是劳动力本身，不仅能创造价值，而且能创造出超过自身价值以上的价值。

资本主义生产过程是劳动过程与价值增值过程的统一。剩余价值是由雇佣工人创造的、被资本家无偿占有的、超过劳动力价值的价值，体现着资本家对工人的剥削关系。剩余价值来源于可变资本的增值，不变资本只发生价值转移而不发生价值增值。

资本不是物，而是以物为媒介的特定的生产关系，即生产资料的所有者——资本家剥削一无所有的雇佣工人的关系。这是资本最深刻的本质。

剩余价值规律是资本主义生产方式的基本经济规律，是价值规律的一种表现和延伸。

绝对剩余价值生产和相对剩余价值生产是生产剩余价值的两种基本方法，在资本主义发展的不同阶段发挥着不同的作用。在社会必要劳动时间不变的条件下，由于劳动日的绝对延长而生产的剩余价值，叫作绝对剩余价值。这种生产方法就是绝对剩余价值生产。在劳动日长度不变的条件下，由于必要劳动时间缩短，剩余劳动时间相应延长而生产的剩余价值，叫作相对剩余价值。这种生产方法就是相对剩余价值生产。

？思考题

1. 解释下列概念：资本、劳动力商品、必要劳动、剩余劳动、剩余价值、绝对剩余价值、相对剩余价值。
2. 什么是资本的总公式及其矛盾？
3. 为什么说劳动力转化为商品是货币转化为资本的关键？
4. 资本的本质是什么？区分不变资本和可变资本有何意义？
5. 绝对剩余价值生产和相对剩余价值生产有何联系和区别？
6. 如何理解剩余价值规律？
7. 试论资本主义生产过程是劳动过程和价值增值过程的统一。

第五章　资本积累

本章通过考察资本的再生产过程，阐明马克思的资本积累理论，说明了资本主义再生产是物质资料再生产、资本价值再生产和资本主义生产关系再生产的统一；通过对资本积累过程的分析，揭示了资本主义积累的一般规律和资本主义人口规律，并进一步揭示资本积累的实质及其对无产阶级命运的影响；考察了资本主义经济危机的实质、根源和周期性。

第一节　简单再生产与扩大再生产

一、生产和社会再生产

人类社会为了自身的生存和发展，任何时候都不能停止消费，因而也就不能停止生产，社会生产总是连续不断地进行的。这种周而复始、不断更新的生产过程，就是再生产。

再生产按其规模可以分为简单再生产和扩大再生产两种类型。简单再生产就是按照原有的生产规模不断重复进行的再生产。扩大再生产，则是在不断扩大的规模上重复进行的再生产。简单再生产是扩大再生产的基础和出发点，只有在原有的生产规模得到保证的基础上，才有可能使生产规模扩大。

扩大再生产从其实现形式上可分为外延扩大再生产和内涵扩大再生产两种类型。外延扩大再生产主要依靠扩大生产场所、增加生产资料和劳动力的数量来扩大生产规模；内涵扩大再生产主要是通过生产资料质量的改善、科学技术的进步，以及劳动生产率的提高来扩大生产的规模。在生产技术水平和生产资料的使用效率较低的条件下，扩大再生产一般以外延扩大再生产为主；而在科学技术迅速发展和生产资料使用效率不断提高的条件下，内涵扩大再生产的比重会不断提高，并会逐步过渡到以内涵扩大再生产为主。

二、资本主义简单再生产

资本主义再生产的特点是扩大再生产。但是，考察资本主义再生产必须从简单再生产开始。因为分析简单再生产过程，能从中揭示出资本主义再生产的最一般的本质特点。在此基础上再进一步分析比较复杂的资本主义扩大再生产过程，加深对资本主义再生产的认识。

资本主义简单再生产，是指资本家把无偿占有的剩余价值全部用于个人消费，再生产在原有的规模上重复进行。假定一年为一个生产周期，年初资本家预付资本 10 000 元，其中不变资本 8 000 元，可变资本 2 000 元；剩余价值率为 100%。这样，年终新产品的价值就是 8 000 + 2 000 + 2 000 = 12 000 元。其中，2 000 元剩余价值被资本家全部用于个人消费，那么下一年投入生产的资本同上一年一样，仍然是 10 000 元。这就是资本的简单再生产。

通过对简单再生产过程的分析，可以发现，资本主义再生产是物质资料的再生产、资本价值的再生产和资本主义生产关系的再生产三者的统一。

社会再生产首先是物质资料的再生产。任何社会为了满足其社会成员生产和生活的需要，都必须进行物质资料的生产，即人们以一定的方式结合起来，根据自己设想的目的，运用劳动资料去加工劳动对象，改变劳动对象的性质、形状或地理位置，使被加工成的产品能满足人们生产和生活需要的社会经济活动。任何生产都必须具备生产资料和劳动力这两个条件，社会再生产也同样必须具备这些条件。为此，社会生产过程在消耗掉一定的生产资料和生活资料的同时，又必须生产出一定的生产资料和生活资料，用来补偿已经消耗掉的物质资料，再生产才能进行下去。因此，再生产就其内容来讲，首先应当是物质资料的再生产。

再生产过程可以使我们发现在一个孤立的生产过程中看不到的一些特点。通过对简单再生产过程的分析，可以发现，资本家购买劳动力的可变资本甚至全部资本价值都是工人创造的。第一，从简单再生产过程来看，可变资本的价值是由工人创造的。任何一个生产过程都需要预先垫付可变资本，如果把资本主义生产当作一个孤立的过程来看，资本家支付给工人的工资，好像是掏自己腰包里的货币垫付的。但是，从生产过程的连续性来考察，工人在这一时期得到的工资，正是他在前一时期劳动创造的产品价值的一部分，资本家只是用工人自己创造的价值来购买工人的劳动力。工人不仅创造了可变资本，还创造了被资本家无偿占有的、供资本家个人消费的剩余价值。所以，绝不是"资本家养活了工人"，而是工人用自己的劳动养活了自己，并且还养活了资本家。第二，全部资本的价值都是由工人创造的剩余价值转化来的。如果从一个孤立的生产过程来看，好像全部资本都是资本家自己的财产，是由其"辛勤劳动"积累起来的。如果从再生产过程来看，就会发现，经过若干再生产周期后，资本家原有的资本就会被他消费掉。资本家的资本之所以继续存在，是由工人创造的剩余价值积累起来的。假如，资本家预付资本为 10 000 元，每年能生产剩余价值 2 000 元，全部用于资本家的个人消费。经过 5 年，资本家共消费了 10 000 元，相当于他原先的全部预付资本。但是，他现在手里仍有 10 000 元资本，显然，那只是代表工人在 5 年里所创造的剩余价值总额，是资本化的剩余价值。可见，资本家的全部资本都是由工人劳动创造的。

资本主义再生产同时也是资本主义生产关系的再生产。一方面，工人生产出各种各样的商品，以满足社会各方面的需要，这是物质资料的生产过程。另一方面，工人生产出来的劳动产品归资本家所有，工人创造的剩余价值被资本家无偿占有，从而不断地再生产出资本家；同时，每次生产过程结束，工人通过个人消费补偿劳动力的耗费，不断地再生产出一无所有的雇佣劳动者，继续向资本家提供剥削的对象，也就是把资本主义的生产关系也再生产出来了。马克思指出："把资本主义生产过程，在联系中加以考察，或作为再生产过程来考察，它不仅生产商品，不仅生产剩余价值，而且还生产和再生产资本关系本身：一方面是资本家，另一方面是雇佣工人。"①

三、资本主义扩大再生产

资本主义扩大再生产是指资本家把剩余价值不是全部用于个人消费，而是把其中一部分剩余价值作为新的资本，追加投入生产过程，使生产在扩大的规模上重复进行。把剩余价值再转化为资本，或者说，剩余价值的资本化，叫作资本积累。剩余价值是资本积累的源泉，而资本积累又是扩大再生产的源泉。

例如，假定某资本家有 20 000 元资本，其中 16 000 元是不变资本，4 000 元是可变资本，剩余价值率为 100%。在生产过程结束以后，资本家获得的剩余价值是 4 000 元。如果资本家把 4 000 元全部用作个人消费，那么，生产仍维持在 20 000 元资本的规模上进行。如果资本家把 2 000 元用作个人消费，另外 2 000 元作为积累转化为资本，那么，资本总额就会增加到 22 000 元。随着资本的增长，资本家便可以扩大生产规模。

资本积累实际上就是资本家利用无偿占有的剩余价值进行资本积累，扩大生产规模，从而进一步无偿地占有更多的剩余价值。资本家的追加资本来自对剩余价值的无偿占有，也就是对工人剩余劳动的无偿占有，它的每一个价值原子都是工人的无酬劳动生产出来的。资本积累不仅是资本家剥削工人的结果，反过来又成为资本家扩大剥削的手段。所以，资本积累的实质，就是"资本家用它总是不付等价物而占有别人的已经物化的劳动的一部分，来不断再换取更大量的别人的活劳动"②。

在资本主义制度下，资本积累具有客观必然性，这由两方面原因决定：一是剩余价值规律作用，对剩余价值的不断追求是推动资本家不断进行资本积累的内在动力；二是资本主义竞争规律，资本家之间因利益关系展开你死我活的竞争是迫使资本家进行资本积累的外在压力。所以，资本积累绝不是资本家为了"社会进步"而"节欲"的结果，没有工人创造的剩余价值，资本家无论怎样"节欲"也不能产生可供积累的资本。因此，资本积累是资本主义制度下剩余价值规律和竞争规律作用的必然结果，是资本主义发展的必然规律。

四、商品生产所有权规律的转变

剩余价值是资本积累的源泉，而资本家能无偿占有工人创造的剩余价值，

---

① 资本论：第 1 卷. 北京：人民出版社，2004：666 - 667.
② 资本论：第 1 卷. 北京：人民出版社，2004：673.

是由商品生产所有权规律决定的。

所谓商品生产所有权规律，就是按等价原则实行商品交换的商品经济规律。它要求商品交换以承认交换双方对商品的所有权为前提，同时，商品交换必须遵循等价原则，任何人不得无偿占有别人的劳动，因而商品生产所有权是建立在自己劳动的基础上的。然而，在私人资本积累的情况下，商品生产所有权规律转变为资本主义占有规律，也就是商品生产的等价交换规律转变为资本主义的剩余价值规律。

资本主义占有规律的特点是以等价交换的形式掩盖无偿占有工人剩余劳动的内容。劳动力按等价原则进行交换只是形式上、表面上的。因为资本家用来购买劳动力的资本，是由他无偿占有的剩余价值转化而来的，实际上资本家没有付出任何等价物；同时，购买劳动力的这部分资本不仅要由工人劳动创造的新价值予以补偿，而且还为资本家带来新的剩余价值。因此，等价交换形式掩盖的是资本家无偿占有他人劳动产品的实质内容。

商品生产所有权规律转变为资本主义占有规律，好像是破坏了商品等价交换规律，实际上，资本主义占有规律恰恰是在商品生产所有权规律的基础上形成的，而且是对价值规律应用的结果。因为资本家用货币与劳动力交换，是等价物的交换。他获得剩余价值是在购买劳动力以后发生的生产过程，并不是在市场上用不等价交换而欺骗劳动力所有者。当他把获得的剩余价值再转化为资本购买生产要素时，事情和原来一样，仍是等价物交换。所以，问题的关键是商品经济内在矛盾的发展使劳动力成为商品。劳动力一旦变成商品，雇佣劳动成为商品生产的基础，简单商品生产就发展成为资本主义生产，商品生产所有权规律也必然转变为资本主义占有规律。

五、资本积累量的决定因素

资本积累的源泉是剩余价值，那么，资本积累的数量首先取决于剩余价值分为积累基金和个人消费基金的比例。积累基金比例越大，资本积累规模就越大。在这一比例保持不变时，资本积累的数量就取决于剩余价值的绝对量。凡是决定剩余价值量的因素，同样会决定资本积累的数量。影响或决定资本积累量的基本因素如下。

第一，剩余价值率水平。在其他条件不变的情况下，如果剩余价值率越高，那么同量的可变资本获得的剩余价值量就越多，资本积累的数量也就越多。

第二，社会劳动生产率水平。在其他条件不变的情况下，如果劳动生产率提高了，单位商品的价值就会下降，这会从以下几个方面影响资本积累的数量。① 由于劳动生产率的提高，生活资料的价值降低，劳动力商品的价值也降低，从而导致剩余价值率的提高和剩余价值量的增加，扩大资本积累量。② 当劳动生产率提高时，由于劳动力和生活资料价值的降低，同样数量的资本，便可以购买更多的生产资料和劳动力，资本家就可以用同样数量的资金从更多的工人身上榨取更多的剩余价值，从而可以增加更多的资本积累量。

③ 随着劳动生产率的提高和商品价值的降低，同量剩余价值便表现为更多的商品，资本家可以在不减少甚至增加剩余价值中用于个人消费的情况下，增加资本积累量。④ 在劳动生产率提高的条件下，进行固定资本更新时，可由效率更高和价格更低廉的生产资料代替原有的生产资料，资本家因此可以获得超额剩余价值或相对剩余价值，从而有利于增加资本积累量。

第三，所用资本和所费资本的差额。所用资本是指投入生产中的全部资本，所费资本是指在生产中实际耗费掉的资本。所用资本如厂房、机器、设备等劳动资料，虽然在生产过程中是被全部地使用着，但其使用价值不是一次全部地被消耗掉，而是经过多次使用、逐渐地被消耗掉的，价值也是一部分一部分地转移到新产品中去的。这样就形成了所用资本和所费资本之间的差额。这个差额的大小，取决于劳动资料的质量和数量：在所用资本一定的条件下，劳动资料的质量越好，越经久耐用，所费资本就越少，从而所用资本和所费资本的差额就越大；劳动资料的数量越多，上述差额的总量则随之增加。所用资本和所费资本的差额越大，一部分劳动资料就会如同空气、阳光等自然力一样为生产提供无偿的服务，产品价值中用以补偿资本耗费的部分就越小，其结果必然引起产品价值的下降。这对个别企业来说，可以得到超额剩余价值；对一般的企业来说，可以得到相对剩余价值，从而使资本积累量增大。

第四，预付资本数量。在其他条件不变的情况下，预付资本量增加，可变资本量就相应增多，剩余价值量也会增加，从而资本积累量就更多。

第二节 资本有机构成与相对过剩人口

一、资本有机构成及其提高趋势

资本的构成可以从两个方面来考察。从物质形态上看，资本是由一定量的生产资料和劳动力构成的，两者之间存在一定的比例。这种比例取决于各生产部门的特点和技术水平，以及各企业技术装备的先进程度。一般地说，生产技术水平越进步，一个劳动力所能推动的生产资料的数量就越多；反之，则越少。这种反映生产技术水平的生产资料和劳动力之间的比例，叫作资本的技术构成。从价值形态上看，由于生产资料的价值表现为不变资本，劳动力的价值表现为可变资本，因而，资本又是由一定数量的不变资本和可变资本构成的，它们之间的比例叫作资本的价值构成。

资本的技术构成和资本的价值构成之间存在着密切的联系。一般来说，资本的价值构成以资本的技术构成为基础，资本的技术构成决定资本的价值构成；资本价值构成的变化反映资本技术构成的变化，但这种反映不是同比例的，而只能是近似的。因为生产资料各部门劳动生产率和工人所需生活资料的各部门劳动生产率会发生不等的变化，各种生产资料的价值和劳动力价值的变化并不总是等比例的，所以，资本价值构成的变化同资本技术构成的变化不会完全相同，但它大体上总是反映了资本技术构成的变化的。马克思把这种由资本技术构成决定并反映技术构成变化的资本价值构成，叫作资本有机构成，通常用 $C:V$ 表示。

在资本主义生产的不同发展时期，资本的有机构成是不同的。资本主义发展初期，资本主义生产以手工劳动为基础，扩大再生产一般在原有的技术基础上进行，因而资本有机构成的变化很缓慢，不变资本和可变资本可以与资本总额按同一比例增长。随着资本主义经济的发展，特别是随着机器大工业的出现，资本的有机构成开始不断提高。这是因为，资本家为了榨取更多的剩余价值和增强竞争实力，就要不断地利用最先进的科学技术成果，改善和提高企业的技术装备水平，更新机器设备，提高劳动生产率。反映在资本的技术构成上，就表现为工人所推动的生产资料的数量不断增加；反映在资本的价值构成上，就表现为不变资本的增大和可变资本的相对减少，从而导致了资本的有机构成不断提高。所以，资本有机构成的不断提高，是资本主义发展的一种客观趋势，它既是资本主义竞争的必然结果，也是资本积累的必然结果。

二、资本积聚和资本集中

资本有机构成的提高以个别资本的增大为前提，而个别资本的增大是通过资本积聚和资本集中这两种形式来实现的。

资本积聚是指个别资本依靠自己的资本积累，即通过剩余价值的资本化来增大资本的总量。资本积累是资本积聚的基础，资本积聚是资本积累的直接结果。资本积累越多，资本积聚的规模就越大，个别资本总额就越大。不过资本积聚受到以下两个限制。第一，资本积聚受到社会财富增长程度的限制。资本积聚是以资本积累为基础的，因此，社会生产资料在个别资本那里的积聚，要受到剩余价值总量和社会财富增长总量的限制。第二，资本积聚受到社会资本分散程度的限制。社会资本是由许多相互独立的个别资本组成的，个别资本的数量越多，资本积聚就越分散，个别资本的增长就相对越慢，从而限制了资本积聚的速度。资本积聚的这些局限性阻碍了个别资本的增大速度，突破这种限制的形式是资本集中。

资本集中是指个别资本通过结合而形成较大的资本。它既可以通过大资本兼并中小资本来实现，也可以由原来分散的中小资本联合起来成为新的更大的资本。资本集中是借助于竞争和信用这两个强有力的杠杆实现的。在竞争的情况下，大资本比小资本拥有更优越的条件，大资本可以利用先进的生产技术和科学的劳动组织，可以广泛实现合理分工和专业化生产，可以提高设备的利用率和采用效率更高的大型设备，因而在竞争中易于淘汰小资本。这样，个别资本不得不通过兼并和联合的方式来扩大资本规模，以避免在竞争中处于劣势的地位。同时，由于大资本具有采用先进技术和组织规模生产的优势，它可以比小资本获得更多剩余价值，因而也促使个别资本利用兼并或联合的方式扩大资本规模，以获取更多的剩余价值。另外，信用制度的发展，也大大加速了资本集中的进程，一方面它可以吸收大量的社会闲散资金，通过贷款的形式，加强大资本的竞争实力，帮助它们在竞争中打垮和吞并中小资本；另一方面又可以促使社会上大量的中小资本联合起来，组成规模巨大的股份公司，从而加速资本的集中。

资本积聚与资本集中既有区别又有联系。它们的区别是：第一，资本积聚是以资本积累为基础的，随着个别资本的积聚，社会资本总额也会增大起来，而资本集中只是原有资本的重新分配和重新组合，所以它不会增大社会资本总额；第二，资本积聚的增长要受到社会财富的绝对增长速度、剩余价值数量及其分为消费基金和积累基金的比例等条件的限制，因此单个资本增大的速度比较缓慢，而资本集中则不受这些条件的限制，因而单个资本增大的速度比较快。它们的联系表现为：一方面，资本积聚的增长，必然加速资本集中的进展，因为随着资本积聚的不断进行，个别资本的规模日益增大，它们可利用自己雄厚的经济实力，打败众多的中小资本，从而加快资本集中的速度；另一方面，资本集中的速度加快，又会反过来促进资本积聚的发展，因为集中起来的资本越大，越有有利条件获得更大量的剩余价值或超额剩余价值，从而增加资本积累的规模，加快资本的积聚。

三、资本主义社会的相对过剩人口

在资本有机构成不断提高的条件下，不断进行的资本积累，造成了资本主义的相对过剩人口，也即失业人口。相对过剩人口的经常存在，成为资本主义国家一个严重的社会问题。相对过剩人口既是资本积累的必然产物，又是资本主义生产方式存在的必要条件之一。

在资本积累过程中，资本对劳动力的需求是相对地，有时甚至是绝对地减少了，但是，劳动力的供给却在资本积累的进程中日益绝对地增加。随着资本有机构成的不断提高，在全部资本中，不变资本所占比重日益增加，而可变资本的比重日益下降，从而使资本对劳动力的需求也就会日益相对减少。这表现为下面三种情况：一种情况是，追加资本的有机构成提高，而原有资本的有机构成不变，于是，追加资本对劳动力的需求便会相对减少，但从资本总额来看，资本对劳动力需求的绝对量却有所增加；另一种情况是，不仅追加资本的有机构成提高，而且原有资本的有机构成也提高了，这样，原有资本就不再需要雇佣过去那么多的工人，有一部分工人便会被解雇，这时只要追加资本所吸收的劳动力数量少于被解雇的劳动力数量，资本对劳动力的需求就不仅会相对地减少，而且会绝对地减少；第三种情况是，追加资本需要的是具有较高技术水平的劳动力，而且随着原有资本有机构成的提高，也越来越多地需要具有较高技术水平的劳动力，这就使被资本排斥的低技术水平的劳动力数量，远远地大于被资本吸收的高技术水平的劳动力数量。同时，劳动力的供给却在资本积累的进程中日益绝对地增加。这是因为：① 新机器的采用使操作简单化，不用很强的体力就可担任，资本家有可能雇佣妇女和儿童进工厂工作，这就使劳动力的供给大大增加；② 资本主义的发展，使大批农民和手工业者纷纷破产，加入雇佣劳动者的队伍，从而增加了劳动力的供给；③ 资本主义的激烈竞争，使一些中小资本家陷于破产，他们有的也加入到雇佣劳动者的行列。

既然在资本积累过程中劳动力对资本的供给在绝对地增加，而资本对劳动力的需求却相对地甚至绝对地减少，那么，不可避免地就会产生失业人口，即相对过剩人口。出现相对过剩人口，不是说社会财富不能养活这些人口，也不是说社会生产力的发展绝对不需要他们，而是指对这些劳动力的使用不能给资本带来平均的剩余价值，劳动力的供给超过了资本增值的需要。所以，相对人口过剩，实质上是超过资本增值的平均需要而形成的相对多余的劳动人口。之所以出现相对过剩人口，根源在于资本主义生产方式本身。

相对过剩人口不仅是资本积累的必然产物，而且是资本主义生产方式存在和发展的必要条件。首先，相对过剩人口可起到劳动力蓄水池的作用，以适应资本主义再生产周期性发展的需要。资本主义再生产总是经历着从危机到高涨再到危机的周期循环，相对过剩人口形成一支可供支配的产业后备军，能够克服人口自然增长的不足，满足经济复苏和高涨时增加工人、经济萧条和衰退时减少工人的需要。其次，相对过剩人口的存在，有利于加强对在业工人的剥削。在劳动力供过于求的情况下，资本家不仅可以从市场上购买到更廉价的劳动力，而且可以利用产业后备军来威胁在业工人，迫使他们遵守资本主义的劳动纪律和接受资本家苛刻的条件。所以，资本主义制度本身绝不可能消灭失业，资本家也不愿意消灭失业。

在资本主义社会，相对过剩人口有三种基本形式：一是流动的过剩人口，这是指在城市里那些时而被雇佣，时而被解雇的过剩人口；二是潜在的过剩人口，这是指农业中由于农业资本有机构成提高造成的过剩人口；三是停滞的过剩人口，这是指那些没有固定职业，依靠揽点零活在家里劳动来维持生活的过剩人口。

由此可见，相对过剩人口是资本主义制度的必然产物。在现代资本主义条件下，由于科学技术的迅速发展，资本主义产业结构的不断调整，新兴产业部门的出现，增加了新的就业机会，雇佣工人在更大范围内和更大程度上被吸引；同时，由于熟练劳动比重不断增大、某些传统产业的衰落等，雇佣工人又常常出现结构性的失业。这种相对过剩人口的存在，成为第二次世界大战以后资本主义经济发展的一个新特点。

四、资本积累的一般规律

马克思关于相对过剩人口的理论和资本的积聚与集中的理论，是以对资本积累的一般规律的深刻揭示为基础的。资本主义积累的一般规律，进一步剖析了资本主义经济关系的实质，有力地论证了在资本积累过程中资本主义必然灭亡、社会主义必然胜利的历史趋势。

资本积累的增长，必然促使资本有机构成提高，而资本有机构成的不断提高，使得社会财富越来越集中在少数资本家手里；同时，无产阶级的队伍也在不断扩大，工作没有保证，无产阶级遭受的劳动折磨及其贫困状况也越来越严重。马克思正是从资本积累对无产阶级命运的影响所作的详尽考察中，发现了资本主义积累的一般规律。他指出："社会的财富即执行职能的资本越大，它的增长的规模和能力越大，从而无产阶级的绝对数量和他们的劳动生产力越大，产业后备军也就越大。可供支配的劳动力同资本的膨胀力一样，是由同一些原因发展起来的。因此，产业后备军的相对量和财富的力量一同增长。但是同现役劳动军相比，这种后备军越大，常备的过剩人口也就越多，他们的贫困同他们所受的劳动折磨成反比。最后，工人阶级中贫困阶层和产业后备军越大，官方认为需要救济的贫民也就越多。这就是资本主义积累的绝对的、一般的规律。"① 这段话包含三层意思：① 资本的数量越多，资本积累的规模就越大，从而产业后备军也就越大；② 产业后备军越大，经常的失业人口也就越多，工人失业时，虽然不受劳动折磨了，却陷入了贫困的境地；③ 产业后备军越大，需要救济的贫民就相应越多。也就是说，资本主义的积累包含两极积累，一极是财富作为资本在资本家手里的积累，另一极则是创造这些财富的无产阶级的贫困的积累。这就是资本主义积累一般规律的基本内容。它的实质是，资本主义制度必然造成社会阶级的两极分化。

马克思所阐明的资本主义积累的一般规律，说明了资本主义生产关系的对抗性质，是无产阶级反对资产阶级剥削和进行社会主义革命的经济根源。

无产阶级贫困的规律，与资本主义特有的其他经济规律一样，是建立在资本主义制度的基础上的。只要资本主义制度存在，这个规律是不会改变的。但是在不同的资本主义国家和不同的历史时期，它的表现形式是不相同的。在当代资本主义国家，无产阶级的状况确实得到了一定的改善。但是这并没有使他们摆脱被剥削的地位，没有摆脱贫困的厄运。

在资本积累过程中，一方面，生产的社会化程度得到进一步提高，表现在：生产资料的使用进一步社会化，许多人共同劳动，使用庞大的机器体系；生产过程进一步社会化，社会生产各部门、各企业的相互依赖、相互制约的协作关系越来越密切；劳动产品进一步社会化，产品成为许多人协作生产的社会产品；狭小的、分散的、封闭的地方市场逐渐汇合成为巨大的、统一的、开放的国内市场，并进而发展为世界市场。另一方面，生产资料却越来越多地集中到少数资本家手中。资本主义生产的高度社会化，客观上必然要求生产资料和劳动产品归社会共同占有，以便对社会生产实行有效的管理，并根据社会需要分配劳动产品。只有这样，生产关系才能适应生产力的社会化性质，社会生产力才能得到迅速发展。因此，随着资本主义的发展，生产社会化与生产资料私人占有之间产生了尖锐的矛盾，这就是资本主义的基本矛盾。它充分表明资本主义生产关系越来越成为社会生产力进一步发展的严重阻碍。为了给社会生产力的发展开辟道路，必须消灭资本主义私有制，建立与生产的社会化性质相适应的社会主义公有制。这就是资本主义积累的历史趋势。

---

① 资本论：第 1 卷．北京：人民出版社，2004：742.

第三节　经济危机与经济周期

一、资本主义基本矛盾与经济危机

所谓经济危机，就是资本主义经济发展过程中周期性爆发的生产相对过剩的危机。在经济危机时期，商品积压、企业破产倒闭、信用关系破坏、失业人口剧增，社会经济生活陷于极大的混乱和动荡之中。资本主义经济危机的本质特征是生产相对过剩。也就是说，这种过剩不是超出人们需要的绝对过剩，而是相对于劳动人民有支付能力的需求，这些商品显得是过剩的。

经济危机的可能性在以货币为媒介的简单商品流通中已经潜伏着了。引起危机的第一种可能性来自货币流通手段职能的出现，来自货币作为流通手段时产生的买卖时间和空间上的分离。引起危机的第二种可能性来自货币支付手段职能的出现。信用交易进一步造成商品出售的付款时间和空间上的分离，商品生产者之间形成错综复杂的债务链条，一旦债务链条中的某个环节出现不能如期支付的情况，就会引起整个债务链条的断裂。简单商品经济条件下，经济危机仅仅具有可能性，并不具备现实性。首先，在前资本主义社会，占统治地位的是自然经济，商品关系的破坏，不至于影响整个社会经济；其次，当时的市场处于相互隔绝状态，个别地区市场供求关系的脱节，不至于影响整个社会；最后，以手工劳动作为技术基础的简单商品生产，其劳动生产力不具备迅速扩张的能力，供求关系比较稳定，不会出现严重的脱节。因此，在简单商品经济中，尽管存在危机的可能性，但并没有成为现实。危机的可能性变成现实性的条件是简单商品经济发展为资本主义经济。

经济危机的根源在于资本主义的基本矛盾，即生产社会化和资本主义私人占有形式之间的矛盾。资本主义生产是社会化大生产。资本主义生产一方面使劳动本身由于协作、分工，以及劳动和自然科学的结合而组织成为社会的劳动，生产高度社会化；另一方面，生产资料和产品却属于资本家私人占有，生产服从于资本家追求剩余价值的狭隘目的。这就形成了社会化大生产与资本主义私人占有形式的对抗性矛盾，这是生产力与生产关系矛盾在资本主义条件下的具体表现，是资本主义社会各种矛盾中起主导作用的矛盾，因而构成资本主义的基本矛盾。

资本主义的基本矛盾，在经济方面主要表现为两个矛盾，这两个矛盾的发展，使经济危机的产生具有现实性和必然性。

第一，资本主义的基本矛盾表现为个别企业内部生产的有组织性和整个社会生产的无政府状态之间的矛盾。社会化的大生产，客观上要求各个生产部门和企业及相互之间在生产过程中密切协作，生产出来的产品要保持一定的比例关系。在各个企业内部，资本主义私有制决定了社会化生产处于资本家的支配之下，为了追求最大的利润，资本家必然采用先进技术，加强科学管理，因此就它的内部组织来讲，是十分有计划、有组织的。而且，生产社会化越是发展，这种组织性和计划性就越强。但是从整个社会来说，资本主义私有制把相互联系的各生产部门和各企业分割开来，各个资本家为攫取更多的利润而展开激烈的竞争，这使整个社会的生产处于无政府状态，导致各部门之间的比例失调。个别企业内部越有组织，资本主义竞争和社会生产无政府状态就会越严重。当这种比例失调发展到一定程度，社会总产品的实现条件就要遭到破坏，使生产过剩的经济危机不可避免。

第二，资本主义的基本矛盾还表现为生产无限扩大的趋势和劳动人民有支付能力的需求相对缩小之间的矛盾。资本家对剩余价值的无限贪欲与竞争的外在压力，促使他们必然不断地改进技术和扩大生产规模，所以，在资本主义经济中，客观上存在着一种不顾市场，限制盲目提高生产能力、扩大生产规模的趋势。同时，社会化大生产及资本主义信用的广泛发展，也为资本家迅速应用新的科学技术成就、膨胀自己的生产能力提供了巨大的可能性。资本主义这种生产无限扩大的趋势，要求人民的购买力有相应的提高，实现供求平衡。但是，由于资本主义的私有制和对抗性的分配关系，又使社会购买力受到很大限制。在资本家拼命扩大生产的同时，劳动人民的购买力日益相对缩小，市场的扩张赶不上生产的扩张，使社会生产的总供给与总需求相脱节。当生产和消费的矛盾发展到十分尖锐的程度时，社会总产品的实现条件就要遭到猛烈的破坏，必然会爆发生产过剩的经济危机。

二、经济危机的周期性

资本主义经济危机是重复地出现的，具有周期性，这是由资本主义的基本矛盾运动决定的。资本主义的基本矛盾和由它引起的一系列矛盾是经常存在的，但只有这些矛盾发展到极其尖锐的程度，使再生产的比例严重失调时，才会爆发经济危机。经济危机使社会生产力遭到巨大破坏，从而使资本主义生产与低下的消费水平暂时相适应，恢复了社会再生产所需要的比例关系，使资本主义的再生产又能够"正常"地进行。

但是，危机只是使资本主义再生产过程的各种矛盾暂时得到缓解，它不仅没有消除再生产过程中的各种矛盾，而且使它们不断加深和激化。随着危机过后，资本主义经济的恢复和发展，各种固有矛盾会重新发展，各种比例关系严重失调的现象又会出现，又会导致另一次危机的爆发。

经济危机的周期性爆发，使社会资本再生产过程也呈现出周期性的特点。从一次危机开始到另一次危机的爆发，这个过程就是再生产的一个周期。不同的国家，或同一国家的不同历史时期，由于具体历史条件的不同，再生产的周期会表现出不同的特点。但一般来说，每一个周期通常包括危机、萧条、复苏和高涨四个阶段。

危机阶段。经济危机往往是在资本主义经济最繁荣的时期爆发的。在危机阶段，整个经济处于衰退、瘫痪和混乱状态。资本家不惜采取破坏生产力的手段，毁坏一部分商品和机器设备，人为地把供过于求的情况改变过来，从而使危机阶段过渡到萧条阶段。

萧条阶段。社会生产不再继续下降，企业倒闭的现象暂时停止，失业人数不再增加，商品价格停止下跌。但是，社会购买力仍然很低，商品销售仍有困难，大量工人依然失业，社会生产处于停滞状态。由于社会消费没有停止，资本家以低廉的价格把商品慢慢地销售出去，因此，存货逐渐减少，生产恢复的因素在逐步增加，促使萧条阶段逐步转入复苏阶段。

复苏阶段。随着存货的减少，需求价格逐步回升，利润逐步增加，资本家一方面加紧对工人的剥削，另一方面设法改进技术，进行固定资本的更新，推动了生产资料部门的恢复和发展，并引起了对劳动力的需要的增加，从而推动了整个社会生产。当整个社会生产恢复过来或超过危机前的最高点，复苏阶段就过渡到了高涨阶段。

高涨阶段。生产不断扩大，商品畅销，企业利润激增，信用投机活跃，整个资本主义经济又呈现一片繁荣昌盛景象。同时，整个资本主义经济新的危机因素又逐渐积累起来。恩格斯曾经很形象地描绘了这个过程："运动逐渐加快，慢步变成了快步，工业快步转变成了跑步，跑步又转变成工业、商业、信用和投机事业的真正障碍赛马中的狂奔，最后，经过几次拼命的跳跃重新陷入崩溃的深渊。如此反复不已。"①

资本主义再生产周期的四个阶段是相互联系的，其中危机阶段是周期的基本阶段或决定阶段。资本主义的再生产不一定都经过四个阶段。但是危机阶段则是必经的阶段。没有危机阶段，就不存在资本主义再生产的周期性。

第二次世界大战以来，由于新的科学技术革命的兴起，使生产社会化的程度更加提高，特别是资本主义国家对经济生活进行了干预和调节，采取了各种"反危机"措施，使经济危机出现了一些新的特点，主要表现如下。

第一，经济危机频繁，周期缩短。在自由竞争阶段，主要资本主义国家的经济危机大体上是十年左右爆发一次；20世纪进入垄断资本主义阶段后，直到第二次世界大战以前，经济危机每隔七八年爆发一次；"二战"后差不多四五年就爆发一次，周期明显缩短。这与"二战"后国家垄断资本主义的广泛发展有关。政府采取的各种措施刺激经济过早地回升，从而较快地摆脱经济危机并通过萧条与复苏阶段，进入繁荣阶段。

第二，经济周期的阶段变形。在反危机措施的影响下，经济周期的四个阶段的交替进程和各个阶段的特征，并不十分明显。危机阶段生产下降幅度较小，复苏缓慢无力。萧条与复苏阶段的界限难以区分。由于再生产过程中的矛盾没有得到较充分的解决，因而在繁荣阶段生产仍旧增长缓慢，企业依然开工不足，失业人口经常大量存在。

第三，经济危机期间工业生产下降的幅度较小。这同资产阶级国家加强对经济的干预和调节，刺激投资，扩大消费信贷，推行社会福利制度有关。这些措施在一定程度上阻止了消费需求的下降，缓和了危机的严重程度。

第四，经济危机期间物价不降反升。物价上涨使过剩的商品更难销售出

---

① 马克思恩格斯选集：第3卷. 北京：人民出版社，1972：316.

去，因而经济回升乏力，以至于出现通货膨胀和经济停滞同时并存的"滞胀"局面。

📖 本章小结

　　周而复始、不断更新的社会生产过程，即为社会的再生产。再生产按生产规模可分为简单再生产和扩大再生产。社会再生产是物质资料的再生产、资本价值的再生产和生产关系的再生产的统一。

　　再生产的主要形式和特征是扩大再生产。要扩大生产规模，必须要追加资本，进行资本积累。资本积累就是剩余价值的资本化。资本积累实际上就是资本家利用无偿占有的剩余价值扩大生产规模，从而进一步无偿地占有更多的剩余价值。在资本主义条件下，资本家无偿占有工人创造的剩余价值，是由商品生产所有权规律转变来的，它发展为资本主义的占有规律。

　　资本积累是一种客观经济规律，具有客观必然性。其中，剩余价值规律的作用是资本积累的内在动力，竞争规律的作用则是资本积累的外在压力。

　　由资本的技术构成决定，并反映技术构成变化的资本价值构成，即为资本的有机构成。在扩大再生产和资本积累中，资本有机构成不断提高，从而形成相对过剩人口。资本有机构成的提高和个别资本扩大相联系，个别资本扩大有两种途径：资本积聚和资本集中。

　　资本积累的一般规律，表现为随着资本积累的进行，一方面是资本家手中社会财富的大量积累，另一方面是创造财富的劳动者贫困的积累。无产阶级的相对贫困和绝对贫困是客观存在的。

　　资本积累过程呈现资本主义必然灭亡、社会主义必然胜利的历史趋势。

　　资本主义的所有制性质决定了经济危机的不可避免性。经济危机的根源在于资本主义的基本矛盾，即生产社会化和资本主义私人占有形式之间的矛盾。生产资料的私有制，导致了资本主义社会中单个企业生产的有组织性和整个社会生产无政府状态的矛盾，资本主义生产无限扩大的趋势和劳动人民有支付能力的需求相对缩小之间的矛盾。一旦这两个矛盾激化，经济危机就不可避免。

❓ 思考题

　　1. 解释下列概念：扩大再生产、资本积累、资本积聚、资本集中、资本主义占有规律、资本有机构成、相对人口过剩、资本主义积累一般规律、经济周期、经济危机。

　　2. 为什么说资本主义再生产是物质资料的再生产、资本价值的再生产和资本主义生产关系的再生产的统一？

　　3. 资本积累的实质是什么？如何理解资本主义占有规律？

　　4. 影响资本积累的因素有哪些？它们怎样影响资本积累？

5. 试比较我国与资本主义国家资本积累的异同点，并说明资本积累一般规律对我国经济发展的政策含义。

6. 相对人口过剩是怎样形成的？

7. 什么是资本积累的一般规律？

8. 资本主义经济危机的实质是什么？资本主义社会经济周期包括哪几个阶段？

第六章　资本循环和周转

本章从生产过程和流通过程统一的角度，研究个别资本的运动。单个资本的运行过程表现为资本循环和资本周转。考察资本循环，重点是分析产业资本在运动过程中所经历的阶段、采取的职能形式，以及产业资本连续运动所需要的条件；分析影响资本周转速度的因素，以及资本周转速度对剩余价值生产的影响。

第一节　资本循环

一、产业资本循环的三个阶段

产业资本是指投在工业、农业、运输业、建筑业等物质资料生产部门的资本。它的最本质的特征是生产剩余价值。它的存在和运动决定着生产的资本主义性质。产业资本只有在不断的运动中才能实现增值，它的运动呈现为一种循环运动。产业资本的循环是指，资本的价值从货币资本形态出发，依次经过购买、生产和售卖三个阶段，相应地依次采取货币资本、生产资本和商品资本三种职能形态，实现增值后又回到原来出发形态的运动过程。

产业资本循环的第一阶段是购买阶段，产业资本家以商品购买者的身份用货币在市场上购买劳动力和生产资料，为生产剩余价值做准备。这一过程用公式表示就是：

$$G-W\begin{cases}A\\P_{\mathrm{m}}\end{cases}$$

式中，G 代表货币，—代表流通过程，W 代表商品，A 代表劳动力，P_{m} 代表生产资料。

资本的购买阶段从形式上看和一般商品流通过程的购买阶段没有什么区别，因为，都是用货币去购买商品，都是发生了从货币到商品的价值形式的变化。但是，从物质内容上看，它又根本不同于一般的商品流通过程。因为，资本家用货币购买到的不是一般的用作生活消费的商品，而是从事一定种类生产所需要的生产资料和劳动力。生产资料和劳动力既是生产的要素，又是具有生产剩余价值能力的资本。生产资料是生产剩余价值的物质条件，劳动力是生产剩余价值的源泉。所以，这个阶段，是资本运动的第一个阶段。

处在这个阶段上的货币，它既执行货币的职能，又执行资本的职能。作为一般的货币，它执行货币的购买手段和支付手段，去购买生产资料和支付劳动者的工资。作为货币形式的资本，它执行资本的职能，即为生产剩余价值做准备。货币能够作为资本，是因为它购买到了劳动力这个商品，即 $G—A$，而劳动力这种特殊商品的使用价值是剩余价值的唯一源泉。货币资本是资本运动的第一个职能形式。这个阶段对货币资本职能的要求是，要能够买到生产资料和劳动力，而且，生产资料和劳动力在质上要能够相适应，在数量上要符合一定的比例。如果购买的生产资料过少，就会出现停工待料；反之，购买的生产资料过多，就会出现物资积压。

在这个阶段，资本的价值量不变，而资本的形式发生变化，由一定数量的货币资本转化为一定数量的生产资料和劳动力。当购买阶段完成，货币资本的职能执行完毕，资本的运动进入到第二个阶段。

产业资本循环的第二个阶段是生产阶段。资本家把购买到的劳动力和生产资料结合起来进入生产领域，生产出新的商品，其价值包含着预付的资本价值及增值的价值（即剩余价值）。生产资本转化为包含剩余价值的商品资本（W'）。用公式表示为：

$$W\begin{cases}A\\P_m\end{cases}\cdots P\cdots W'$$

式中，$\cdots P\cdots$ 代表生产过程，表示流通过程的中断；W' 代表生产出来的产品，其价值 $= W + W'$，其中 W 等于预付资本，W' 为剩余价值。

生产阶段是资本循环的一个特定阶段，这是由生产资料和劳动力结合的特殊性质所决定的。在资本主义社会，资本家购买劳动力和生产资料，并使劳动力和生产资料强制结合。这种特殊的结合方式，使进入生产过程的劳动力属于资本家，并为资本家提供活劳动而生产剩余价值。生产资料作为活劳动的吸收器，是生产剩余价值的物质条件。因此，生产资料和劳动力在生产过程中是作为不变资本和可变资本发挥作用的，它们成了资本的又一种存在形式，即生产资本。资本主义的剩余价值就是在这一阶段生产出来的。这样，生产阶段就与一般的直接生产过程有本质区别。

在这个阶段，生产资料和劳动力既发挥一般生产要素的作用，又发挥生产资本的作用。这是因为，生产资料和劳动力是任何社会形态进行物质财富生产所不可缺少的生产要素，凡是要进行生产，二者必须结合起来使用。和货币一样，它们天然不是资本，但是，在生产资料和劳动者分离的资本主义社会的历史条件下，劳动力作为商品卖给了生产资料的所有者——资本家。生产资料和劳动者在资本家的手中实现了强制结合，资本雇佣劳动，两者结合的方式与方法取决于资本家的意志。所以，只有在资本主义生产关系条件下，由生产资料和劳动力的特殊的结合方式，才使生产资料和劳动力成为资本——生产资本的存在形式。生产资料和劳动力的结合，不仅生产了新产品，转移了旧价值，而且，创造了包含增值价值的新价值。

在这个阶段，资本是采取生产资本的形式，执行生产资本的职能，生产剩余价值。资本循环过程中的生产阶段，是起决定性作用的阶段。通过这个阶段，资本不仅发生了形式的变化，由生产资本变成商品资本，而且发生了价值量上的变化，发生了价值的增值。当这个资本形式的转化完成后，资本循环也就相应地进入了第三个阶段。

产业资本循环的第三个阶段是售卖阶段，即资本家把生产出来的商品出卖，换回货币。这时，资本又重新回到了最初的货币形式。但这个货币与开始预付的货币已经不同，在数量上发生了变化，除了预付的货币以外，又带来了一个新的增加额，即剩余价值。用公式表示为：

$$W'—G'$$

式中，$G' = G + g$，G 是预付资本价值，g 是实现了的剩余价值。

这个阶段从形式上看与一般商品流通的销售阶段没有区别，都是把商品变成货币，商品从卖者手中转到买者手中，价值形式由商品变为货币，而价值量没有变化。但是，从性质上说，它与一般商品流通的销售阶段不同。因为，这里所销售的商品，在价值量上，包含了预付资本价值和剩余价值，它是资本主义生产过程的结果。这个阶段不仅是商品价值形式的变化，也是资本的形式变化，是资本价值、剩余价值的实现过程。所以，这个阶段是资本循环的一个特定阶段。商品能不能卖出，以及卖出价是多少，都关系到预付资本价值能否收回、剩余价值能否实现，关系到资本循环能否正常进行。所以，资本的销售阶段很重要。它关系到这一次资本循环的终结，又关系到下一次资本循环的开始。

这个阶段资本的职能形式是商品资本。商品资本的职能是售出商品，实现商品中包含的资本价值和剩余价值。资本的销售阶段结束，资本的价值形式回到了资本运动的起点，回到了资本的最初形式——货币资本。然而，这时的货币资本 G' 与资本运动起点的货币资本 G 有区别。G' 是商品资本实现的结果，包含着预付资本价值和剩余价值。它不但在数量上比预付资本大，而且还表示这样一种质的关系，即它不仅保存了预付资本，同时又带来增值的价值。当资本顺利地通过销售阶段，意味着第一个循环过程的结束，第二个循环过程的开始。

把以上三个阶段连接起来，即成为产业资本循环运动的全过程，用公式表示即是：

$$G—W \begin{cases} P_m \cdots P \cdots W'—G' \\ A \end{cases}$$

上式表明，产业资本从货币形式出发，经过购买、生产和销售三个阶段，顺次采取与三个阶段相对应的货币资本、生产资本和商品资本三种职能形式，最后又回到货币形式的循环运动。它包括两个流通过程和一个生产过程，是生产过程和流通过程的统一。在循环运动中，虽然生产过程是主要的，因为只有生产过程才产生了价值增值，但没有购买阶段，就没有劳动力和生产资料，也就无从进行生产和价值增值；没有售卖阶段，生产出来的产品不能售出，价值和其中所包含的剩余价值不能实现，再生产也无法进行。

二、产业资本循环的三种形式

在资本循环过程中，一方面，要求资本形式不停顿地从一个阶段转入另一个阶段；另一方面，又要求资本形式在各个循环阶段中在一定的时间内稳定下来，以完成相应的职能。所以，在每一个阶段中，产业资本都被限定在一定的形式上：货币资本、生产资本、商品资本。从一定的时间看，每种资本形式都可以成为资本循环的起点，而且会经过三个阶段，回到原来的出发点。因此，产业资本的循环有三种形式，即货币资本的循环、生产资本的循环和商品资本的循环。

货币资本的循环，就是以货币资本为出发点和回归点的资本运动，用公式表示为：

$$G—W\cdots P\cdots W'—G'$$

货币资本循环的起点和终点都是货币，但是终点的 G' 其数量比起点的 G 大。所以，货币资本的循环最清楚地表明了资本主义生产的动机和目的是获取剩余价值。也正因为如此，货币资本循环是产业资本循环的一般形式。但是，货币资本循环也有片面性。因为，货币资本的循环要顺次经过购买阶段、生产阶段和销售阶段，这里，生产阶段仅表现为两个流通阶段的中介，它在资本运动中的作用被掩盖了。这就是说，它突出的是流通阶段，强调这个过程的货币形式，强调 G' 必须大于 G。所以，如果孤立地考察货币资本的循环，就会产生假象：剩余价值似乎是从流通过程中产生的，是从货币本身产生的。

生产资本的循环，就是以生产资本为出发点和终点的资本运动，用公式表示为：

$$P\cdots W'—G' \cdot G—W\cdots P$$

生产资本的循环顺次经过了生产阶段、销售阶段、购买阶段和再生产阶段，起点和终点都是生产，生产占主导地位。因而，它揭示了剩余价值的真正来源，纠正了货币资本循环产生的假象——货币自身能够增值。同时，G' 是新的起点而不是终点，所以，生产资本循环最能表明生产实际上就是接连不断的再生产。但是，生产资本循环也有片面性。因为，在生产资本循环中，货币资本只表现为转瞬即逝的暂时形式，而 $P\cdots P$，它的起点和终点都是生产资本，这只表明再生产规模的大小，并不能表示再生产的目的是价值增值。所以，它造成了假象，似乎资本主义生产的目的是为生产而生产，是为了更多更好地生产而生产。

商品资本的循环，就是以商品资本为出发点和终点的资本运动，用公式表示为：

$$W'—G'—W\cdots P\cdots W'$$

商品资本循环的起点和终点都是包含了剩余价值的待售商品。在再生产过程中，剩余价值分为两部分，一是追加资本，一是资本家的个人消费。因此，包括生产消费和个人消费的全部商品的消费，是商品资本循环正常进行的条件。商品资本的循环反映了生产、销售和消费的内在联系，表明实现过程对于生产和再生产的重要性，从而克服了货币资本循环和生产资本循环的片面性：似乎资本主义生产可以不受限制地发展。但是，由于商品资本循环以总流通过程为起点，这样，商品的实现和消费居于首位，生产仅是流通的条件，生产过程服从流通过程。因此，这个循环会造成一种假象，似乎资本主义生产的目的是满足社会需要，而不是获取剩余价值。

总之，产业资本循环的三种形式各有自己的特点，都从一个侧面反映了资本的运动，都有各自的片面性。所以，必须把三种形式统一起来考察，才能全面地认识产业资本运动的实质和全过程。产业资本的现实循环，不仅是流通过程和生产过程的统一，而且是三种循环形式的统一。作为三种循环形式的统一的产业资本循环，可以表示为：

$$G—W\cdots P\cdots W'—G' \cdot G—W\cdots P\cdots W'—G' \cdot G—W\cdots P\cdots$$

其中，$G—W\cdots P\cdots W'—G'$ 为货币资本循环，$P\cdots W'—G' \cdot G—W\cdots P$ 为生产资本循环，$W'—G' \cdot G—W\cdots P\cdots W'$ 为商品资本循环。

三、产业资本连续循环的条件

资本循环是一个连续不断的运动过程。它是生产阶段和流通阶段的统一、三种职能形式的统一和三种循环形式的统一。产业资本要达到这种统一，实现连续不断的循环，必须具备两个条件。

第一，产业资本的三种职能形式在空间上的并存性。全部资本价值不能同时处在一个阶段和一种职能形式上，必须按照一定的比例同时分配为货币资本、生产资本和商品资本三种形式，并相应地分布在循环的三个阶段上。也就是，一部分作为货币资本用于购进生产资料和劳动力，另一部分作为生产资本投入生产过程，还有一部分作为商品资本以商品的形式出售。如果全部资本只处在生产资本的一种形式上，那么，流通过程就会中断；反之，如果全部资本处在货币资本和商品资本上，生产过程也会中断。

第二，产业资本循环的三个阶段在时间上的继起性。产业资本的各个部分要依次经过三个阶段的运动，在时间上继起。也就是，当一部分资本在进行货币资本的循环，处于从货币资本到生产资本的转化阶段，另一部分资本必须在进行生产资本的循环，并且处在生产资本转化为商品资本的阶段；第三部分资本必须同时进行商品资本的循环，并且处于商品资本到货币资本的转化阶段。如果没有这种继起性，资本在循环过程中的任何一个阶段发生停顿都会使整个循环中断。

总之，产业资本能够实现连续不断的循环运动，必须使它的三种职能形式在运动中保持空间上的并存和三个循环阶段在时间上的继起。这两个方面是互为前提、相互制约的。产业资本三种职能形式相继转化的时间继起性以它们的并存性为前提，而三个循环阶段在空间上的并存又是时间继起的结果。一方面，只有把产业资本按比例分割为货币资本、生产资本和商品资本三个部分，使它们在空间上并存，产业资本循环的三个阶段才能顺次继起。当货币资本经过购买阶段，购买了生产资料和劳动力，进入生产阶段时，同时存在的那部分生产资本也经过生产阶段生产了含有剩余价值的商品、进入销售阶段，而同时存在的另一部分商品资本也经过销售阶段出卖了，实现了资本价值和剩余价值，又由转化的货币资本形态进入购买阶段。另一方面，三种职能形式的同时并存，又只能是三个阶段顺次继起的结果。只有循环的三个阶段都能顺利通过，依次继起，才能保持三种职能形式的同时并存，也才能在产业资本连续循环中形成货币资本循环、生产资本循环、商品资本循环三种循环形式的统一。

第二节　资本周转

一、资本周转及其速度

资本要实现价值增值的目的，必须一次循环接一次循环地进行下去。这种周而复始、连续不断的资本循环运动，就叫作资本的周转。资本循环与资本周转有密切的联系，都是个别资本的运动，但它们有不同的考察重点和目的。资本循环是分析产业资本运动的阶段和职能形式、作用，以及资本循环的条件。而资本周转则是研究资本周转运动的速度、影响周转速度的因素，以及周转速度对价值增值的影响。

资本周转速度是指一定时间内预付资本价值周转的快慢程度，可以用周转时间和周转次数来衡量。

资本周转时间就是指资本一次周转（循环）所持续的时间，资本周转要通过生产领域和流通领域，资本在生产领域停留的时间是生产时间，在流通领域停留的时间是流通时间。资本周转时间等于生产时间和流通时间之和。

资本周转次数就是在一定时间内，通常是指一年内，资本价值循环的次数。以各部门资本周转一次的时间除"年"，就算出各部门资本一年内周转的次数。如用 U 代表"年"，u 代表某部门资本周转一次所需要的时间，n 代表周转次数，那么，资本周转次数的公式为：

$$n = U/u$$

例如，某资本周转一次的时间为 3 个月，一年周转的次数就是 4 次，即：

$$n = 12/3 = 4$$

可见，周转速度和周转次数成正比，和周转一次的时间成反比。资本周转次数越多，周转一次的时间越短，周转速度就越快；反之，周转次数越少，周转一次的时间越长，周转速度就越慢。

二、影响资本周转速度的主要因素

影响资本周转速度的主要因素是：资本周转时间和生产资本的构成。资本周转时间又包括生产时间和流通时间。

（一）生产时间和流通时间

影响资本周转速度的直接因素是生产时间和流通时间。这两个时间的总和越短，周转速度越快，反之越慢。

生产时间是产业资本处于生产领域的时间，包括劳动时间和非劳动时间两部分。

劳动时间是指劳动者与生产资料相结合生产有用产品的时间。只有这段时间是创造价值和增值资本价值的。从质上看，它是劳动力通过具体劳动转移生产资料价值和抽象劳动创造新价值的时间；从量上看，它是一个企业为提供一件产品所必需的相互联系的工作时间的总和。劳动时间的长度是由产品的性质、生产技术水平和劳动生产率决定的。不同生产部门由于产品的性质不同，生产一件产品所需要的劳动时间的长度不同；在产品性质既定的条件下，生产技术水平和劳动生产率越高，劳动时间越短。劳动时间的长度影响资本的周转速度，也会影响预付资本的数量。劳动时间越长，资本周转速度就慢，所需预付资本数量就大；反之，结果相反。提高劳动生产率可以缩短劳动时间。

非劳动时间是指生产资料虽处于生产领域，但没有与劳动力结合起来的时间。非劳动时间包括三部分：① 生产资料储备时间，即为了生产能够连续地进行，原料、材料和燃料的必要储备时间；② 停工时间，即夜间休息或正常检修设备而停工的时间；③ 自然力作用时间，即产品在它的生产过程中所经历的物理的、化学的或生物的作用时间。由于非劳动时间不创造价值和剩余价值，因此它也是资本运行过程尽力要缩减的部分。

流通时间是产业资本经历流通领域的时间，包括生产要素的购买时间和商品的销售时间两个部分。影响流通时间的主要因素是商品的市场供求状况、产地与市场的距离、交通运输和信息条件等。在流通时间中，销售时间是最为关键的部分，在资本主义条件下，价值由商品到货币形式的转化是一个惊险的跳跃。建立发达的流通体系和提高流通效率是资本追求剩余价值的必然要求，其目的是尽量减少流通时间。

资本的生产时间和流通时间的总和构成资本周转的时间，即：

$$\frac{资本周}{转时间} = 生产时间 + 流通时间 =$$

$$\left(劳动时间 + \frac{生产资料}{储备时间} + \frac{生产设备}{维修时间} + \frac{自然力}{作用时间}\right) + \frac{购买生产}{要素时间} + \frac{销售商}{品时间}$$

（二）生产资本构成

固定资本和流动资本是产业资本运动中生产资本的两个组成部分，它们是以价值周转方式不同为划分标准的。

固定资本是指那些使用价值整体地、连续地加入生产过程，而价值则按其在生产过程中磨损的程度，逐次地转移到新产品中去的那一部分生产资本。如厂房、机器设备、工具等以劳动资料形式存在的生产资本。

流动资本是指使用价值经过一次生产过程就改变形态或消失，价值也一次转移到新产品中去的那一部分生产资本。如以原材料、燃料、劳动力等形式存在的那一部分生产资本。其中，表现为劳动力的那一部分生产资本，其价值不是转移到新产品中去，而是由工人在生产过程中重新创造出来的。但从价值周转方式上看，工人每次在劳动过程中重新创造的劳动力价值，也是一次全部加入到新产品中去，并随着产品的销售而全部收回。在这一点上和原材料等是一样的，所以也列入流动资本的范围。

由于固定资本和流动资本的价值周转方式不同，所以两者的周转速度也就不同。固定资本的周转速度慢，流动资本的周转速度快；在固定资本全部价值周转一次的期间，流动资本的价值会周转多次，从而在预付总资本中如果固定资本的比重大，就会延缓总资本的周转速度；如果流动资本的比重大，则会加快其周转速度。

在这里，涉及固定资本与流动资本的划分同不变资本与可变资本的划分之间的关系问题。这两种划分都是生产资本内部的划分。马克思按生产资本各部分在剩余价值生产过程中作用的不同，将其分为不变资本和可变资本，目的在于揭示剩余价值的真正源泉；按资本各部分价值周转方式的不同，将其分为固定资本和流动资本，目的在于揭示资本周转速度对剩余价值生产的影响。生产资本的这两种划分的区别和联系，可用下表表示。

生产资本两种划分方法的区别和联系

按在剩余价值生产中的作用划分	生产资本的各部分	按价值周转方式划分
不变资本	厂房和其他建筑物、机器、设备、工具	固定资本
	原料、燃料、辅助材料	流动资本
可变资本	工资	

影响资本周转速度的间接因素，除固定资本和流动资本的比重外，还有产品的种类、生产技术装备水平、生产要素的组合及其利用程度、劳动者的技术水平和熟练程度、运输和仓储条件、市场状况，以及经营管理水平等。总之，凡是影响生产时间和流通时间的因素，都是影响资本周转速度的因素。

一个独立运动的产业资本的周转速度，总的来说，要受诸多客观因素的制约。尽管资本家为了提高利润率而想方设法加快资本的周转速度，但在资本主义条件下，由于其内在规律的作用，会有许多无法克服的障碍，周转速度必然呈现缓慢的趋势。例如，随着资本的不断积累，资本有机构成不断提高，固定资本的比重将日益增大，导致周转速度缓慢。再如，由于资本主义剥削的加强，劳动人民有支付能力的需求的增长同生产增长之间的差距越来越大，使生产和市场的矛盾日趋尖锐，资本的流通时间有延长的趋势，有时甚至造成流通中断。

三、固定资本的磨损与折旧

固定资本是根据它每次生产的平均磨损程度，把价值一部分一部分转移到新产品中去的。固定资本磨损程度决定其价值转移的大小，直接影响资本价值的周转速度。

固定资本的磨损分为物质磨损和精神磨损两种。物质磨损（又称有形磨损）就是指固定资本物质要素受到损失。这种物质上的损失，主要是由固定资本在生产过程中因使用或因自然力的作用引起的。精神磨损（又称无形磨损）就是指固定资本在价值上受到的损失。这种损失的发生是因为科学技术的进步，或是因为技术改造，生产同样机器的社会必要劳动时间减少了，因而使原有机器设备的价值下跌，发生贬值；或是因为出现了效率更高的新机器，使得效率低的旧机器贬值。

固定资本发生磨损就需要进行价值补偿和物质替换。固定资本的不断磨损，使其在使用一定年限后由于丧失生产作用而退出生产过程，这时需要在物质上进行替换，这就是固定资本的物质更新。由于固定资本的价值是根据它的平均使用寿命，按照它逐年的损耗程度转移到新产品中去，因而，固定资本的价值补偿过程，就是按照它平均损耗的程度把转移的价值从销售商品的收入中提取出来，以折旧基金的形式加以积累，逐步进行补偿，这就是折旧。按照固定资本的损耗程度，逐年以一定的比例提取的资本价值，就是固定资本的折旧费或折旧基金。折旧费按照固定资本的原始价值除以实际使用年限的方法来计算。固定资本的实际使用年限是指包含精神磨损在内的实际寿命，而不仅是它的自然寿命。每年提取折旧费占固定资本总价值的比率，就是折旧率。折旧率与固定资本的实际使用年限成反比。

固定资本的物质替换可分两种形式：一种是一次性地进行物质替换，这就是在固定资本的实际寿命结束时，企业用折旧基金购买新的固定资产进行物质替换，这时，价值补偿采取基本折旧基金的形式。另一种是一部分一部分地进行物质替换，这就是对固定资产的某些损坏部分进行大修理，这时，价值补偿采取大修理折旧基金的形式；由于大修理的性质是固定资本的局部更新，它增加了固定资本的原始价值，所以，在大修理中耗费的物化劳动和活劳动，由折旧费支出。对于固定资本的物质设备的日常维护，是由工人无偿地在劳动过程中进行的，不列入用折旧费进行替换的范围内。

四、预付资本的总周转

考察了固定资本与流动资本价值周转的方式和速度的不同以后，就可以得出预付资本总周转的概念和计算公式。预付资本的总周转是指包括固定资本、流动资本在内的预付资本的不同组成部分的平均周转速度。计算公式是：

$$预付资本的总周转速度 = \frac{固定资本年周转价值总额 + 流动资本年周转价值总额}{预付资本总额}$$

其中，固定资本年周转价值总额＝固定资本原值×一年中固定资本周转次数；流动资本年周转价值总额＝流动资本×一年中流动资本的周转次数。

例如，某企业预付资本及预付资本的总周转情况如下：

预付资本的总周转

生产资本的各要素	价值/万元	资本年周转次数	年周转价值总额/万元
固定资本	80	1/10	8
其中：厂房	20	1/20	1
机器设备	50	1/10	5
工具	10	1/5	2
流动资本	20	6	120
预付总资本	100	1.28	128

预付资本的总周转速度 $= (8 + 120)/100 = 1.28$（次）

预付资本总周转速度受两方面的制约：一个是预付资本中固定资本和流动资本的比例，另一个是固定资本和流动资本各自的周转速度。当前一个因素为既定时，预付资本总周转速度就取决于固定资本和流动资本各自的周转速度。它们的周转速度快，预付资本总周转速度也快；反之，预付资本的总周转速度就慢。当后一个因素为既定时，预付资本总周转速度就取决于固定资本和流动资本的比例。因为固定资本的周转速度总是慢于流动资本，固定资本周转一次，流动资本可周转多次，所以，预付资本总周转速度与固定资本的比重成反比，与流动资本的比重成正比。

不过，随着社会化大生产与科学技术的发展，一方面，技术装备水平提高，固定资本的价值量在预付资本中所占的比重日益加大，从而使预付资本的周转速度减慢；另一方面，固定资本又为资本周转时间的缩短提供了先进的物质手段，这又使预付资本周转速度加快。

五、资本周转速度提高的意义和途径

资本周转速度快慢对剩余价值生产有着重大的影响，加快资本周转速度是获得更多剩余价值的手段。

提高资本周转速度能够节省预付资本的数量，尤其是节省预付流动资本的数量。例如，某企业每月需要支付流动资本 2 万元，流动资本一年周转一次，那么，一年内流动资本共需预付 24 万元。如果周转速度加快，流动资本一年周转四次，一年内只需预付流动资本 6 万元，一年就可节省 18 万元。所以，资本周转速度越快，维持同样生产规模所需要的预付流动资本就越少。对于固定资本来说，提高资本周转速度，既可以避免损失，又可以提高固定资本的利用率，有助于加快固定资本的更新，从而促进企业的技术革新。总之，加速资本周转，能够节省预付总资本，这就是说，预付同量的总资本可以进行更大规模的经营，或是经营同等规模的生产可预付较少量的资本。

提高资本周转速度，有利于增加年剩余价值量和提高年剩余价值率。年剩余价值量，是剩余价值率和预付可变资本量及其周转次数的乘积。年剩余价值率是年剩余价值量和预付可变资本的比率。以 M 代表年剩余价值量，M' 代表年剩余价值率，则其计算公式为：

$$M = m' \cdot v \cdot n$$

$$M' = \frac{M}{v} = \frac{m' \cdot v \cdot n}{v} = m' \cdot n$$

例如，有甲、乙两个企业，它们的预付可变资本都是 20 000 元，剩余价值率都是 100%，甲企业可变资本一年周转 10 次，而乙企业可变资本一年只周转 5 次。因此：

甲企业：$M = 20\,000$ 元 $\times 100\% \times 10 = 200\,000$（元）

$M' = 200\,000 \div 20\,000 = 1\,000\%$

乙企业：$M = 20\,000$ 元 $\times 100\% \times 5 = 100\,000$（元）

$M' = 100\,000 \div 20\,000 = 500\%$

由此可见，在剩余价值率为一定时，年剩余价值量及年剩余价值率是和可变资本的周转速度成正比的。上例中的两个企业，乙企业可变资本周转速度比甲企业慢 1 倍，年剩余价值量和年剩余价值率都低 1 倍。为什么可变资本的周转速度决定了年剩余价值量和年剩余价值率呢？因为，可变资本有预付的可变资本和实际使用的可变资本之分，预付的可变资本周转得越快，实际发挥作用的可变资本就越多，从而年剩余价值量和年剩余价值率也越高。

年剩余价值率（M'）和剩余价值率（m'）在质上和量上都是不同的。第一，剩余价值率是一定时期内剩余价值和实际可变资本的比率，它表示资本主义企业的资本剥削雇佣劳动的程度。年剩余价值率是年剩余价值量和预付可变资本的比率，它表示一年内预付可变资本的增值程度。第二，年剩余价值率（M'）是大于剩余价值率（m'）的，只有在预付可变资本年周转次数为一次时，预付可变资本的数量等于实际发挥作用的可变资本的数量，年剩余价值率（M'）才等于剩余价值率（m'）。

提高资本周转速度不仅可以增加剩余价值量或资本增值量，而且可以加快资本或剩余价值的流通。资本周转速度越快，剩余价值的实现也越快；资本周转速度越慢，剩余价值的实现也越慢。在现代信用制度发展的条件下，剩余价值实现快的企业，可以将一年内实现了的剩余价值存入银行获取利息，也可以将实现了的剩余价值进行投资，扩大再生产，获取利润。相反，周期长、剩余价值实现慢的企业，却要从银行借款，支付银行利息。因此，加快资本周转速度，有利于加速实现剩余价值，从而也就有利于获得更多的剩余价值，有利于资本积累和扩大再生产的加速进行。

由于提高资本周转速度对生产和实现剩余价值或资本增值至关重要，所以，企业总是采取多种措施，加快资本的周转速度。

资本周转速度的快慢，首先取决于周转时间的长短。要提高资本的周转速度，就要缩短周转时间。如前所述，资本周转时间包括生产时间和流通时间。在生产时间中，又有劳动时间和非劳动时间。缩短劳动时间的主要手段是重视科学技术的运用，以提高企业的生产技术水平，提高劳动生产率。缩短非劳动时间的手段，一是采用新技术和新工艺，尽可能缩短劳动对象受自然力作用的时间；二是保持必要的生产储备，改善供货渠道，以减少生产资料的储备时间；三是合理地安排工作班次，加强设备日常检修保养，以减少生产中断的时间。总之，缩短生产时间的关键，是科学技术的进步及其在生产中的应用，这既能缩短劳动时间，又能缩短非劳动时间。流通时间包括购买时间和出售时间。企业生产出适销对路的产品，合理地组织供销活动，发明和运用现代化的交通运输工具，采用现代信息手段，都会缩短流通时间。

资本周转速度的快慢，还取决于固定资本和流动资本的构成及其周转速度。固定资本与流动资本的构成在一定时期内是一定的，要提高资本周转速度，就要加快固定资本与流动资本各自的周转速度。由于流动资本周转的特点是，其价值一次全部地转移到新产品中去并通过商品的流通转化为货币，流动资本周转一次所需时间是由生产时间和流通时间两个部分构成的。所以，上面分析的缩短周转时间的途径，也是加速流动资本周转的途径。固定资本的周转速度和它的磨损程度成正比，因此，要加速固定资本的周转，一是要提高机器设备的利用率，二是要制定合理的折旧率。折旧率偏低，会使企业缺少折旧基金，机器设备多年不能更新。加速折旧会使机器设备的自然使用年限大于其实际使用年限，折旧费提取完的机器设备是作为一种没有代价的自然力在使用，但是过高的折价率会提高生产成本，削弱产品在市场上的竞争力，从而有可能使利润总量减少。因此，企业要制定最佳的折旧率，既加速固定资本周转，又确保一定的利润。

📖 本章小结

个别产业资本的运动表现为资本循环和资本周转。剩余价值的生产或资本增值是在这种运动中产生的，资本循环和资本周转体现着特定的生产关系，而且是一个不停息的运动过程。资本的运动过程是一个从起点开始又回到起点的循环运动过程。产业资本连续进行的现实循环运动过程不仅是购买、生产和销售三个阶段的统一，是生产和流通两个过程的统一，而且，它还是三种循环形式的统一。为此，就必须保持资本运动的并存性和继起性。资本的运动只有具备这两个互相联系的条件，才能实现资本运动总过程的连续性，才能保持生产的连续性。资本只有在连续不断的运动中，才能实现其价值增值的目的。

资本的循环当作周期性的过程来考察时，就是资本的周转。资本周转速度和资本周转时间成反比，和资本周转次数成正比。预付资本中固定资本和流动资本的比例及固定资本和流动资本各自的周转速度，影响预付资本总周转速度。生产时间和流通时间的长短，也影响预付资本总周转速度。资本的周转对资本价值增值有很大影响。资本周转速度影响预付资本的数量，尤其是流动资本的数量；影响年剩余价值量和年剩余价值率；影响资本或剩余价值的流通。由于提高资本周转速度对生产和实现剩余价值至关重要，企业总是采取多种措施，加快资本的周转速度。

思考题

1. 解释下列概念：资本循环、资本周转、资本周转时间、固定资本、流动资本、固定资本更新、折旧、预付资本的总周转、年剩余价值率。

2. 产业资本循环要经过哪些阶段？与这些阶段相适应的资本职能形式和职能是什么？

3. 产业资本循环保持连续性的条件是什么？

4. 生产资本有哪两种划分？这些划分有什么意义？

5. 影响资本周转速度的因素有哪些？怎样加快资本的周转速度？

第七章　社会总资本再生产和实现

在社会资本再生产过程中，社会总产品的实现是关键环节，如果社会总产品得不到实现，那么社会资本的再生产过程就将受到破坏，社会资本运动就将会中断。在学习和掌握个别资本运动的基础上，本章内容研究社会总资本的运动，其出发点是社会总产品。社会总产品的实现是社会总资本再生产的核心问题，简单再生产和扩大再生产条件下社会总资本的实现过程和条件是其中的重要内容。

第一节　社会总资本再生产的核心问题

一、个别资本和社会资本

在资本主义社会，由于生产资料的私有制，生产资料为不同的相对独立的资本家或资本家集团所拥有。每个生产经营单位的资本在再生产过程中独立发挥作用，完成循环和周转，实现自己的价值增值。这种各自独立发挥资本职能的资本就是单个资本，或个别资本。从经营决策上说，每个单个资本都是独立的经济实体，生产什么、生产多少、怎样生产似乎都是单个经营单位说了算。而事实上，所有独立的单个资本并不是孤立的、彼此隔绝的，而是通过流通过程相互联系的。因为在以社会分工为基础的社会化大生产和市场经济条件下，所有生产者和经营单位互为市场、互相提供需求和供给。首先，单个资本家要和那些为他提供生产资料的企业发生联系，向他们购买机器、设备和原材料，以便自己的资本完成由货币资本向生产资本的转化。其次，单个资本家还要和那些消费他们产品的企业发生联系，销售自己的产品，实现商品的价值和剩余价值，这些由相互联系、相互依存的所有单个资本所组成的总和就是社会总资本，即社会资本。

社会资本的运动是由个别资本运动总和构成的，因而它们之间有共同之处。从运动的形式看，二者都要经过三个阶段，采取三种职能形式，完成自身的循环；从运动的内容看，二者都包含着生产剩余价值的生产消费；从运动的目的看，二者都要实现价值增值。

社会资本运动比单个资本运动要复杂得多，所以社会资本运动具有不同于单个资本运动的内容和特点。

首先，社会资本运动，既包括生产消费，又包括个人消费，既包括与生产消费相适应的资本流通，又包括与个人生活消费相适应的一般商品流通；

而个别资本运动，只包含生产消费和资本流通，不包括工人和资本家的个人消费及与此相适应的一般商品流通。这是因为，在个别资本运动中，工人用工资和资本家用剩余价值购买生活资料的过程，并不是资本的流通过程，而是在个别资本运动的外部进行的一般商品流通过程。社会资本运动则不同，它是由各个个别资本运动的总和构成的，工人和资本家需要的个人消费品，只能在整个社会生产的产品中购买，他们购买消费品的过程，同时也就是那些专门生产消费品的资本家出卖商品的过程，即把他们的商品资本转变为货币资本的过程，这个过程是社会资本运动的一部分。

其次，社会资本运动，不仅包括预付资本价值的运动，而且包括剩余价值的全部运动；个别资本的运动只包括预付资本价值的运动，不包括剩余价值的全部运动。这是因为，在个别资本运动中，剩余价值用于资本家个人消费的部分，是在个别资本运动的外部进行的，只有用于追加资本的那一部分剩余价值才包括在个别资本的运动之中。但是，在社会资本运动中，资本家的剩余价值用于购买消费品的过程，同时也是生产消费资料的资本家出卖商品的过程。所以，社会资本运动不仅包括预付资本价值的运动，而且包括剩余价值的全部运动。

再次，社会资本运动不仅考察价值补偿，还考察实物补偿；个别资本运动只考察价值补偿，不考察实物补偿。在研究个别资本运动时，通常假定企业能够在市场上购买到所需要的生产资料和劳动力，劳动力能够购买到所需要的消费资料，企业能够顺利出售所生产的商品，也就是对实物补偿不做研究。但是，在研究社会资本运动时，不仅要研究价值补偿，还要研究实物补偿。因为，社会资本已经包括了全部个别资本，它所需要的生产资料和消费资料，必须从它本身的产品中得到补偿，而且，社会总产品的实物补偿是社会资本再生产顺利进行的一个重要内容。

二、社会资本再生产的出发点

社会总产品可以看作是社会总商品资本，在研究社会资本的运动时，应该以社会总商品资本作为研究的出发点，即通过分析社会总商品资本的运动来分析和揭示社会资本运动的本质和特点。

社会资本的运动是一个错综复杂的过程，考察这个过程必须从社会总产品，即社会总商品资本出发。研究社会资本再生产运动，不仅要考察社会资本运动的形式，而且要进一步探讨社会资本运动的实现条件，揭示社会资本运动的内容和内在规律性。而只有通过对社会资本运动的系统研究和分析才能从中找出社会资本运行的规律性。

社会总产品（社会总商品资本）是社会各个物质生产部门在一年内所生产出来的全部物质资料的总和。它既是生产过程的结果，又是再生产过程的条件，也是整个社会存在和发展的物质基础。社会总产品中既包括了用于生产消费的生产资料，又包括了用于个人生活的消费资料。因此，只有以社会总产品为出发点研究社会资本运动，才能体现社会资本运动的特点和内容。

而从社会总产品，即从社会总商品资本出发研究社会资本的运动和社会总产品的实现问题，又必然要求以商品资本循环公式作为考察社会资本运动的直接对象。

商品资本循环公式是：

$$W'—G'\begin{cases} G—W\begin{cases} A \\ P_m \end{cases}\cdots P\cdots W' \\ \\ g—w \end{cases}$$

上述公式表明，社会资本的运动从总商品资本（W'）开始。在总商品资本运动中，一部分商品价值（W）用于补偿投资者垫付的资本价值，另一部分商品价值（w）成为投资者占有的剩余价值。总商品资本在流通过程中实现以后，转化为总货币资本（G'）。总货币资本一开始就分为两个部分：资本的运动和剩余价值的运动。资本运动的公式和剩余价值的运动公式分别是：

$$G—W\begin{cases} A \\ P_m \end{cases}\cdots P\cdots W';\qquad g—w$$

前者表明资本家用货币购买劳动力和生产资料，变为生产资本，经过生产过程之后，又重新变为商品资本，这部分资本运动包括了生产消费和资本流通；后者表明资本家把一部分货币（g）用于购买消费资料（w），进行个人消费，从这部分资本运动来看，它包括个人消费和一般商品流通。此外，工人出卖劳动力得到的货币，也用来购买消费资料，进行个人消费，同样属于一般商品流通。所以社会总商品资本流通公式，既包括生产消费和资本流通，又包括个人消费和一般商品流通，它体现了社会资本运动的内容和特征，从中可以考察社会资本再生产运动的实现条件。

三、社会资本运动的核心问题

从社会总产品出发考察社会资本运动，核心问题是社会总产品各个组成部分是如何实现的，也就是社会总产品的补偿问题。社会总产品的补偿有价值补偿和实物补偿两个方面。所谓价值补偿，就是指社会总产品各个组成部分的价值如何通过商品的出售以货币形式回流，用于补偿在生产中预付的不变资本和可变资本，并且还要取得剩余价值。所谓实物补偿，就是指社会总产品中各个组成部分转化为货币以后，如何再进一步转化为所需要的物质产品，其中，相当于不变资本价值的部分，如何重新取得所需要的生产资料；相当于可变资本价值的部分及资本家用于个人消费的剩余价值部分，如何重新取得所需要的生活资料。社会总产品的价值补偿和实物补偿问题，也就是社会总产品的实现问题。

社会总产品的实现问题是社会资本运动的核心问题。首先，社会总产品的价值补偿是社会资本运动正常进行的基础和前提。社会资本运动，即资本主义社会再生产要正常进行，最基本的条件是社会总产品必须全部销售出去，并在补偿预付的不变资本和可变资本价值的同时获得剩余价值。只有这样，才能重新购买再生产所需要的生产资料和劳动力，如果社会总产品不能或不能全部销售出去，生产这些产品所消耗的资本价值不能或不能全部得到补偿，资本主义再生产就无法顺利进行。其次，社会总产品的实物补偿是社会资本运动正常进行的关键。社会资本再生产运动要正常进行，最起码的条件是要保证上一个生产过程所消耗的生产资料和消费资料能够得到补偿和替换，否则，社会再生产过程就会发生中断或者萎缩。由于社会总产品各个部分的更替和补偿过程，同时就是社会总产品的实现过程，因此，社会总产品的补偿即实现问题，就是社会资本再生产的核心问题。研究社会资本再生产和流通，核心问题就是要说明生产社会总产品时所消耗的生产资料和消费资料能否从社会总产品中得到补偿，这种补偿是如何进行的及在什么条件下才能顺利实现这种补偿，其中，社会总产品的实现条件，更是这个核心问题的重点。

为了考察社会总产品的实现及其所需要的条件，必须分析社会总产品的构成，以及与此相适应的社会生产的划分。

社会总产品有两重构成，即价值构成和实物构成。社会总产品从实物形态上按其最终用途，可分为生产资料和消费资料两大类。

其中的生产资料用于补偿生产中消耗掉的生产资料和进行扩大再生产，消费资料则用于资本家和工人的个人消费需要。社会总产品从价值形态上由不变资本价值（c）、可变资本价值（v）和剩余价值（m）三个部分组成。其中的不变资本价值是旧价值的转移，代表在商品生产过程中消耗掉的预付不变资本。可变资本价值和剩余价值是雇佣工人在商品生产过程中创造出来的新价值，可变资本价值用来补偿生产中消耗掉的可变资本，剩余价值用于资本家的个人消费和进行扩大再生产的资本积累。

同社会总产品的实物构成相适应，整个社会生产可以分为两大部类：第一部类是生产资料生产，简称"I"部类，其产品供生产消费；第二部类是消费资料生产，简称"II"部类，其产品供生活消费。

根据以上的划分，研究社会资本运动的再生产过程，就可以简化为对生产生产资料部门和生产消费资料部门的资本运动中的价值补偿和实物补偿过程的分析。资本主义社会总产品的实物构成和价值构成，以及社会生产分为两大部类的原理，是马克思再生产理论的两个基本原理。正因为从实物形式上把社会总产品划分为两大类别，从而把社会生产划分为两大部类，才指明了社会总产品的实现途径在于通过两大部类内部及两大部类之间的交换。正因为从价值形式上把社会总产品划分为三大部分，表明三个部分的价值都要实现；这两种划分形式还指明了实物替换和价值补偿的相互依赖关系。马克思正是以这两个基本原理作为前提，科学地解决了社会总产品按价值和实物实现的一系列问题，从而为科学地揭示社会资本再生产和流通的规律性奠定坚实的理论基础。

第二节　社会资本的简单再生产的实现

一、简单再生产条件下社会总产品的三种交换关系

资本主义再生产的特征是扩大再生产，但是简单再生产是扩大再生产的基础和出发点，同时，简单再生产包含了再生产的一般规定性，把简单再生产条件下社会总产品的实现问题分析清楚了，扩大再生产的实现问题也就不难解决了。因此，考察社会资本再生产的实现问题，要从简单再生产开始分析。

为了便于揭示社会资本再生产运动的规律性，假设考察的是纯粹的资本主义经济，整个社会只有资本家和工人两个阶级，从而不存在剩余价值在其他集团分配的问题；在为期一年的生产周期中，不变资本价值被全部转移到新产品中去；市场供求平衡，全部商品都按价值出售，不考虑商品价格与价值不一致的问题；没有对外贸易，全部社会产品都在一国范围内得到补偿和实现。

分析社会资本运动，主要是分析社会总产品的实现问题，马克思为分析社会资本简单再生产的实现过程和实现条件，设计了一个社会资本简单再生产的图式。

社会资本简单再生产的图式是：

$$\left.\begin{array}{l} \text{I}\qquad 4\,000c + 1\,000v + 1\,000m = 6\,000 \\ \text{II}\qquad 2\,000c + 500v\ \ + 500m\ \ = 3\,000 \end{array}\right\} 9\,000$$

在这个图式中，两大部类资本有机构成都是 4:1，剩余价值率都是 100%。两大部类的产品价值总额，即社会总产品价值为 9 000（6 000 + 3 000）货币单位，第一部类产品价值为 6 000，其中不变资本价值为 4 000，可变资本价值为 1 000，剩余价值为 1 000，第一部类产品从实物上看都表现为生产资料；第二部类产品价值为 3 000，其中不变资本价值为 2 000，可变资本价值为 500，剩余价值为 500，第二部类产品从实物上看都表现为消费资料。

社会总产品的实现过程都是通过市场交换进行，社会总产品的各个部分的价值补偿和实物补偿也是经过市场实现的，社会资本再生产的实现过程主要包括以下三个方面的交换关系和交换过程。

首先，第一部类内部的交换即 I 4 000c 的实现。第一部类中的产品在实物上由各种生产资料构成，在价值上它代表本部类已消耗掉的不变资本价值。为了维持简单再生产，生产中消耗了的 4 000c 必须用制造生产资料部门新生产出来的生产资料来补偿和替换。因此，这部分产品的价值 4 000c 和实物替换，可通过第一部类内部各部门、各企业之间的交换而得到实现。另有少数生产资料可直接留归本企业内使用而不需要同其他企业进行交换。

其次，第二部类内部的交换即 II 500v + 500m 的实现。第二部类中的产

品在实物上由各种消费资料构成，在价值上代表本部类工人和资本家个人消费的可变资本价值和剩余价值。为了维持简单再生产条件下工人和资本家的个人消费需要，它必须用消费资料来补偿。因此，这部分产品同样可以通过第二部类的工人和资本家购买本部类的各种消费品而得到实现。

再次，两大部类之间的交换即 I　$1\ 000v + 1\ 000m$ 和 II　$2\ 000c$ 的实现。通过上述两个部类内部的交换，第一部类还剩下 $1\ 000v + 1\ 000m$ 的产品，这部分产品在价值上代表本部类的可变资本价值和剩余价值，它是用于第一部类的工人和资本家个人生活消费的，但这部分产品在实物上却是生产资料，无法在第一部类内部得到实现，必须和第二部类的消费资料相交换。第二部类还剩下 $2\ 000c$ 的产品，这部分产品在价值上代表第二部类消耗掉的不变资本，但这部分产品的实物形态却是消费资料，因此无法在第二部类内部实现补偿，必须和第一部类的生产资料相交换。那么通过两大部类之间的交换，使第一部类的工人和资本家得到个人消费所需要的价值 2 000 的消费资料，第二部类的资本家得到再生产所需要的价值 2 000 的生产资料。

在两大部类的交换中，不仅有两大部类的资本家之间的交换，而且还有第一部类工人和第二部类资本家之间的交换。而且事实上，全部交换正是从第一部类工人同第二部类资本家之间的交换开始的。具体来说，第一部类的工人先用资本家预付的相当于 $1\ 000v$ 的货币工资和第二部类资本家的价值 $1\ 000c$ 的消费资料相交换。通过这个交换，工人得到消费资料，第二部类的资本家得到货币，然后他再用这部分货币去购买第一部类的价值额相同的制造消费资料的生产资料，使第一部类 $1\ 000v + 1\ 000m$ 中价值 1 000 的生产资料得到实现。第一部类的资本家进一步用这些货币去购买第二部类的消费资料，从而使第二部类剩下的价值 1 000 的消费资料得到实现。第二部类的资本家再用这部分货币去购买所需要的制造消费资料的生产资料，从而使第一部类 $1\ 000v + 1\ 000m$ 中剩下的价值 1 000 的生产资料得到实现。通过上述交换过程，第一部类的资本家和工人都得到了消费资料，第二部类的资本家得到了生产消费资料所必需的生产资料。

社会总产品通过上述三个方面的交换而得到全部实现，可用如下图式表示：

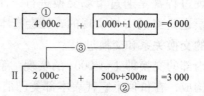

通过上述三种形式的交换，社会总产品的各部分不仅在价值上得到了实现和补偿，而且在实物上也得到了替换，这样，简单再生产就可以继续进行了。需要明确的是，上述三方面的交换关系并不是一次完成的，而是在一年中经过各部门、各企业的资本家及工人的无数次交换而逐步实现的。

二、社会资本简单再生产的实现条件

从上述社会资本简单再生产条件下社会总产品的实现过程可以看出，三种交换关系中，关键在于两大部类之间的交换，只有第一部类的工人和资本家所需要的消费资料的价值总额恰好等于第二部类所需要的生产资料的价值总额，社会总产品才能实现。因而，社会资本简单再生产的基本实现条件是，第一部类的可变资本和剩余价值之和，必须等于第二部类的不变资本。用公式表示是：

$$I(v+m) = IIc$$

这个条件表明，在社会资本简单再生产条件下，社会生产两大部类之间存在着互为条件、密切联系的内在关系。即第一部类提供给第二部类的生产资料同第二部类对生产资料的需求之间、第二部类提供给第一部类的消费资料同第一部类对消费资料的需要之间，必须保持平衡。这种平衡既包括使用价值的平衡，也包括价值的平衡；既是一种比例关系，也是一种结构关系。否则社会资本简单再生产就不能顺利进行。如果 $I(v+m) > IIc$，则第一部类所生产的生产资料不能全部售出，同时第一部类工人和资本家所需要的消费资料不能得到满足；如果 $I(v+m) < IIc$，则第二部类所生产的消费资料不能全部售出，同时第二部类资本家所需要的生产资料不能全部得到补偿。在这两种情况下，社会资本的简单再生产就无法维持，所以说 $I(v+m) = IIc$ 是社会资本简单再生产的基本实现条件。

从 $I(v+m) = IIc$ 这个基本实现条件中可以引申出另外两个实现条件。

第一个实现条件是：

$$I(c+v+m) = Ic + IIc$$

这个等式是在基本实现条件的等式两边同时加上 Ic 得到的，它反映第一部类的生产与两大部类对生产资料需求之间的内在联系，即第一部类生产的生产资料的价值总和，必须等于两大部类所消耗的不变资本价值的总和，同时第一部类所生产的生产资料在使用价值上还必须与两大部类对于生产资料的需求相符合。如果满足不了这个条件，社会资本简单再生产就不可能顺利进行。这个引申条件表明了生产资料生产与生产资料需求之间的内在关系。

第二个实现条件是：

$$II(c+v+m) = I(v+m) + II(v+m)$$

这个等式是在基本实现条件的等式两边同时加上 $II(v+m)$ 得到的。它反映第二部类的生产与两大部类的工人和资本家对消费资料需求的内在联系，即第二部类生产的消费资料价值总和，必须等于两大部类的可变资本价值与剩余价值的总和，同时第二部类所生产的消费资料在使用价值上还必须与两大部类对于消费资料的需求相符合。如果满足不了这个条件，社会资本简单再生产也不可能顺利进行。这个引申条件表明了消费资料生产与消费资料需求之间的内在关系。

上述三个公式，体现了社会资本简单再生产过程中，两大部类之间及两

大部类内部都应遵循的基本比例关系。这些基本的比例关系从不同侧面反映了社会资本简单再生产的规律性，即社会生产与社会消费之间、社会生产两大部类之间、生产资料生产与生产消费之间、消费资料生产与生活消费之间、供给与需求之间，在使用价值和价值两方面都必须保持一定的比例关系，只有这样，社会生产和生活才能得以正常进行。这正是马克思再生产理论所揭示的基本内容。

三、固定资本的补偿

以上分析社会资本简单再生产的实现条件，是假定产品价值中的不变资本在一个生产周期中全部消费掉，其价值是在一年中一次全部转移到新产品中去的，并且要从当年社会产品中取得实物补偿。但是，实际情况并不是如此，不变资本是由两部分组成的：一部分是流动资本，是在生产过程中一次全部消耗，当年全部补偿的；另一部分是固定资本，它们的价值是每年只转移一部分到新产品中去，它的实物形态不需要每年重新补偿。这就产生了一个矛盾，即固定资本的价值补偿与实物补偿不是同时进行，即每年都会有一部分固定资本价值通过出售产品而实现，但这部分价值不是当年就要用于购买，而以折旧基金的形式积累起来。于是，全社会就会有一部分生产资料价值不能实现，社会再生产就不能顺利进行。这就需要研究固定资本的补偿问题。

这个矛盾是可以解决的，因为社会资本中的各个个别资本在其再生产过程中，固定资本处在不同的使用阶段。有的固定资本在折旧，有的则折旧完了正在进行更新。处在不同补偿阶段上的两部分固定资本，只要在时间上互相衔接，在数量上互相平衡，第一部类的全部生产资料仍然可以得到实现。这是固定资本补偿的具体条件。所谓时间上的互相衔接，就是当一部分资本家提取折旧基金积累时，另一部分资本家必须用以前积累的折旧基金进行实物更新。而所谓数量上的互相平衡，则是要求每年以货币形式提取折旧基金来补偿损耗的固定资本部分，必须等于每年用积累的货币折旧基金进行实物更新的固定资本部分，即一年更新的固定资本总额必须等于当年在货币形态上积累起来的折旧基金总额。这是固定资本补偿的一个条件。如果这两者不相等，便会出现或是货币过剩、生产资料不足，或是生产资料过剩、货币不足的情况。这样，固定资本的补偿就不能顺利进行，社会资本的简单再生产也就发生困难。

第三节 社会资本的扩大再生产的实现

一、社会资本扩大再生产的前提条件

社会资本的扩大再生产是资本主义社会再生产的主要特征。扩大再生产有两种类型：内涵的扩大再生产和外延的扩大再生产。这里考察的扩大再生

产是以技术不变为特征的外延扩大再生产，因此，要以资本积累为前提。资本积累的源泉是剩余价值。当货币积累达到一定数量时，再用于购买扩大再生产所需要的生产要素，即转化为现实的积累。资本家要把货币资本转化为现实的积累，就要把资本积累所形成的追加资本分为两部分，一部分作为追加的不变资本，用于购买追加的生产资料，另一部分作为追加的可变资本，用于购买追加的劳动力。由于市场经济存在的产业后备军提供了现成的追加劳动力，因此只需补充消费资料用于追加劳动力的需要即可。

为了适应社会资本扩大再生产的需要，两大部类社会总产品各部分的构成就不能再保持简单再生产条件下的比例关系，而要按照扩大再生产的要求重新组合。这种组合必须具备两个前提条件。

第一，为了能提供追加的生产资料，第一部类新创造的价值，即可变资本和剩余价值之和必须大于第二部类所消耗的不变资本。用公式表示：

$$\text{I}(v+m) > \text{II}c$$

这是社会资本扩大再生产的一个前提条件，这个条件表明第一部类新创造的生产资料价值，即 $\text{I}(v+m)$，在补偿第二部类不变资本的消耗 $\text{II}c$ 后还有多余，从而有可能为两大部类的扩大再生产提供追加的生产资料。

这个前提条件，也可以用以下公式表示：

$$\text{I}(c+v+m) > \text{I}c + \text{II}c$$

这个公式表明第一部类的全部产品，除了补偿两大部类消耗掉的生产资料外还有多余，能为两大部类扩大再生产提供追加的生产资料。

第二，为了能提供追加的消费资料，第二部类的不变资本和用于积累的剩余价值之和，必须大于第一部类的可变资本和资本家用于个人消费的剩余价值之和。用公式表示：

$$\text{II}\left(c+m-\frac{m}{x}\right) > \text{I}\left(v+\frac{m}{x}\right)$$

这里，m/x 代表剩余价值中资本家用于个人消费的部分，$m-m/x$ 代表剩余价值中用于积累的部分。

这是社会资本扩大再生产的又一个前提条件。这个条件表明，第二部类的年全部产品除了满足本部类原有工人和资本家的消费需要和第一部类原有工人和资本家的消费需要后，还有余额，从而有可能为两大部类的扩大再生产提供追加的消费资料。这个前提条件，也可以用以下公式来表示：

$$\text{II}(c+v+m) > \text{I}\left(v+\frac{m}{x}\right) + \text{II}\left(v+\frac{m}{x}\right)$$

二、社会资本扩大再生产的实现过程

前面我们分析了社会资本扩大再生产所需要的前提条件，这些前提条件仅仅表示具备了扩大再生产的可能性，只有当社会总产品都按照扩大再生产的要求获得实现时，这种可能性才会变成现实。

现在根据扩大再生产所需的前提条件来分析一下社会资本扩大再生产时社会总产品是怎样实现的。假定第一部类总产品为 6 000，其中不变资本为 4 000，可变资本为 1 000，剩余价值率 100%，剩余价值为 1 000；第二部类总产品为 3 000，其中不变资本为 1 500，可变资本为 750，剩余价值率为 100%，剩余价值为 750。资本有机构成第一部类为 4∶1，第二部类为 2∶1。据此，扩大再生产的图式为：

$$\left.\begin{array}{l} \text{I} \qquad 4\,000c + 1\,000v + 1\,000m = 6\,000 \\ \text{II} \qquad 1\,500c + 750v \; + 750m \; = 3\,000 \end{array}\right\} 9\,000$$

在这个扩大再生产图式中，$\text{I}(1\,000v + 1\,000m) > \text{II}\,1\,500c$，满足扩大再生产的前提条件，说明已经具有扩大再生产的物质基础。现在假定第一部类的资本家将剩余价值的一半用于个人消费，即 $\text{I}\,m/x = 500$，剩余价值的另一半则用于积累，即 $\text{I}(m - m/x) = 500$。由于第一部类的资本有机构成仍为 4∶1，用于积累的资本则转化为追加的 400 不变资本和 100 可变资本。这样，第一部类在第一年生产出来的全部产品，重新组合如下：

$$\text{I} \qquad 4\,000c + 400\Delta c + 1\,000v + 100\Delta v + 500\frac{m}{x} = 6\,000$$

重新组合的第一部类的 $4\,000c + 400\Delta c$，代表用于维持和扩大第一部类再生产的生产资料的价值，它的实物形式是生产资料，所以这部分产品可以在本部类内部通过交换得到双重补偿。此外，第一部类产品中的 $1\,000v + 100\Delta v + 500m/x$ 的组成部分，在价值上代表第一部类工人和资本家用于个人消费的部分，但它的实物形式却是生产资料。因此，这部分产品必须与第二部类的消费资料相交换才能得到实现。

在第一部类和第二部类的交换过程中，第一部类向第二部类购买的消费资料价值总和也必须等于第二部类向第一部类购买的生产资料价值总和。但是，此时第二部类需要在物质上补偿的不变资本价值只有 $1\,500c$，比第一部类向它提供的生产资料的价值少 100。因此，第二部类的资本家只能将剩余价值 750 中的 100 用于追加不变资本（$100\Delta c$），扩大第二部类的不变资本的价值。同时第二部类也只有这样积累，第一部类的全部产品才能得以实现。假定第二部类资本有机构成仍为 2∶1，则第二部类资本家还必须从剩余价值中拿出 50 用作追加可变资本（$50\Delta v$），余下的 600 剩余价值用作资本家个人消费。这样，第二部类全部产品组合如下：

$$\text{II} \qquad 1\,500c + 100\Delta c + 750v + 50\Delta v + 600\frac{m}{x} = 3\,000$$

其中 $750v + 50\Delta v + 600m/x$ 代表第二部类资本家和工人个人消费资料价值，它们的实物形态就是消费资料，因而这部分产品可以在第二部类内部各部门、各企业之间的交换中得到实现和替换。$1\,500c + 100\Delta c$ 在价值上代表第二部类已经消耗和追加的生产资料价值，但它在实物上是消费资料，因而这部分产品只有与第一部类的生产资料进行交换才能得到实现和替换。

以上分析表明，社会资本扩大再生产的实现过程，同简单再生产一样，也是通过三种交换关系而实现的，可以用图表示如下：

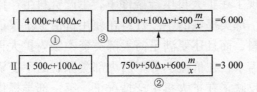

通过上述三方面的交换过程，社会总产品全部都得到实现和补偿，并为社会资本扩大再生产的继续进行创造了条件。在下次的扩大再生产过程中，如果剩余价值率仍为100%，那么两大部类生产的年产品的价值构成就是：

$$\text{I} \qquad 4\ 400c + 1\ 100v + 1\ 100m = 6\ 600$$
$$\text{II} \qquad 1\ 600c + 800v + 800m = 3\ 200$$

因此，社会资本由上一年的7 250扩大到7 900单位，社会总产品的总价值由上一年的9 000单位扩大为9 800单位，实现了社会资本的扩大再生产。

如果上述条件不变，以后各年度社会资本扩大再生产的规模和社会总产品的实现情况，都可以根据两大部类的剩余价值用于积累的比例，按照上述方法加以类推。

社会资本扩大再生产第三年结果是：

$$\begin{matrix} \text{I} & 4\ 840c + 1\ 210v + 1\ 210m = 7\ 260 \\ \text{II} & 1\ 760c + 880v + 880m = 3\ 520 \end{matrix} \Bigg\} 10\ 780$$

社会资本扩大再生产第四年结果是：

$$\begin{matrix} \text{I} & 5\ 324c + 1\ 331v + 1\ 331m = 7\ 986 \\ \text{II} & 1\ 936c + 968v + 968m = 3872 \end{matrix} \Bigg\} 11\ 858$$

上述分析表明，在扩大再生产的条件下，两大部类之间必须保持一定的比例，即第一部类原有的可变资本的价值，加上追加的可变资本的价值，再加上本部类资本家用于个人消费的剩余价值，必须等于第二部类原有不变资本价值和追加不变资本价值总和。这就是社会资本扩大再生产的基本实现条件。只有具备了这个条件，社会总产品的各个部分才能全部实现，扩大再生产才能顺利进行。

社会资本扩大再生产的基本实现条件，可用公式表示如下：

$$\text{I} \left(v + \Delta v + \frac{m}{x} \right) = \text{II} \left(c + \Delta c \right)$$

这个条件表明，在扩大再生产条件下，两大部类之间互相提出要求，互相提供产品，存在着互相依赖、互相制约的内在联系。即第一部类向第二部类提供的生产资料供给正好等于第二部类向第一部类提出的生产资料的需求。而第二部类向第一部类工人和资本家提供的消费资料供给正好等于第一部类对第二部类的消费资料的需求。

从扩大再生产情况下社会总产品基本实现条件公式出发，在公式的两边分别加上两部类各自内部交换的部分，即把 $\text{I} \left(c + \Delta c \right)$ 加在等式的两边，此外，再把 $\text{II}(v + \Delta v + m/x)$ 加在等式两边，还可以引申出以下两个公式：

$$\text{I}(c + v + m) = \text{I}(c + \Delta c) + \text{II}(c + \Delta c)$$

这个公式体现了在扩大再生产条件下，生产资料生产同生产消费之间的内在联系，即第一部类提供的生产资料在使用价值上不仅能够用于补偿已经消耗掉的生产资料，而且还要满足两大部类资本家为扩大再生产而产生对追加的生产资料的需求；在价值上等于两大部类原有的不变资本与追加的不变资本之和。这也反映了在扩大再生产情况下，第一部类提供的总供给与两大部类对第一部类的总需求必须平衡。

$$\text{II}(c + v + m) = \text{I}\left(v + \Delta v + \frac{m}{x}\right) + \text{II}\left(v + \Delta v + \frac{m}{x}\right)$$

这个公式表示第二部类全部产品的价值必须等于两大部类原有的可变资本价值，加上两大部类追加的可变资本价值及两大部类资本家用于个人消费的剩余价值总和。这一公式反映了在扩大再生产条件下，消费资料生产同个人消费之间的内在联系，即第二部类提供的消费资料不仅能够用于补偿两大部类工人和资本家所消耗的消费资料，而且还要满足两大部类追加的劳动力对消费资料的需求。从总供给与总需求平衡的角度看，也就是第二部类提供的总供给必须等于两大部类对第二部类的总需求。

以上三个实现条件，从不同的侧面反映了扩大再生产过程中社会生产与社会消费的内在联系，表明了扩大再生产的情况下社会生产两大部类之间所必须遵循的比例关系。只有满足这些主要比例关系的条件，社会资本的扩大再生产才能顺利实现。

通过以上分析，还说明了以下问题。

第一，社会资本的扩大再生产，是在简单再生产的基础上进行的，两大部类的产品，必须首先满足简单再生产的补偿需要，然后才有扩大再生产。扩大再生产实现条件与简单再生产实现条件的区别，主要在于前者的全部产品，除了补偿两大部类不变资本、可变资本和剩余价值中用于资本家个人消费的消耗外，还必须提供补充的生产资料和消费资料，以满足两大部类追加不变资本和可变资本的需要。从扩大再生产实现条件的各个公式来看，假若积累为0，扩大再生产的实现公式就还原到简单再生产的实现公式。

第二，扩大再生产的实现，不仅要具备前提条件，而且要具备实现条件。扩大再生产的实现条件是两大部类的平衡条件，回答了前提条件未能回答的究竟"大多少"才能达到平衡的问题。

第三，两大部类在积累和生产的扩大上，存在着互相依存、互为条件的内在联系。第一部类为第二部类所能提供的追加的生产资料规定着第二部类的积累规模，在积累总规模已定时，第一部类的积累越多，第二部类的积累规模就越受限制。反之，第二部类为第一部类所能提供的追加的消费资料又规定着第一部类的积累规模，如果第二部类不进行相应的积累，第一部类就会有一部分产品不能实现，也不能换回足够的追加消费资料，从而第一部类积累也会受到限制。总之，社会资本扩大再生产的积累规模，归根到底，要受两大部类所能提供的追加物质资料数量的制约。只有两大部类之间及两大部类内部都按一定比例协调发展，社会资本扩大再生产才能正常进行。

三、生产资料生产优先增长

上面对扩大再生产的分析，是在假定生产技术、劳动生产率及资本有机构成没有发生变化的条件下进行的。在这个假定前提下，不变资本与可变资本的增长速度是相同的，生产资料生产的增长速度也必然和消费资料生产增长速度相同，因此，两大部类是平行地增长，即它们的增长率是一样的。但是，事实上资本主义生产的扩大总是伴随着技术的进步、资本有机构成的提高，因而，两大部类的增长率就不可能是相同的。如果把技术进步和资本有机构成提高的因素考虑进去，那么就会发现生产资料的生产比消费资料的生产增长得快。

生产资料生产的优先增长，是在技术进步引起资本有机构成提高的条件下，扩大再生产的一条客观经济规律。因为随着资本有机构成的提高，在扩大再生产过程中，社会资本用来购买生产资料的不变资本部分会逐渐增大，而用来购买劳动力的可变资本部分会相对减少。不变资本比可变资本以更快的速度增长，必然使社会对生产资料的需求比对消费资料的需求增长得更快，从而导致生产资料生产比消费资料生产增长速度更快。只有这样，才能使社会总产品的各个组成部分在价值上和实物上得到补偿。而且，从第一部类内部来看，要使生产资料生产的优先增长得到保证，就要求第一部类为本部类制造生产资料的生产增长，快于为第二部类制造生产资料的生产增长。因此，生产资料生产优先增长是有条件的，这个条件就是由技术进步而引起的资本有机构成的不断提高。

生产资料生产优先增长，并不意味着生产资料生产可以脱离消费资料生产而孤立地发展，更不意味着生产资料生产比消费资料生产增长得越快越好。因为，生产资料生产的增长，最终将依赖于消费资料的增长。这体现在：① 第一部类扩大再生产所追加的劳动力对消费资料的需求，要依靠第二部类生产的增长来提供。② 第一部类为第二部类制造生产资料的生产，其产品的种类和数量直接取决于第二部类生产的发展。③ 第一部类为本部类制造的生产资料的生产，最终也受第二部类生产发展的制约，最终是为了给第二部类提供更多的生产资料，以生产更多的产品。

此外，还必须指出的是，生产资料生产较快增长是一般趋势，并不排斥个别时期消费资料生产增长更快。如果出现某些特定的原因，使消费资料生产大大落后，在两大部类比例关系失调的情况下，生产资料生产的增长速度就要减慢，甚至消费资料生产的增长速度快于生产资料的增长速度。

📖 本章小结

本章阐明了个别资本运动和社会资本运动的相互关系。考察社会资本再生产的核心问题是社会总产品的实现，即社会总产品的价值补偿和实物替换的问题。社会资本再生产的两个理论前提，一是社会总产品的构成，二是社会生产两大部类的划分。

社会资本简单再生产的基本实现条件是第一部类的可变资本与剩余价值之和，必须等于第二部类的不变资本的价值，用公式表示是 $I(v+m) = IIc$。

社会资本再生产的特征是扩大再生产，扩大再生产的前提条件是：

$$I(v+m) > IIc$$

$$II\left(c+m-\frac{m}{x}\right) > I\left(v+\frac{m}{x}\right)$$

社会资本扩大再生产的基本实现条件，可用公式表示：

$$I\left(v+\Delta v+\frac{m}{x}\right) = II(c+\Delta c)$$

在技术进步、资本有机构成提高的条件下，生产资料的增长速度快于消费资料的增长速度，但生产资料的优先增长不能脱离消费资料生产的发展而孤立片面地优先增长。

马克思的再生产理论，对发展社会主义市场经济，促进整个国民经济协调、稳定、可持续发展具有重要的指导意义。

❓ 思考题

1. 解释概念：社会总产品的构成、社会生产两大部类。
2. 什么是单个资本和社会资本？社会资本运动有何特点？
3. 为什么说考察社会资本再生产要着重分析社会总产品的实现问题？马克思分析社会资本再生产运动的两个理论前提是什么？
4. 社会资本简单再生产的实现条件是什么？
5. 社会资本扩大再生产的前提条件和实现条件是什么？

第八章　资本主义制度下的分配

本章研究资本主义制度下的分配问题，包括资本主义工资、资本家集团之间的收入分配关系。其中，资本主义工资的本质是再生产劳动力的必要价值，属于广义分配的范畴，与剩余价值分割存在质的区别。通过本章学习，应从资本主义生产总过程的角度，理解和把握资本和剩余价值是如何转化为产业资本和产业利润、商业资本和商业利润、银行资本和银行利润及土地所有权和地租的，从现象和本质统一的高度加深对资本主义生产方式本质的理解。

第一节　资本主义工资

一、工资的本质

在资本主义社会里，从现象上看，雇佣工人在资本家的工厂里劳动一天，资本家付给一天的工资；劳动一个月，付给一个月的工资；或者按照生产的合格产品件数付给工资。这样，就造成一种假象，好像工人出卖给资本家的是劳动，而不是劳动力，工人的全部劳动都得到了报酬。资本家支付的工资似乎是劳动的价值或价格，而不是劳动力的价值或价格。

其实，劳动力和劳动是两个不同的概念。在资本家同工人的买卖关系中，工人出卖的是劳动力，而不是劳动。能成为商品的只是劳动力，劳动根本不能成为商品。这是因为：第一，如果劳动是商品，它就应该同其他商品一样，也具有价值。但是，按照马克思的劳动价值论，商品的价值就是凝结在商品中的人类劳动。如果说劳动是商品，具有价值，那就等于说劳动的价值是由劳动决定的，这种同义反复不能说明任何问题。第二，如果说劳动是商品，那么它就应该同其他商品一样，在出卖之前就独立存在。但雇佣工人的劳动不能独立存在，劳动要取得存在的形式，只有和生产资料相结合，而这只有在生产过程中才能实现。但工人和资本家在劳动力市场上发生交换关系时，工人还没有进行劳动，当然也就不能把尚不存在的劳动拿去出卖。第三，如果劳动是商品，工资是劳动的价值或价格，会违反价值规律，或否定资本主义生产关系存在的基础。因为按照等价交换原则，资本家应该支付给工人全部劳动形成的价值。这样一来，资本家就得不到任何剩余价值。没有剩余价值，资本主义生产关系也就失去了存在的基础。如果按照不等价交换原则交换，则又违背了价值规律。第四，如果劳动是商品，就等于说雇佣工人出卖了不属于自己的商品。因为劳动是劳动力的使用，它是在劳动过程开始以后才存在的。但是，当雇佣工人在资本家的工厂里进行劳动时，劳动已经归资本家所有，受资本家支配了。工人也就无权把已经不归自己所有的劳动作为商品出卖了。由此可见，劳动不是商品，它没有价值或价格。

实际上，工人在市场上出卖的不是劳动而是劳动力。劳动力是潜藏在人身体内的劳动能力。劳动是劳动力的使用，劳动力在生产中发挥作用时才是劳动。劳动力的存在以健康人的生存为条件，而劳动的实现则必须以生产资料与劳动力相结合为条件。劳动不是商品，但劳动力在一定历史条件下则可以成为商品，它具有价值和使用价值。工人在出卖劳动力时，同任何商品出卖者一样，实现劳动力商品的价值，同时让渡劳动力的使用价值，即让渡进行生产劳动的能力。由此可见，资本主义工资不是劳动的价值或价格，而是劳动力的价值或价格，但工资在现象上却表现为劳动的价值或价格。所以，资本主义工资是劳动力价值或价格的转化形式。劳动力价值与工人的必要劳动相对应，由工人在生产过程中付出的必要劳动凝结而成，其最低限，即最低工资，由生产、发展、维持和延续劳动力所必需的生活资料的价值决定。

资本主义工资在现象上表现为劳动的价值或价格，是由资本主义生产关系决定的。从资本和劳动的交换关系看，劳动力的买卖和其他商品的买卖一样，买者付出货币，卖者付出一种和货币不同的商品，人们所注意到的只是商品交换应遵循的对等原则，至于买卖的这个商品是劳动还是劳动力，一般人是不会去深究的。从工资的支付形式来看，资本家通常是在工人劳动以后才支付工资的，这也使得工资被看作是劳动的价值或价格。从工人的立场看，劳动是工人谋取生活资料的手段，所以工人很容易把他出卖劳动力所得的工资看成是劳动所得。从资本家的立场看，他总希望以尽量少的货币换取尽量多的劳动，以便取得利润。实际上，这个利润是劳动力价值和劳动力的使用所创造的价值之间的差额。但是，由于这个差额表现为资本家购买商品和销售商品的差价，因而资本家就把低价购买和高价出卖看作是利润的源泉，把工资说成是劳动的价值或价格。从工资的实际运动来看，一是工人为资本家劳动的时间越长，所得工资也就越多；二是劳动熟练程度不同的工人得到的工资不同，这也容易使人们误认为工资是劳动的价值或价格。由于劳动力的价值或价格转化为工资，表现为劳动的价值或价格，消灭了工作日划分为必要劳动时间和剩余劳动时间、劳动分为有酬劳动和无酬劳动的痕迹，全部劳动表现为必要劳动或有酬劳动，因而掩盖了资本主义的剥削关系。

在资本主义社会，资本家和工人阶级之间经济利益的对立和冲突，最直接地表现在工资问题上。在榨取最大限度剩余价值动机的驱使下，资本家具有将工人工资尽量压低至劳动力价值之下的内在冲动。工人则力图维护自己的"劳动"（实际是劳动力）的价格，使之至少不低于由必需的生活资料的价值所决定的最低限。围绕工资问题反复重演和升级的劳资冲突，其剧烈程度往往使资本主义社会再生产的基本条件遭到破坏。为了缓和阶级矛盾，西方资本主义国家都逐步实行了最低工资立法，并在此基础上形成了劳资集体谈判制度。劳资集体谈判的内容主要包括：① 劳动报酬协议，即在政府制定的强制性最低标准基础上，对工资类别、计时工资标准和职员月薪的数额的谈判；② 工资、薪金范围协议，即对工资、薪金级别和每一级别工资、薪金的范围做出规定；③ 奖励工资；④ 企业津贴与福利，等等。

二、工资的基本形式

资本主义工资的形式有多种多样，但它的基本形式不外两种，即计时工资和计件工资。

计时工资是按一定的劳动时间来支付的工资，其实质是劳动力的月价值、周价值、日价值的转化形式。实行计时工资制对资本家十分有利。资本家可以根据自己的实际需要和经营状况，时而延长工作日，时而减少工作日；并可以在不降低工资额，甚至在提高工资额的情况下，采取延长劳动时间和提高劳动强度的办法来变相压低工人的计时工资，降低劳动的价格。计时工资目前是资本主义工资的主要形式。

计件工资则是按照工人完成的产品数量或完成的工作量来支付的工资，它是计时工资的转化形式。因为计件工资的制定是以计时工资为基础的，资本家是用日工资除以每个工作日的产品定额的办法，来确定每件产品的工资单价的。资本家往往根据劳动力较强、技术较熟练的工人的日产量来制定标准的日产量定额。在实行计件工资的情况下，按产品数量支付工资造成了一种假象，即工人出卖的不是劳动力，而是劳动，并且是物化的劳动。此外，在实行计件工资的条件下，工人劳动的质量、数量及强度是由产品来控制的，这使资本家节约了监督工人劳动的费用。随着生产自动化的发展，劳动强度和劳动质量受到流水线等自动机器的控制，多数生产部门已不再采用计件工资。

随着科学技术的进步和资本主义的发展，在上述两种基本工资形式的基础上，出现了血汗工资制度。这种工资制度的特点，是通过科学的"操作研究"，将工人的劳动强度提高到极限，以强化对工人的剥削。福特制和泰罗制是这种工资制度的典型代表。据泰罗自己说，在这种工资制度下，工人工资虽然较原来增加了63%，但劳动强度却提高了270%，工人减少了2/3，资本家的支出则减少了一半。福特制是美国汽车大王亨利·福特首先在自己的工厂中推行的。这种制度是以自动化生产线为技术条件的，它通过提高流水线的运转速度，来提高和控制工人的劳动强度。血汗工资制度说明，在资本主义社会里，科学技术的进步意味着榨取工人血汗的手段的进步。

三、工资的变动趋势

在研究了资本主义工资的本质和形式之后，我们要进一步考察工资的数量变化规律。为此，需要引入名义工资和实际工资这两个概念。

名义工资即货币工资，是指工人出卖劳动力所得到的货币数量。实际工资是指工人用货币工资实际买到的各类生活资料和服务的数量。名义工资和实际工资有着密切的联系，在其他条件不变的情况下，两者的变动是一致的，即名义工资越高，实际工资也就越高，反之亦然。但两者也常常不一致，即名义工资虽然不变甚至提高，实际工资却可能降低。这是因为，实际工资的多少不仅取决于名义工资的高低，而且还取决于物价的高低。如果名义工资不变，物价水平上涨，或者名义工资的增长速度赶不上物价的上涨速度，实际工资就会降低。名义工资和实际工资都是表示工资绝对数量的概念。

资本主义工资的变动趋势具有以下特征：第一，名义工资一般呈增加趋势。因为，货币工资是劳动力价值的货币表现，而资本主义国家的货币由于存在通货膨胀而不断贬值，致使物价不断上涨，从而使名义工资不得不有所增加。第二，从资本主义发展的历史过程来看，实际工资则有时降低有时提高。在经济危机和战争时期，实际工资是下降的；在经济高涨时期，则有所提高。第二次世界大战以来的一段时间，工人的实际工资确有增加。工人劳动力价值提高的趋势主要表现在以下几个方面：随着社会劳动生产率的迅速提高，工人在相同时间内创造的财富增多，货币工资所能买到的各种生活资料、服务的数量和种类增多；同时，随着技术进步的加快，劳动者的培训费用大大增加；再加上工人阶级的长期斗争使得社会保险和社会福利增加……这些因素导致西方国家工人的实际工资在战后所谓的"黄金时期"呈提高趋势。但是，实际工资的提高并不意味着工人受剥削的程度减轻了。在劳动生产率的提高比实际工资提高更快的条件下，工人所创造的财富有更大的部分被资本家所无偿占有，这意味着剩余价值率的提高和剥削程度的加重。在工人创造的新价值中，即在国民收入中，资本家利润所占比重越来越大，相对工资呈下降趋势。

第二节　平均利润和生产价格

一、剩余价值转化为利润

资本主义企业生产的商品的价值（w）包括三个部分：不变资本的价值（c）、可变资本的价值（v）和剩余价值（m）。用公式表示就是：$w = c + v + m$。这是按劳动耗费计算的生产商品的实际耗费，即它包括物化劳动耗费 c 和活劳动耗费 $v + m$ 两个部分。但是，商品生产中实际耗费的劳动量，同资本家在生产商品时所耗费的费用是两个完全不同的量。对于资本家来说，生产商品所耗费的只是他的资本价值 $c + v$，剩余价值 m 是资本家无偿获得的。因此 $c + v$ 构成商品的生产成本或成本价格（用 K 表示）。由于商品价值中的 $c + v$ 转化为成本价格，商品价值就等于成本价格与剩余价值之和，用公式表示为：$W = K + m$。显然，成本价格小于商品的价值，两者之间的差额为剩余价值。

成本价格这一范畴抹杀了不变资本和可变资本的区别，掩盖了它们在价值增值过程中的不同作用。剩余价值的源泉是可变资本，但当不变资本和可变资本被归结为成本价格这一范畴时，剩余价值就被看作是商品价值在成本以上的增加额，即资本家所费资本的产物。不仅如此，对资本家来说，剩余价值不仅是作为成本的所消耗资本的一个增加额，而且是资本家全部预付资本的一个增加额。因为预付资本中未被消耗的那部分不变资本虽然不构成成本，但同样参加了商品生产过程，同样也是剩余价值生产不可缺少的物质因素，因而也被看作是剩余价值的源泉。当不把剩余价值看作是雇佣工人剩余劳动的产物，而是把它看作是全部预付资本的产物或增加额时，剩余价值便转化为利润。正如马克思所说："剩余价值，作为全部预付资本的这样一种观念上的产物，取得了利润这个转化形式。"[1] 这样，商品价值就等于成本价格加利润。如果用 P 表示利润，则商品价值的公式就从 $W = c + v + m = K + m$，进一步变为 $W = K + p$。利润本质上就是剩余价值，但在现象上表现为全部预付资本的产物，因此，剩余价值转化为利润也掩盖了资本主义的剥削关系。

剩余价值与全部预付资本的比率叫利润率。利润率是剩余价值率的转化形式，是同一剩余价值量用不同的方法计算出来的另一种比率。剩余价值率是剩余价值与可变资本的比率，而利润率则是剩余价值与全部预付资本的比率。用 p' 代表利润率，C 代表全部预付资本，利润率 $p' = m/C$。剩余价值率与利润率是两个完全不同的范畴，剩余价值率揭示的是资本家对工人的剥削程度，而利润率是表示全部预付资本的增值程度。由于全部预付资本总是大于可变资本，因此利润率在量上也总是小于剩余价值率，它掩盖了资本家对雇佣工人的剥削程度。

资本主义生产的目的就是以最小的预付资本取得最大限度的利润。如果资本量一定，利润的大小就取决于利润率的高低。影响利润率变动的因素主要有以下几个：① 剩余价值率。在预付资本量和资本有机构成不变的条件下，利润率与剩余价值率成正比例变化。剩余价值率越高，利润率就越高。② 资本的有机构成，即不变资本与可变资本的比例（$c:v$）。在剩余价值率和劳动力价值不变的条件下，利润率与资本有机构成成反比例变化。资本有机构成越低，同量资本所使用的劳动力越多，创造的剩余价值也就越多，从而利润率也就越高。③ 资本周转速度。在其他条件不变时，在一年中资本周转的次数越多，其中可变资本周转次数也就越多，同量资本所带来的剩余价值量就越大，这就会提高资本的年剩余价值率，从而提高它的年利润率。④ 不变资本的节省状况。在剩余价值率和剩余价值量不变的情况下，利润率的高低和不变资本的节省成正比例变化。不变资本越节省，预付资本也就越少，同量的剩余价值与较少量的预付资本相比，利润率就越高。因此，资本家总是不惜牺牲劳动者的健康来节省劳动条件的开支，借以节省不变资本，提高利润率。

二、利润转化为平均利润

从影响利润率的各种因素来考察各个生产部门的利润率，可以发现，在

---

[1] 资本论：第 3 卷．北京：人民出版社，1975：44．

不同的生产部门中，如果剩余价值率相同，由于资本有机构成和资本周转速度不同，利润率就不同。那些资本有机构成低或资本周转速度快的生产部门，利润率比较高，反之则较低。即同量资本由于投在不同的生产部门而有不同的利润率，获得数量不等的利润。在资本主义发展的早期阶段，不同部门的利润率高低差别确实存在。但是随着资本主义生产发展到较高阶段出现了这样的趋势：等量资本获取等量利润。在现实经济中，各部门的资本家，无论从事哪一种商品生产，都能够大体上获得与他们的资本量相应比例的利润，即同量资本应获得同量利润。这样，我们遇到了似乎互相矛盾的现象：一方面，商品如果按照价值出卖，各部门便会有高低不同的利润率；另一方面，各部门的利润率如果是平均的，商品则不应该按照价值出卖。解决这一矛盾，就是要在劳动价值论的基础上来说明平均利润是如何形成的。

平均利润的形成是部门之间竞争的结果。投资于不同生产部门的资本家为了获得更高的利润率，相互之间必然展开激烈的竞争。比如甲乙两个部门，甲部门利润率高，乙部门利润率低。乙部门的资本家不甘心获得较低的利润率，就要同甲部门的资本家展开竞争。这种竞争是围绕争得有利的投资场所而展开的。竞争的手段是进行资本转移，即把资本从利润率低的部门撤出，转移到利润率高的部门。这样，原先利润率高的部门由于大量资本的涌入，商品供过于求，价格就会下降，利润率也就相应下降；而原先利润率低的部门由于大量资本撤出，会发生相反的变化。不同生产部门之间这种以资本转移为特点的竞争引起供求关系的变化，导致价值和价格偏离。上述资本转移的过程及由此而来的价格和利润率的变动要一直到两个部门的利润率大体相等时才处于均衡。这样，便形成了平均利润。

由此可见，平均利润是不同部门的资本家通过竞争重新瓜分剩余价值的结果。平均利润率本质上也就是把社会总资本作为一个整体看待时所得到的利润率，可用公式表示为：

平均利润率＝剩余价值总额／社会总资本

在利润率趋于平均化的条件下，各部门的资本家便可以根据平均利润率获得与其投资量大小相适应的平均利润。即：

平均利润＝预付资本×平均利润率

平均利润率的高低取决于两个因素：第一，各部门的利润率水平。如果各个部门的利润率水平比较高，则平均利润率也比较高；反之则比较低。第二，社会总资本在各部门之间的分配，即投在各部门的资本在社会总资本中所占比重的大小。如果投入利润率高的部门的资本在社会总资本中所占的比重大，平均利润率水平就较高；反之则较低。总之，平均利润率的形成不是各个部门利润率的简单的和绝对的平均，而是一种利润率平均化的趋势。平均利润率规律是资本主义的客观经济规律。随着社会生产力的发展，社会资本平均有机构成也会提高，因而平均利润率会趋于下降。

平均利润的形成过程，实际上是全社会的剩余价值在各部门的资本家之间重新分配的过程。由于平均利润率的形成，各部门资本家所得到的利润量和该部门所生产的剩余价值量就不一定相等。按资本有机构成高于、等于、低于社会平均资本有机构成的情况，这些部门所获得的利润会高于、等于、低于本部门所创造的剩余价值。从整个社会来看，利润总量和剩余价值总量是完全相等的。

剩余价值转化为利润，已经掩盖了剩余价值的真正来源，但利润量与剩余价值量还是一致的。而在利润转化为平均利润后，许多部门的利润量与剩余价值量就不一致了。等量资本获取等量利润，似乎利润的多少只和资本量有关，这就完全掩盖了利润的本质和来源。

三、价值转化为生产价格

在平均利润形成以前，商品按照价值出卖。随着利润转化为平均利润，商品的价值就转化为生产价格，即商品不再是按照成本价格加剩余价值的价值出售，而是按照生产成本加平均利润的价格来出售了。这种由商品的成本价格（K）和平均利润（P）构成的价格就是生产价格，用公式表示为：

$$生产价格 = K + P$$

生产价格的形成是以平均利润率的形成为前提的。利润转化为平均利润，商品价值便转化为生产价格。生产价格和价值之间存在一定的差额。在质的方面，生产价格只是同资本相联系，同活劳动没有联系。因为从生产价格的构成来看，生产成本是由耗费的资本构成的，平均利润也是按预付资本的比例分得的利润，所以它只是同耗费的资本和预付资本相联系。在量的方面，生产价格和价值经常不一致。举例说明如下表所示。

生产价格与价值的关系

生产部门	有机构成	剩余价值	平均利润	价值	生产价格	生产价格和价值之差
食品工业	$70c + 30v$	30	20	130	120	− 10
纺织工业	$80c + 20v$	20	20	120	120	0
机器制造工业	$90c + 10v$	10	20	110	120	+ 10
合计	$240c + 60v$	60	60	360	360	0

资本有机构成高的部门，如表中的机器制造工业，其产品的生产价格高于价值。资本有机构成低的部门，如食品工业，其产品的生产价格低于价值。只有资本有机构成相当于社会平均资本有机构成的部门，如纺织工业，其产品的生产价格正好与价值相等。

生产价格是价值的转化形式。商品按照生产价格出售，绝不是对价值规律的违背，而只是价值规律起作用的形式发生了变化。因为，第一，虽然从个别部门来看，资本家获得的平均利润总额与本部门工人创造的剩余价值不一致，但从全社会来看，整个资本家阶级获得的利润总额与工人阶级所创造的剩余价值总额还是相等的。第二，从个别部门来看，商品的生产价格同价值不一致，但从全社会来看，商品的生产价格总额也必然和价值总额相等。第三，生产价格随着商品价值的变动而变动，生产商品的社会必要劳动时间减少了，生产价格就会降低；反之，生产价格就会提高。

　　生产价格形成以前，价值规律作用的形式是市场价格围绕价值上下波动。生产价格形成以后，生产价格成为商品交换的基础，市场价格这时已不再以价值为中心，而是以生产价格为中心上下波动。价值规律作用形式的这种变化，是由于受到平均利润率规律的影响。在资本主义以前的简单商品经济中，商品按价值出售，对小商品生产者来说符合等量劳动相交换的原则。但在资本主义社会，按照平均利润率规律的要求，商品不是按价值出售，而是按生产成本加平均利润出售。这作为一种客观的必然趋势，使生产价格成为商品交换的基础。生产价格不是市场价格，它是一种相对稳定的，具有内在标准的价格。市场价格以它为中心，受供求关系的影响而波动。所以，价值规律现在不是直接通过价值，而是通过生产价格起作用。但这并没有否定价值规律，只是价值规律作用形式的变化。

　　以上分析告诉我们，等量资本获得等量利润，是剩余价值在各生产部门资本家之间重新分配的结果。在利润的分配过程中，整个资本主义经济恰如一个庞大的股份公司，所有的资本家都是这个公司的股东，各个部门所创造的剩余价值汇集在一起，按照各自所占股份分配利润。所以，在资本主义社会中，工人不仅受本部门资本家的剥削，而且还受整个资本家阶级的剥削。

四、平均利润和生产价格理论的意义

　　马克思的平均利润和生产价格理论，具有十分重大的理论意义和革命意义。

　　首先，平均利润和生产价格理论解决了劳动创造价值与等量资本获得等量利润不能统一这一理论难题。把劳动创造价值同等量资本获得等量利润统一起来说明生产价格，在理论上是一个难题。资产阶级古典经济学家要么固守等量资本获得等量利润而放弃劳动价值论，要么坚守劳动价值论而把生产价格看作例外。总之，不能解决劳动价值论与生产价格之间的现实矛盾。而马克思的平均利润和生产价格理论，科学地阐明了生产价格和商品价值之间的内在联系，解决了资产阶级古典经济学遇到的难题，使劳动价值理论更加完善并立于不败之地，从而最终完成了劳动价值理论。

　　其次，平均利润和生产价格理论科学地阐明了剩余价值在各个部门资本家之间重新分配的规律，从而为分析资本主义的企业利润、商业利润、利息和地租等提供了理论前提。因此，平均利润和生产价格理论是马克思劳动价值理论和剩余价值理论的进一步发展。

　　再次，平均利润和生产价格理论的革命意义，就在于它为无产阶级争取自身解放的斗争提供了理论武器。平均利润形成之后，每个资本家所获得的利润的多少，不仅取决于它对本企业工人的剥削程度，而且取决于全体资本家对全体工人的剥削程度。平均利润不过是全体工人创造的全部剩余价值在资本家之间的重新分配。资本家在分配剩余价值时，可能矛盾重重。但是在对待工人这个问题上，它们却有着共同的经济利益，那就是如何加强对工人阶级的剥削。正如马克思所说的那样："资本家在他们的竞争中表现出彼此都

是虚伪的兄弟，但面对着整个工人阶级却结成真正的共济会团体。"①

由此可见，在资本主义社会中，每个企业的工人，不仅直接受本企业的资本家的剥削，而且受整个资本家阶级的剥削。整个资本主义社会的企业，就好像一个庞大的股份公司，每个资本家都是这个公司的股东，他们各自按照入股的多少取得相应的利润。工人和资本家的对立是无产阶级和资产阶级的对立，无产阶级要求得自身解放，必须整个阶级团结起来，推翻资产阶级的统治，消灭资本主义制度。

第三节　剩余价值的分割形式

在资本主义分配中，剩余价值具体分割为产业利润、商业利润、利息、地租等形式。关于产业利润前面有关章节已经讨论，这里重点讨论剩余价值的其他主要分割形式。

一、商业利润

在资本主义初期，由于企业规模不大，市场范围比较小，一般由产业资本家独立完成生产和销售的职能。随着生产的发展和市场的扩大，产业资本家用于商品销售的流通资本日益增大。由于流通资本是对原有或追加生产资本的一种扣除，流通资本在产业资本中所占比重的提高，就意味着预付资本的利润率降低；如果仍然自产自销，必然影响市场的发展和剩余价值的增加。因此，客观上要求把商品资本的职能交由专门的资本家去完成，商品资本的职能从产业资本中独立出来成为必要。

商品资本的职能从产业资本中独立出来后就形成了资本主义的商业资本。所谓商业资本，就是从产业资本中分离出来专门从事商品买卖，以获取商业利润为目的的资本。它是处于流通领域的商品资本的转化形式。商业资本的职能就是在流通领域中专门从事买卖商品的活动、完成商品资本到货币资本的转化职能，也就是专门从事商品销售、实现剩余价值的职能。商业资本的产生有利于缩短流通时间，节约流通费用，减少流通中资本的数量，扩大直接用于生产的那部分资本，从而有助于增加剩余价值的生产，提高利润率。

商业资本家投资于商品经营，其目的也是获取利润，而且他们获得的利润不能低于平均利润，否则商业部门中的资本就会转移到生产部门去。商业资本在流通领域中活动，从事商品的买卖，是不会创造价值和剩余价值的，因为价值和剩余价值都只能在生产领域中产生。但是，商业资本又取得了利润，那么商业利润从何而来？从现象上看，商业利润似乎产生于流通领域的贱买贵卖，实际不然。流通领域发生的只是价值形式的变化，并不能产生价值的增值。因此，商业利润仍然是生产领域中产业工人创造的剩余价值的一部分，是由产业资本家转让给商业资本家的。由于商业资本家投资于商业，

---

① 资本论：第3卷．北京：人民出版社，1975：221.

替产业资本家销售商品，实现剩余价值，产业资本家就不能像自己经营商品时那样独自占有全部剩余价值，而必须把剩余价值的一部分以商业利润的形式转让给商业资本家。产业资本家按照低于生产价格的价格把商品让渡给商业资本家，然后商业资本家再按照生产价格把商品卖给消费者。这种售价大于买价之差，就是商业资本家所获得的商业利润。正如马克思指出："商业资本之所以能实现利润，只是因为产业资本在商品的价格中实现的并非全部剩余价值或利润。因此，商人的出售价格之所以高于购买价格，并不是因为出售价格高于总价值，而是因为购买价格低于总价值。"[①]

商业利润的确立受平均利润率的支配。如果商业利润率低于平均利润率，那么商业资本家就会把商业资本转移到产业部门中去；同样，商业资本的利润率也不能高于产业资本的利润率，否则产业资本家的资本也会转移到商业部门。商业部门与产业部门之间的竞争和资本转移，使商业利润率和产业利润率趋于平均化，形成社会资本统一的平均利润率。例如，假定社会预付的产业资本是 $720c + 180v = 900$ ，剩余价值率为 100% ，假定不变资本的价值全部转移，一年内生产的商品总价值则为 $720c + 180v + 180m = 1\,080$ ，利润率是 20% 。为了销售商品，流通领域内还必须垫支一定量资本。假定是由商业资本垫支 100 ，这时社会总资本就是 1\,000 了。那么，180 的剩余价值就必须在 1\,000 的社会总资本之间平均分配，平均利润率就变为 18% 。按照这个平均利润率，产业利润 $= 900 \times 18\% = 162$ ，商业利润 $= 100 \times 8\% = 18$ 。在这种情况下，产业资本家就不是按照生产价格将商品卖给商业资本家，而是按生产成本加产业利润的价格，即 $900 + 162 = 1\,062$ 的价格把商品卖给商业资本家。商业资本家再加上商业利润，按照 $1\,062 + 18 = 1\,080$ 的价格，即按照生产价格把商品卖给消费者，从而获得产业资本家让渡给他的那部分剩余价值。商业资本参加了剩余价值的分配以后，平均利润率的公式变为：

$$平均利润率 = \frac{社会剩余价值总额}{产业资本总额 + 商业资本总额}$$

商业资本家从事商品经营，除了垫支一定数量的资本购买商品外，还要支付一定的流通费用，就是商品流通过程中所支出的各种费用。它可以分为两类：一类是生产性流通费用，如商品的分类、包装、保管和运输支出的费用。这类活动是生产过程在流通领域的继续，所花费的劳动是生产性劳动，所以会创造价值和剩余价值。随着商品的售卖、价值和剩余价值的实现，这部分支出就会从商品价值中得到补偿，并可获得平均利润。另一类是纯粹流通费用，如用于商业簿记、邮资、通信、广告及商业职工的工资等的费用。这类费用是商品的价值形式变化所发生的费用，它与使用价值的运动无关，纯属非生产性开支，所花费的劳动是非生产性劳动，因此，它不产生价值和剩余价值。对它的补偿，从现象上看，是通过商品售卖价格的加价来补偿的；从源泉上看，是通过对价值或剩余价值的扣除而得到补偿。

---

① 资本论：第 3 卷 . 北京：人民出版社，1975：319.

商业职工从事单纯商品买卖的劳动，是一种不创造价值和剩余价值的非生产性劳动。但通过他们的劳动，商品的价值和剩余价值得以实现，使商业资本家得以占有产业资本家让渡给他们的剩余价值。商业职工的全部劳动时间也分为必要劳动时间和剩余劳动时间。在必要劳动时间内实现的剩余价值，用以补偿资本家支付给他们的工资；在剩余劳动时间里实现的剩余价值，成为商业资本家获得的商业利润。

二、利息

在资本主义社会里，除了产业资本、商业资本以外，还有借贷资本。借贷资本就是为了取得利息而暂时借给另一个资本家使用的货币资本。

借贷资本的形成和产业资本的循环过程有着直接的联系。在产业资本的循环过程中，必然形成大量的暂时闲置的货币资本。它包括未到更新期的固定资产折旧费、卖出商品换回货币后，不立即购买而暂时闲置的货币资本和用于积累但尚未进行投资的剩余价值。在社会资本运动过程中出现大量暂时闲置的货币资本的同时，社会上也有一部分资本家因手中的货币资本不足而急需补充。例如，有的资本家为了维持其资本运动的连续性，在卖掉商品之前急需货币资本购买生产要素；有的企业固定资本未折旧完毕需要提前更新；有的企业需要追加资本而自己积累不足，等等。持有闲置货币资本的资本家贷款给急需货币资本的资本家使用，于是就在资本家之间形成借贷关系。这样，闲置的货币资本便转化为借贷资本。

借贷资本的借贷对象主要是职能资本家，即产业资本家和商业资本家。职能资本家借款的目的，是把借入的货币当作资本来使用，以获取利润；借贷资本家贷款的目的是获取利息。因此，借贷资本是在职能资本运动的基础上产生并为职能资本家服务的。借贷资本从属于职能资本，归根到底是从职能资本循环中独立出来的一种特殊资本形式。

借贷资本的出现使资本取得了双重的存在，即发生了资本所有权和资本使用权的分离。在资本主义社会中，货币资本除了具有作为货币的使用价值外，还具有作为资本来执行职能的功能，也就是生产剩余价值或利润的职能。与此相适应，职能资本家使用借贷资本所获得的平均利润也相应地分割成为两部分：一部分作为对借贷资本家出让资本使用权的报酬，采取了利息的形式；另一部分归职能资本家所有，采取了企业利润的形式。由于平均利润是剩余价值的转化形式，因此借贷利息实质上是产业工人创造的、由职能资本家让渡给借贷资本家的一部分剩余价值的特殊转化形式。它体现了借贷资本家和职能资本家瓜分剩余价值的关系。

利息率就是一定时期内的利息量和借贷资本量之间的比率。在一般情况下，利息率低于平均利润率，否则，职能资本家就会因得不到任何利益而不会借款；利息率也不能等于零，否则就没有人愿意贷出货币资本。因此，利息率的高低就取决于资本市场上借贷资本的供求关系。供给大于需求，利息率就下降；反之，利息率就上涨。当借贷资本的供求平衡时，利息率就只能由社会的习惯和法律等因素决定。

货币资本的借贷主要是通过银行来进行的。银行是经营货币资本、充当债权人与债务人借贷关系中介的资本主义企业。银行为了经营货币资本，必须有自己的资本。银行资本由两部分构成：一部分是自有资本，即银行资本家自己垫付的资本，这只占银行资本的很小部分；另一部分是借入资本，即银行吸收进来的各种存款，这构成银行的主要营业资本。资本家投资于银行和投资于工商业一样，目的都是为了获得利润。银行利润的来源是存款利息和贷款利息之间的差额。银行贷款利息一般都高于存款利息。两者之间的差额减去经营银行业务的费用，就构成银行自有资本的利润，即银行利润。由于在银行资本家和工商业资本家之间存在着竞争和资本的自由转移，银行获得的利润也相当于平均利润。银行利润同样也是产业工人在生产领域创造的剩余价值的一部分。银行资本家通过贷款给产业资本家，间接地参加了对剩余价值的瓜分。银行资本家要以银行利润的形式瓜分一部分剩余价值，必须依靠银行雇员的劳动。银行雇员的劳动虽然不创造价值和剩余价值，但也分为必要劳动和剩余劳动两部分，银行资本家对后一部分劳动是不支付代价的。

资本主义信用是借贷资本的运动形式。资本主义信用有两种：商业信用和银行信用。商业信用是指，职能资本家之间以赊账方式买卖商品而发生的信用；银行信用是指银行以贷款的方式向职能资本家提供的信用。信用，尤其是银行信用在资本主义经济中的作用具有两重性。一方面，信用促进了资本主义经济的发展。这表现在：① 信用促进了利润率的平均化。利润率的平均化以资本在各部门的自由转移为条件，而资本的自由转移又以职能资本家能够获得大量流动性较大的货币资本为条件。信用的发展满足了这个条件，使资本转移能够较容易地实现，从而促进了利润率的平均化。② 信用能够节省流通费用，缩短流通时间。商品买卖采取赊账方式，就可以加快商品流通，缩短资本周转时间，并节省与商品流通有关的费用。③ 信用可以促进资本的集中，加速资本的积聚。首先，信用是股份公司发展的前提，而股份公司本身则是资本集中和生产集中的重要形式。其次，大资本利用信用机构的合力支持而增强了竞争能力，从而加速了大资本吞并小资本的集中过程。最后，信用还促进了资本的积聚。因为，通过信用可以把各种闲置资本汇集起来，缩短了单个资本家逐渐积累资本所需要的时间。

另一方面，资本主义信用的发展又促进了资本主义基本矛盾的发展和经济危机的爆发。这是因为，信用制度的发展，使资本主义的生产规模可以不受资本家自有资本的限制而不断扩大，促进了生产的社会化；同时，信用还加速了资本的集中和积累，使生产资料和产品日益集中到少数大资本家手里，这就使资本主义社会的内在矛盾进一步尖锐化。与此同时，信用又造成了对商品的虚假需求，加剧了各生产部门之间发展的不平衡性，从而起了促进和加深资本主义经济危机的作用。

随着资本主义大工业和信用的发展，出现了股份公司。股份公司是许多单个资本通过认购股票来合资经营的企业。股份公司扬弃了个人资本的形式，采取了社会资本，即联合起来的个人资本的形式。股份公司的实质是大资本家利用和支配大量中小资本与居民收入的手段，是加速资本集中的一种形式。股票持有者凭借股权从股份公司的盈利中分得的收入叫股息。股息实质上是雇佣工人创造的剩余价值。股东可以凭借股票领取股息，但不能凭借股票从股份公司中抽回资本。投资人退出的方式是把股票拿到证券市场上出售。股票本身没有价值，它之所以能以一定的价格在证券市场上出售，是因为股票持有人每年可根据企业盈利的状况从股份公司取得一笔股息收入，这就等于有一笔相当的货币资本存入银行可以取得利息一样。股票价格＝股息／利息率。即在其他条件既定的情况下，股票价格取决于股息和利息率两个因素，它与股息成正比，与银行存款利息率成反比。

三、资本主义地租

社会生产过程的不同发展阶段，有不同的土地所有制形式，因而有不同的地租形式。地租是土地所有者凭借土地所有权获得的一种非劳动收入。在资本主义制度下，土地是私有的。大土地所有者一般不自己经营农业，而是把土地出租给农业资本家，由农业资本家投资经营；农业雇佣工人创造的剩余价值，一部分以平均利润的形式被农业资本家无偿占有，超过平均利润以上的那部分则以地租的形式被大土地所有者无偿占有。所以说，资本主义地租是由农业雇佣工人创造的、被租地的农业资本家作为使用土地的报酬交给土地所有者的、超过平均利润以上的那部分剩余价值，它来源于农业雇佣工人的剩余劳动。

资本主义地租有两种基本形式，即级差地租和绝对地租。

土地是农业生产的基本生产资料，但不同地块能够提供的农产品数量是不等的。与土地等级相联系的地租形式就是级差地租，它是农产品的个别生产价格低于社会生产价格的差额。土地的优劣不同是产生级差地租的客观条件。土地有肥瘠之分，有离市场远近之别。同量资本投入生产条件不同的土地，劳动生产率和收益是不相等的。投资于生产条件较差的土地，劳动生产率低，产量少，个别生产价格就高；而投资于生产条件较好的土地，劳动生产率高，产量多，个别生产价格就低。农产品同其他商品一样，只能按社会生产价格出售。因此，投资于生产条件好的地块的农业资本就因其产品的个别生产价格低于社会生产价格而获得超额利润。这个超额利润为农业资本家交纳级差地租提供了条件。

土地的有限性所引起的土地经营的资本主义垄断是级差地租形成的原因。因为土地数量有限，优等和中等土地生产的农产品往往不能满足社会需要，还必须投资经营劣等地。若产品的社会生产价格由中等地生产条件决定，则经营劣等地的农业资本家就将因得不到平均利润而将其资本转移到其他部门中去，农产品会因供不应求而价格上涨，涨至投资劣等地也能获得平均利润时为止。因此，农产品的社会生产价格是由劣等地的生产条件决定的。这样，经营优、中等地的农业资本家的农产品个别生产价格就低于社会生产价格，能够从中获得超额利润。又由于优、中等地数量的有限性和对土地经营的垄断，限制了各个农业资本家之间的竞争。因此，那些租种较好土地的资本家就能够稳定而持久地保持超额利润，并把它作为级差地租交给土地所有者。

优等地和中等地的农业雇佣工人创造的超额利润是级差地租的源泉。耕种优等地和中等地的农业工人的劳动是一种具有较高生产率的劳动。因此它能创造出超额剩余价值。所以，级差地租反映的是农业资本家和大土地所有者共同剥削农业雇佣工人的关系。

级差地租由于形成的条件不同而分为两种形态，即级差地租Ⅰ和级差地租Ⅱ。级差地租Ⅰ是由于土地肥沃程度和地理位置不同而产生的级差地租。级差地租Ⅱ是由于在同一块土地上连续追加投资的资本生产率不同而产生的级差地租。级差地租Ⅰ是级差地租Ⅱ的基础。构成级差地租Ⅰ的超额利润一般在租约内作了规定，归土地所有者所有。而构成级差地租Ⅱ的超额利润，在租约期内归农业资本家所有；当租约期满，签订新租约时，就会通过提高地租额而转归土地所有者所有。农业资本家和土地所有者之间经常为了租约长短和租额多少展开斗争，这种斗争反映了两个剥削阶级集团在瓜分剩余价值上的矛盾。

在资本主义制度下，土地所有者不会把土地无偿交给别人使用，即使出租最贫瘠、最偏远、最劣等的土地，也要求获得一份地租。这种由于土地私有权的存在，农业资本家租用任何土地都必须交纳的地租，就是绝对地租。

绝对地租形成的条件是农业资本有机构成低于社会平均资本有机构成。我们知道，资本有机构成不同的生产部门，其生产价格和商品价值是不一致的。在资本主义相当长的历史时期里，农业资本有机构成低于社会平均资本的有机构成。这样等量资本在农业中可以支配更多的活劳动，在剥削率相同的情况下，就能创造出更多的剩余价值。因此，农产品的价值高于生产价格，农产品按价值出售，就可以在扣除成本价格和平均利润后有一个余额。这一余额不会像在工业部门那样参加利润的平均化过程。因为，农业中存在着土地私有权的垄断，这阻碍着资本向农业部门的自由转移，从而使农产品价值高于社会生产价格的差额不参与利润平均化的过程。农产品不是按社会生产价格出售，而是按高于社会生产价格的价值出售。这样由于价值高于社会生产价格而形成的超额利润就留在农业部门，被土地所有者占有，成为绝对地租。所以，绝对地租产生的原因是土地私有权的垄断。绝对地租既然是农产品价值的一部分，因此，它实质上是由农业雇佣工人创造的剩余价值的一部分转化而来的，它体现的仍然是农业资本家和土地所有者对雇佣工人的剥削关系。

当前，在某些发达的资本主义国家，农业的资本有机构成在不断提高，有的甚至超过了工业部门。在这种情况下，那种包含在农产品价值之内的绝对地租也就消失了。在一些主要发达资本主义国家，农场主一般同时是土地所有者，不需交纳绝对地租。另外，只要没有消灭土地私有制，出租土地，哪怕是劣等地，也必然带来地租收入。这种地租与上述的绝对地租的来源是不同的，它或是来自对农业利润和农业工人工资的扣除，或是来自农产品的市场价格超过价值的余额，即来自垄断价格。

在资本主义制度下，大土地所有者不仅能凭借土地私有权获取地租，而且还可以通过出卖土地获得高额的土地价格。土地本来不是劳动产品，自身没有价值。但在资本主义制度下土地是私有的，土地所有者可以凭借土地私有权获得地租，因而土地能以一定的价格买卖。土地的买卖实质上是地租的资本化，即一定面积和丰度的土地的价格相当于这样一笔货币资本：把这笔货币存入银行所获得的利息，等于这块土地出租所获得的地租。因此决定土地价格的因素，一是地租额的多少，二是利息率的高低。土地的价格与地租额成正比，与利息率成反比。

📖 本章小结

工资的本质是劳动力的价值或价格，不是劳动的报酬，更不是工人全部劳动的报酬。工资的多少或变动还取决于劳动时间的长短或劳动产品的数量，所以从表面看，工资好像是工人的"劳动报酬"或"劳动价格"。这是一种假象，其掩盖了剩余价值的真正源泉。

当把剩余价值看成是资本家全部预付资本的产物时，剩余价值转化为利润，从而掩盖了剩余价值的真正来源，掩盖了资本主义剥削关系。不同生产部门资本竞争的结果是利润平均化，在利润转化为平均利润的同时，商品价值就转化为生产价格，生产价格规律是价值规律的具体作用形式。商业资本是从产业资本中分离出来。投在流通领域中，专门经营商品买卖，以获取商业利润为目的的独立资本形式。但纯粹的商品买卖活动是非生产活动，不能成为商业利润的来源。商业利润的真正来源是产业资本家转让给商业资本家的一部分剩余价值。借贷资本是借贷资本家或银行为取得利息而暂时贷放给职能资本家使用的货币资本，是从职能资本的循环周转中游离出来的暂时闲置货币资本转化而来的。借贷资本使平均利润在量上分割为两部分：企业主收入和利息。因而利息只能是平均利润的一部分。资本主义地租是在农业及其他以土地为主要生产资料的生产部门的资本家为取得土地经营权而向土地所有者支付的超过平均利润以上的超额利润，它是超额利润的转化形式，是剩余价值的特殊转化形式。资本主义地租按其产生的条件和原因不同，分为级差地租和绝对地租两种基本形式。

❓ 思考题

1. 解释概念：工资、平均利润、生产价格、利润率、资本有机构成、借贷利息、级差地租、绝对地租。

2. 如何理解工资的本质是劳动力的价值或价格，而不是劳动的价值或价格？

3. 为什么说剩余价值率与利润率是两个完全不同的范畴？

4. 试述平均利润率形成的原因和过程。

5. 商品的价值是如何转化为生产价格的？为什么说生产价格不违背价值规律？

6. 商业利润、借贷利息和地租的本质是什么？它们是如何形成的？

第九章　垄断资本主义

自由竞争引起生产和资本集中，生产和资本集中发展到一定程度必然形成垄断。产业资本的垄断是资本主义一切垄断的基础，本章分析自由竞争资本主义向私人垄断的资本主义过渡的客观性及私人垄断的形成发展过程，重点讨论私人垄断资本主义的基本经济特征。在此基础上，进一步讨论国家垄断经济的形成、基本形式和历史作用，阐述国家垄断资本主义的实质及国家垄断资本主义对经济的干预和调节。

第一节　私人垄断资本主义的形成和发展

一、私人垄断资本主义的形成

自由竞争资本主义向垄断资本主义的过渡，经历了自由竞争引起生产集中、生产高度集中产生垄断的过程。垄断的形成，与自由竞争和生产集中有必然的联系。

（一）自由竞争引起生产集中

自由竞争是资本主义条件下商品生产者之间为争夺最有利的生产条件、销售条件和投资场所而展开的不受限制的竞争。它是以分散的私人企业作为主体，在为数众多的资本家之间展开的竞争；生产资料和劳动力可以在生产部门之间自由转移，除了土地私有权外没有人为的或自然的垄断障碍。竞争的主要手段是改进技术、扩大生产规模，以降低成本、增大利润。同一部门生产同种产品的企业之间的竞争，使个别价值降低到社会价值以下，以获取超额利润并扩大销路。不同部门之间的竞争，通过资本在部门之间的自由转移，使各部门利润率平均化，使价值转化为生产价格，并自发地调节社会劳动在各部门的分配和各种资源的配置。随着资本主义经济的发展，平均利润率有下降趋势，资本家为了弥补这个损失，又会进一步投入激烈的竞争。在自由竞争条件下，资本家按照等量资本获得等量利润的原则瓜分剩余价值。

生产集中是自由竞争引起的。所谓生产集中，是指社会的生产资料、劳动力和商品生产集中于少数企业。在自由竞争中，少数大企业吞并中小企业，引起生产集中。少数大企业资本雄厚，技术和管理先进，生产规模大，劳动生产率高，商品成本低，在竞争中处于有利地位。竞争的结果，总是大资本战胜中小资本，大企业吞并中小企业，从而使生产和资本日益集中到少数大企业。

在自由竞争中，信用制度加速生产集中。随着自由竞争的发展，信用制度也日益发展起来。由于大资本具备许多优越条件，在竞争中容易击败中小资本，将其吞并，不容易破产，从而信用度比较高，可以获得更多贷款，迅速增大资本，加速资本的积聚和集中。同时随着信用制度的发展，企业通过创办股份公司，发行股票，迅速把分散的资本联合成一个巨型资本，把许多企业联合成一个大型企业，使生产集中惊人地加快。

在自由竞争中，经济危机促进生产集中。在资本主义经济危机爆发以后，少数大企业经济实力强，较能经得住危机的打击；大量中小企业经济力量薄弱，在危机中纷纷破产，这就加强了大企业对中小企业的排挤和吞并，促进了生产集中。

在自由竞争中，科学技术的进步推动生产集中。在资本主义自由竞争中，资本家为了降低商品的个别价值，在竞争中处于有利地位，必然不断改进技术，以提高劳动生产率。科学技术的进步，会不断涌现各种大型高效率的机器设备。这既为大生产提供了可能，也对生产提出了要求，因为这些大型技术装备只有在大企业才能加以推广和利用，从而推动了生产集中的发展。

在资本主义社会，生产集中一直在进行着，但是，只是到了 19 世纪末 20 世纪初，生产集中才得到迅速发展，并达到相当高的程度。例如在美国，1909 年所有企业的全部生产量差不多有一半掌握在仅占企业总数 1% 的大企业手中。

（二）生产集中发展到一定阶段必然引起垄断

所谓垄断，是指少数资本主义大企业，为了获得垄断利润，通过协议、联盟和联合，对生产和市场进行控制和独占。它是垄断资本主义的经济实质。

垄断的产生，是生产集中的必然结果。这是因为：

第一，生产高度集中产生了垄断的可能性。当生产集中程度不高，各个部门的生产只是由大量中小企业分散进行的时候，由于企业数目众多，不容易达成协议，难以形成垄断。但是，当生产高度集中后，企业数目急剧减少，少数大企业容易达成协议，形成垄断。

第二，生产高度集中产生了垄断的必要性。首先，生产高度集中，造成了自由竞争的困难。原有中小企业无力同大企业竞争，不得不受大企业控制；创办新企业，必须有巨额资本，才能具有与大企业竞争的实力，这就使新企业难以开办。其次，在生产高度集中的条件下，少数大企业之间的竞争带有更大的危险性和破坏性。少数大企业势均力敌，他们之间的竞争更加激烈和持久，容易两败俱伤。为了避免这种结果的出现，他们往往相互让步，暂时妥协，达成一定的协议来共同瓜分市场和原料来源。再次，生产高度集中，少数大企业要追求最大限度的利润。由于大企业资本有机构成一般都高于中小企业，再加上攫取更大利润的贪欲，使这些企业决不会满足于资本的平均利润和超额利润，而是追求更高的利润。为此，少数大企业必须联合起来，操纵商品的生产和销售，通过规定垄断价格来赚取最大限度的利润，从而自然而然地形成垄断。

所以，生产和资本集中发展到一定程度后，就会从自由竞争中自然而然地生长出垄断。这是资本主义发展的一般规律和基本趋势。

垄断形成的根本原因是生产社会性和占有私人性矛盾的发展。由于科学技术的进步，生产社会化程度的提高，必然要求改变自由竞争的生产关系，建立垄断的生产关系，以适应越来越社会化的生产力，从而产生了垄断。因此，垄断的形成，是由生产关系一定要适应生产力发展的规律所决定的，是资本主义生产关系自我调整的结果。垄断一旦代替自由竞争在经济生活中占统治地位，就标志着垄断资本主义的形成。

二、私人垄断资本主义的发展

在私人垄断资本主义的发展进程中，垄断的发展经过了以下几个阶段：

萌芽阶段。19 世纪六七十年代，自由竞争在欧美国家发展到顶点，垄断组织开始出现。如在 19 世纪 60 年代美国工矿业和铁路运输业出现了称作"普尔"的垄断组织，参加这类垄断组织的大公司，通过订立短期协定来规定共同价格，分配营业额和划分销售市场。德国在 1857 年成立了第一个卡特尔，直到 1870 年，才增加到 7 个卡特尔，垄断组织增加十分缓慢，表现出萌芽时期的特征。

不稳定发展阶段。从 1873 年世界经济危机以后到 19 世纪 90 年代，是垄断的不稳定发展时期。1873 年的危机使生产集中加快，卡特尔形式的垄断组织有广泛的发展。在 1889—1890 年的高涨时期，卡特尔又有较大的发展。1890 年，德国的卡特尔增加到 200 个。但当时卡特尔还不稳固，只是一种暂时的现象。

垄断统治确立阶段。19 世纪末 20 世纪初，垄断在资本主义全部经济生活中占据统治地位，自由竞争资本主义过渡到垄断资本主义。

国家垄断稳定发展时期。第二次世界大战以后，国家垄断稳定发展，由私人垄断资本主义发展到国家垄断资本主义。在国家垄断资本主义发展的同时，混合联合公司和跨国公司不断发展壮大。

第二节　私人垄断资本主义的经济特征

一、垄断在经济生活中占统治地位

在帝国主义的全部基本经济特征中，垄断统治代替了自由竞争，成为根本的、起决定性作用的经济特征。垄断统治的目的在于通过垄断价格获取高额垄断利润。追求高额垄断利润是剩余价值规律在垄断资本主义阶段的具体表现形式，它支配和制约着垄断资本主义社会经济生活的各个方面和社会再生产的各个环节。

（一）垄断组织形式

垄断统治是通过一定的垄断组织形式来实现的。垄断组织是指控制某个或某些生产部门的生产和销售，以获取高额垄断利润的资本主义大企业或企业的联合。垄断组织的形式随着垄断的提高而发生相应的变化，并先后出现了以下几种形式。

（1）卡特尔。卡特尔是生产同类商品的资本主义企业，在划分销售市场、规定产品产量、确定商品价格等方面签订协定而成立的同盟。参加卡特尔的企业在生产、销售和法律上是独立的，但在产量确定、价格规定、市场选择上丧失了独立性。

（2）辛迪加。辛迪加是生产同类商品的企业通过签订共同销售产品和采购原材料的协定而成立的垄断联合。参加辛迪加的企业在生产上和法律上是独立的，但在流通领域丧失了独立，原材料的采购和产品的销售由辛迪加的办事机构统一经营。这使辛迪加比卡特尔更加稳定，因为参加辛迪加的企业之间联合得更加紧密，加之各自与市场脱离了直接联系，因此，企业一旦加入辛迪加则很难退出。

（3）托拉斯。托拉斯是在生产上有一定联系的、只是作为股东的企业联合组成的垄断同盟。参加托拉斯的企业在生产上和法律上都丧失了独立性。托拉斯作为独立的联合企业，由董事会进行统一经营管理，参加托拉斯的企业则成为联合企业的股东。

（4）康采恩。康采恩是以一两个实力最强的垄断企业（大工业企业或大银行）为核心，联合不同部门、不同行业的许多企业组成的一个庞大的垄断集团。核心企业通过收购股票、人事参与和财务控制等办法把参加康采恩的其他企业置于自己的统治之下。

"二战"以后，垄断组织进一步发展，其组织形式也向更高级的联合公司发展。战后的主要垄断组织是混合联合公司和跨国公司。20 世纪 90 年代以后，世界经济出现了跨国公司化的趋势，加速了生产的集中和垄断程度的提高。20 世纪末，全世界跨国公司已达 4 万多个，下属子公司、分公司遍布全球 160 多个国家和地区。全球跨国公司总产值已占工业国家总值的 40%，控制着对外贸易额的 50%，国际技术转让的 75% 和对发展中国家贸易的 90%。

（二）垄断价格和垄断利润

垄断的目的是获得垄断利润。垄断组织攫取垄断利润的主要手段是它所规定的垄断价格。垄断价格是指垄断组织凭借其在生产和流通中的垄断地位而规定的旨在保证最大限度利润的市场价格。垄断价格包括高于商品生产价格或价值的销售价格和低于商品生产价格或价值的收购价格。一般情况下，垄断组织在出售自己的商品时实行垄断高价，即把价格提到生产价格以上，按垄断高价出售；在购买商品时实行垄断低价，即把价格压到生产价格以下，按垄断低价收购。垄断利润正是垄断组织出售商品的垄断高价同收购商品时的垄断低价之间的差额。这两种价格之所以能够实行并长期维持，是因为垄断组织控制了商品生产和销售，从而妨碍了自由竞争。垄断价格的形成并不违反价值规律。因为从整个社会来看，商品价格总额和价值总额是相等的，垄断价格只是使价值和剩余价值做了有利于垄断资本家的再分配，只是价值表现形式的变化。同时，垄断资本家也不能随心所欲地规定垄断价格。垄断价格的高低，要受垄断企业内部成本和外部竞争状况的制约。归根结底，垄断组织的经济行为，也是受支配市场经济活动的价值规律制约的。因此，垄断价格的基础是价值，不同商品的垄断价格的差别总是反映其价值差别，垄断价格总是受价值制约的。

垄断利润又称垄断高额利润，是垄断资本家凭借垄断地位获得的超过平均利润的高额利润。垄断利润是垄断统治在经济上的实现形式。垄断利润的来源是：第一，来自对本企业劳动者的剥削。垄断组织通过各种办法提高剥削程度，特别是通过对新技术的垄断，使劳动者以较高劳动生产率生产的全部剩余价值转化为垄断利润。第二，来自对非垄断企业的劳动者和小生产者的剥削。垄断组织以垄断低价购买非垄断企业和小生产者的商品，以垄断高价出售自己的商品，这样，非垄断企业和小生产者创造的一部分价值就转移到垄断企业，成为垄断利润的一部分。第三，来自本国劳动人民必要劳动创造的一部分价值。资产阶级国家通过财政对国民收入进行有利于垄断资本家的再分配，将劳动者工资的一部分转化为垄断利润。第四，来自对国外劳动人民的剥削。垄断企业通过资本输出和在国际经济贸易中实行垄断价格，剥削和掠夺外国劳动人民创造的一部分价值，使之成为垄断利润的一部分。

所以，垄断利润反映了垄断资产阶级对无产阶级和其他劳动人民，包括对国外劳动人民的统治与剥削关系，同时，也包含了垄断资本家对非垄断资本家的欺压与掠夺关系。

（三）垄断和竞争的关系

垄断不消除竞争，而与竞争并存。垄断虽然是在自由竞争基础上发展起来的，是作为自由竞争的对立物而存在的，但是，垄断代替自由竞争，并不是一般地消除竞争，而是由自由竞争转化为垄断竞争，从而引起更为尖锐复杂的竞争。这是因为：首先，垄断没有消灭资本主义竞争的基础和动因。商品经济是竞争产生的一般基础，资本主义商品经济是资本主义竞争的基础；对利润的无限贪欲，是资本主义竞争的动因。垄断资本主义只是资本主义发展的一个阶段，并没有也不可能消除竞争产生的基础和动因，反而使竞争的基础和动因更加强化。其次，垄断统治确立后，还存在大量没有加入垄断组织的"局外企业"之间的竞争。为了垄断统治的需要，在垄断占统治地位的条件下，还存在着中小企业生存和发展的广泛的空间，这些没有加入垄断组织的"局外企业"，不可避免地展开竞争。最后，垄断形成以后，必然存在垄断竞争。垄断竞争是指在垄断统治占主导地位条件下的竞争。垄断竞争包括：一是垄断组织内部的竞争。同一垄断组织内的各大资本家为了争夺垄断高额利润，可以达成暂时的协议。但是，他们围绕着市场、产量、销量、利润分配份额及领导权又展开激烈的竞争。二是垄断组织之间的竞争。在同一部门的垄断组织之间，有为控制本部门生产、销售和原材料来源展开的竞争，也有由于产品可以相互替代而争夺销售市场的竞争。三是垄断组织同非垄断企业之间的竞争。四是国际垄断竞争。在生产、资本及市场国际化的条件下，国际垄断同盟和跨国公司不断发展，国际垄断竞争日益激烈。其中包括国际垄断组织内部的竞争，国际垄断组织之间的竞争，国际垄断组织与非国际垄断组织之间的竞争等。特别是国际垄断组织之间瓜分世界市场、原料产地、争夺劳动力资源，抢占科技制高点的竞争更加突出。

垄断时期的竞争同垄断前的自由竞争相比，具有新的特点。首先，竞争的目的已不是平均利润或超额利润，而是高额垄断利润。其次，竞争的手段已不局限于自由竞争时期传统的经济手段，而是利用经济的、政治的一切手段，有时甚至不惜采取暴力来打垮竞争对手。再次，竞争程度更激烈，后果更严重。自由竞争时期由于企业规模比较小，而且力量单薄，彼此分散，这就限制了竞争的激烈程度。垄断时期竞争的双方是实力雄厚、势均力敌的垄断组织，而且这些垄断组织都有着巨大的政治力量，这就使得竞争特别激烈，更具有持久性，这种竞争造成的破坏作用更加严重。最后，竞争的范围更广阔。在自由竞争时期，竞争的场所主要是在国内市场，甚至在范围比较小的地区；垄断时期的竞争范围已从国内扩展到国外，而且除了在经济领域的竞争外，在政治、军事、文化领域也展开了激烈的竞争。

二、银行垄断和金融寡头的统治

随着资本主义的发展，银行业也形成了集中和垄断。银行业的集中是随着工业生产的集中在竞争中逐渐形成的，银行业的集中发展到相当高的阶段，就形成垄断。

随着银行垄断的形成，银行的作用也发生了根本性的变化，由自由竞争时期的普通的中介人变成了万能的垄断者。这是因为，在工业垄断和银行垄断并存时，必然使银行与工业企业的相互关系发生巨大变化。在自由竞争时期，银行的主要任务是单纯办理存贷款等信贷业务，由此取得相当于平均利润的银行利润，所以它的作用只是充当借贷双方的中介人。随着银行业的集中并走向垄断，银行成为万能的所有者，具体表现在：一是银行与工业企业之间的相互关系日益固定，银行通过固定的信贷关系对工业企业进行监督，进而决定它们的命运。因为银行垄断形成后，它拥有充足的货币资本，可以为大工业企业提供巨额、长期的贷款，大工业企业需要的巨额贷款又只能从少数大银行取得，这就使得大银行与大企业之间建立起长期的、固定的联系。大银行为了使自己贷出的巨额货币资本有保障并取得高额的银行利润，必然十分关心向它借款的企业的生产经营活动，通过大企业的往来账目了解和掌握企业的经营状况，对企业使用贷款的状况进行监督，用扩大或减少贷款、收回贷款等办法来影响和控制企业，以致决定企业的命运。二是垄断的大工业企业通过购买大银行的股票，或者自己创办新的银行渗透到银行业中去。因为银行成了万能的垄断者，谁控制了银行，谁就能充分利用银行为自己的企业利益服务，就能巩固自己的垄断地位和打击竞争对手。所以，垄断的工业企业千方百计地要控制银行。三是在两种资本互相渗透的同时，双方的垄断资本家或其代理人互兼双方的要职，进一步实现人事结合。正是通过上述三个途径，使垄断的银行资本同垄断的工业资本实现了完全的融合，形成了既控制生产，又控制流通的万能的垄断资本——体现垄断统治最高形态的金融资本。

在金融资本形成的同时，也产生了金融寡头。所谓金融寡头，是指掌握着大量金融资本的少数最大的垄断资本家或垄断资本家集团。在垄断资本主义阶段，金融资本的统治实际上就是金融寡头的统治。一小撮金融寡头支配了大量的社会财富，控制了整个国家的经济命脉和国家的上层建筑，成为垄断资本主义国家的主宰者。

金融寡头在经济上的统治，主要是通过"参与制"的形式实现的。"参与制"是指金融寡头通过掌握"股票控制额"实现对其他股份企业控制的一种方式。金融寡头首先通过购买一定数量的股票控制一个大的企业，以它作为"母公司"，然后再用"母公司"的资本购买另一批公司的股票，掌握这些公司的股票控制额，从而控制这批公司，作为其"子公司"，再用同样的办法通过"子公司"进一步控制更大一批"孙公司"。通过这种层层"参与"，形成一个类似金字塔形的结构，站在塔尖的就是金融寡头，它支配着比自有资本大几十倍甚至上百倍的资本量。此外，金融寡头还通过创办企业而获取"创业利润"，改组企业实行"资本接水"，以及发行有价证券、办理公债、从事各种金融投机和房地产买卖等来谋取高额利润。金融寡头为加强其经济上的统治，还组成垄断财团。所谓垄断财团，就是金融资本集团，它是由少数金融寡头控制的大银行、大保险公司、大工商企业所结成的垄断资本集团。金融寡头在政治上的统治主要是通过"个人联合"的办法实现的。他们一方面通过派出自己的代理人担任政府要职，或者亲自出马担任政府要职；另一方面，通过收买政府官员，或者把过去的国家军政要员聘请到自己的企业担任董事或经理，借以实现对国家政府的直接影响和控制。金融寡头还通过建立各种咨询机构和政策研究机构对政府的决策施加影响。此外，它还通过自己的强大经济实力来控制整个国家的文化、教育、宣传等上层建筑，以左右国家的内政外交及社会生活的各个方面。

三、资本输出在经济生活中占重要地位

金融资本和金融寡头不仅在国内实行垄断统治，而且通过资本输出把垄断统治延伸到国外以获取垄断利润。

（一）资本输出的必要性和可能性

早在自由竞争资本主义时期，资本输出就已存在，但只是到垄断统治时期，资本输出才在各主要资本主义国家普遍且大规模地发展起来，成为垄断资本主义时期的一个重要经济特征。资本输出是指资本主义国家的政府、资本家或垄断组织，为了获取高额利润和利息及其他经济利益而对国外进行投资或贷款。

在垄断资本主义时期，大量资本输出有其必要性：随着垄断的形成，一方面，金融寡头攫取了大量的垄断利润，积累并掌握了巨额的金融资本；另一方面，这些巨额资本难以在国内找到获取高额垄断利润的有利投资场所，资本过剩现象突出，金融资本家必然把大量的过剩资本输出国外去。这里所说的过剩资本是相对的，是在国内难以找到获取高额垄断利润的相对多余的资本，并不是绝对过剩的资本。

垄断资本主义时期也产生了资本输出的可能性：一方面，随着资本主义的发展，殖民地和附属国等落后地区被卷入世界市场，这些地区的商品经济有所发展，基础设施开始建设，初步具备了投资条件；另一方面，由于殖民地和附属国经济落后，不但工资、地价、原料价格较低，资本有机构成也低，因而利润率很高。这些因素吸引着资本向外输出。

（二）资本输出的形式、实质及其后果

资本输出从输出资本的具体形态看主要有两种形式：① 借贷资本输出，它是由垄断资本主义国家的政府或私人银行和企业把货币资本贷给外国的政府、银行或企业；② 生产资本输出，它是由垄断资本主义国家的政府或私人银行和企业在国外直接投资开办工厂、矿山等。从资本输出的主体看也可以把它分为两种形式：① 私人资本输出，即由私人垄断资本家或垄断资本家集团对外输出的资本；② 国家资本输出，即由资本主义国家的政府及其所属机构对外输出资本。资本输出不论采取哪种形式，其实质都是垄断资本主义国家的金融资本掠夺和奴役其他国家人民的重要手段，是垄断资本主义国家确立和巩固金融资本对世界统治的重要工具。

资本输出对于资本输入国和资本输出国来说，其作用和后果是不同的。对输出国来说，资本输出不仅带动了国内商品的输出，而且还可以通过对外直接投资，绕过对方的关税壁垒和非关税壁垒，扩大了商品销售市场。另外，通过资本输出，还可以获得当地廉价的原材料、劳动力，增强了垄断资本的国际竞争力。资本输出使金融资本的统治扩展到世界各地，成为输出国剥削经济落后国家、进行国际垄断的基础。不过，资本输出也在一定程度上导致输出国国内经济发展出现停滞的趋势，并使资本输出国之间因争夺有利投资场所而产生矛盾。同时，形成一个专门靠输出资本，不参与企业经营，靠剪息票为生的食利者阶层。对资本输入国来说，一方面资本输入会促使其自然经济瓦解，刺激资本主义经济的发展。另一方面，资本的掠夺性导致资本输入国的经济发展完全服从于垄断资本的需要，出现经济单一化和畸形发展的状况，而这又使资本输入国不仅在经济上更加依赖垄断资本主义国家，而且在政治上不得不从属于垄断资本主义国家。

四、国际垄断同盟在经济上分割世界

随着资本输出的增加和垄断组织向国外扩张势力范围，垄断组织之间争夺国外投资场所、商品销售市场和原料产地的竞争空前激烈，为了避免在竞争中两败俱伤，各国垄断组织之间取得暂时的妥协，达成国际性协定，以资

本输出为基础，形成垄断世界市场的资本家国家垄断同盟。国际垄断同盟是资本主义各国最大的垄断组织通过订立协定而结成的国际性垄断经济同盟。它的产生，标志着资本主义的生产和集中到了更高的程度，列宁把它称为"高级垄断"。

20 世纪初，国际垄断同盟已有很大发展，它的主要形式是国际卡特尔。这种形式是控制同类产品绝大部分生产的几个国家的最大的垄断组织订立国际协定，分割世界市场，规定垄断价格，以保证获取高额垄断利润。在 1914年，缔结正式协定的国际卡特尔已有 116 个，其中著名的有国际电气卡特尔、国际铝卡特尔和国际钢轨卡特尔。"二战"以后，跨国公司成为国际垄断同盟的主要形式。不管国际垄断同盟的形式如何，他们的共同特点是越出国界，开始从经济上瓜分世界。国际垄断同盟在经济上瓜分世界，是按资本、实力瓜分的，一旦资本、实力对比发生变化，就必然发生从经济上重新分割世界的斗争。这表明，国际垄断同盟是暂时的妥协，是不牢固的。

五、世界领土被列强瓜分完毕

国际垄断同盟在经济上分割世界，必然导致从领土上分割世界，即抢占殖民地。对于垄断资本来说，殖民地是一个封闭市场，有着不同于以往时代的特殊意义：殖民地作为原料产地和销售市场的意义更为重要，同时，它又是帝国主义列强资本输出的有利场所。19 世纪 70 年代，帝国主义列强卷入了夺取殖民地的高潮。从 1876 年到 1914 年，全世界总人口的 56% 沦于殖民压迫下，世界领土被分割完毕。同时，全世界各国便划分为两部分：一部分是垄断资本主义国家和宗主国；另一部分是殖民地、半殖民地和附属国。

上述五个特征是互相联系的，是垄断的不同表现形式，从不同方面反映了垄断资本主义的经济关系。第一、二个特征说明垄断组织和金融资本统治的确立，揭示了帝国主义国家的国内经济关系；后三个特征说明垄断在国内确立了统治地位后，如何向外扩张、确立对国际的统治的，揭示了帝国主义国家的国际经济关系。总之，这五个特征反映了 20 世纪初期资本主义经济的发展状况、资本国际化的水平、世界上大国争霸的格局和旧殖民体系的现实。当代资本主义和 19 世纪与 20 世纪之交的垄断资本主义相比，出现了许多新情况、新特点，但垄断统治的经济实质并没有改变。

第三节　国家垄断资本主义的产生、发展和实质

一、国家垄断资本主义的产生和发展

国家垄断资本主义，按照列宁的定义，是指"国家同拥有莫大势力的资本家同盟日益密切地融合在一起"。这种融合的形式，根据列宁的论述，一是银行和工业同政府进行"个人联合"；二是工业国有化；三是"国家对社会经济的调节、统计和监督"。列宁提出的这个概念是针对第一次世界大战前后各

资本主义交战国的政府借助国家的力量扩军备战和推行国民经济军事化的情况。因此，这里所说的国家垄断资本主义带有战时经济的特殊性质。

第二次世界大战后，在主要资本主义国家，国家垄断资本主义得到了普遍发展，其表现是国家干预和调节社会经济成为经常的和一般的现象，国家的经济职能已经和市场机制紧密结合在一起，共同维护和保证现代资本主义经济的稳定运行和发展。可以认为，国家垄断资本主义是国家政权和私人垄断资本相结合的一种垄断资本主义。

国家垄断资本主义的形成和发展不是偶然的，它是科技进步和生产社会化程度进一步提高的产物，是资本主义基本矛盾进一步尖锐化的必然结果。具体来讲，国家垄断资本主义产生和发展的主要原因是：

第一，社会生产力的发展，要求资本主义生产资料占有形式发生变化，这是国家垄断资本主义产生的物质基础。垄断的形成使资本关系的社会化程度提高了，但是，一般垄断资本主义生产关系，即个别的或集团的垄断资本的生产资料占有，仍然是少数人的占有。随着生产力的发展、生产社会化程度的提高，这种资本关系和生产力之间的矛盾也将日益发展和尖锐。第二次世界大战后，由于科学技术的巨大发展和社会分工的扩大与加深，生产高度社会化，由此也带来了一系列生产上需要解决的新问题。例如，现代化的生产规模巨大，需要巨额资本；重大科技项目的突破，不仅需要巨额投资，而且又是一项系统工程，需要许多专业科技人员和科研单位进行广泛协作；老的工业部门有待于进行新的技术改进，新兴工业部门和现代化的基础设施需要开发和建立；部门结构和地区结构需要调整；企业与企业、部门与部门、地区与地区之间的联系和协作在广度和深度上需要加强；科技和现代化生产的发展要求大力发展各类教育和培训事业；环境保护和生态平衡的保持等，这些问题往往不是私人垄断资本所能够和愿意解决的，这就不能不突破私人垄断资本的局限，由作为"总资本家"的国家直接投资或与私人垄断资本合资来解决。

第二，战后经济恢复，要求建立国家垄断资本主义。英、法、德、日等资本主义国家，在第二次世界大战后都面临着恢复和发展经济的迫切任务。这项艰巨任务只靠私人垄断资本是无能为力的，不能不借助国家的力量。并且，西欧国家还以政府出面的形式，结成了经济共同体，借助一体化的力量来发展各国的经济。这个区域性的国际垄断联盟标志着国家垄断资本主义发展的一个更高水平。美国虽然在战争中大发横财，私人垄断资本实力雄厚，但也亟须扩大社会总需求以适应由于科技和社会生产的发展而急剧膨胀起来的社会总供给；同时，还依仗其经济和军事实力而推行霸权主义全球战略，以及作为资本主义世界的盟主而奉行遏制社会主义力量的扩军备战的冷战政策，这些都促使美国加速国家垄断资本主义的发展。

第三，为克服经济危机，实现经济的稳定发展，需要发展国家垄断资本主义。在资本主义社会，生产和消费的矛盾首先集中表现在经济危机的爆发上。由资本主义经济矛盾所决定，生产的巨大膨胀和有支付能力的需求相对缩小之间的矛盾，使资本主义社会不断爆发周期性的经济危机。危机的发展和加深，要求借助国家的力量，借助政府的各种"反危机"措施，来消除危机所造成的影响。

第四，国际市场竞争日趋激烈，要求发展国家垄断资本主义。第二次世界大战前，帝国主义国家在国际市场上的矛盾，主要是通过帝国主义之间争夺殖民地附属国的战争形式表现出来的。这一时期，国家垄断资本主义的军事性质最为突出。如国家围绕着战争的需要，发展军火生产，对生产和分配实行社会调节。战后，国际环境发生了很大变化，旧的殖民体系瓦解了，帝国主义国家直接统治的地盘大大缩小，它们在争夺原料产地、投资场所和商品的销售市场等方面的斗争，也更为激烈。因此，各国垄断集团为在国际竞争中取得有利地位，必须依靠国家力量，发展国家垄断资本主义。

二、国家垄断资本主义经济形成的途径

资本主义的国家垄断经济的形成，主要是通过如下三条途径。

一是将私营企业国有化。这种方法在英国、法国比较普遍。英国在第二次世界大战期间，生产受到严重破坏，经济上处于十分困难的境地。为了使整个经济得到迅速恢复和发展，1946 年英国政府首先将英格兰银行收归国有，之后，又先后对煤炭、煤气、钢铁工业、运输业等部门实行了国有化。1974年开始的又一次国有化浪潮，更是不再局限于传统的公用事业和个别工业部门，而是涉及一系列重要的基础工业，如汽车制造业、造船业、飞机制造业、宇航工业和石油工业等部门。法国私人企业国有化的情况和英国有所不同，首先是靠没收战争期间通敌企业财产而实现的。例如，雷诺汽车公司原是法国一家私营汽车公司，由于该公司在战争期间和德国、法国法西斯合作，因而战后立即被政府接管，改为国营汽车公司。此后，法国政府又将煤炭工业和铁路运输业的部分私人企业收归国有。1946 年还对 4 大银行（法兰西银行、法国兴业银行、巴黎国家贴现银行和里昂信贷银行）及 34 家保险公司等金融机构实行了国有化。1981 年密特朗执政伊始就通过了一项国有化法案，进一步扩大国有化的规模。到 1982 年底，法国国有企业的投资总额已占全国投资总额的 36%，净资产占全国企业净资产总额的 29%，法国国有化浪潮持续时间之长、规模之大、程度之高，在发达资本主义国家中也具有典型意义。

二是由国家预算拨款直接建立国家垄断企业。这在美国、联邦德国表现得比较突出。在美国，政府不仅花巨额资金建立原子能、宇航工业等新兴部门（仅 1946 年至 1971 年就投资 1 175 亿美元），而且在工业和公用事业部门也兴建了大量的国家垄断的企业（仅第二次世界大战后至 20 世纪 70 年代初投资总额就达 1 567.7 亿美元）。在联邦德国，政府为了保障国内企业的稳步、平衡发展，在一些利润不高、投资周期长的基础工业部门（如运输和公共服务部门），实行国家直接投资，从而使联邦德国邮电局、铁路、供水系统的99%，港口设施和城市运输的 95% 均为国家所有。

三是通过股份制的方式对私人垄断企业进行兼并、控制和改造。这在联

邦德国和意大利较为典型。联邦德国的具体做法是用股份制对私人垄断企业进行分级控制，使联邦政府、州政府和地方政府的股份总和足以保证国家对垄断企业的绝对控制。这样做的结果，使国私垄断企业中的国家股比重不断增加。在某种情况下，这类国私共有的垄断企业也可以变成完全的国有化垄断企业。这就是用参与制和控股方式来取得对垄断企业的支配。意大利通过股份制的形式分层控制中、小企业，使国有经济成为遍布经济各部门的一个复杂系统。

三、国家垄断资本主义的形式和实质

一是国家所有制。垄断资本主义的国家所有制经济，企业所有权属于国家所有。国家所有权经济的建立，一般通过两种途径：其一是通过国家预算拨款，投资创建各类国有企业；其二是对私人垄断资本企业实行国有化。

国家投资创建的国有企业，主要是一些投资规模巨大，建设周期长、风险大、盈利低，但对资本主义社会经济的运行与发展却有重要意义的企业。主要经营的内容是基础产业、基础设施、新兴战略导向产业、落后地区开发性建设、具有重大意义的尖端技术开发及大型科研机构的设立，等等。上述经营内容虽有巨大的外在经济效益与社会效益，却为私人垄断资本不愿或无力直接投资经营。

对私人垄断企业实行国有化，指国家用高价收买或其他补偿办法，把私人垄断企业收归国有。战后初期，西欧各国比较普遍地推行了国有化政策。最初主要是把经营动力、运输的若干私人企业收归国有，后来一些国家国有化的范围和规模又有所扩展。国有化政策的实施，当然是基于对垄断资产阶级整体利益及长远利益的考虑，但后来的私人垄断资本非但不会因为国有化政策的实施受到损失，反而会获得两种好处。就经营内容看，这类企业经营得如何，对整个国民经济的迅速恢复和发展，或对社会安定与福利关系重大。就经营状况看，被实行国有化的企业，其原有的技术设备多半已陈旧而自身又无力进行设备更新，其经营是没有前途或濒临破产的。国家用高价收买或给予其他补偿，私人垄断既摆脱了亏损，又可将这部分高额补偿收入转移到其他有利可图的行业和企业中去。

国家所有制经济既是国家垄断资本主义一种最原始的、最传统的形式，又是资本社会化的最高形式。它本身既有剥削雇佣工人的资本主义性质，又具有垄断资本的性质。从垄断资本的个人所有制、集团所有制到国家所有制，反映了资本主义生产关系在资本主义生产方式的界限内，对生产社会性的逐步承认。作为资本主义社会化最高形式的国家所有制经济，虽然在各主要资本主义国家其发展程度各不相同，但各国在第二次世界大战后，始终存在着一定数量的国有企业，特别是一些大型的、关键性国有企业，如宇航业、核能工业和一些新兴科技工业，政府都直接进行管理和经营，这不是偶然的。这表明国家所有制经济，在资本主义经济运行与发展中，具有不可替代的经济作用。它的存在和发展不仅为私人垄断资本的正常运行和发展提供了种种

有利条件，它还直接构成了国家干预经济的物质力量。国家投资、国有企业投入及国家对国有企业的有效控制，可以在投资方向、投资数量及生产经营发展方向等方面，影响和带动整个垄断资本主义国民经济的运行和发展。

值得注意的是，进入 20 世纪 80 年代后，西方发达国家又掀起了国有企业私有化的浪潮。西方的私有化浪潮，从根本上来说是国家垄断资本主义在政策上的一种结构性调整。第二次世界大战后国有制经济的扩展，在某些方面超越了经济发展的客观要求和财政承受能力，这就促使西方发达国家政府不得不调整国家所有制经济的范围和规模。而新自由主义在政治上的得势，则为这种调整提供了可能。此外，由于管理体制混乱等原因，成本高、效率低几乎成了各国国有企业的通病。通过私有化方式，国家将其投资兴建的企业及各种设施，或者将原来"国有化"后经国家投资完成技术更新改造的企业，出卖给私人和私人垄断组织，既有利于减轻国家财政补贴负担，又有利于增强私人垄断的实力。而政府则可以把出售国有企业所得的收入和节省下来的补贴费用用于兴建适合新科技革命发展的产业及传统产业的技术更新与改造，加快了产业结构合理化与现代化的步伐。

二是国家和私人垄断组织公私共有制经济。国家和私人垄断组织公私共有企业，是垄断资产阶级国家所有制经济的派生形式，其组织形式是股份公司，它在战后的西欧和日本都有广泛的发展。根据资本主义私有制在社会资本再生产过程中结合的程度和方式不同，国家垄断资本主义可以分为三种方式：第一种是国家调节经济。即作为总垄断资本家的国家通过财政和金融等经济杠杆对资本主义再生产过程进行管理和调节。在这种形式下，国家垄断资本和私人垄断资本的结合处于企业外部。因为这对国家垄断资本主义和私人垄断资本主义所有制都是完全独立的。第二种是国私合营企业。即国有垄断资本和私人垄断资本在所有制上实际上已经结合起来了，但形式上是股份公司。国私合营企业是两种所有制在企业内部的结合。第三种是国有企业，在这里，国家作为垄断资本家的总代表成为企业的所有者，国家和垄断资本完全融合为一体。国家掌握了垄断资本，形成了一种新的资本形式，即国家垄断资本。国家投资是形成国有垄断资本的主要途径。由此可见，这里的"国家"是国有垄断资本的人格化，国家垄断资本主义是以资本主义所有制为基础而形成的垄断资本主义生产关系的组成部分，属于经济基础的范畴。

在国家垄断资本主义的三种形式中，国家调节经济是最主要、最重要的一种形式。国私合营企业和国有企业虽然是比较高级形式的国家垄断资本主义，但由于受到资本主义私有制的天然限制，其发展程度受到极大制约，而不能成为国家垄断资本主义的主要的、重要的形式，并且它们只能在对私人垄断资本主义有利的前提下，方能得到适当的、必要的发展。

国家垄断资本主义的实质，无非是国家作为一个经济实体，直接参加社会资本再生产过程，为私人垄断资本追逐高额垄断利润服务的垄断资本主义。

国家垄断资本运动和私人垄断资本运动相比，有两个显著特点：第一，国家垄断资本运动的目的，主要不是为了自身价值的增值，而是为了给社会资本再生产创造必要的条件，为私人垄断资本的价值增值服务。国家投入产品生产部门的资本，虽然也创造剩余价值，可以使国家垄断资本不断地增值，但这并不是国家垄断资本积累的主要途径，国家垄断资本的主要来源是国家财政税收。并且，国家垄断资本主要投向公共工程，这些部门不仅投资大、风险大、周期长，而且收益少、盈利少，常常是亏损巨大，这些部门的国家垄断资本虽然自身一般不能增值，但它却为私人垄断资本增值创造了必要的社会经济条件和物质基础。第二，国家垄断资本不仅以它的直接投资为私人垄断资本服务，而且还在资本积累、商品实现、宏观经济运行等方面，为私人垄断资本和整个社会资本再生产运动创造各种有利条件，以利于私人垄断资本的不断增值。

第四节　国家垄断资本主义对经济的干预和调节

一、国家垄断资本主义的宏观调节体系

垄断资产阶级对社会经济生活广泛干预和调节，是国家垄断资本主义的核心。这种干预和调节，意味着国家不仅作为上层建筑反作用于经济基础，而且作为生产资料所有者、资金供给者和商品购买者，即作为经济实体对经济生活和社会再生产过程起支配作用或发生重要影响。由于西方发达国家的经济是市场约束型经济，其经济运转不断受到周期性经济危机的困扰。战后随着国家垄断资本主义的形成与发展，指导各国政府干预经济生活的经济理论基础，基本上是以凯恩斯主义的需求管理理论为核心发展起来的"宏观经济理论"，而一直占主导地位的是以萨缪尔逊等为代表所谓的"新古典综合派"。国家垄断资本主义宏观调节要实现的主要目标，一般而言主要是所谓实现充分就业、价格稳定、经济增长和国际收入平衡这四大目标。各国的宏观调节体系各具特色，如美国实行的较为规范的凯恩斯主义，西欧国家注重实行国有化，日本、联邦德国、法国推行总体调节、注意国家计划，意大利热衷混合经济，瑞典大力推崇福利制度等。不同时期即使是同一个国家，其理论倾向与政策选择也会有所差异。如 20 世纪 70 年代西方发达国家经济陷于"滞胀"困境以后，英、美两国的宏观调控，分别打上了货币主义与供给学派的印记。总体看来国家垄断资本主义的宏观调节体系，主要包括国家的财政体系、金融货币体系和计划体系。

（一）垄断资产阶级的国家财政在宏观调节中的作用

宏观财政政策包括财政支出政策和财政收入政策。由于税收是资本主义国家财政收入的主要来源。因而，财政政策又可概括为财政支出政策与财政税收政策。财政政策的实施主要是指危机来临期间，政府通过减少税收及扩大财政支出等方式来推动企业投资的扩大，刺激消费，从而实现经济的恢复与发展；在经济过热、物价飞涨时，宏观财政政策则反向行事。

第二次世界大战后，主要资本主义国家财政支出占国民生产总值的比重

不断上升。第一次世界大战前这一比重为 10% 左右；两次世界大战之间，这一比重上升到 20% 左右；20 世纪 70 年代上升到 45% 左右，西欧个别国家甚至越过一半。政府通过扩大财政支出刺激经济的恢复与增长，其主要措施有：其一，扩大国家预算投资或补贴包括建设投资对某些重要生产项目、农产品、出口产品，对某些衰退中的产业或濒临破产的企业，予以补贴。政府建设投资占资本投资总额的比重，1970 年美国为 29.2%，英国为 45.8%。以上两国在整个 20 世纪 80 年代，其科技投资与国民生产总值的比重，长期保持在 2% 至 3% 之间，其中国家预算投资约占 50%。其二，国家消费。第二次世界大战后美国的国家消费不断扩大。1984 年美国国家采购占国民生产总值的比重高达 20.4%。联邦政府的军事订货和采购遍及制造业许多部门，成为这些部门及整个国民经济发展的重要条件。其三，扩大社会福利开支。自 70 年代以来，西方社会的福利支出已上升为财政支出的最大项目。在西欧与北美，社会福利支出占财政支出的比重竟高达 2/3。从本质上看，这虽是劳动力价值的一部分扣除及其支付形式的变化，但它对增加消费，扩展市场，缓和阶级与社会矛盾，还是起了不可忽视的作用。

就财政收入政策而言，垄断资产阶级国家主要是利用税收政策，通过调整税收税率，把一部分居民收入在全社会各阶级及各阶层之间进行分配，调节社会经济，促进消费和企业投资。特别是 20 世纪 80 年代以来，里根政府实行了更为广泛的减税方案。此外，第二次世界大战后多数西方发达国家均实行加速固定资本折旧政策，而鼓励私人企业加速提取折旧金，多收成本，少计利润，从而少缴纳公司收入税，使企业提前收回投资。加速折旧提取一部分折旧基金可以用于更新投资。由于这一政策的实施，美国的资本折旧总额占国民生产总值的比重从 1950 年的不到 9% 上升到 1988 年的 12%，从 1958 年至 1986 年，美国新增资本存量的使用年限从 22.5% 降至 17.5%。而日本的机械和设备的平均使用年限比美国还短 7 年。

总括起来看，垄断资本阶级所实施的宏观调节改革，既对西方发达国家缓和经济周期、促进经济增长起到了一定的积极作用，又激化了种种矛盾，政府背负巨额的财政赤字和联邦债务，使这种调节手段的回旋余地越来越小。美国财政无法摆脱高赤字—高国债—高赤字的恶性循环，表明美国财政政策的宏观调节余地几乎丧失殆尽了。

（二）垄断资产阶级的货币金融政策在宏观调节中的作用

货币金融政策也是国家垄断资本主义宏观调节的重要手段。由于严重财政赤字的困扰，财政政策的宏观调节回旋余地不断缩小，货币金融政策越来越受到各国政府的青睐。一般而言，它主要是通过增减货币发行量和伸缩信用规模来影响经济过程。进入 20 世纪 70 年代后，各发达国家面对高失业率、高通货膨胀率和低经济增长率并存的形势，其货币金融政策的实施常处于两难境地。如果采取紧缩信用规模政策来对付通货膨胀，就将增加失业，使经济增长速度更慢。反之，如果用扩大信用规模办法对付失业和加速经济增长就会加剧通货膨胀。鉴于这种情况，20 世纪 70 年代以后，各主要资本主义国家纷纷放弃了对利息率限制过死而忽视对货币发行量限制的做法，开始将利息率和货币供应量作为金融调节的两个中心控制指标。20世纪80年代以来，西方发达国家普遍放松了对金融业的管理，以"自由化"为特征的金融改革在西方国家已形成一种不可逆转的基本趋势。其主要内容是利率自由化、业务自由化、市场自由化。但是这种金融改革却为后来的金融危机埋下了隐患，2008年爆发的席卷全球的美国华尔街金融风暴就是例子。

货币金融政策的宏观调节，通常采用的具体调节手段主要有：其一，国家通过变更中央银行再贴现率，影响商业银行的贷款业务进而影响私人企业的投资活动；其二，变更商业银行存款准备金的比例，调节和控制流通中的货币量；其三，推行公开市场业务，即中央银行通过公开买卖票据与有价证券及公债来控制市场中的货币量。

（三）垄断资产阶级的计划管理在宏观调节中的作用

早在20世纪30年代初，美国就进行过某些经济计划的尝试。战后初期，只有法国、日本等少数资本主义国家实行中期计划，到了20世纪60年代，西欧许多国家都不同程度地采用了这种计划。第二次世界大战后，宏观经济计划被许多西方主要资本主义国家采用，并非偶然。一方面，战后科学技术迅猛发展，生产社会化程度急剧提高，市场机制自发性、盲目性消极作用后果日益严重，国内和国际竞争加剧，阶级与社会矛盾加深，自然与社会环境亟待整治，凡此种种客观上要求实施宏观的计划干预与指导。另一方面，巨型垄断组织企业内部的高度组织性、国家所有制的扩展及国家干预力量的日益增长、现代科学技术手段的进步等，也为实施宏观计划管理提供了条件。

第二次世界大战后，资本主义各国所实行的经济计划，大体上有两种类型：

一种是短期和中期预测性计划。这类计划一般是在估计市场需求变动的基础上，对未来一年或几年的经济行情作出预测。这类计划具有明显的反危机性质。目前这类计划在一系列资本主义国家得到了广泛推广。这类预测性计划的特点是：一般不规定经济发展的明确目标，也没有实施计划的具体措施，包括的范围比较窄，效果也往往不明显，但其时效性较强，具有很强的预测性和灵活性，其作用是不可替代的。

另一种是中长期经济计划。这类计划通常是在对本国的人口、就业、生产、消费、劳动生产率和自然资源开发等进行周密调查，对长期发展趋势作出审慎预测的基础上制定的，因而是更积极、更广泛的计划形式。中长期经济计划不只是预测性的，它还要对一个时期经济发展的主要指标作出明确规定，并包括一系列为实现计划管理目标的实施手段。中长期经济计划涉及的内容非常广泛：它涉及对总需求和总供给的计划安排，并注意二者的协调；还包括对各地区、各部门的经济活动及经济结构的调节，并注意以结构调整为中心，把对经济的经常性调节与确立一定的经济结构的意图结合起来。所以中长期计划也叫结构性计划。中长期计划的实施手段是多样的，除采用影响性的间接方式如金融政策、税收政策等方式外，还广泛采用对国有企业下达指令及对私人公司直接资助等方式。与预测性计划相比，中长期计划无论从其制定过程，还是从其实施过程看，都更具有科学性和广泛性，因而对整个经济的发展更具有指导与推动作用。这类计划主要在法国、日本影响较大。

西方发达国家的宏观计划都是在资本主义私有制基础上，主要依靠市场机制对国民经济进行的计划管理与调节。无论是预测性的，还是结构性的，都没有否定生产资料资本主义私有制，因而对私人企业都只起指导作用并不具有指令性。

总之，资本主义的经济计划是以国家拥有强大经济实力为基础，以尽可能符合实际的经济发展预测为依据的。其贯彻实施，从根本上说必须保障垄断资本稳定地获取垄断利润。经济计划在各资本主义国家的实施部分地克服了资本主义生产的盲目性，减少了经济周期波动对生产的破坏影响，但由于资本主义私有制包含着种种对抗，资本主义经济计划只是在资本主义界限内反映了生产社会化进一步发展的要求，因此资本主义经济计划的制定和实施，最终并不能根本改善资本主义社会生产的无政府状态。频繁爆发的资本主义经济危机，暴露了资本主义计划调节的局限性。

二、国家垄断资本主义的作用和局限性

(一) 国家垄断资本主义对社会经济的促进作用

国家垄断资本主义的产生和发展，是垄断资本主义生产关系的自我发展，是在资本主义生产方式范围内对资本主义生产关系的局部调整，使之适应生产高效社会化和新科技革命不断发展的需要。所以，国家垄断资本主义在一定程度上有利于资本主义社会生产力的发展。其对社会经济的促进作用主要表现在以下几个方面。

第一，在生产方面的作用。国家垄断资本主义为社会生产力的发展创造了基础性的条件，这一条件是通过两个方面的工作来完成的。其一是通过国家拨款和组织、发展高新科技，并将其科研成果低价转让给私人垄断企业，从而迅速转化为生产力，推动了社会生产力的发展。其二是通过社会开支的拨款，直接或间接地对人力资源的量与质产生深远的影响。有目的、有计划地将社会开支引导到提高劳动者素质和专业能力，以及改善劳动和生活环境上，解除劳动者的后顾之忧，这对于生产力的继续发展有着不可估量的作用。

第二，在流通方面的作用。国家垄断资本主义的发展为市场的扩大创造了条件。市场的不断扩大是资本主义生产顺利进行的重要条件。国家垄断资本主义在国内通过国家订货、扩大社会福利支出等措施，刺激社会需求，人为扩大市场。在国际上通过调整贸易政策、由国家出面组织区域性经济集团等方法，扩大国际市场，增强本国商品在世界市场上的竞争能力，从而推动了资本主义社会经济的不断增长。

第三，在分配方面的作用。第二次世界大战后，包括社会保险、社会救济、社会补贴等以财富转移为标志的社会开支项目的社会保障制度在西方发达资本主义国家的确定和普及，是资本主义经济发展史上的一个里程碑。现

代发达资本主义国家内的社会分配虽然从本质上说是为了维护资本主义私有制的长治久安而实施的，不可能根除资本主义社会贫富不均和两极分化现象，但是它在事实上起到了改进劳动者的生活环境、提高劳动者素质的作用。因此，社会再分配政策的实施显而易见地有益于工人阶级。

第四，在世界经济方面的作用。国家垄断资本主义在世界经济中在一定程度上起到了推动世界经济发展的积极作用。主要表现在：推动了世界贸易的增长；加快了国际间的技术交流；向外投资有利于解决发展中国家经济建设资金不足的问题，加快本地区经济的发展；发达资本主义的国外投资，为发展中国家的劳动就业提供了一定的机会。此外，世界贸易的迅速发展，对各国交通、通信、旅游等部门的发展也起到了一定的促进作用。

（二）国家垄断资本主义对经济的阻碍作用

国家垄断资本主义在对社会经济产生一定积极作用的同时，不可能克服资本主义制度内在的矛盾和历史局限性，也对经济发展产生了巨大的阻碍作用。这主要表现在以下几个方面：第一，在生产方面，国家调节不可能克服社会生产的无政府状态，不能消除部门间的比例破坏和经济结构失调。这首先是因为国家干预不可能抑制资本主义企业盲目扩大生产、追求巨额利润的内在冲动，不可能限制资本主义国家对雇佣劳动者的剥削。其次是因为国家所推行的经济政策和计划调节，对私人垄断资本没有太多、太强的约束力，而表现得软弱无力，国家借助于财政和货币政策等经济手段也不能从根本上解决问题。因为这些经济手段抵不过私人垄断资本的经济实力和市场经济自发的诱惑力和强制力。第二，在分配方面，国家垄断资本主义所推行的福利政策，无法从根本上改变资本主义社会中生产资料的占有关系及贫富悬殊的状况。第三，在世界经济方面，发达资本主义国家通过资本输出，力图从政治上、经济上控制和剥削发展中国家；在国际贸易中，发达国家利用自己的垄断地位，操纵世界市场价格，剥削发展中国家；为了转嫁经济危机和通货膨胀，实行贸易保护主义，造成发展中国家经济发展缓慢；将污染严重、能源消耗大、需要改造的产业转移到发展中国家，所造成的必然结果是，污染了发展中国家的环境，破坏了生态平衡，妨碍了这些国家的经济发展，也损害了这些国家和人民的利益。

📖 本章小结
. . . . . .

由于资本主义基本矛盾的推动，在生产社会化和资本社会化的基础上，资本主义的发展经历了自由竞争资本主义、私人垄断资本主义、国家垄断资本主义三个发展阶段。资本主义生产关系在其自身范围内发生了局部调整。在私人垄断资本主义阶段，垄断统治是垄断资本主义的最根本的经济特征。国家垄断资本主义是私人垄断资本同资产阶级国家相互结合的一种垄断资本主义，其形成和发展，是资本主义生产关系适应生产社会化发展的客观要求进行的自我调整，不管采取什么形式，其实质都是维护垄断资本的统治和垄断集团的高额利润。国家垄断资本主义并没有改变资本主义生产关系的实质。

❓ 思考题

1. 私人垄断资本主义是如何形成的？

2. 简述私人垄断资本主义的基本经济特征。

3. 国家垄断资本主义的作用和局限性有哪些？

4. 国家垄断资本主义有哪些主要形式？通过这些形式如何说明国家垄断资本主义的实质？

第十章 经济全球化和资本主义的历史地位

自20世纪80年代开始，世界经济全球化浪潮，已使世界各国的发展紧紧地联系在一起。经济全球化，是资本主义生产方式的全球化扩张，本章将就经济全球化的形成原因、具体表现及其影响，以及经济全球化的发展趋势和国际协调进行探讨。资本主义毕竟是人类历史长河中一种过渡的生产方式，其本身包含着一系列无法解决的现实矛盾，而正是这些矛盾将最终决定资本主义发展的历史命运。

第一节 经济全球化的形成、表现及实质

根据国际货币基金组织（IMF）的定义，经济全球化是"跨国商品及服务贸易与国际资本流动规模和形式的增加，以及技术的广泛迅速传播使世界各国经济的相互依赖性增强"。经济的全球化是与资本主义生产方式在全球的扩展相伴随的。自从资本主义来到这个世界，经济全球化的过程就开始了。但真正意义上的经济全球化第一次高潮，是"二战"后布雷顿森林体系建立以来的20多年的资本主义的黄金时期开始之时。从20世纪50年代到70年代，各个国家都逐渐降低关税和贸易壁垒，减少各种限额，使世界经济中逐渐出现了一个经济一体化程度更高的资本主义全球经济。经济全球化的第二次高潮是从20世纪80年代开始的，在90年代逐渐加速发展。

一、经济全球化的形成

经济全球化是指在生产国际化和国际分工纵深发展的基础上，随着生产要素和各类商品与服务在全球范围内的配置，世界各国、各地区经济相互依存、相互制约所形成的你中有我、我中有你的交织、融合状态。经济全球化意味着世界经济日益成为一个紧密联系的有机整体。这可以从三个方面来理解：一是世界各国的经济技术联系日益紧密、相互依赖程度不断提高；二是在国际经济联系加强的基础上，各国国内经济运行规则不断趋于一致；三是随着各国、各地区经济的相互融合，国际经济协调不断强化，各类国际经济组织对世界经济的协调和约束作用越来越强。

经济全球化作为当代世界经济发展的重要特征和客观趋势，萌芽于世界市场的形成和资本主义生产方式在全球的扩张，是在生产与资本国际化的基础上产生和发展起来的。20世纪80年代以后，尤其是进入90年代以来，经济全球化的趋势日趋明显，且呈加快发展的态势。一般认为，国际分工和经

济国际化是经济全球化的基础，社会生产力的发展是其根本动力。具体而言，它产生和发展的原因主要是：

第一，第三次科技革命的纵深发展和由此引起的社会生产力的巨大进步，为经济全球化提供了坚实的物质基础和强大的推动力，这是经济全球化形成和发展的根本原因。第二次世界大战以后，第三次科技革命浪潮席卷全球，特别是在20世纪80年代以后，以计算机、通信技术和网络化为主要标志的信息产业加速发展，在社会经济生活中得到了广泛应用。这不仅为发达国家高度现代化的大规模生产增添了动力，加速了国际分工和专业化协作的深度和广度，还便利了商品资本、生产资本、金融资本及其他生产要素的国际流动，从而使社会再生产各环节的国际联系和密切程度大大加强，世界经济日益融合为全球范围的网络化结构。

第二，世界各国经济体制的趋同发展，国际间贸易、资本流动管制的放松和国际经济组织作用的增强，是经济全球化趋势的体制、政策和制度基础。全球化体制和政策基础的形成有四个方面的原因：一是传统计划经济国家的体制转轨。20世纪80年代末90年代初，传统计划经济国家纷纷走上向市场经济体制靠拢的体制转轨、经济转型道路，随着这一进程的逐步深入，生产要素跨国流动和国际经济活动的体制障碍得到了消除。二是发达国家放松经济管制的自由化政策。自20世纪70年代以来，发达国家为消除"滞胀"现象，摆脱经济衰退，扩大世界市场，也采取了放松经济管制、促进贸易、资本国际流动的自由化政策。这不仅为发展中国家和发达国家之间以垂直分工为主要特征的经济交往的加强提供了更有力的政策条件，而且也进一步促进了发达国家之间以水平分工为主要特征的经济技术交流。三是发展中国家为促进经济发展采取的对外开放政策。20世纪六七十年代，一些后起国家为了尽快摆脱经济文化的落后面貌，相继采取了对外开放的经济政策。到20世纪80年代以后，不仅越来越多的国家和地区仿效实施了这一政策，也加入对外开放的行列中，而且发展中国家和地区经济实力的增强和对外开放的日渐深入，进一步加强了国际间要素流动的规模和步伐，强化了这些国家和地区的国际经济联系。四是国际经济组织作用的增强和国家经济协调机制的逐步完善。第二次世界大战以来，各类国际经济组织在世界经济发展中的作用逐步得到了增强，国际经济协调机制也不断发展和完善。这些方面的积极进展为解决国际贸易摩擦和争端、促进国际资本的有序流动、制定调节国际经济活动的统一规则、促进不同国家和地区在经济文化交流中实现共赢、解决人类面临的一些共同问题，提供了条件。

第三，跨国公司的发展是经济全球化的主要载体。跨国公司是指通过对外直接投资，在国外设立子公司和分支机构，在世界范围内从事生产、销售和金融等各种经营活动，以获取高额垄断利润为目的的大型垄断企业。第二次世界大战以后，随着生产资本的国际化，跨国公司蓬勃发展，并取代国际卡特尔的地位，成为国际垄断的主要组织形式和实现形式。到2001年，世界各国的跨国公司已有6.3万家，其国外子公司达70万家。这类经济组织不仅控制着发达国家国民生产总值和全球 GDP 的大量份额，而且在世界贸易、对外投资、国际资本运营、技术研发和国际间的技术合作与转让等活动中，处于支配地位。它们在世界市场的经济活动，带动了经济资源的全球配置，促进了生产、流通、金融和消费的全球化。

二、经济全球化的表现

经济全球化作为世界各国经济的一体化过程，其表现是多方面的，主要如下。

（一）生产的全球化

人类的生产活动是以分工和协作的方式进行的，市场则起着分工媒介的作用。分工深化的程度反映着生产社会化的程度。传统的国际分工是一种垂直型分工，即国家之间的劳动分工按照不同的产业进行，其主要特征是西方发达国家主要从事工业制成品生产，而发展中国家主要从事农产品生产和采掘业活动，然后进行交换。垂直型国际分工经历了两个阶段，第一阶段是落后的农业国从事农业生产及初级产品的生产，先进的工业国从事工业制成品生产，由此形成国际分工合作体系。特点是两种不同类型的国家的生产分别属于两个不同产业。第二阶段是发展中国家从事劳动密集型产品的生产，发达国家从事资本密集型和技术密集型产品的生产，从而在同一产业的不同部门间形成垂直型国际分工。垂直型国际分工虽然使世界各国经济联系在一起，彼此相互依赖、相互依存，但是，在这种依赖关系下，发展中国家与发达国家之间的利益是不对称的。也就是说，由于作为分工基础的产业本身在产业发展顺序中的重要程度不同，使得不同国家在分工链条中的重要性和地位存在很大差异，发达国家基于加工制造业和技术及资本密集型产业往往对基于农业和采掘业及劳动密集型产业的发展中国家形成优势并构成控制。再者，垂直型是以生产要素相对凝固为前提，流动的只是商品，因而无法实现各国经济的融合，经济一体化程度处于较低层次，不可能构成经济全球化的基础。

水平型国际分工则是高层次的生产专业化形式，其主要特点是分工在同一产业的同一部门之内，按照产品生产的不同工艺环节，或按照产品零部件，或按照产品型号进行。这种分工以资本、技术、劳动、管理技术等生产要素的跨国流动为前提，以跨国界组织生产为核心，以全球化生产体系的形成和建立为标志，它使世界各国的生产活动不再孤立地进行，而是成为全球生产体系的有机组成部分。例如，美国波音"747"喷气式飞机，共有 450 万个零部件，它们由分布在 8 个国家的 1 100 个大型企业和 15 000 个中小企业协作生产，最后由美国组装而成。水平型国际分工的形成为生产全球化奠定了基础，它为每个国家平等地参与国际分工和国际竞争提供了机会和条件，为经济落后国家追赶发达国家提供了机遇。国际水平分工使各国成为生产的一部分，成为商品价值链中的一个环节，整个地球俨然一个大工厂，这有利于世界各国充分发挥优势，节约社会劳动，使生产要素达到合理配置，提高经济效益，促进世界经济的发展。

（二）贸易的全球化

贸易全球化以世界市场的发育和完善及贸易自由化为前提条件，是商品和服务在全球范围内的自由流通。第二次世界大战以后，全球贸易的发展受益于第三次科技革命浪潮、以关税及贸易总协定（后为世界贸易组织）为代表的各类国际组织的发展、贸易自由化政策、国际金融体系改革和部分发展中国家的经济高速增长。在这些因素的作用下，全球贸易在这一时期呈现高速增长的势头，流通领域国际交换的规模和程度得到增大和加深，各国的贸易依存度大大提高。国际贸易迅速扩大的标志是国际贸易增长率大大高于世界经济增长率。1990—1995 年，世界贸易出口量年均增长率为 6%，同期世界国内生产总值年均增长率为 1%，1997 年含商品和服务的贸易额达到 6.7 万亿美元，增长率为 7%，为同年世界生产增长率 3% 的 2 倍多。

（三）金融的全球化

基于生产和贸易全球化，金融全球化的进程也在大大加快。首先，国际债券市场融资规模迅速扩大。1973 年，包括银行贷款、票据融资和债券发行在内的国际融资额为 622 亿美元，1979 年则为 1 450 亿美元，增长了 2.33 倍，年平均增长率为 15%。进入 20 世纪八九十年代，这一势头仍然持续。1990 年与 1996 年，上述 3 项融资的规模分别达到 4 276 亿美元与 15 139 亿美元水平，年均增长率为 23.5%。其次，国际股票市场和基金市场迅速发展。国际股票市场是一个新兴的国际性市场，近十年来该市场呈现快速成长之势：1990 年国际股票的发行为 72 亿美元，到 1996 年已达到 577 亿美元，年均增长率为 41.5%。与国际股票市场的发展相联系，基金市场迅速成长，共同基金、保险公司、养老基金等机构投资者成为国际金融市场的主力。再次，金融市场高度一体化。随着各国金融市场的不断开放，全球各类金融市场正在向连成一片的方向发展。目前美国、欧洲与亚洲三大区域的外汇市场已连为一体，其运作方式、交易品种与手段基本保持一致，投资者可以在一天 24 小时内的任何时间进行操作。

推动金融全球化的主要原因可以归纳为三个方面：首先，实体经济的发展是金融全球化的基础，这包括国际贸易、对外直接投资、科技进步和跨国公司的全球扩张等。之所以这些方面的发展会对金融全球化起到基础性作用，原因是金融活动虽然具有相对独立性，但从根本上讲，它是迎合实体经济的发展需要而产生，并且是为实体经济的发展来服务的；同时，实体经济的发展水平也为金融业的发展提供了物质支持。因此，没有实体经济的全球扩张和全球经济关系的深化，就不可能有金融国际化乃至全球化；其次，发达国家的金融创新是金融全球化的重要推动力。金融创新是为了防范和化解金融风险、满足人们对金融产品的多方面需求、规避金融监管的需要而发展起来的。20 世纪 60 年代以来，发达国家金融创新飞速发展，到 80 年代末达到了鼎盛时期，由此产生的各类金融新产品，不断丰富着世界金融市场的交易对象；第三，20 世纪 80 年代以后的金融自由化为金融全球化提供了政策环境支持。

现阶段，金融全球化主要表现在五个方面：一是资本流动全球化，各国经济增长对国际资本市场的依赖性增强；二是在贸易、投资全球化发展的基础上，货币体系全球化，国际外汇市场对各国经济的影响日益加重；三是全球性金融市场蓬勃发展，形成了主要由国际信贷市场、国际债券市场、国际股票市场、国际外汇市场和国际衍生金融工具市场构成的国际金融市场体系，且市场规模不断扩大；四是各类国际性金融机构的全球影响力增强，对世界经济的发展具有举足轻重的作用；五是为了防范和化解国际金融风险，金融协调和监管全球化。

（四）企业经营全球化

企业经营全球化的重要标志是跨国公司成为世界经济的主体。据统计，目前在全球范围内，跨国公司母公司已达到 4 万家，附属机构已有 27 万家，它们分布在 160 多个国家和地区。近几年，跨国公司从事和控制着世界生产总值的 30%，世界贸易的 60%，技术转移及民用技术的研究与开发的 80%，以及 90% 以上的海外直接投资。跨国公司的迅速发展，使生产、资本和商品的国际化进一步深化，极大地推动了经济全球化进程。

三、经济全球化的实质

经济全球化不仅改变着各国经济活动的方式和范围，也在改变着各国控制自己经济活动的手段和方法。经济的全球化具有二重性：一方面是生产社会化的进一步发展，另一方面是资本主义生产关系的进一步扩张。

从生产力发展、资源配置的角度看，经济的全球化是生产社会化发展的更高阶段，表现为国际分工的不断深化、各国之间经济上相互依赖的不断加深。经济的全球化对生产社会化的推动具体表现在以下方面：首先，全球市场加速形成，商品、服务、资本、劳动力等生产要素市场早已超出国家和地区的界限，在全球范围内迅猛扩大，其发展速度与规模史无前例。第二，跨国公司高度发展，全世界 4 万多家跨国公司已控制世界生产的 30% 和世界贸易的 60%，跨国公司的国际生产和经营正在实现全球范围内的资源配置和生产要素组合。第三，科技进步，尤其是以电子计算机和互联网等为主的信息技术使生产力发展出现新的飞跃，国际分工进一步深化，世界范围的生产和流通已被联结成一个不可分割的整体。第四，世界各国和地区之间的经济相互依赖关系空前强化，几乎所有国家都不同程度地卷入国际性或区域性经济合作组织之中。经济全球化的这种发展推动了整个人类社会生产力的发展，促进了资源在全世界范围内的有效配置。

从生产关系的发展角度看，经济全球化的实质是资本主义生产方式在世界范围内的扩张，是资本主义扩张为全球性制度的一种进程。经济全球化的实质是资本主义关系的全球化。这主要体现在三个方面：

第一，经济全球化是资本主义世界经济发展的一个新阶段。世界经济的发展，如果从 18 世纪中期发生在英国的产业革命算起，至今已有两个半世纪。在这个过程中，它经历了若干阶段。第一次世界大战后，它逐步向经济全球化阶段过渡，到 20 世纪 80 年代中期，进入了经济全球化阶段。在俄国十月社会主义革命胜利以前，世界经济的整体完全处于资本主义的统治之下，当时的世界经济是统一的资本主义的世界经济。在这之后，世界上有两种不同制度的国家并存。但世界经济从总体上看，仍然是资本主义占主导地位。经济全球化也是在资本主义主导下发生和发展的。世界经济在 80 年代中期以后，进入了全球化的新阶段，也正是从这时起，世界经济的发展出现了一些重大趋向性变化，而这些变化，基本上源于发达资本主义国家。一是世界经济的信息化。自 80 年代中期以后，计算机和互联网络等信息技术迅速把全球的经济活动紧密联系在一起。二是世界经济的市场化。随着高科技的迅速发展，国际分工日益深化，除水平分工日益发展外，部门内分工有了更快的发展，世界市场迅速扩大。三是世界经济的自由化。"二战"以后，资本主义国家，首先是英国，为了对外扩张，大力鼓吹和推行经济自由化政策，要求世界各国减少和取消贸易壁垒，放松和放弃金融管制，实行商品和资本的自由流动。80 年代中期以后，这种自由化趋势更为明显。世界经济的信息化、市场化和自由化等趋势的出现和加强，是世界经济进入全球化新阶段的重要标志，而这一切都是在当代资本主义的主导下发生的。

第二，经济全球化的矛盾是资本主义基本矛盾的反映。在经济全球化的条件下，世界各国经济的联系空前密切，它们之间的相互依赖关系大大加强，各国经济日益融合成一个全球经济的整体，任何国家都离不开世界，世界也离不开各个国家，一个国家和地区经济的某种变动，都难免波及他国，甚至影响全世界。20 世纪 90 年代的东亚金融危机，2008 年的美国金融风暴蔓延引起的世界性金融危机，自然要求各国之间加强协调和合作，以使用联合的力量克服面临的共同困难、解决各种共同关心的问题。但是，在资本主义占主导地位的世界经济中，又充满了矛盾和斗争。这是资本的本性所决定的，资本的本性是尽快地增值，获取尽可能多的利润。在这种强烈欲望的驱使下，在激烈竞争的压力下，资本的对外扩张大大加强。经济全球化，为资本的全球扩张创造了前所未有的良机，而这又使资本主义的各种矛盾扩大到全球。资本主义的基本矛盾是生产的社会化同生产资料资本主义私人占有之间的矛盾，这个基本矛盾在全球化经济中又表现为一系列具体的矛盾，如各国国民经济的有计划和可调控与全球经济的无计划和少调节之间的矛盾；跨国公司的严密组织和科学管理与世界市场的自由扩张和混乱之间的矛盾；世界生产能力的无限扩大趋势与世界市场容量有限之间的矛盾；不同国家之间的矛盾；各跨国垄断集团之间的矛盾等。这些矛盾的尖锐化，导致世界经济总供给和总需求之间，以及世界经济各部门、各领域之间的失调和种种结构性失衡，进而导致世界经济的起伏不定、动荡和危机，严重地制约和破坏全球生产力的发展，影响有关国家和地区乃至全球经济的持续、稳定、健康发展。

第三，经济全球化使贫富差别全球化。经济全球化要求各国间加强经济协调和合作，从而缓解经济发展中的重重困难，完成一国力量所难以承担的重大发展项目；经济全球化也意味着有可能实现资源在全球范围内合理、有效的配置，有利于各国经济实现优势互补，实现全球范围的专业化协作，有利于各国发挥规模经济和范围经济的优势。但是，若就经济全球化可能带来的利益而言，不同国家所能获得的利益却大不相同。发达资本主义国家经济实力强大，在世界经济中处于主导地位，有可能获得最大利益。例如，美国是当代最强的经济大国，它在世界经济中占有最大份额，特别是在一系列高科技产品的研发、生产和销售方面，占有一定的垄断地位；它是最大的货物出口国和最大的对外直接投资提供国。美国凭借自己的优势地位，采取各种手段，操纵国际经济组织，干预国际经济事务，把自己的意志强加于他国，实行经济殖民主义，以最大限度地实现自己的利益。与发达国家相比，广大发展中国家尽管实力逊色许多，但在经济全球化大潮面前，也同样有可能抓住机遇，迎接挑战，加快发展。但是，总体上看，发展中国家由于经济力量较弱，在世界经济中处于不利地位。世界经济发展的不平衡和世界规模的贫富两极分化，不过是资本主义规律在世界范围内的再现。就其实质，是少数发达资本主义国家及其垄断集团利用全球化的有利条件，在世界范围加强扩张的结果。经济的全球化是资本主义生产方式的必然产物。

四、经济全球化的影响

经济全球化作为一种客观历史进程，对当代世界经济产生了广泛而深远的影响。概括地来看，这种影响具有两面性，是一把"双刃剑"。

（一）经济全球化的积极影响

第一，经济全球化促使资源在全球范围内优化配置，推动了社会生产力的发展。经济全球化是在贸易、金融自由化和对资本的放松管制基础上发展起来的，反过来，它又会加强和推动贸易、金融、技术、劳动力等市场的自由化程度，削弱各国的经济壁垒，提升、加快生产要素国际流动的规模和速度，使各国可以充分利用国内、国际两种资源、两个市场，促进资源更为有效、合理的配置，发挥自身的比较优势，实现不同经济体系的优势互补，从而加快本国进而世界生产力发展。

第二，经济全球化有助于推动新技术的传播和利用，加快世界各国产业结构的调整和升级的速度，从而促进世界经济的发展。经济全球化促成了全球性生产网络体系的形成，要求各国经济都要面向世界市场，根据世界市场的需求结构、分工格局、竞争态势和本国经济的竞争优势，因势利导，合理安排、调整和升级自身的产业结构。这对各国经济发展既提供了压力，也提供了动力和新的机遇。在参与国际竞争的过程中，各国只有不断开发新技术、研发新产品、利用新技术、降低生产经营成本、提高要素利用效率、合理安排本国产业结构，才能获得更大的竞争优势，取得更好的经济效益，从而才能提高经济发展的速度和质量。

第三，经济全球化有助于加强国际经济合作，在一定程度上缓解国际矛盾，平衡利益关系。经济全球化既使国际竞争更加激烈，各类经济贸易摩擦不断增多，也使各国经济发展的依存度大大提高，国际经济合作的广度和力度得到加强。国际间新技术的研发、投入和生产合作，各国政府与国际组织在处理环境保护、宏观经济管理中的合作等，促进了新技术的迅猛发展和快速利用，对防范和化解世界性经济危机、解决经济发展面临的共同难题具有重要的促进作用。同时，全球化也促成了国际社会对发展中国家贫困与发展问题的共同关注，激励各类国际经济组织和世界各国积极采取措施，帮助、支持发展中国家发展。另外，全球化引起的国际经济关系多元化、复杂化和国际经济协调机制的不断完善，加速了世界经济、政治多极化的发展趋势，避免了单极世界或两极世界给世界带来的不稳定因素。最后，经济领域合作的加强，也在一定程度上减缓了各国政治、军事和文化等领域的矛盾，降低了这些领域矛盾激发的可能性和危害。

（二）经济全球化的消极影响

当代世界的经济全球化，是与资本主义生产方式的全球扩展相伴生的，究其实质而言，是资本主义生产方式主导下的全球化，它导致了资本主义经济关系在全球范围内的统治地位。全球化的这种属性决定了它必然会引起资本主义的内在矛盾在全球范围内扩散和深化，并在垄断资本追求全球利润的过程中加剧世界经济发展的不平衡性。

第一，经济全球化会加速经济危机和通货膨胀等宏观经济问题在全球范围的蔓延、传导和扩散，加剧世界经济发展的不稳定性。经济全球化将各国的国内市场和国际市场连为一体，使市场机制的作用扩展到世界市场，也使各国、各地区经济的联动性得到增强。这意味着对全球经济具有较大影响力的国家和地区的经济波动，会借助于市场机制的作用和各国经济的联动性，更快速地传导、扩散到全世界，从而使通货膨胀、经济危机等发达资本主义国家的国内矛盾很容易演化为世界性的共同问题。例如，2007 年开始的美国"次贷"危机，不仅在美国国内进一步演化为金融危机、对美国的实体经济造成冲击，而且也对其他国家和地区乃至世界经济带来巨大影响。世界贸易组织的报告显示，这次危机使 2007 年的世界经济增长率下滑了三个百分点，2008 年进一步降为 4%，比 2007 年又下降了 1.5 个百分点。

第二，经济全球化对各国的宏观经济调控带来更大困难，对国际经济协调提出了更高要求。全球化背景下，各国宏观调控政策的效果，不仅取决于本国国内经济因素，而且取决于国际经济因素，包括：国际市场对本国经济政策的反映，影响国际市场价格、汇率等经济杠杆波动的其他因素的变化和其他国家的经济政策取向等。这无形中增加了各国经济政策效果的不确定性，给各国经济政策的制定、实施带来难度。因此，在这种环境下，各国经济政策的制定和实施，一方面，必须综合考虑国内、国际因素，在国内、国际两个市场的交织运行、相互影响中，权衡不同政策取向和政策工具的利弊，做到因地制宜、因势利导；另一方面，必须加强经济调控的国际协调与合作，通过共同行动应对世界性经济问题。

第三，经济全球化有利于发达国家对全球经济的统治，会加剧世界经济发展的不平衡性，对发展中国家的经济发展带来一系列挑战。经济全球化的多数规则都是由发达国家制定的，它们既可以利用对规则制定权的垄断来牟取私利，也可以在这些规则的推行过程中，利用自己在先进技术和市场方面的垄断地位，继续确保其市场优势和经济利益。而对于广大的发展中国家和地区而言，一是全球化背景下，旧的国际分工格局和国际经济旧秩序、旧规则，会抑制大多数发展中国家和地区的积累能力，制约新技术的全球扩散和应用，减缓发展中国家和地区经济增长和经济发展的步伐，并使他们与发达国家的差距不断拉大；二是市场机制在世界市场发挥资源配置功能，会使经济资源不断向发达国家流动，导致发达国家比发展中国家更能得到外部资源流入的支持，从而加大二者的差距；三是发展中国家抵御、防范、化解和摆脱经济危机的能力偏弱，会使全球化进程中的国际危机对这些国家国内经济造成更大冲击，进一步加剧世界经济发展的不平衡性；四是跨国公司的跨国经营行为使得发展中国家的经济主权弱化，甚至遭受侵蚀，这也会对发展中国家的经济安全构成影响，并制约发展中国家经济的自力更生、自主成长能力。

总之，经济全球化既是机遇，又是挑战。世界各国尤其是发展中国家和地区，必须既要看到它的积极作用，又要注意它所带来的消极影响，根据本国的实际情况，趋利避害，积极采取应对策略。

第二节　经济全球化的发展趋势和国际协调

一、经济全球化的发展趋势

（一）金融业在全球经济生活中的作用举足轻重

首先，证券市场对全球资源配置所起的支配作用将得到进一步加强；其次，金融业的全球化正在导致财富在全球的重新分配。今后，金融业对全球财富的再分配，将起越来越重要的作用，证券给投资人带来的收入，主要不是股息和红利，而是证券本身的升值。20 世纪 90 年代以来主要经济体国家股票指数不断攀升的财富效应，吸引了全球游资，使其经济维持了长期繁荣。最后，国际货币体系将走向多极化。20 世纪末，美元在国际储备资产中所占的比重为 60%，在国际支付手段中所占的比重为 50%，占据一种霸权地位。这种情况，首先随着欧盟和日本经济的复兴而发生变化。1998 年，国际债券市场以美元形式发行的债券占 48%，以欧元形式发行的债券占 22%；一年后的 1999 年发行的 13 490 亿美元的国际债券中，以美元形式发行的债券下降到42%，而以欧元形式发行的债券猛增到 45%，超过了美元，其余 13% 的债券是以英镑、瑞士法郎和日元等货币发行的。2008 年金融危机的爆发，进一步动摇了美元的霸主地位，而中国、俄罗斯、印度和巴西等新兴经济体国家的影响力则迅速上升。

（二）国际贸易将有力地推动经济全球化和地区经济一体化

首先，近 50 年以来，世界贸易的年均增长速度比世界 GDP 平均增长速度高一倍以上，这一趋势在新世纪将继续延续下去。这一趋势的长期的量的积累，已使国际经济关系乃至国际政治关系发生了某种质的变化。其次，贸易和投资相互促进，共同推动国际分工和各国产业结构的调整、升级。这一趋势，将随着金融全球化而不断得到新的推动。美国与中国合作在中国组装飞机，德、法、日、美与中国合作在中国生产汽车，并不是因为这些发达国家缺少工人，而是其要利用中国的廉价劳动力和开拓中国的市场。中国以这种合作，加快了自己的现代化进程及产业结构调整和升级。这种互利互惠合作在新世纪必然会得到进一步的发展。最后，国际贸易将推动地区经济一体化组织的发展。国际贸易的发展，必然推动贸易联系密切的国家在投资、金融货币领域加强合作，这就是20世纪下半叶各种地区经济一体化组织方兴未艾的原因。但是到目前为止，各种经济一体化组织除欧盟以外，大多限制在商品贸易的自由化合作。随着世界贸易组织全球贸易自由化合作的继续向前推进，新世纪各大洲的地区经济一体化合作将再上一个台阶，向各种类型的区域共同市场的方向发展，即实现各地区的商品、资本、人员和劳务自由流通。

（三）跨国公司将持续推动企业的跨国兼并浪潮

企业的跨国兼并是优化资源配置、产业结构调整的需要，是规模经济的需要。生产在全球组织，竞争也在全球展开。经济全球化创造了企业跨国兼并的条件，始于1993年的全球企业兼并浪潮持续至今势头未减。随着发展中国家经济的发展，发展中国家之间和发达国家与发展中国家的企业兼并也会越来越多。20世纪80年代以前，兼并往往是为了击垮竞争对手，被兼并公司往往被分割出售。90年代以来，兼并更多是为了节约经营开发费用，得到新思想、新产品、新技术，实现更好的管理和经济规模，实现企业间的优势互补，以提高竞争实力和占有更大的市场份额。显然，这种兼并有利于资源的优化配置，有利于兼并双方的共同发展。

（四）国际互联网络将极大地改变人类的生产和生活方式

首先，国际互联网络的普及提供了加强各国经济联系的新纽带。信息的快速搜集、加工、储存和传递，使各国政府、公司企业和个人能快捷地获取信息。有利于各国政府和人民间的相互了解，有利于文化科学知识的传播，有利于政府和企业的科学决策，从而必然有利于各国间的经济合作。其次，国际互联网络将不断提高金融、贸易、企业全球经营的效率和质量。国际互联网的发展极大地促进了全球实体经济和服务业的发展，极大地改变了人类的生产和生活方式。

（五）知识成为在实际生产要素中的一个独立要素

首先，一个国家能在技术创新和制度创新方面走在世界的前列，这个国家就能在国际竞争中立于不败之地。历史表明，单靠不断增加资本、人力和原材料的投入，不能实现经济的可持续发展，也不可能在国际竞争中处于有利地位。只有善于技术创新和制度创新的国家，才能充分利用各种资源，实现经济的可持续发展，并在国际竞争中立于不败之地。其次，技术创新和制度创新需要受过良好教育的高素质的公民和让每一个公民的才能得以充分发挥的社会环境。显然，技术创新和制度创新需要知识，而全体国民知识水平的提高需要发展教育。所以，大力发展教育是一个民族振兴和强盛的必由之路。

（六）经济风险的全球化

经济全球化固然可以促进生产、资金、贸易和技术在全球的扩散和发展，然而经济全球化也使世界各国在经济上日益相互依赖、相互渗透。这就使一个国家和地区的经济震荡可以迅速波及全球。国际互联网络的发展，加快了这种经济风险的传播速度。这就要求世界各国加强国际合作，共同防范各种可能的风险，缩小其对全球经济的破坏程度。金融风险的防范，将是 21 世纪国际合作的一大主题。经济霸权主义和经济利己主义有可能使一部分经济落后的发展中国家在经济全球化进程中被"边缘化"。这是经济全球化在 21 世纪面临的另一个主要风险。防止这种风险的唯一正确途径是实现国际经济交往的民主化和国际经济结构的多极化。实现这一目标，需要国际经济合作的新准则，即平等互利、互谅互让。世界各国只有遵循这一国际经济合作的新准则，经济霸权主义和经济利己主义才会有所收敛，现存国际经济秩序中的不公正、不合理因素才会被逐步抛弃，更加公正、合理的新的国际经济秩序才能逐渐形成。当然，应该看到，经济霸权主义和经济利己主义是一种物质的力量，它们在历史上的淡化和消亡并不能指望依靠道德的说教，归根结底还要依靠经济结构的多极化——建立起若干新的经济力量中心来使经济霸权主义和经济利己主义失去存在的基础。新的国际经济准则——平等互利、互谅互让是一种民主的理念，它不否定任何国家的合理利益，不排斥任何国家，因此，随着全球经济结构多极化的逐渐形成，它最终是会被所有国家接受的。

（七）经济全球化的政治社会影响

首先，经济全球化在 21 世纪的不断深化，将不断加深各国经济的相互依赖、相互渗透，使各国间的共同利益不断增加，这样，必然有利于维护世界的和平，促进世界的发展。其次，经济全球化使各国领导人和政府的政策选择余地缩小，这必然有利于形成国际关系的民主与合作气氛。各国间的共同利益不断增加、各种国际条约和国际承诺的约束，使各国领袖和政府在进行政策选择时必须考虑方方面面的政治、经济后果，这种趋势的发展，将使各国领袖和政府在处理国际争端时，越来越采取妥协与合作的方式，即在争取本国利益的同时，也必须考虑和照顾他国的利益，在平等互利、互谅互让的基础上，通过民主协商，寻找共同利益的交汇点，开展广泛的合作。最后是经济全球化对民族文化的冲击。在 20 世纪 50 年代，大多数国家实行每周 48 小时工作制，到 20 世纪末，相当多的国家都实行了每周 40 小时工作制。现在，法国和一些欧洲国家正在考虑每周 35 小时工作制。可以预料，随着生产力的发展，世界的平均每周工时将进一步缩短，人们用于休闲和学习的时间将会增加，全球人口的平均教育水平会提高，各国人民的经济、文化交往会进一步增加，交通工具和信息传递的现代化将为各国人民的相互了解提供越来越便利的技术手段。然而，这也对各国的民族文化带来了冲击。从积极方面看，外来文化可以丰富本国的文化，带来更健康、更现代化的生活方式、伦理道德。从消极的方面看，外来文化中的颓废主义、黄色文化、利己主义甚至邪教也会在不长的时间内在一个国家里像瘟疫一样传播开来，破坏一个国家的民族凝聚力。

二、经济全球化的国际协调

经济全球化是各国经济活动从国内走向全球的过程，是生产活动在全球范围内实现社会化的过程，是市场经济走向全球的过程。自市场经济产生之日起，它就在不断地冲破自然村落、封建割据的束缚，推动着社会分工和生产力的发展，发挥其配置资源的作用。当这种市场继续发展至超越民族国家界限之时，其作用、性质和方向并不会发生根本性改变。市场经济运行机制的跨国界延伸，形成世界市场，使资源在全球范围内进行合理的配置。

然而，市场对资源的配置并不是万能的，在一国内部，市场缺陷和失灵呼吁国家的宏观调控，这就导致了市场与国家调控相结合的现代市场经济的产生。国家的介入使市场运行有了必要的制度和规则，使市场失灵和缺陷得以克服，当市场跨国界延伸为世界市场时，国际层面的市场同样也存在失灵和缺陷，客观上要求市场规则和弥补市场缺陷的调控手段跨国界延伸，即为全球性的经济提供全球性的规则和制度。在经济全球化背景下，各国已经认识到加强联合、共向抵御经济风险的必要性，各国都表现出制订共同遵守的旨在规范所有国家经济行为的规则的强烈愿望。但从总体上讲，经济全球化的国际调节能力还远滞后于经济全球化水平，具体表现在如下几个方面。

第一，全球经济的游戏规则仍然以发达国家的利益为核心，许多制度安排未将发展中国家考虑进去。发达国家内部的基本格局是美、日、欧三足鼎立，它们的经济发展水平、经济体制及意识形态等诸多方面较为接近，具备了进行对称协调的可能性；加之国际间的商品、资金、技术、劳务等要素的流动主要集中在发达国家，更增加了它们进行对等协调的必要性。这样，在世界范围内，国际规则的形成过程变成了发达国家集团与发展中国家的相互博弈的过程。发达国家通过七国首脑会议或欧盟这样的组织在其内部形成共同的规则，并凭借实力优势将它们共同的内部规则延伸为世界通行的规则，主导着国际制度。

第二，国际组织在促进各国经济联系加强的同时，并没有找到一条适应经济全球化发展的模式。因此，传统国际经济组织在经济全球化背景下的作用在不断下降，要求它们进行改革的呼声越来越高。IMF 和世界银行面对日益全球化的资本，调控已显力不从心。2008 年金融危机发生后，G20 替代了G7，IMF 和世界银行也开始逐渐适当地让"金砖四国"增加份额，承担国际责任。这从另一方面也可以看出传统国际经济组织在经济全球化背景下的作用在不断下降，新兴国家在国际经济上的作用越来越有影响力。

第三，全球经济一体化规则最终影响经济全球化的利益分配。这种分配规则是否合理、公平，要考虑到资源的初始配置状况。然而作为这一规则的主要倡导者，发达国家很少考虑到因历史原因造成的资源配置初始状况的不平等，特别是发达国家与发展中国家之间的这种初始不平等。在经济全球化条件下，国际经济协调与合作的加强，是客观形势使然，是大势所趋。当然，资本本性决定了在资本主义占主导地位的世界经济中，矛盾和斗争是不会停息的。

第三节　资本主义生产方式的历史地位

一、资本主义生产方式的历史进步性

马克思曾经指出："随着资本主义生产的扩展，科学因素第一次被有意识地和广泛地加以发展、应用并体现在生活中，其规模是以往的时代根本想象不到的。"[①] 在人类社会发展过程中，资本主义第一次自觉地发展和应用科学技术，从而在促进生产力发展上所发挥的作用，是前资本主义的各种生产方式所无法比拟的。

从产业革命开始到现在，资本主义曾出现过三次科技革命，同时资本主义社会生产力也出现了三次飞跃。18 世纪中期开始的以蒸汽机和纺织机的发明和使用为标志的第一次科技革命，使资本主义生产由工场手工业转变为机器大工业，社会化大生产极大地提高了劳动生产率。因此，1820—1870 年的半个世纪里，资本主义世界工业生产增长了 9 倍。这个时期资本主义创造的生产力比过去一切时代所创造的全部生产力还要多，还要大，实现了资本主义生产力发展史上的第一次飞跃。19 世纪中期开始了以电力和电动机发明和使用为标志的第二次科技革命，这次科技革命促进了重化工业和交通运输业的迅猛发展，以此为基础，实现了资本主义生产力发展的第二次飞跃。1893—1913 年的 20 年中，资本主义世界工业增长了近 1.5 倍。"二战"后开始的第三次科技革命，以核能和电子计算机的发明和使用为标志，这次科技革命使整个机器结构和体系发生了质变，促使了科学、技术和生产的紧密结合，推动了生产的自动化和高新技术产业的发展，并且极大地改造、丰富和优化了生产力的基本要素，将资本主义生产力的发展推向第三次飞跃，这就使 1950—1969 年的 20 年间，主要资本主义国家工业生产增长了 3 倍以上。可以说，这三次科技革命既体现了社会生产力自我发展的规律，也体现了资本主义生产方式对社会生产力提高的巨大作用。

如果说前资本主义社会的突出特征是发展缓慢，而资本主义社会的突出特征则是发展迅速。仅从生产关系方面来考察，资本主义的迅速发展源自于其自身的进步性。其一，是资本主义生产关系具有一定的自我调节能力，并能够在自身范围内随着生产和资本社会化程度的提高而不断进行自我调整。具体地看，在三次科技革命的过程中，资本主义生产关系就实现了三次大的自我调整。第一次科技革命的结果是在产业革命的基础上实现了资本主义生

---

① 马克思恩格斯全集：第 47 卷．北京：人民出版社，1979：572．

产方式的最终确立。第二次科技革命的结果是资本主义生产关系的大调整，即由单个资本到股份资本的发展，并在此基础上形成了垄断资本主义。第三次科技革命的结果是一般垄断资本主义向国家垄断资本主义的发展。后两次大调整从根本上说，是与生产社会化相适应的资本社会化，同时，资本社会化反过来又推动了社会生产力的发展。"二战"后，为了适应生产和资本国际化的发展要求，资本主义生产关系的调整从国内延伸到国际范围内。战后发达国家之间国家垄断资本主义的国际经济联合的产生和发展，就是资本主义生产关系在国际范围内所作调整的必然产物。其二，是资本主义市场经济提高了资源配置的效率。资源的有限性是绝对的，因此能否有效或合理地配置社会资源就成为任何社会影响生产力发展的一大重要因素。而如何配置资源则是由一定社会、一定时期的经济运行方式决定的。前资本主义社会的经济形式都是以一种封闭和分割的自然经济为主，其经济运行均由各个家庭和自然经济单位的直接自然需要来调节，通过"男耕女织"来满足自身的有限需要。由于生产劳动的非社会性，资源的配置也不具有社会性，这在客观上就决定了社会资源不可能得到合理、有效的配置，因此，生产力的缓慢发展便成了前资本主义社会发展的一大特征。然而，资本主义经济的运行机制是建立在发达商品经济基础上的市场机制。经济的商品化和市场的国际化促进了资源跨地区、跨国界的流动和配置，这不仅为合理配置资源提供了条件，而且使在市场机制作用下的部门内部、部门之间及国际间的竞争或合作成为资本主义商品经济运行和社会资源配置的基本手段。当商品经济运行与资本的运行结合在一起时，二者便形成了互动关系，即市场机制的效益转化为资本的经济效益；资本为提高其经济效益以获得利润最大化，必然推动市场运行机制的不断完善。从一定意义上说，资本主义社会生产力就是借助市场机制的作用而获得了充分的发展。

总而言之，资本主义生产的本质、资本主义生产关系的调整及资本主义经济运行机制都比以往的生产方式更能推动社会生产力的发展，这正是资本主义生产方式所特有的历史进步性。

二、资本主义生产方式的基本矛盾

尽管资本主义生产方式曾经创造了辉煌的历史，甚至至今仍然保持着一种增长或发展的态势，但是这并不意味着资本主义生产方式就是永恒的。因为资本主义生产方式本身包含着一系列无法解脱的现实矛盾，而正是这些矛盾将最终决定资本主义发展的历史命运。

资本主义基本矛盾是生产社会化与资本主义私人占有形式之间的矛盾，它是资本主义社会生产力和生产关系之间矛盾的具体体现。从资本主义发展的实践看，资本主义基本矛盾总是随着生产社会化程度的提高和资本主义制度向广度和深度发展而不断扩大和加深。原因是资本主义生产关系的自我调整或扬弃，都是在资本雇佣关系范围内进行的，无论是自由竞争向垄断资本的发展，还是私人垄断资本向国家垄断资本的发展，都只不过是资本占有形式的改变，而不是资本主义占有性质的改变，而且每一次的调整或扬弃又都在一定程度上提高了生产和资本的社会化程度。事实上，资本积累的过程同时就是资本主义基本矛盾深化的过程。因此，资本主义基本矛盾不可能通过资本主义的自我调整或扬弃而得以解决，而是在新的规模上以新的方式存在和展开。

随着资本积累进程的加快，它对资本主义发展所造成的限制也越来越突出，这些限制突出表现出资本主义生产方式的历史局限性。这主要表现在以下三方面：首先，生产扩大与价值增值之间的对立。资本本性决定了资本主义生产的目的和动机是追求剩余价值或利润最大化。但是资本主义扩大生产、提高劳动生产率这一达到资本增值的手段，同时也会受到资本增值的限制，甚至与资本增值发生冲突。这是因为资本家提高劳动生产率而采用新技术和新设备的前提是机器设备的价值必须比它所代替的全部劳动力价值便宜，否则就会限制或停止使用新机器；而且社会劳动生产率的提高还会带来商品社会价值的降低，造成固定资本的无形磨损，产生现有资本的贬值，进而促进社会平均资本有机构成的提高，导致资本利润率的下降。一旦生产的扩大有损于资本增值，生产的扩大就会停止，这正是资本主义生产方式的历史局限性的根本表现，所以，马克思一针见血地指出："资本主义生产的真正限制是资本自身"。① 其次，剩余价值的生产与剩余价值实现之间的对立。价值与剩余价值的生产和价值与剩余价值的实现是统一的，也是对立的。其对立性主要在于：就价值与剩余价值的生产来说，它们的条件是资本的生产资料和雇佣劳动相结合，从而受现有资本量、劳动量和剩余价值率的制约；而就价值与剩余价值的实现条件来说，却是社会生产各部门之间、生产与消费之间的协调，从而会受到不同生产部门的比例和现有社会消费力的限制。其中矛盾的主要方面是社会消费力既不取决于社会绝对的生产力也不取决于社会绝对的消费力，而是取决于广大劳动人民的实际收入水平决定的社会购买力。由于资本积累规律的存在，资本主义的社会消费力总是落后于社会生产力，这就决定了剩余价值的生产和剩余价值实现的矛盾。最后，生产扩大与流通停滞的对立。资本主义社会生产与消费之间的对抗性矛盾的存在，必然引起生产扩大与流通停滞及剩余价值生产与剩余价值实现之间的对抗性。"二战"后，在社会资本再生产运动中，需求不足与供给过剩的矛盾愈演愈烈，并严重阻碍商品价值和剩余价值的实现，致使很多的资本被长期束缚在商品形态上，造成严重的流通停滞。这一矛盾的日趋深化迫使资本主义国家努力开拓国内外市场。其结果是，一方面市场容量受到有支付能力的需求相对缩小的限制；另一方面市场范围越是扩大，就越和生产条件相脱离，生产者也越难控制。最终表现为由生产决定并为生产服务的流通和市场反过来独立于生产过程并且左右着生产过程。

总之，资本主义社会生产力发展终将摆脱不了资本主义基本矛盾的束缚。

---

① 马克思恩格斯全集：第 25 卷．北京：人民出版社，1974：278.

这正是资本主义生产方式历史局限性的表现。

三、资本主义生产方式的历史过渡性

列宁曾经明确指出："国家垄断资本主义是社会主义的最充分的物质准备，是社会主义的前夜。"① 这是因为资本主义生产力和生产关系的对抗性既是客观存在的，也是随着资本的自我扬弃和资本社会化程度的提高而不断加深的。这种对抗性不仅决定了资本关系必将进入自我否定的轨道，而且决定着资本关系的历史过渡性。资本关系的社会化从股份资本开始发展到垄断资本主义再发展到国家垄断资本主义，已经接近资本主义本身的最高限度，这就为向社会主义制度的过渡提供了各种条件。诸如垄断使社会化生产达到最全面的社会化，为资本主义向社会主义过渡准备了成熟的物质技术基础；垄断使生产管理日益社会化，为向社会主义过渡准备了社会组织管理形式；垄断使资本关系高度社会化，已经成为把资本变为社会财产的过渡点，为资本主义向社会主义公有制过渡提供了完备的社会经济条件。这就像恩格斯所说的："竞争已经为垄断所代替，并且已经令人鼓舞地为将来由整个社会即全民族来实行剥夺做好了准备。"② 可见，资本主义是历史范畴，它终将要被社会主义所取代，这是由资本主义基本矛盾和生产关系一定要适合生产力性质规律作用决定的，而且是不以人的意志为转移的客观趋势。

人类社会发展的历史证明，一种新的社会经济制度代替另一种过时的旧的社会经济制度，都经历了漫长的历史过程。资本主义也不例外，甚至是更漫长和复杂的过程。所以，列宁说："帝国主义就是完成了自己所能完成的一切而走向衰落的资本主义。这是一个特殊时代，……这个时代将延续多久，我们还不能说。"③ 这就是说，资本主义在全世界的消亡和社会主义在全世界的胜利是必然的，但不可能是一朝一夕就能实现的，相反它要经历一个相当漫长和复杂的历史进程。主要原因是：

首先，资本主义加强国家的调节作用。国家垄断资本主义形成以后，为了缓和供给膨胀与需求相对不足、社会生产与社会消费、剩余价值生产条件与实现条件之间的矛盾，发达资本主义国家高度重视宏观干预政策，积极制定和采取宏观经济干预措施，通过加强财政政策和货币政策、经济计划化的实施，力图对经济进行预测、规划、协调，以避免或克服仅靠市场机制带来的弊端，这在一定程度上适应了生产社会化的客观要求，有效地促进了生产力的发展。20世纪30年代的经济危机的爆发完全使"看不见的手"失去了神秘光环，因此加强国家对宏观经济的调节日益迫切。罗斯福"新政"的实施，标志着美国完成了由自由放任的市场经济向有调节的市场经济的转变。20世纪90年代以来以美国为首的西方国家颇为重视凯恩斯主义与供给学派兼

---

① 列宁全集：第32卷．北京：人民出版社，1959：218—219.

② 马克思恩格斯全集：第25卷．北京：人民出版社，1974：495.

③ 列宁全集：第36卷．北京：人民出版社，1959：294.

收并蓄的经济政策。1990 年美国经济陷入衰退以后，布什政府采取凯恩斯刺激需求与供应学派注重供给相结合的经济政策，既采取刺激需求的对策，同时又采取需求与供给相结合的税收政策，即利用减税刺激私人消费和鼓励私人投资。由于这一政策的实施，美国经济在 1992 年就暂时摆脱了衰退，走向复苏。在克林顿政府执政以来，在经济复苏的情况下，继续实行"既减税，又增税"的经济政策，即一方面对收入 500 万美元以下的私人公司实行长期税额减免，另一方面对大企业和富有阶层实行增税，有效地增强了国家调节经济的功能，使美国经济保持平稳的发展。此外日本、德国、瑞典等发达国家也纷纷加强经济计划化和财政货币政策的实施和干预作用，这在一定程度上保证了战后发达国家经济发展的稳定性。这正如马克思所说"无论哪一个社会形态，在它们所能容纳的生产力发挥出来以前，是决不会灭亡的。"[1]

其次，资本主义是一个庞大的世界体系。在这个体系中，由于各国政治经济发展存在着不平衡性，有些是已经走上垄断阶段的帝国主义国家；有些是正在向垄断阶段过渡的资本主义国家；还有些是正在走上资本主义发展道路的发展中国家。而即使是发达的资本主义国家，其生产关系还有可能随着生产社会化程度的提高而不断得到局部调整，并在较长时期内容纳社会生产力的进一步发展；另一方面现存的社会主义国家又都是通过突破资本主义的薄弱环节诞生起来的，这不仅增加了社会主义生产力发展的复杂性、艰巨性，而且这些社会主义国家的发展还不足以构成对资本主义体系的致命打击。因此，资本主义自身发展的不平衡性决定了资本主义的灭亡和社会主义的胜利不可能在所有资本主义国家同时发生，也不可能一蹴而就地完成整个过程，而只能在各个国家逐步进行，而且需要各国无产阶级进行长期艰苦的努力和斗争。

最后，公有制代替私有制是历史上前所未有的一场深刻的社会变革。历史上曾经发生的一切社会革命都不是直线前进的。无疑社会主义代替资本主义、公有制代替私有制的社会变革的过程一定更具有复杂性、艰巨性和长期性。因为社会主义公有制与资本主义私有制是性质互相对立的两种生产方式。社会主义公有制的产生和建立，意味着对资本主义私有制的根本否定，这决定了社会主义公有制的生产关系不可能从资本主义私有制母体内产生，资本主义生产关系的灭亡不是一个自行消亡的自然过程。此外，资本主义经济区域化和多极化发展趋势和国内福利政策的实施，一方面会加强资本主义生产关系的国际联合力量，另一方面会借以缓和阶级矛盾，这势必将延缓资本主义自身灭亡的进程。但是，无论社会主义公有制取代资本主义私有制的过程及公有制自身的发展和完善进程多么复杂、曲折和艰巨，资本主义灭亡的历史命运是不可能改变的。这就是说"世界上没有任何力量能够挽救资本主义崩溃，能够阻挡工人阶级战胜资产阶级。"[2]

---

① 马克思恩格斯选集：第 2 卷．北京：人民出版社，1972：83.
② 列宁全集：第 32 卷．北京：人民出版社，1959：488.

　　总之，在人类社会历史的发展长河中，资本主义生产关系有其自身的历史进步性，也有其内在的局限性。我们不能因为它的进步性而否定其必然灭亡的趋势，同样也不能因为其灭亡的趋势而否定它的进步性。

📖 本章小结

　　经济全球化是与资本主义生产方式在全球的扩展相伴生的，这是由资本的本性所决定的。20 世纪 90 年代开始的经济全球化迅猛发展的主要原因，包括科技进步、跨国公司发展和市场体制的普遍采用等三个方面。经济的全球化具有二重性：一方面是生产社会化的进一步发展，另一方面是资本主义生产关系的进一步扩张。经济全球化的实质是资本主义生产关系的全球化，经济全球化的矛盾是资本主义基本矛盾的反映。经济全球化的影响，不仅使各国经济关系彼此依赖加深，也使得世界社会政治生活彼此联系更加密切。因此，国际经济协调与合作的加强，是大势所趋。从人类历史发展的角度看，尽管资本主义生产方式创造了辉煌的历史，甚至至今仍然保持着一种增长或发展的态势，但是这并不意味着资本主义生产方式就是永恒的，资本主义生产方式本身包含着一系列无法解决的现实矛盾，而正是这些矛盾将最终决定资本主义发展的历史命运。

❓ 思考题

1. 解释概念：经济全球化。
2. 为什么说经济全球化的实质是资本主义关系的全球化？
3. 经济全球化具有哪些发展趋势？
4. 如何认识资本主义生产方式的历史地位？

下 篇

中国社会主义市场经济理论的探索与发展

下篇

中国社会主义市场经济
理论的探索与发展

第十一章 社会主义基本经济制度

对社会制度及社会制度演变规律的研究是马克思主义政治经济学的重点内容之一，也是马克思主义政治经济学的一大特色。本章揭示社会主义基本经济制度的内容，旨在说明社会主义经济制度建立的客观必然性，在此基础上讨论社会主义初级阶段的所有制结构及分配结构。

第一节 社会主义制度的建立

一、社会主义经济制度是人类社会发展的必然趋势

社会主义经济制度是一个崭新的制度，是人类历史发展至今为止最为进步的社会经济制度。它以生产资料公有制为基础，由社会主义本质所决定，为最终实现共同富裕提供经济基础。我国社会主义经济制度的建立既符合人类社会经济制度变迁的趋势，又是由中国的特殊国情所决定的。

按照马克思主义的观点，社会经济制度是一个与社会经济形态具有相同含义的概念，它们都被看作是与生产力发展的一定阶段相联系并由后者决定的生产关系的总和。

早在 19 世纪 40 年代中期，马克思和恩格斯在《德意志意识形态》手稿中就曾指出：人们所达到的生产力的总和决定着社会状况，产生出与此相适应的"交往形式"；而生产力和交往形式之间的矛盾运动，则成为一切历史冲突的根源。[①] 在人类历史上，自原始公社制度以后，先后经历了三个以生产资料私有制为基础的社会经济制度演变阶段，即奴隶制经济制度、封建制经济制度和资本主义经济制度。这种社会经济制度的更迭，都是社会基本矛盾运动的必然结果，是生产关系一定要适合生产力发展状况规律的反映。

在马克思主义经典作家的思想中，革命导师对社会主义经济制度的理解，是在对资本主义经济制度的考察、分析和批判的基础上形成的。在马克思看来，随着资本主义社会生产力的发展，该制度下的社会矛盾也日益尖锐化。其中，社会化大生产与生产资料的资本家私有制之间的矛盾，构成这一制度的基本矛盾。一方面，在竞争压力和对剩余价值无止境的追求驱使下，资产阶级社会促使了社会化生产力的发展，这借助于生产规模的扩大，生产专业化程度的提高，部门之间联系的增强，以及国内市场的拓展和世界市场的形

---

① 马克思恩格斯选集：第 1 卷. 北京：人民出版社，1972：72.

成表现了出来；另一方面，生产资料被少数资本家或资本家集团所占用，生产完全由资本家的意志所决定。于是，当资本的意志与社会需要，特别是劳动人民有支付能力的需求和整个社会有计划按比例发展的需要相矛盾时，经济危机就会爆发。经济危机是资产阶级经济一切矛盾的现实综合和强制平衡，它表明了资本主义经济制度的历史性，也为新的革命提供了可能。因此，马克思将"世界市场和危机"看作是资本主义经济关系的最具体的规定性，并认为从世界市场的角度来看，"危机就是普遍表示超越这个前提，并迫使采取新的历史形式。"①

当然，在资本主义制度下，统治者也试图通过一些变革来协调其发展中的各种矛盾。例如，采取一些宏观经济政策，实施生产资料国有化方案，实行经济一体化，加强国际经济协调，组织股份公司，变革职工薪酬制度等。但是，所有这些措施都是在资本主义生产方式所容纳的范围内来进行的，是对资本主义生产关系的局部协调和扬弃，它们没有也不可能改变生产资料的资本家私有制这一基础。正如恩格斯所指出的，"无论转化为股份公司，还是转化为国家财产，都没有消除生产力的资本属性。"这是因为，"现代国家，不管它的形式如何，本质上都是资本主义的机器，资本家的国家，理想的总资本家。"②

二、中国社会主义经济制度建立的必然性

社会主义经济制度，是对资本主义经济制度的扬弃，是人类历史发展的普遍规律。但是，对于生活在半殖民地半封建社会的旧中国而言，是否能够及怎样来建立这种经济制度，又具有特殊性。

新中国成立以前，我国社会的主要矛盾是帝国主义、封建主义和官僚资本主义同中国人民大众之间的矛盾。当时的国情使一些人认为，我国没有条件建立社会主义制度。实践证明，这种观点是错误的。

首先，当时我国生产力水平虽然低下，但并不意味着毫无建立社会主义的物质基础和阶级力量。近代中国工业虽然落后，但已经有了一定的发展。1949 年，我国近代工业拥有 200 多亿元资本，产业工人达到 400 多万人，加上运输工人和城市手工业者，则有 2 000 万～3 000 万人。由于深受封建主义、帝国主义和官僚资本主义的压迫，他们具有高度的觉悟性、组织纪律性。

其次，中国不具备走资本主义道路的国际国内条件。从国际上看，帝国主义列强为实现对殖民地和半殖民地国家的统治、剥削和掠夺，不会允许类似于中国这样的国家摆脱对他们的依附，走上独立的资产阶级民主共和国之路。从国内来看，在"三座大山"的统治下，中国的民族资产阶级具有两面性，一方面，他们既因为被压迫而具有反帝反封建的革命性，另一方面，他们又因为与各种统治势力有着千丝万缕的联系而具有对统治者的妥协性，这

① 马克思恩格斯全集：第 46 卷．北京：人民出版社，1972：178.
② 马克思恩格斯选集：第 3 卷．北京：人民出版社，1995：625.

决定了这部分力量不可能成为变革社会的主导力量。另外，历史也证明，依靠农民阶级的革命起义及资产阶级的改良运动，也不可能解决旧中国的主要矛盾。因此，中国革命的胜利、社会制度的更替和人民的富强，只能依靠广大的无产阶级和劳苦大众，在中国共产党的领导下，依靠阶级革命，走社会主义道路来实现。

再次，新中国成立以来的实践说明，我国社会主义道路的选择是正确的。科学社会主义理论是否真正具有科学性，中国社会主义经济制度是否真正具有历史必然性，这不仅需要对当时的历史条件进行科学的分析，而且需要由社会主义经济制度建立后的社会实践来检验。新中国成立以来特别是改革开放以来，我国各项事业的发展、综合实力的增强，以及人民生活水平的提高，都证明选择社会主义道路是正确的。

总之，无论是从旧中国当时的历史条件，还是从新中国社会主义的实践来看，中国必须走社会主义道路，这是历史的选择。只有社会主义才能救中国，也只有社会主义才能发展中国。

三、中国社会主义经济制度建立的途径

新中国成立前的半殖民地、半封建社会性质决定了中国建立社会主义经济制度不可能一步到位，必须分两步走：第一步，进行新民主主义革命，建立新民主主义社会和相应的经济体系；第二步，在对新民主主义经济进行改造的基础上建立社会主义经济制度。其中，新民主主义社会是一个过渡性质的社会，这一时期从无产阶级政权建立到社会主义公有制在整个国民经济中居于主体地位为止。在该阶段下，我国社会存在三种基本经济成分，即社会主义经济、资本主义经济和个体经济，所以，就经济领域而言，过渡时期的根本任务是，通过对非公有制经济成分的改造，使非社会主义公有制占主体的经济结构变革为社会主义公有制为主体的经济结构。

我国在过渡时期的私有制经济由两类不同特征的经济成分构成，一是主要是由官僚资本和民族资本构成的资本主义私有制经济；二是农业与手工业中以个体劳动为基础的小私有制经济。因此，对私有制经济的改造，需要有针对性地采取不同的方式。

对官僚资本主义经济采取的是没收的方法。在旧中国，官僚资本依附于帝国主义，并与封建主义相勾结，把持着旧中国的经济命脉。据统计，解放前夕，官僚资本主义经济掌握着全部工业资本的 2/3，占有着工矿和交通运输业工业固定资产的 80%，它们还控制了大银行、全国铁路、公路、航空运输和 44% 的轮船吨位，以及十几个垄断行业的贸易公司。这部分资本具有浓厚的买办性和封建性，是一种极端腐朽的生产关系，它残酷剥削劳动人民，排挤、打压甚至吞并中小资本，严重阻碍了中国生产力的发展。没收这部分资本，具有双重的革命意义：一方面，通过没收官僚资本主义经济，消灭其买办性和封建性，并取缔帝国主义在华的资本和各种特权，为国家的经济独立奠定了基础，具有民主革命的性质；另一方面，将其收归国有，将其转变为

社会主义全民所有制经济，使无产阶级政权掌握了国民经济命脉，为建立社会主义经济制度奠定了基础，从而具有社会主义革命的性质。

对民族资本主义经济采取的是和平赎买的办法。民族资本主义经济在民主革命和社会主义革命中具有双重作用：一方面，它们在增加社会产品、积累资金、培训企业管理人员、吸收就业等关乎国计民生的领域起到了积极作用；另一方面，在追求利润的过程中，他们又对工人阶级构成了剥削和压榨，在一定程度上也是产生无政府状态的一大诱因，这使其又具有消极作用。因此，对待这部分经济成分，既不能放任自流，又不能粗暴地加以对待，而是要通过国家资本主义形式，采取和平赎买的方式将其纳入社会主义经济制度的范畴内。我国对民族资本的和平赎买，不是国家出资作为赎金直接购买，而是采取在国家资本主义企业中，让资本家获得一部分利润的方式来实现，即：在全行业公私合营之前，将企业盈利的 1/4 左右分配给资本家；在全行业公私合营之后，按照资本家的核定资产，实行定息制度。对民族资本的这种利用、限制和改造政策，既有利于发挥该类经济对国计民生的积极作用，调动资本家的积极性，逐步把他们改造为自食其力的劳动者，为社会主义事业服务，又有助于克服其消极作用，将其转变为社会主义全民所有制经济。

对农业和手工业中的个体所有制经济是采取合作化方法实现的。这类经济的特点是规模狭小，经营分散，技术落后，劳动生产力低下，其所有者既是劳动者又是小私有者。因此，一方面，需要通过改造来提高其劳动生产率，促进生产的发展，更好地为国家经济建设和满足人民生活需要服务，另一方面，又不能用剥夺的方法将其生产资料收归国有。走合作化道路，是在保障这些劳动者基本需要的前提下，使其走向集体经济的较好道路。

我国的农业合作化，是遵循自愿互利、典型示范和国家帮助的原则，采取三个互相衔接的步骤和形式实现的。第一步，先建立农业生产互助组，包括临时互助组和常年互助组；第二步，建立具有半社会主义性质的初级农业生产合作社；第三步，建立完全社会主义性质的高级农业合作社。采取这种循序渐进的方式来实现对农业的社会主义改造，既使农业生产者在走向社会主义道路时不感到突然，调动了他们发展生产和参加改造的积极性，又达到了预期目标。到 1956 年年底，参加高级农业生产合作社的农户占全国总农户数的比重已经达到 87.8%，标志着我国农业中的生产资料社会主义改造基本完成。

个体手工业的性质虽然与小农经济一样，但它们与市场的联系更为紧密，属于商品经济。因此，对这类经济的改造，是从流通入手来进行合作化的。通过说服教育、示范和国家帮助的办法，先组织手工业供销小组或供销合作社，然后在生产上逐步实现合作化，发展手工业生产合作社。到 1956 年，参加手工业合作社的人数占全国手工业从业人员的 92.2%，我国基本上完成了对手工业的社会主义改造。

总之，对私有制经济的社会主义改造的基本完成，标志着我国实现了从新民主主义社会到社会主义社会的过渡，建立了以生产资料公有制为基础的社会主义经济制度。

第二节　我国正处于社会主义初级阶段

一、社会主义的发展阶段与初级阶段的内涵

1. 对社会主义发展阶段的认识

无产阶级进行革命斗争的历史使命和最终目的是建立共产主义社会。但是，从夺取政权到迈向共产主义社会，是一个长期的分阶段的过程。对这一历史进程中发展阶段的认识，不仅是马克思主义理论必须回答的问题，也关系到活动在其中的人们的社会经济实践，特别是所制定的路线、方针、政策，是否能够从基本国情出发，按照客观规律办事。

马克思没有亲身参加社会主义建设的实践，但在《哥达纲领批判》中，他第一次明确地将共产主义社会划分为两个阶段。他指出，"资本主义社会和共产主义社会之间，有一个前者转变为后者的革命转变时期。同这个时期相适应的也有一个政治上的过渡时期，这个时期的国家只能是无产阶级的革命政权。"[①] 后来，列宁根据马克思主义社会发展阶段的基本原理，提出从无产阶级夺取政权到共产主义的最终实现，要经过前后衔接，依次发展的三个阶段，即"从资本主义向共产主义过渡"、"共产主义社会的第一阶段"、"共产主义的高级阶段"。[②]

通常，人们认为，社会主义社会与生产力高度发达、建立在公有制和按需分配基础上的共产主义高级阶段相比较，在经济上，虽然它们都以生产资料公有制为基础，消灭了剥削阶级和剥削制度，在生产发展的基础上以满足人民日益增长的物质文化需要为目的，但是，二者还存在明显差别。这表现在：在社会主义社会，生产力发展水平相对较低，尚不能满足社会和个人的全部需要；公有制的实现范围和程度因生产力发展水平而受到影响，还存在多种所有制经济和公有制的多种实现形式；旧的社会分工还没有消除，还存在工农、城乡、体力和脑力、地区等之间的差别；商品经济依然存在，劳动还没有直接表现出其社会性质；劳动依然是谋生手段，要采取按劳分配的原则来分配个人消费品等。这些差别决定了从社会主义社会过渡到共产主义社会的高级阶段，需要一个相当长的时期。在这个历史时期，社会主义社会的发展具有长期性、艰巨性和曲折性，它必然也是一个分阶段的过程。

在我国的社会主义建设过程中，20 世纪 50 年代后期，毛泽东在前苏联《政治经济学教科书》读书笔记中，曾对社会主义发展阶段进行了初步认识。他认为，社会主义可以分为两个阶段，即"不发达的社会主义"和"发达的社会主义"。改革开放以后，人们结合我国社会主义建设的历史经验教训和不

---

① 马克思恩格斯选集：第 3 卷. 北京：人民出版社，1995：314.
② 列宁选集：第 3 卷. 北京：人民出版社，1972：254.

同时期的实践，进一步对我国社会主义的发展阶段展开思考。1981 年 6 月，中国共产党第十一届六中全会上，在由邓小平主持起草的《关于建国以来党的若干历史问题的决议》中，第一次明确提出了"社会主义初级阶段"的论断。此后，在 1987 年中国共产党十三大召开前夕，邓小平又指出，"社会主义本身是共产主义的初级阶段，而我们中国又处在社会主义初级阶段，就是不发达阶段。一切都要从这个实际出发，根据这个实际来制定规划。"① 紧接着，在中国共产党十三大报告中，他系统阐述了社会主义初级阶段的历史前提、含义、主要矛盾、基本特征和党的基本路线等主要问题，这标志着社会主义初级阶段理论的形成。此后，在中国共产党十四大、十五大、十六大报告中，以江泽民为核心的第三代中央领导集体，进一步就社会主义初级阶段理论的地位、这一阶段的基本纲领、基本目标和基本政策作了详细阐述。

2. 社会主义初级阶段的含义与基本特征

社会主义初级阶段的科学论断，不是泛指任何国家进入社会主义社会都要经历的起始阶段，而是特指我国在生产力落后、商品经济不发达的条件下建设社会主义必须要经历的一个特定阶段。它包含两层含义：第一，我国社会已经是社会主义社会，我们必须坚持而不能离开社会主义；第二，我国社会主义社会还处在初级阶段，我们必须从这个实际出发而不能超越这个阶段。这两层含义是一个有机的统一体，它们构成为对我国现阶段社会性质和基本国情的正确认识，既表明我国的社会性质决定了我们要坚定不移地走社会主义道路，又说明了我国社会主义社会的不成熟、不完善性，强调我国现阶段的一切政策措施都必须以此为出发点，不能超越这个最大国情。

从我国社会主义初级阶段的整个发展过程看，社会主义初级阶段是逐步摆脱不发达状态、基本实现社会主义现代化的历史阶段；是由农业人口占很大比重、主要依靠手工劳动的农业国，逐步转变为非农业人口占多数、包含现代农业和现代服务业的工业化国家的历史阶段；是由自然经济半自然经济占很大比重，逐步转变为经济市场化程度较高的历史阶段；是由文盲半文盲人口占很大比重、科技教育文化落后，逐步转变为科技教育文化比较发达的历史阶段；是由贫困人口占很大比重、人民生活水平比较低，逐步转变为全体人民比较富裕的历史阶段；是由地区经济文化很不平衡，通过有先有后的发展，逐步缩小差距的历史阶段；是通过改革和探索，建立和完善比较成熟的充满活力的社会主义市场经济体制、社会主义民主政治体制和其他方面体制的历史阶段；是广大人民牢固树立建设中国特色社会主义共同理想，自强不息，锐意进取，艰苦奋斗，勤俭建国，在建设物质文明的同时努力建设精神文明的历史阶段；是逐步缩小同世界先进水平的差距，在社会主义基础上实现中华民族伟大复兴的历史阶段。这样的历史进程，至少需要一百年时间。至于巩固和发展社会主义制度，那还需要更长得多的时间，需要几代人、十

---

① 邓小平文选：第三卷. 北京：人民出版社，1993：252.

几代人甚至几十代人坚持不懈的奋斗①。努力实现社会主义初级阶段的历史任务，就能保证和促进我国社会主义由初级阶段向高一级的社会历史阶段迈进。

3. 社会主义初级阶段的历史必然性和长期性

我国的社会主义社会要经历一个相当长的初级阶段，这是不以人的意志为转移的，具有客观必然性。

第一，这是由我国进入社会主义的历史前提决定的。我国的社会主义制度脱胎于半殖民地半封建社会，这是我国进入社会主义社会后要经历一个很长的初级阶段的基本历史根据。马克思曾经设想，社会主义社会应该建立在资本主义已经发展起来的高度发达的生产力基础上。但是，进入近代以来，在封建主义、帝国主义、官僚资本主义的压迫下，中国经济的商品化和生产社会化程度很低，生产力发展水平远远落后于发达资本主义国家。这意味着当我们建立社会主义制度后，虽然在社会经济制度上实现了跨越，但生产力的自身发展规律决定了我国必须经历一个很长的初级阶段，去实现别的国家在资本主义条件下实现的工业化和生产的商品化、社会化、现代化。正如中国共产党的十五大报告所讲，"这是一个不可逾越的历史阶段"。

第二，这是由我国的现实国情所决定的。从我国社会的现状看，我国的社会主义就其发展程度来说，还很不成熟、不完善，这决定了我国社会主义初级阶段的长期性。经过60多年的发展，特别是改革开放以来经济的高速增长，我国社会生产力、人们物质文化生活及国家综合国力都有了显著提高。但总的来讲，人口多、底子薄，地区发展不平衡，生产力不发达的状况还没有得到根本改变；社会主义制度还不完善，社会主义市场经济体制还不成熟，民主法制还不健全，各种腐朽思想和小生产习惯势力还具有广泛影响。这些方面及由此引发的各种矛盾，决定了中国特色社会主义道路不是一帆风顺的，我国正处于并将长期处于社会主义初级阶段。

第三，这是由我国现代化建设所处的时代特征和国际环境所决定的。从国际比较看，我国之所以要经历一个很长的社会主义初级阶段，还同我国现代化建设所处的时代特点紧密相关。现代化是一个发展的概念，它的内容和标准是随着时代的变化、经济技术的发展而不断发展的。目前，我国已经达到的经济水平、生产商品化和社会化程度，同世界范围内发达资本主义国家已经实现的水平相比，还存在很大差距。在我国实现社会主义现代化的过程中，世界范围的新技术革命也在发展，世界各国的经济技术水平还在不断提高。这种新的时代特点，决定了我国要赶上世界先进的技术水平，不能不经历一个很长的社会主义初级阶段。

二、社会主义初级阶段的主要矛盾和根本任务

1. 社会主义初级阶段的主要矛盾

马克思和恩格斯在《共产党宣言》中指出，无产阶级夺取政权后，要利

---

① 江泽民文选：第二卷. 北京：人民出版社，2006：14－15.

用自己的政治统治，尽可能快地增加生产力总量。在我国，随着生产资料私有制的社会主义改造基本完成，剥削阶级赖以生存的经济基础已经基本消灭，剥削阶级开始退出历史舞台，由此决定了在社会主义经济制度建立后，无产阶级和资产阶级的矛盾已经不再是国家的主要矛盾。

在社会主义初级阶段这个不发达的特定历史阶段，一方面，长期深受"三座大山"压榨的贫苦中国人民，在成为生产资料的主人后，迫切要求提高生活水平；另一方面，中国社会主义建立的历史前提和现实国情说明，在这一阶段，生产力不发达，社会物质财富不丰裕，还远远不能满足广大人民的需要。这两方面的巨大反差说明，我国社会的主要矛盾是人民日益增长的物质文化需要同落后的社会生产之间的矛盾。并且，由于生产力作为客观的物质力量，其发展水平的提高是一个循序渐进的过程，因此，要解决这一矛盾，也需要一个相当长的时期。

2. 社会主义初级阶段的根本任务

社会主义初级阶段的根本任务是解放和发展生产力，这是由以下方面决定的。

第一，解放和发展生产力是促进人类历史发展规律的必然要求。历史唯物主义认为，物质资料生产是人类赖以存在和发展的基础。人类社会要生存和发展，就必须生产物质资料，只有这样，才能解决人们的各种生活需要，同时为人类社会的其他各种实践活动提供更好的物质基础。生产力的发展状况和发展变化决定了一定社会的结构、性质和基本面貌及其演变。特别是在社会形态的产生和更替中，生产力具有决定性意义，是最根本的决定因素。从这个角度讲，社会主义制度的存在和发展，也要看它是否及在何种程度上能够促进生产力的发展。因此，把解放和发展生产力作为社会主义初级阶段的根本任务，体现了马克思主义历史唯物主义的世界观。

第二，发展生产力是解决我国社会主义初级阶段主要矛盾和各种问题的必然要求。社会主义初级阶段人民日益增长的物质文化需要同落后的社会生产之间的矛盾，必须靠生产力的发展来解决。在传统计划经济时期，社会主义国家采取高积累、低收入、低消费的政策，希望借此加快社会主义建设，但实践证明，这种做法在某一特定的较短时期可能是可行的，但长期这样做，势必因忽视人民的经济利益和物质文化需要而影响社会各阶层建设社会主义的积极性，并由此导致经济发展停滞不前。所以，要解决初级阶段的主要矛盾和各种问题，必须关注主要矛盾的主要方面，以经济建设为中心，集中精力发展生产力。

第三，解放和发展生产力，也是实现社会主义共同富裕目标和保持社会主义优越性的必然要求。共同富裕是社会主义的根本原则和奋斗目标，要实现这一目标，最根本的前提条件是要有发达的社会生产力，从而生产出丰富的社会财富。同样，要走向共产主义的高级阶段，消灭城乡、工农和体力劳动与脑力劳动的差别，也必须以生产力的高度发展，社会财富的极大丰富为前提。另外，就社会主义制度与资本主义的竞争而言，正如列宁所指出的，

"劳动生产率，归根到底是使新社会制度取得胜利的最重要最主要的东西。……资本主义可以被最终战胜，而且一定会被最终战胜，因为社会主义能创造新的高得多的劳动生产率。"

三、社会主义初级阶段的基本路线和基本纲领

1. 社会主义初级阶段的基本路线

党的十三大通过的政治报告明确指出，在社会主义初级阶段，我们党的建设有中国特色的社会主义的基本路线是：领导和团结全国各族人民，以经济建设为中心，坚持四项基本原则，坚持改革开放，自力更生，艰苦创业，为把我国建设成为富强、民主、文明的社会主义现代化国家而奋斗。"一个中心，两个基本点"，是对基本路线核心内容的简明概括。

贯彻执行党的基本路线，首先要对党的基本路线的内容有一个全面的了解。其中，把我国建设成为富强、民主、文明的社会主义现代化国家，是对社会主义初级阶段奋斗目标的规定；"一个中心，两个基本点"，即以经济建设为中心，坚持四项基本原则，坚持改革开放，是实现奋斗目标的基本途径和根本保证；自力更生、艰苦创业，是社会主义初级阶段的方针，是社会主义的必然要求；领导和团结全国各族人民，规定了社会主义初级阶段的领导力量和依靠力量，即中国共产党是社会主义初级阶段的领导者，而全国各族人民是完成社会主义初级阶段历史使命的依靠力量。

社会主义初级阶段的基本路线是全党和全国各族人民的行动纲领，是指引我们建设中国特色社会主义的明灯。社会主义初级阶段，必须坚定不移地贯彻执行党的基本路线。

首先，党的基本路线是一条马克思主义的正确路线。社会主义初级阶段党的基本路线，集中反映了建设有中国特色的社会主义的客观规律，完全符合全国人民的利益和愿望，因而是正确的路线。

其次，党的基本路线要贯穿整个社会主义初级阶段。邓小平同志强调党的基本路线要管一百年，动摇不得。这是由社会主义初级阶段的长期性决定的，是我国社会主义经济发展和社会全面发展的客观要求。社会主义初级阶段是一个至少上百年的历史发展阶段，党的基本路线一百年不动摇，其含义是基本路线要贯穿整个社会主义初级阶段。

第三，坚持党的基本路线不动摇，这既是历史经验的总结，又具有很强的现实针对性。党在领导人民进行社会主义现代化建设的伟大实践中，创造、总结出许许多多的经验，但集中到一点，就是毫不动摇地坚持以建设中国特色社会主义理论为指导的党的基本路线。

第四，坚持党的基本路线不动摇，关键是坚持以经济建设为中心不动摇。党的基本路线是一个完整统一体，几方面的内容相互贯通、相互依存。其中，经济建设是核心，它统领和制约着其他方面的内容。坚持以经济建设为中心，"两个基本点"才有了坚定的基础，"富强、民主、文明"的奋斗目标才可能实现，整个基本路线才能够毫不动摇地坚持下去。动摇或偏离经济建设这个

中心，基本路线就会从根本上动摇。所以，坚持党的基本路线不动摇，关键是坚持以经济建设为中心不动摇。

第五，坚持党的基本路线不动摇，必须把改革开放同四项基本原则统一起来。在党的基本路线中，坚持改革开放和坚持四项基本原则是统一的、一致的。它们统一于建设有中国特色社会主义的实践，服务于经济建设这个中心。四项基本原则是立国之本，它代表着我们国家的社会主义方向，规定了我国人民民主专政的国家性质，明确了马克思列宁主义、毛泽东思想的指导地位，体现着中国共产党的领导。这是团结全国各族人民共同奋斗的政治基础。改革开放是强国之路，是我国现代化建设的根本途径和必由之路，是社会主义发展的强大动力。坚持四项基本原则和坚持改革开放，构成了党的基本路线的两个基本点，必须把二者有机地统一起来。

第六，坚持党的基本路线不动摇，必须正确处理改革、发展、稳定的关系。只有处理好改革、发展、稳定的关系，才能做到以党的基本路线为指导。改革是动力，发展是目的，稳定是保证，它们是一个棋盘上的三个棋子，三者互相协调、互相促进，是一个有机的整体。必须把改革的力度、发展的速度和社会可以承受的程度统一起来，在社会政治稳定中推进改革、发展，在改革、发展中实现社会政治稳定，保证落实经济建设这个中心。

第七，坚持党的基本路线不动摇，关键在于党。邓小平同志曾指出，中国要出问题，还是出在共产党内部。对这个问题要清醒，要注意培养人。我们说党的基本路线要管一百年，要长治久安，就要靠这一条。真正关系到大局的是这个事。党的十六大报告强调：全面建设小康社会，关键在于坚持、加强和改善党的领导，要把党建设成为用邓小平理论和"三个代表"重要思想武装起来、全心全意为人民服务、能够经受住各种风险、始终走在时代前列、领导全国人民建设中国特色社会主义的马克思主义政党。因此，要从思想上、组织上、作风上全面加强党的建设，不断提高领导水平和执政水平，不断增强拒腐防变的能力，以新的面貌和更强大的战斗力，带领全国人民完成新的历史任务。

邓小平同志在视察南方谈话中，强调提出：三中全会以来的路线方针是正确的，谁想变也变不了。今后，在我们前进的道路上还会遇到各种复杂情况，但不管如何，我们绝不能偏离党的基本路线，这是不可动摇的原则。

2. 社会主义初级阶段的基本纲领

根据党的基本路线，围绕建设富强、民主、文明的社会主义现代化国家的目标，我们党又进一步从经济、政治、文化三个领域展开，制定了社会主义初级阶段的基本纲领。它进一步明确了什么是社会主义初级阶段中国特色社会主义的经济、政治和文化，以及怎样去建设这样的经济、政治和文化。

建设中国特色社会主义的经济，就是在社会主义条件下发展市场经济，不断解放和发展生产力。这就要坚持和完善社会主义公有制为主体、多种所有制经济共同发展的基本经济制度；坚持和完善社会主义市场经济体制，使市场在国家宏观调控下对资源配置起基础性作用；坚持和完善按劳分配为主体的多种分配方式，允许一部分地区、一部分人先富起来，先富带动和帮助后富，逐步走向共同富裕；坚持和完善对外开放，积极参与国际经济合作和竞争。保证国民经济持续快速健康发展，人民共享经济繁荣成果。

建设中国特色社会主义的政治，就是在中国共产党领导下，在人民当家做主的基础上，依法治国，发展社会主义民主政治。这就要坚持和完善工人阶级领导的、以工农联盟为基础的人民民主专政；坚持和完善人民代表大会制度和共产党领导的多党合作、政治协商制度及民族区域自治制度；发展民主，健全法制，建设社会主义法治国家。实现社会安定、政府廉洁高效、全国各族人民团结和睦、生动活泼的政治局面。

建设中国特色社会主义的文化，就是以马克思主义为指导，以培育有理想、有道德、有文化、有纪律的公民为目标，发展面向现代化、面向世界、面向未来的和民族的科学的大众的社会主义文化。这就要坚持用邓小平理论武装全党，教育人民；努力提高全民族的思想道德素质和教育科学文化水平；坚持为人民服务、为社会主义服务的方向和百花齐放、百家争鸣的方针，繁荣学术和文艺。建设立足中国现实、继承优秀文化传统、吸取外国文化有益成果的社会主义精神文明。

上述建设有中国特色社会主义的经济、政治、文化的基本目标和基本政策，有机统一、不可分割，构成党在社会主义初级阶段的基本纲领。

第三节　社会主义初级阶段的所有制结构

一、生产资料所有制概念的内涵

生产资料所有制是一定社会生产关系性质的首要标志，任何社会的基本经济制度都是由该社会占主导地位的所有制结构所决定的。以公有制为主体，多种所有制经济共同发展是我国社会主义初级阶段的一项基本经济制度。这是由我国的国情所决定的。因此，必须毫不动摇地巩固和发展公有制经济，毫不动摇地鼓励、支持和引导非公有制经济发展，并将二者统一于社会主义现代化建设的进程中，使其不断完善。

所有制概念最早由圣西门派提出来，后来马克思、恩格斯把它作为一个基本范畴来使用，在《共产党宣言》中，他们明确地讲，共产党人"都强调所有制问题是运动的基本问题"。因此，从马克思主义的立场看，所有制是最基础、最重要的生产关系范畴。

斯大林曾经认为，所有制问题就是生产资料的归属问题，即生产资料归谁占有的问题。从社会生产过程考察，这种观点是片面的。生产资料所有制并非只是一个简单的归属问题，而是以生产资料为媒介的人与人之间的物质利益关系。并且，由于它在经济上是通过生产、分配、交换和消费四个环节来实现的。所以，从广义上看，生产资料所有制是生产关系的总和，从狭义上看，就是借助于人们对生产资料的所有、占有、支配和使用所表现出来的人与人之间的物质利益关系。将生产资料所有制看作是生产关系的基础，是从狭义上对生产资料所有制的理解。

物质生产是一切社会存在和发展的前提与基础，生产资料所有制又是一切生产活动的前提。它决定了一定社会生产方式或经济制度的本质特征。在特定的生产力发展水平上，不同的生产方式具有不同的生产资料所有制。所有制决定的生产关系的性质，也决定了生产过程中的劳动组织方式和分配方式，进而决定了交换、分配和满足消费的具体方式。因此，生产资料所有制对特定社会的其他具体权利关系和利益关系具有决定性作用。

与生产资料所有制相对应的还有一个产权概念。产权是由法律所界定、认可和保护的对经济当事人的一种行为性规范，它规定了对应于特定的生产资料，不同的人应当干什么，不应当干什么。从本质上讲，产权所界定的也是人与人之间对于特定生产资料的权责利关系。但它与所有制的概念既有联系又有区别。一方面，产权是所有制的核心和主要内容，另一方面，产权的外延比所有制更宽泛，其对象不仅局限于生产资料，而且包括了涉及人与人的经济利益关系的所有活动和物品。

二、社会主义初级阶段所有制结构的基本特征

各种所有制经济成分在社会经济活动中所占的比重、所处的地位及它们相互之间的关系，构成为一定社会的所有制结构。其中，占主导地位的所有制关系决定了该社会的性质。

我国社会主义初级阶段所有制结构的基本特征是，以公有制为主体，多种所有制经济共同发展。1997年，中国共产党的十五大报告进一步指出，"公有制为主体、多种所有制经济共同发展，是我国社会主义初级阶段的一项基本经济制度"。2002年，党的十六大报告进一步强调，要"坚持和完善公有制为主体、多种所有制经济共同发展的基本经济制度"。从根本上讲，这一基本经济制度的确立，是由我国的社会主义性质和初级阶段的基本国情所决定的，形成这种所有制结构的特征具有客观必然性。

第一，我国的社会主义性质决定了必须坚持公有制的主体地位，将公有制作为社会主义经济制度的基础。公有制是社会主义的本质特征和根本标志，也是实现劳动人民当家做主和最终达到共同富裕的经济制度保障。邓小平同志指出，"在改革中坚持社会主义方向，这是一个很重要的问题。"坚持公有制的主体地位，事关我国社会发展及改革开放的根本方向，否定了生产资料公有制，也就否定了社会主义。因此，将我国经济体制改革的基本性质定义为是社会主义制度的自我调整和完善，就必须始终坚持公有制的主体地位，只有这样，才能保证在社会主义制度的前提下解放和发展生产力。

第二，我国正处于并将长期处于社会主义初级阶段，这一基本国情决定了需要在公有制为主体的条件下发展多种所有制经济。社会主义初级阶段最显著的特征是生产力整体水平低下同时又具有不平衡和多层次的特点。与生产力发展的这种多样性状况相适应，客观上必然要求形成多样化的生产关系，

建立多种所有制经济共同发展的所有制结构。

第三，一切符合"三个有利于"标准的所有制形式都可以而且应当用来为社会主义服务。社会主义初级阶段的国情决定了要解决我国社会所面临的主要矛盾和问题，必须坚持"三个有利于"，以此作为判断工作得失的标准，即：是否有利于社会主义社会生产力的发展，是否有利于社会主义国家综合国力的增强，是否有利于人民生活水平的提高。改革开放以来的实践证明，各种所有制经济，在它们所容纳的生产力范围内，都有其促进经济社会发展的积极作用，坚持以公有制为主体、多种所有制经济共同发展，符合"三个有利于"标准。

第四，坚持以公有制为主体和鼓励多种所有制经济共同发展，二者之间并不是相互对立和相互排斥的。它们可以而且应当统一于社会主义现代化建设的实践中。改革开放以前，我国在所有制关系上，脱离社会主义初级阶段的实际情况，片面地追求"一大二公三纯"的所有制结构，认为公有制规模越大、公有化程度越高越好。实践证明，脱离国情，特别是生产力发展的实际水平及其要求，不可能取得社会经济的长足进步，只有发挥各种所有制经济对生产力发展的积极作用，使它们优势互补，相互促进，才能更好地为社会主义现代化建设服务。

把以公有制为主体、多种所有制经济共同发展，提升为社会主义初级阶段的基本经济制度，是对传统经济理论的重大突破。它不是一般的方针、政策和权宜之计，而是整个社会主义初级阶段的制度安排。因此，必须毫不动摇地巩固和发展公有制经济；毫不动摇地鼓励、支持和引导非公有制经济发展，并将二者统一于社会主义现代化建设的进程中，使其不断完善。

三、社会主义公有制的主体地位

1. 坚持社会主义公有制的主体地位

社会主义生产资料公有制，是生产资料归社会主义国家全体劳动者或部分劳动者共同所有、适应社会化大生产的一种经济形式。生产资料公有制是社会主义经济制度的基础，是社会主义经济制度的本质特征，坚持生产资料公有制的主体地位，是我国社会主义现代化建设的一条根本原则。

坚持社会主义公有制的主体地位，这既是我国现阶段生产力发展状况的客观要求，也是由我国的社会主义性质所决定的。

第一，生产资料公有制与先进生产力相适应，代表了社会前进的方向。现阶段，我国生产力发展虽然具有低水平、多层次和不平衡的特点，但社会化大生产和作为其集中代表与体现的现代机器大工业已成为生产力发展的主导力量，在生产力发展中占据着主要地位。与这种社会化大生产相适应的生产资料社会主义公有制，也必然和应当在现阶段的所有制结构中占据主体地位。坚持公有制的主体地位，是符合生产关系与生产力辩证运动规律的。

第二，生产资料公有制是社会主义经济制度的基础，是社会主义在经济上的本质特征和根本标志。生产资料所有制的性质和与之相联系的生产资料与劳动者的结合方式，是任何一种社会经济制度区别于其他社会经济制度的根本标志。资本主义社会建立在资本家私有制和雇佣劳动的基础上，而社会主义社会则以生产资料公有制和按劳分配为基础。只有坚持生产资料公有制的主体地位，才能巩固和发展社会主义经济制度。

第三，坚持公有制的主体地位，也是保持我国经济体制改革性质、实现改革根本目的的需要。我国改革的性质，是社会主义制度的自我调整和完善，其根本目的在于解放和发展生产力。这说明，改革不是对社会主义的根本否定，而是要巩固和发展社会主义。因此，在发展多种所有制经济的同时，巩固、壮大和发展公有制经济，是与改革一脉相承的。它们都服务于社会主义现代化建设的大局，理应相辅相成、相得益彰。通过改革进一步使公有制经济的主体地位得到巩固，通过公有制经济的发展与自我完善，使改革顺利推进。

第四，坚持公有制的主体地位，能够更好地为社会主义生产的最终目的服务。社会主义生产的目的，就是要最大限度地满足人民群众日益增长的物质文化需要，促进人的全面发展和社会的全面进步。社会主义公有制经济为消灭剥削、消除两极分化、实现共同富裕提供了条件，是最终实现共同富裕的根本保证。实践证明，在我国当前的现代化建设中，它们也是满足人民群众物质文化需要的中流砥柱，在社会经济发展中发挥着其他经济形式所不能替代的作用。

党的十五大报告指出："公有制的主体地位主要体现在：公有资产在社会总资产中占优势；国有经济控制国民经济命脉，对经济发展起主导作用。这是就全国而言，有的地方、有的产业可以有所差别。"这就是说，要坚持公有制的主体地位，必须从两个方面着手：一方面，必须使公有资产在社会总资产中占优势，不仅要有数量上的优势，更要强调和注重质的提高。这种质的提高主要是通过进一步深化改革，使公有资产的组织结构和经济布局更为合理，技术装备水平和科学管理水平大大提高，创造出更高的经济效益和社会效益，保障和推动整个国民经济持续、稳定、快速发展。另一方面，必须将国民经济的命脉掌握和控制在国有经济手中，使国有经济对经济发展起主导作用，增强其控制力。国民经济命脉是指对国家及国民经济发展起决定作用的重要行业和关键领域。如自然垄断行业、涉及国防和国家经济安全的行业及与国民经济发展有重大关系的高新技术产业等。这些重要行业和关键领域的控制权，国有经济必须牢牢掌握在自己手中，占据支配地位，能够对整个国民经济运行的过程、状态和目标实施有效的控制和指导，保证国民经济沿着正确的方向发展。同时，还要通过国有经济成分在大型企业控股，或者国有企业出售部分股权等方式，用同样的资本投入，扩大国有经济的影响作用，提高对经济发展的控制力。

需要指出的是，公有制经济的主体地位是就国民经济整体而言的，并不意味着在所有领域和所有地区都是这样。考虑到我国生产力发展不平衡的状况，各种所有制形式所占比重可以在不同领域和不同的地区有所差别。同时，坚持公有制经济的主体地位，也必须允许和鼓励个体、私营、外资等非公有制经济的发展，处理好公有制经济与非公有制经济的关系，使它们成为我国社会主义市场经济的重要组成部分。

2. 坚持国有经济的主导地位

我国现阶段的公有制经济，不仅包括国有经济和集体经济，还包括混合所有制经济中的国有成分和集体成分。其中，国有经济也就是社会主义全民所有制经济。社会主义全民所有制是生产资料归全体劳动人民共同占有的一种公有制形式。它是在消灭资本主义私有制基础上建立起来并随着社会主义建设的发展不断壮大的。在我国，全民所有制经济包括全国的矿藏、河流、国有森林、草原、荒地、滩涂和其他自然资源，还包括全民所有的工厂、农场、商店、铁路、公路、邮电和银行等。

社会主义全民所有制与其他公有制形式相比，其基本特点是：它是与社会化大生产相适应的社会主义公有制形式；实现了在全社会范围的生产资料公有化，较高的公有化程度使全体劳动人民都是全民所有制生产资料的主人；消除了由生产资料私有特权而形成的不平等地位和权利，彻底消灭了剥削，全社会的劳动人民组成为一个整体，共同占有生产资料，共同进行生产劳动，共同分配所生产的产品，实现了劳动者在生产资料占有关系方面的完全平等。

社会主义全民所有制是社会主义经济制度的主要经济基础，在国民经济中占据主导地位，既是国民经济的领导力量，也对国民经济发展起着决定性作用。这主要表现在：① 全民所有制经济具有现代化的生产手段、科学技术和信息网络，支配着国家的主要经济资源和自然资源，拥有现代化的大工业，可以为国民经济的技术改造和加快我国现代化建设提供强大的物质技术基础；② 全民所有制经济是社会主义国家物质产品的主要提供者之一，也是满足社会对公共产品和服务需要的主要力量，对增加国民收入、财政收入、扩大就业、提高人民生活水平具有重要贡献；③ 全民所有制商业，通过有计划地组织商品流通，沟通了工业和农业、城市和乡村、生产和消费之间的经济联系，是促进供给与需求、各类市场、各个分工环节有效衔接的纽带；④ 在多种所有制经济并存的条件下，全民所有制经济对其他所有制经济具有引导作用，是整个国民经济沿着社会主义方向发展的保证。

国有企业改革是整个经济体制改革的中心环节。在我国社会主义初级阶段，全民所有制采取了国家所有制的形式，但这并不等于必须由国家机构直接管理这类企业的生产经营活动，直接占有和使用它们的生产资料。国有企业的所有权和经营权，可以而且应该分离，这是因为，各个全民所有制企业都有其独特的经济利益，在经营条件方面千差万别，社会经济联系错综复杂，产品需求也复杂多变，只有实现所有权与经营权的适当分离，才能在加强企业预算约束的同时，激发企业生产经营的积极性，保持经营活动的多样性和灵活性，提高决策和管理的科学化程度，促进资源有效配置，更好地实现国有资产保值增值。因此，在两权分离的基础上，健全国有资产管理和运营体制，建立现代企业制度，转换企业经营机制，是国有企业改革的必由之路。

3. 发展集体经济

集体经济亦即社会主义集体所有制经济，是由部分劳动群众共同占有一定范围内的生产资料和劳动产品的公有制形式。集体经济也是公有制经济的重要组成部分，它与全民所有制经济一起构成为我国社会主义制度的经济基础，共同推动着国民经济的发展。

与全民所有制经济相比，集体经济具有自身特点：劳动者在单个集体范围内共同占有生产资料、共同生产、共同享有劳动成果，生产资料公有化程度相对较低，只是局部地实现了劳动者的平等关系；集体企业规模较小，经营方式灵活多样，行业分布较为广泛。这些特点既决定了集体经济在具有技术、人才、管理和竞争力等方面劣势的同时，也决定了它对国有经济的比较优势，这表现为：一是它在经营管理上拥有更大的经营自主性，在发展中具有更强的物质利益激励和价值增值动力；二是它能够容纳不同层次的生产力，有利于发挥广大劳动者和各种工程技术人员的作用，对解决就业，促进农村剩余劳动力向工业、商业和服务业转移具有突出贡献；三是生产经营的灵活性和多样性，有利于衔接城乡经济、满足人民群众的多方面需求。

目前，我国的集体所有制经济，按其所在地域的不同，可分为农业集体所有制经济和城镇集体所有制经济。

4. 公有制的其他经济形式和混合所有制经济中的公有成分

在社会主义初级阶段，各种经济成分通过自愿结合、分工合作的方式联合经营，有利于生产发展，优势互补，由此形成了混合所有制经济和除全民所有制、集体所有制之外的其他公有制形式，如经济联合体等。

混合所有制经济，是指由不同性质的经济成分相互融合而成的一种经济形式。我国现阶段的混合所有制经济，既包括国有经济成分和集体经济成分相结合形成的混合所有制经济，也包括公有经济成分和私营、外资经济成分相结合形成的混合所有制经济。这些混合所有制经济中的国有成分和集体成分，都属于社会主义公有制经济的范畴。

混合所有制经济在产权上的更大包容性，使其在发展中具有较大的优越性。它有助于在社会范围内优化资源配置，提高经济资源的利用效率；有助于先进技术的吸收、扩散和更快利用，提高企业和整体经济的竞争力；有助于冲破转型期不同所有制经济待遇上的制度差异，促进市场运行秩序的公平性。

5. 公有制实现形式的多样化

所有制实现形式和所有制是两个相互联系但内涵不同的概念。所有制的实现形式，是指一种所有制经济所采取的具体经营方式和组织形式。一种所有制可以采取多种实现形式，不同的所有制也可以采取相同的实现形式。一定的生产资料所有制不会因其实现形式的多样化而改变所有制本身的性质。

努力探索能够极大促进生产力发展的公有制实现形式，是我国现阶段经济工作的主要任务之一。公有制实现形式多样化，是由现阶段我国公有制经济发展的实际情况所决定的。它有利于明晰产权，在根据企业发展需要实现产权结构多元化的同时，优化企业治理结构，促进企业运营机制的规范化、高效能化，增强企业参与市场竞争的积极性、主动性；有利于调动各要素所有者参与生产的积极性，促进资源有效配置；有利于理顺政府、企业和个人之间的相互关系，促进政企分开，强化政府职能；有利于扩大公有资产的支配范围，增强公有经济的主体作用。

社会主义公有制的实现形式可以而且应当多样化。一切反映社会化生产规律的经营方式和组织形式都可以大胆利用。改革开放以来，我国的公有制经济突破了只允许国家经营和集体经营的局面，公有制实现形式的多样化已经成为一种历史趋势。

从全民所有制的实现形式来看，当前主要有以下几种：① 国家独资经营，即国家所有、委派或聘用管理人员经营的组织形式。它只适用于极少数具有特殊性质的行业或企业，如航天工业、核工业、邮政行业等。其主要特征是企业的生产经营由政府下达指令性计划加以规定，企业虽然也实行独立的经济核算和经营责任制度，但其盈亏由国家负责，而不是由市场调节。② 国家授权经营，即国家将国有资产的经营权授予国有资产经营公司和国有投资公司等国有资产经营机构或企业集团，由它们进行经营并承担国有资产保值增值责任的一种经营方式。③ 股份制，即在通过发行股票筹集资金、进行统一经营的股份公司中，国家控股或参股的一种经济形式。股份制本身并不反映社会制度的性质，资本主义可以用，社会主义也可以用，其性质是公有还是私有，关键是看控股权掌握在谁手中。国家和集体控股，具有明显的公有性，有利于扩大公有资本的支配范围，增强公有制的主体作用。④ 承包经营，是以承包经营合同的形式确定国家与企业责权利关系的一种经营方式。⑤ 租赁经营，是以租金作为价格，将国有企业生产资料一定时期的经营权让渡给某个企业的一种经营方式，其最大特点是承租者的利益与责任对称，要对企业盈亏负全部责任。

从集体所有制的实现形式来看，大致可归纳为以下两种类型。

一是在农业集体经济中废除了人民公社的经营组织形式之后，普遍建立起来的以集体所有、家庭联产承包经营为主要特点、统分结合的双层经营体制。这一经营体制适合我国农村生产的特点和生产力发展水平，是在坚持集体经济的前提下，把集体统一经营与家庭分散经营有机结合的一种经营体制。现阶段稳定和完善这一双层经营体制的关键或核心是稳定和完善土地承包关系。在坚持土地集体所有的前提下，延长耕地承包期，允许继承开发性生产项目的承包经营权，允许土地使用权依法有偿转让。少数经济比较发达的地方，以群众自愿为原则，可以采取转包、入股等多种形式发展适度规模经营，提高农业劳动生产率和土地生产率。另外，乡村集体经济组织，还要积极兴办服务性的经济实体，为家庭经营提供服务，逐步积累集体资产，壮大集体经济实力。

二是目前城乡大量出现的多种多样的股份合作制经济和其他集体经济组织形式。其中，股份合作制是与我国社会主义市场经济相适应的一种实现形式，其基本特点是，劳动联合和资本联合有机结合在一起，职工既是劳动者，又是企业出资人，他们共同占有和使用生产资料，共同劳动，共享利益，共担风险。实行股份合作制，提高了职工对企业资产和生产经营的关心程度，增强了企业活力，调动了职工的积极性，有利于生产力的发展。

四、非公有制经济形式

在我国现阶段的所有制结构中，除公有制经济外，还存在个体经济、私营经济、外资经济等非公有制经济。它们是我国社会主义市场经济的重要组成部分，必须鼓励、支持和引导这些非公有制经济的发展，保护其合法权益。

劳动者个体所有制经济，简称个体经济，是指生产资料归劳动者个人所有，并由劳动者个人及其家庭成员直接支配和使用的一种小私有制经济。个体经济广泛存在于城乡的手工业、农业、商业、饮食业、交通运输业和服务业当中，是社会主义市场经济的组成部分。它与生产力水平发展水平低、以手工劳动为主的生产经营活动相适应，具有规模小、技术层次低、工具简单、主要依靠手工劳动、分散经营、市场适应性强等特点。允许和鼓励个体经济发展，能够更好地利用各种社会闲置资源，扩大就业，增加供给，活跃流通，增加财政收入，方便群众生活，满足人民群众多方面的需要。

私营经济是指生产资料归私人所有、以雇佣劳动为主要特征的所有制形式。社会主义国家中的私营经济，虽然也存在剥削问题，但在经营方向和经营范围上，受国家法律、政策的约束，经营行为受到公有制经济的引导，劳资关系也以政治平等为前提，因此，私营经济的存在和发展，不会导致我国走向资本主义。同时，社会主义初级阶段发展私营经济，还有助于合理引导和利用私人掌握的资金、资源，通过物质利益刺激，激发人们发展生产的积极性，为社会提供短缺商品，扩大商品和物质流通，增加就业机会，满足生产和人民生活的需要。因此，作为社会主义市场经济的组成部分之一，只要国家通过适当方式加以引导、规范，克服其自利性、自发性和盲目性，私营经济就可以成为现代化建设的重要推动力量。

外资经济是我国社会主义市场经济中非公有制经济的又一组成部分，这包括外商独资经济、中外合资经济和中外合作经济三种形式。十一届三中全会以来，随着对外开放政策的实施，外商对华直接投资的规模不断增长，"三资"企业的数量也日益增多。例如，仅 2009 年，我国新批设立外商投资企业就达 23 435 家，当年实际使用外资金额约 900.33 亿美元。通过发展外资经济，不仅在吸收、利用外资的过程中引进了国外先进技术和设备，积累了驾驭市场经济所需要的经营管理经验，弥补了我国经济建设中资金、技术、人才和经营管理经验不足的问题，也推动了我国外向型经济的发展，对于开拓国际市场、扩大产品出口、增加外汇收入、提高本国产品的国际竞争力都发挥了重要作用。

总之，从社会主义现代化建设的大局出发，我国必须充分发挥个体、私营和外资等非公有制经济在促进经济增长、扩大就业和活跃市场等方面的重要作用。今后还要继续放宽国内民间资本的市场准入领域，在投融资、税收、土地使用和对外贸易等方面采取措施，实现公平竞争，并依法加强监督和管理，促进非公有制经济健康发展，完善保护私人财产的法律制度。

第四节　社会主义初级阶段的个人收入分配制度

一、社会主义初级阶段的个人收入分配制度

收入分配制度，是一定社会利益关系的重要体现。生产资料公有制和按劳分配，是社会主义制度的经济基础。社会主义初级阶段，我国必须坚持以按劳分配为主体、多种分配方式并存的收入分配制度，将按劳分配与按要素分配相结合，贯彻劳动、土地、资本等多种要素按贡献参与分配的原则，兼顾效率与公平。

以按劳分配为主体、多种分配方式并存，是我国社会主义初级阶段的个人收入分配制度。这一分配制度是改革开放以后才正式确立的。1956 年社会主义改造基本完成到"文化大革命"之前，我国在分配关系上，党政机关和人民军队的供给制全部改为工资制，对农村合作社实行了工分制，按劳分配成为新中国的主要分配形式，但是在"文化大革命"期间，受极"左"思想的束缚，否定了物质利益原则，把按劳分配与复辟资本主义联系起来，分配过程中平均主义倾向比较严重，使社会主义对分配制度的探索出现倒退，直到 1987 年中共十三大报告，才正式提出，"我们必须坚持的分配原则是，按劳分配为主体，其他分配方式为补充。"[①]

实践证明，贯彻以按劳分配为主体、多种分配方式并存的分配制度，是由我国社会主义初级阶段的基本国情所决定的，只有坚持和完善这一制度，才能推动有中国特色社会主义事业不断前进。

首先，社会主义初级阶段的生产力发展水平是实行这一分配制度的物质前提。分配方式在本质上要取决于可分配的产品的数量。在社会主义初级阶段，生产力水平还没有达到高度发达的程度，社会产品也没有达到极大丰裕的地步，劳动还是谋生的手段，这使得我国对于广大的劳动者还不具备实行按需分配的条件，只能实行按劳分配。另外，在坚持按劳分配主体地位的同时，也只有贯彻多种要素按贡献共同参与分配、多种分配方式并存的分配制度，才能通过物质激励，充分调动社会各阶层的积极性，充分利用人们拥有的各类资源，从而快速改变我国生产力落后的面貌，加速现代化进程。

其次，这是由我国社会主义初级阶段以公有制为主体、多种所有制经济共同发展的所有制结构所决定的。马克思指出，"消费资料的任何一种分配，都不过是生产条件本身分配的结果。"在我国社会主义公有制经济范围内，人

---

① 中国共产党第十三次全国代表大会文件汇编. 北京：人民出版社，1987：37.

民已成为生产资料的主人，实现了在生产资料占有上的平等关系，排除了个人因生产资料所有权而无偿占有他人劳动果实的可能性，此时，人们之间的差距，主要表现为劳动质量和劳动投入量的差异性。因此，社会主义公有制主体地位的确立，为坚持按劳分配的主体地位提供了所有制基础。与此同时，社会主义初级阶段公有制经济实现形式的多样化，以及多种所有制经济共同发展的局面，又决定了其他分配方式存在的合理性。例如，与公有制多样化的实现形式相联系，在股份制经济中，要让其他投资主体也积极投资，必须给他们必要的分红收入；在承包制和租赁制形式下，为了调动承包者和租赁者的积极性，也必须让他们获得必要的承包收益和租赁收益；而在各种非公有制经济中，要让其他生产要素与劳动力要素相结合而展开生产，也必须在尊重劳动者合法权利的同时，兼顾其他要素所有者的权益。

最后，这是实行社会主义市场经济的内在要求。社会主义市场经济的运行要求各个方面必须遵循市场经济的基本规律，个人收入分配也不例外。市场经济对个人收入分配制度的基本规定性在于，一是必须坚持物质利益第一性的原则，在尊重各类要素所有权和依据要素贡献决定收益权的前提下，通过自愿交易、自愿合作的方式组织生产经营活动；二是各类经济主体经济利益的最终实现，要以市场作为基本评判标准，通过价值交换的方式来加以满足。这种规定性决定了要把生产要素投入到经济活动中，需要根据其社会认可的价值，对要素投入者在经济利益上给予一定的回报或补偿，由此既决定了各类要素的收入分配方式，也大体上决定了他们收入分配的基本份额。

二、社会主义初级阶段的按劳分配制度

社会主义初级阶段，按劳分配在各种分配方式中居于主体地位，这既是由社会主义初级阶段的生产力发展水平、公有制的主体地位等客观条件所决定的，也是社会主义本质的内在要求。只有坚持按劳分配的主体地位，才能保障劳动者的主人翁地位，充分调动广大劳动人民参与社会主义经济建设的积极性，为消除两极分化、最终达到共同富裕和实现社会公平提供分配制度基础。

以劳动者投入到生产中的劳动的质量和数量作为分配的尺度，多劳多得，少劳少得，这种分配制度在发展社会主义市场经济的条件下，其实现形式与马克思当初的设想存在很大差异。具体来看，市场机制在资源配置中发挥基础性作用，会使社会主义初级阶段按劳分配的实现形式具有以下特点。

第一，按劳分配中的"劳动"还不是直接的社会劳动，仍然只是以企业为单位的局部劳动。社会主义市场经济中，各类企业都是具有自身利益的独立经济实体，它们生产的产品和服务都要以商品形式存在，只有通过商品交换的方式才能实现其价值。与此相联系，劳动者为企业提供的劳动，也首先表现为局部劳动、个别劳动或私人劳动，而不是直接表现为社会劳动。这种个别劳动是否及在多大程度上会转化为社会劳动，还要取决于社会对企业产品的需求，或者说，取决于社会对该类劳动的需要量，由此，按劳分配也就

不能按照劳动者实际提供的劳动量来计算，而只能以社会认可的劳动量加以计算。

第二，按劳分配在全社会范围内没有一个统一的分配标准。现阶段，劳动者在各个企业从事生产活动，企业按照按劳分配的原则对劳动者进行分配，按劳分配的主体是企业，而不是国家。这样，各个企业生产经营条件的差异性和经济效益的好坏，必然会影响到按劳分配的实施标准，使同质同量劳动在不同企业可能会获得不同的报酬。

第三，按劳分配还必须借助于货币形式来实现。劳动者为企业提供劳动，所获得的收入采取了货币形式，货币收入要转化为实际收入，即转化为人们所需要的一定质量和数量的消费品，还取决于货币购买力或物价等因素，这些因素不可避免地会影响到劳动者的实际收入水平。

三、社会主义初级阶段的按要素贡献分配

社会主义初级阶段的收入分配制度，既要强调按劳分配的主体地位，也必须采取多种分配方式并存的制度，贯彻劳动、土地、资本等各种要素按贡献参与分配的原则。

（一）按要素贡献分配的必要性

第一，按生产要素贡献分配，是由各种要素在财富创造过程中的作用所决定的，也是市场经济中所有权规律的内在要求。劳动力只有与其他生产要素结合在一起，才能成为现实生产力，发挥创造使用价值和价值的作用，从这一点上看，各种因素都是财富创造过程中不可或缺的元素。在市场经济中，要让各类要素的所有者愿意让渡其所拥有的要素的使用权，必须对要素所有者给予必要的经济补偿，这是所有权规律的内在要求，也是价值法则、等价交换规律的体现。

第二，多种要素按贡献参与分配，也是由社会生产力的发展水平决定的。在生产力还没有发展到社会物资极大充裕、旧的社会分工关系尚未完全消除之前，一定社会所拥有的技术、信息、管理经营及生产资料等各类经济资源，在全局或局部范围内都具有稀缺性的特点。为了能够充分调动各类要素所有者的积极性，使他们愿意将自己拥有的经济资源投入到生产建设和经济活动中，必须以物质激励的方式而不是以强制或剥夺的方式来加以引导，只有这样，才能促进生产发展，更大程度地增加社会财富。

第三，按生产要素贡献分配，是由我国现阶段多种所有制经济并存、公有制实现形式多样化的客观现实所决定的。

（二）按要素贡献分配的实现形式

社会主义初级阶段，除按劳分配之外，还存在其他按要素贡献分配的形式。在一些场合，这些分配形式还会相互采取结合的方式，使个人获得收入。按劳分配以外的其他按要素贡献分配形式主要有：

（1）除按劳分配以外的劳动和经营收入。在个体经济中，劳动者以自有劳动和生产资料从事生产经营活动，由此为他们带来的个人收入，既取决于

他们投入的劳动的质量和数量，取决于他们所拥有的物质资料的数量和质量，也取决于他们的经营能力。这类收入分配与公有制中的按劳分配存在本质区别。

（2）按劳动力价值分配。在非公有制经济中，劳动者所获得的工资收入，是其劳动力价值或价格的转化形式，这类分配方式属于按劳动力价值分配。

（3）资产收益。对企业经营提供各类物质和非物质资产的所有者，通过获得红利、股息、利息、租赁收入等方式分享企业利润或收益，这些收入属于资产收益。

（4）提供技术、信息等生产要素获得的收入。这主要是指通过知识产权和技术的转让、入股或出租等形式及为其他经济主体提供信息咨询等方式获得的收入。

（5）风险补偿收益。一些经济活动，如新创企业、进行经营管理决策等，会使其承担较大风险，为了激发这类经济主体进行创新性活动的积极性，需要根据他们的行为效果和所承担的风险程度，给予必要的风险补偿收益。

四、正确认识当前我国的收入差距

改革开放以来，随着以按劳分配为主、多种分配方式并存的个人收入分配制度的贯彻和实施，我国居民收入差距不断拉大。在城乡之间、行业之间、不同社会阶层之间及各部门、各阶层内部，当前收入差距扩大的趋势仍在继续。

对于这种收入差距的扩大趋势，必须一分为二、辩证地来看待，对于那些非法所得，必须严格取缔；对于因不公平制度、制度漏洞和体现在城乡之间、行业之间的制度差异而导致的收入差距，必须通过制度建设从根本上加以解决；对于由收入分配制度变革引起的差距部分，也要以调节过高收入、保障基本收入、扩大中等收入者的比重为目标，通过国家收入分配政策的调节来加以适当平衡。同时，正确认识和看待收入差距，特别是要正确处理好先富与后富、效率与公平的关系。

（一）先富与后富的关系

让一部分人、一部分地区依靠诚实劳动和合法经营先富裕起来，通过先富帮助后富、先富带动后富的方式，逐步实现共同富裕，这是我国走向共同富裕的必由之路。

应当看到，一部分人、一部分地区先富裕起来，是贯彻以按劳分配为主、多种分配方式并存的分配制度的必然结果，也是市场竞争的产物，它符合社会主义初级阶段人与人之间、地区与地区之间生产条件具有差异性的客观现实。只有让一部分人、一部分地区先富裕起来，才能调动社会各阶层发展生产的积极性，才能使社会资源得到更充分的利用，促使经济建设快速发展，为共同富裕提供更好的物质基础。但先富裕起来是有条件的，那就是要建立在诚实劳动和合法经营的基础上，而不是依靠非法活动或者钻制度漏洞的空子来富裕起来，对于后一种富裕方式，必须加以矫正。

另一方面，共同富裕既是社会主义的最终目标，也是社会主义的根本原则，一部分人、一部分地区先富裕起来之后，还要帮助、带动后富裕者，共同走向富裕。贫穷不是社会主义，只有少数人富裕也不是社会主义，如果我们的政策导致了两极分化，那么，我们的改革就失败了。所以，在一部分人、一部分地区先富裕起来后，国家需要通过各种经济制度和政策，如转移支付制度、社会保障制度以及信贷、税收优惠政策等，加大对落后地区、贫困人口的扶持力度，帮助落后地区和贫困人口共同走向富裕。同时，我们也需要通过宣传教育及政策引导等方式，支持、鼓励先富裕起来的人和地区主动帮助后富裕者和地区。

（二）效率与公平的关系

处理好效率与公平的关系，是构建社会主义和谐社会的核心问题之一。其中，经济学所讲的效率，指的是投入与产出或成本与收益的对比关系。在社会主义初级阶段，狭义的效率就是指如何保持财富不断增长的问题。经济学意义上的公平是有关经济活动的规则、权利、机会和结果等方面的平等和合理，它是调节社会关系和财富分配关系的一种规范。马克思主义认为，公平是历史的、相对的，不是永恒的。它不只是一种主观观念，而是具有客观的内容，它受制于一个国家特定的社会经济结构、政治结构和文化结构，具有相对性、历史性和客观性。

效率与公平是对立统一的关系。对二者之间的关系应当辩证地认识，需要坚持"效率与公平兼顾"的原则。

首先，公平和效率是矛盾的统一，二者既相互矛盾、相互排斥，又相互统一、相互依存。它们的统一性主要表现在：其一，效率是公平的基础，没有效率就没有公平实现的物质条件和源泉。效率主要体现为生产力、经济的发展，若没有生产力、经济的发展、效率的提高和财富的增进，则公平就成了无源之水、无本之木，就难以有什么真正意义的公平。其二，公平促进效率，没有公平就没有效率存在的理由和保证。收入分配是否公平，对经济效率有重大影响，分配公平合理能够使各个阶层的劳动者充分发挥主动性、创造性和积极性，能够促使社会稳定发展，从而全面促进劳动效率的提高。相反，严重的分配不公，无论是平均主义的分配方式，还是收入差距过大乃至产生两极分化，都会降低劳动者的积极性，增加社会的不稳定因素甚至发生社会动荡，影响效率。

它们的矛盾性主要表现在：二者之间也存在此消彼长的一面。一方面，公平对效率具有一定的滞后性，效率开始提高了，旧的公平观仍居于主导地位，阻碍生产力的发展。另一方面，在一定时期内为了达到公平，要以牺牲一定的效率为代价；而为了促进效率，又要以牺牲一定的公平为代价。

在社会主义初级阶段，正确处理效率和公平的关系，应当把握以下几方面。

第一，从长期来看，要兼顾效率和公平，但在不同时期应有所侧重。效率和公平在任何时候都要兼顾，但在经济发展的不同阶段，侧重点有所不同。

在改革开放初期，采取"效率优先，兼顾公平"的分配原则，有利于打破计划经济体制下所形成的僵化的平均主义，提高劳动者的积极性，实现"先富"带动"后富"，最终达到共同富裕。经过三十年的经济发展，社会生产力迅速提高的同时，收入分配差距在各个层面不断扩大，社会公平问题则引起广泛关注。

第二，处理好初次分配和再分配的关系，即在初次分配中充分着力体现效率，但也要适当注意公平问题，而在再分配中则要体现公平。在市场经济条件下，市场主体追求自身利益最大化，而要实现微观主体自身利益最大化，最有效的经济手段就是按照市场原则和生产要素的贡献取得收入，让贡献大者获得更多收入，激发他们劳动和经营的积极性，在政策上要鼓励一部分人通过诚实劳动和合法经营先富起来。初次分配中讲求效率必然带来收入差距的扩大，要缩小收入差距就需要利用再分配的政策措施，包括对高收入者征收各种调节税，对低收入者和贫困地区实行转移支付，如提供社会保险、社会救助和临时性的社会捐助，目的是缩小初次分配中的收入差距。

第三，处理好市场机制和政府职能在收入分配领域的不同作用。市场机制作用的充分发挥有利于效率目标的实现，政府干预的侧重点是维持社会公平。只有市场机制和政府干预在收入分配领域发挥各自的优势，才能更好地解决效率和公平兼顾的问题。

📖 本章小结

建立社会主义经济制度是人类社会发展的必然趋势，也是我国历史与现实的产物。新中国成立后，通过对非公有制经济成分的社会主义改造，使我国由非社会主义所有制占主体的经济结构变革为社会主义公有制为主体的经济结构。

我国正处于社会主义初级阶段，社会主义制度已经建立，但生产力落后、商品经济不发达的状况尚未根本改变。社会主义初级阶段具有历史必然性和长期性，这是由我国进入社会主义的历史前提、现实国情和现代化建设所处的时代特征与国际环境共同决定的。

社会主义初级阶段的主要矛盾是人民日益增长的物质文化需要同落后的社会生产之间的矛盾，根本任务是解放和发展生产力。现阶段，必须坚持社会主义初级阶段的基本路线不动摇，按照初级阶段的基本纲领建设有中国特色的社会主义。

以公有制为主体、多种所有制经济共同发展，是我国社会主义初级阶段的一项基本经济制度。这是由我国的国情所决定的。必须毫不动摇地巩固和发展公有制经济，毫不动摇地鼓励、支持和引导非公有制经济发展，并将二者统一于社会主义现代化建设的进程中，使其不断完善。

社会主义初级阶段，我国必须坚持以按劳分配为主体、多种分配方式并存的收入分配制度，将按劳分配与按要素分配相结合，贯彻劳动、土地、资本等多种要素按贡献参与分配的原则，兼顾效率与公平。

思考题

1. 解释下列概念：社会主义初级阶段、生产资料所有制、混合所有制、按劳分配、按要素分配、公平。

2. 社会主义初级阶段的基本含义是什么？为什么说我国所处的社会主义初级阶段具有长期性？

3. 如何理解党在社会主义初级阶段的基本路线和基本纲领？

4. 社会主义初级阶段，为什么要建立以公有制为主体、多种所有制经济共同发展的所有制结构？

5. 为什么要坚持公有制经济的主体地位？这体现在哪些方面？现阶段如何才能坚持和巩固公有制的主体地位？

6. 如何看待非公有制经济在社会主义初级阶段的地位和作用？

7. 现阶段我国的个人收入分配制度是什么，如何看待现阶段的收入差距？

第十二章　社会主义市场经济

建立和完善社会主义市场经济，是我国经济体制改革的目标模式。社会主义市场经济是我国改革开放时期提出来的一个新概念，是我国经济体制改革的一项重大理论创新，它对于建设有中国特色社会主义具有重要意义。本章从市场经济的一般特征出发，在解释社会主义市场经济基本规定性的基础上，说明我国的经济体制改革及市场机制、市场体系和市场秩序建设。

第一节　社会主义市场经济及其主要特征

一、市场经济及其一般特征

市场经济是市场在资源配置中发挥基础性作用的经济体制，是主要依靠价格、供求、竞争等市场机制来实现资源配置和调节人们经济活动与关系的一种经济运行方式。

市场经济与商品经济发展的较高阶段相联系，是商品经济发展到一定历史阶段的产物。列宁曾经指出，"市场不过是商品经济中社会分工的表现，因而它也像分工一样能够无止境地发展"。"哪里有社会分工和商品生产，哪里就有'市场'；社会分工和商品生产发展到什么程度，'市场'就发展到什么程度。"① 这段话概括性地表明了市场、市场经济与社会分工和商品经济的关系，即：市场与商品生产和商品交换的发展相同步，而社会分工和商品经济的发展则是市场经济的前提条件。也就是说，在社会化大生产和社会分工发展到一定程度之后，随着商品成为社会财富的主要存在形式，商品生产和商品交换成为人类社会的主要经济活动形式，活动于其中的各个经济主体主要依靠市场来获得他们所需要的各种经济资源，也主要依靠市场来实现他们所拥有的商品或劳务，此时，价格、供求、竞争等因素构成调节人们经济活动的主要杠杆，市场成为联系人们经济活动的主要纽带，这就形成市场经济。

市场经济与计划经济相对应，它们是现代人类社会所采取的两种不同的经济体制或经济运行方式。它们之间的区别，不在于是以市场还是计划来配置资源、引导人们的经济活动，而在于主要采取哪种方式或手段。当市场方式在资源配置中发挥基础性或主导性作用时，就称为市场经济；反之，如果主要依靠计划方式来配置资源、引导人们的经济活动，则称为计划经济。

① 列宁全集：第 1 卷. 北京：人民出版社，1984：79.

市场经济的发展历程大体上可以将其分为两个阶段，自由放任的市场经济阶段和现代市场经济阶段。在1929—1933年的资本主义大危机之前，各个主要资本主义国家奉行自由放任的宏观经济政策，即在指导思想和实践中，人们坚持市场能够有效配置资源，市场能够自动实现供求均衡的出清状态，无须政府采取各种宏观经济政策来干预经济。这种观念和做法在20世纪30年代的大萧条时期遭遇到严峻的挑战。实践中出现的经济大幅滑坡和停滞等问题，让人们意识到，需要借助于政府的宏观调控来为经济平稳运行、健康发展保驾护航。于是，自罗斯福新政，特别是第二次世界大战之后，发达国家相继进入了现代市场经济阶段。所谓现代市场经济，与早期市场经济相比较，最重要的变化是政府开始利用各种宏观经济政策和手段干预和调控经济。

综观世界各主要国家的实践，市场经济具有以下一般性特征。

（1）企业行为自主化。市场经济中，企业自主经营、自负盈亏，是独立的法人实体和市场竞争主体。法律赋予它们以法人财产权，它们各自以其全部资产，在价格、供求、竞争等市场机制的引导下开展生产经营活动。有关生产经营的一系列重要决策，包括生产什么、生产多少、怎样生产等问题，都由它们自己来完成。对于社会而言，企业是参与市场活动的细胞组织，小到面包，大到飞机等物品，都由企业生产并提供给市场。从这个意义上讲，没有企业，也就没有现代市场经济，企业是市场经济的微观基础。

（2）微观经济活动和经济运行市场化。在市场经济中，市场是联系人们经济关系的纽带。各个微观经济主体以买者或卖者的身份出现在市场上，与其他经济主体发生关系，并借助于他们的市场活动来实现自身的物质利益。市场中的价格、供求、竞争等要素和机制，成为引导人们经济行为和活动的主要力量。这些经济机制作用于人们之间的经济关系，使市场参与者优胜劣汰，并通过引导人们的经济行为，调节着资源在各部门的自发流动和配置。

（3）市场体系完善化。现代市场经济中，商品成为社会财富的细胞形式，人们生产所需要的各类生产要素和生活所需要的各种消费资料，绝大多数需要依靠市场交换来获得，由此形成了由消费资料市场和基本生产资料市场构成的一般商品市场，和由金融、技术、信息、劳动力、产权等市场构成的生产要素市场。并且，这些市场在运行中相互交织，形成为一个统一、完整、开放、竞争、有序的市场体系。

（4）宏观调控间接化。政府对经济的宏观干预和调节，是现代市场经济的一大特色。政府借助于各种政策杠杆，主要作用于价格、利率、汇率等市场杠杆，并通过这些经济杠杆的变化，引导微观主体的经济行为，促使资源配置更加合理化，从而确保经济的持续、健康发展。但是，与计划体制下以指令性计划为主的调控不同，市场经济中政府实施的宏观调控，是以间接调控为主的，即：政策的主要着眼点在于调控市场，而不是直接地、强制性地干预微观主体的经济行为。

（5）市场规则法制化。市场经济是法制经济。各类经济活动和由此引发的权、责、利关系，都需要建立在法律的认可与保护下。有法可依、有法必依，是维护平等竞争的市场秩序的基础。任何个人和单位，都不能有超越于法律之外的超经济权利。在法制的约束和保护下，市场才能有序运行。

（6）社会保障制度化。市场运行的过程中，因竞争引起的优胜劣汰，因经济结构变迁引起的就业工种转换，以及意外或突发事故等因素，都会增大社会成员的生存与生活风险。为此，建立健全社会保障体系，并使之制度化，就成为市场经济制度建设的必要环节。现代市场经济国家中，都形成了各具特色的社会保障制度，它们构成为社会发展的稳定器、经济波动的减震器和保障人民基本生活的防护网。

二、社会主义市场经济及其基本内涵

（一）经济制度与经济体制

无论是在社会主义国家还是资本主义国家，关于市场经济，都曾有过思想上的误区，产生过一种错误认识，将它与私有制联系起来，认为市场经济和计划经济都属于基本制度的范畴，是区分社会主义与资本主义的一项重要标志。例如，在十月革命之前，列宁也曾认为，"只要存在着市场经济，只要还保持着货币权力和资本力量，世界上任何法律都无力消灭不平等和剥削。只有建立起大规模的社会化的计划经济，一切土地、工厂、工具都转归工人阶级所有，才可能消灭一切剥削。"① 20世纪90年代以前，我国出版的一些经济学著作、辞典和教科书，大多把市场经济定义为：以私有制为基础，由市场机制调节国民经济运行的一种经济制度。在西方，1986年出版的《简明不列颠百科全书》，将市场经济定义为，"生产资料大多为私人所有，主要是通过市场的作用来指导生产和分配收入的。"②《现代日本经济事典》也把私有财产制度、契约自由和自我负责看作是市场经济的三项基本原则，并认为"私有财产制度是市场经济制度中最具有代表性的制度。"③

上述认识的错误首先在于，它将经济制度和经济体制混为一谈，没有理清二者之间的关系。经济制度是一个多层面、多角度的概念，可以从两个层次来理解它。

一是反映一定社会生产关系基本特征的经济制度，亦即基本经济制度，它决定了人们在再生产各环节的经济关系。由于生产资料所有制，即生产资料与劳动者相结合的社会方式，是一定社会生产关系的前提和基础，因此，一定社会的基本经济制度，首先反映在生产资料所有制的特征上。正因为如此，我们讲，以生产资料公有制为主体、多种分配方式并存，是我国的一项基本经济制度。另外，在基本经济制度中，还包含了作为一定社会经济基础的制度，即一定社会占统治地位的生产关系的总和。这是更为狭义的经济制度概念。例如，资本主义以资本家私有制和雇佣劳动为基础，社会主义以生

---

① 列宁全集：第13卷. 北京：人民出版社，1984：124.
② 简明不列颠百科全书：第9卷. 北京：中国大百科全书出版社，1986：557.
③ 现代日本经济事典. 北京：中国社会科学出版社，1982：149.

产资料公有制和按劳分配为基础。

二是体现一定社会经济运行方式的具体组织形式、管理体系和经营方式等。这包括资源配置方式、企业组织制度、宏观管理制度等多方面。

显然，当与经济体制相对照时，人们所讲的经济制度属于第一个层面的含义。在这个意义上讲，经济制度与经济体制既相互联系，又有所区别，是一种辩证统一的关系。首先，反映社会性质的经济制度是区分不同社会形态的根本标志。社会经济制度不同，社会形态就不同。社会经济制度的变革，即一种经济制度取代另一种经济制度，表现为人类社会形态的演变和发展；其次，经济制度是经济体制的基础，而经济体制则是一定经济制度的具体组织形式和管理体系。经济体制作为一定社会的经济运行方式、资源配置方式，存在于一定的经济制度环境下，必然以该社会的经济制度为基础，并要为其服务。而作为基本经济制度，也需要借助于与之相适应的经济运行和资源配置方式来加以反映、贯彻和实现，并通过经济体制的作用来巩固、发展和完善；第三，一定的经济制度下，可以采取多种经济体制，而一种经济体制也可以适用于多种经济制度。这是因为，经济体制的选择具有相对独立性。经济体制既受经济制度的制约，也受诸如生产力发展水平、历史文化传统、不同时期经济社会发展的主要矛盾和问题等其他因素的影响。正因为如此，经济制度相同的各国或某一国家的不同发展时期，可以有不同的经济体制，而不同经济制度的国家或一国的不同社会形态下，可以在经济体制上取长补短，具有相同的某些特征。

（二）社会主义市场经济是社会主义制度与市场经济的有机结合

社会主义基本经济制度与市场经济不存在根本矛盾，它们完全可以结合起来。原因有以下几点。

第一，无论是计划经济还是市场经济，它们都只是一种经济体制。作为经济体制，所涉及的是资源配置主要方式的选择、经济运行方式、具体管理体制等内容，与由占统治地位的生产资料所有制等内容所体现和反映的基本经济制度是两个层面的范畴。

第二，从根本上讲，市场经济是商品经济发展到一定阶段的产物，与资本主义私有制并无必然联系。在这一点上，历史的进程和逻辑的进程是一致的。从历史的进程来看，尽管在现代人类社会，采取市场经济体制的国家和地区大多数实行的是资本主义制度，但早在资本主义社会以前，这种经济体制就已经开始萌芽。从逻辑的角度看，要求市场在资源配置中发挥基础性作用，其基础性条件包括：一是具有独特利益且在经济上是相互平等关系的经济主体的存在，二是生产力与社会分工的发展，使得剩余劳动在社会总劳动、剩余产品在社会总产品中的比重上升到较高的比重。在这两个条件满足的情况下，一方面，社会总产品的绝大多数是以满足他人需要为目的生产出来的，另一方面，作为平等的经济利益主体，人们所需要的物品和劳务不能无偿获得，自身拥有的资源也不能被强制性无偿剥夺，于是，主要依靠等价交换的市场方式来发生物质利益联系，就成为一种合理的方式。

第三，在社会主义社会，市场经济发展所要求的条件都能得到满足，具有实行市场经济的土壤。这是因为，一方面，社会主义是建立在社会化大生产基础上的，生产力与社会分工的发展决定了在这一社会形态下，各类经济主体客观上要发生大规模的、经常性的联系，因为满足人们需求的各种物品和劳务，其绝大多数都要依赖社会而不是自身来提供，同时，各经济主体所生产或拥有的东西，也主要不是满足自己需要的，而是用来满足社会即他人需求而提供出来的；另一方面，社会主义时期还存在多种所有制经济，并且同一种所有制下也有多个经济利益主体，它们都具有平等的法律地位和经济权利。这样，在他们之间，有着依靠市场交换来维系彼此之间经济联系同时又确保各方平等经济权利的可能性。

所谓社会主义市场经济，就是在社会主义国家宏观调控的前提下，发挥市场在资源配置中的基础性作用的经济体制。它是社会主义基本经济制度与市场经济的有机结合。这样的结合，既可以发挥社会主义制度的优越性，在坚持共同富裕的原则下，让社会经济的发展体现为为大多数人利益服务的宗旨，并自觉根据社会经济发展的需要，实行制度创新；又可以通过国家掌握的强大的国民经济命脉，矫正市场在资源配置方面的缺陷，特别是根据社会化大生产所要求有计划、按比例性，促进生产力更快更好的发展。

三、社会主义市场经济的特殊性

市场经济与社会主义基本经济制度的有机结合，决定了社会主义市场经济在具有市场经济一般特征的同时，又具有特殊性。这主要表现为以下几点。

（1）在所有制结构上，以生产资料公有制为主体，多种所有制经济长期共同发展。其中，公有制经济在国民经济中具有主体地位，决定了社会主义市场经济的性质，规范着社会经济的发展方向，是实现劳动人民当家做主的经济保障，在现代化建设和引导非公有制经济发展方面发挥着重要作用。各种非公有制经济也是社会主义市场经济的重要组成部分。它们对于增强社会主义经济运动的活力、满足人民群众多样化的需求和加快推进社会主义现代化建设，具有重要意义。实行市场经济，既要坚持和巩固公有制的主体地位，努力探索适合公有制发展的各种实现形式，让公有制经济做大做强，又要允许、鼓励非公有制经济发展，让非公有制经济与公有制经济平等竞争，并将二者统一于社会主义现代化建设中。

（2）在分配制度上，以按劳分配为主体、多种分配方式并存，坚持劳动、资本、土地等多种生产要素按贡献参与分配的原则，兼顾效率与公平，鼓励一部分人、一部分地区通过诚实劳动和合法经营先富裕起来，从而有利于实现共同富裕的目的。

（3）在宏观调控上，社会主义国家能把人民的当前利益与长远利益、局部利益与整体利益有机结合起来，提高宏观调控的自觉性、合理性和有效性，从而保证国民经济持续、健康、快速发展。

第二节　我国的经济体制改革

一、中国经济体制改革的总体进程与主要特征

（一）中国经济体制改革的总体进程

1978 年中共十一届三中全会以来，我国进行了一场经济体制上的巨大变革。这一进程大体上可以划分为四个阶段。

1978 年 12 月到 1984 年 10 月，这是改革的初始阶段。在这一阶段，改革的重心在农村，农村的改革又以推行家庭联产承包责任制为中心，并配套采取了农产品价格改革和农村多种经营和集市贸易等措施。其中，家庭联产承包责任制从安徽、四川的试点开始，然后于 1982 年、1983 年在全国推行。在城市中，我国初步进行了工业管理体制改革、生产改组和企业放权让利试点、创办经济特区、开放沿海港口城市、允许个体经济发展等工作。

1984 年 10 月到 1992 年 10 月，是我国经济体制改革的全面铺开阶段。改革的重心在这一时期转向城市，城市的改革包括以采取承包制、租赁制和进行股份制试点为内容的转变企业经营方式的改革，价格管理体制改革，培育市场体系，扩大对外开放程度，允许多种经济成分共同发展等多个方面。这一阶段是新旧两种体制的交织时期，两种体制在运行中的矛盾比较突出，改革的方向也没有明确。

1992 年 10 月到 2002 年 10 月，是深化经济体制改革的阶段。这一时期的工作主要是：推进国有经济布局的战略性调整，加快现代企业制度建设，大力发展非公有制经济，加快培育生产要素市场，推进价格体制改革，深化财税、劳动、商业、物资、住房、医疗、金融等领域的改革，转变宏观调控方式，等等。

2002 年 10 月至今，是改革的攻坚阶段。这一阶段以完善社会主义市场经济体制为宗旨，旨在解决经济运行中的突出矛盾、攻克体制变革中的遗留难题和增强经济的国际竞争优势。具体内容包括：继续以要素市场为重点，完善市场体系，加快推进医疗、卫生、教育等体制改革，继续推进国有资产管理体制改革，加大企业兼并、重组工作的力度，加大经济结构调整的力度，大力发展现代服务业，提高经济增长的集约化程度，完善个人收入分配制度等。

（二）中国经济体制改革的阶段性特征

经济体制改革是一个制度变迁的过程。从国内外实践来看，这一进程可以从不同角度来加以分类。从制度变迁的主体和动力来源来看，可以分为自上而下的强制性制度变迁和自下而上的诱致性制度变迁两种；从改革的推进力度和速度来看，可以分为激进式改革和渐进式改革两种方式。其中，所谓激进式改革，就是通过快速的、大规模或整体的、一步到位的制度变迁方式，在尽量短的时间内从旧体制向新体制转变；渐进式改革，就是指采取循序渐

进的方式，通过较长时间的新制度因素的累积和分步到位，以及对旧体制诸因素的各个击破，最终实现新旧制度的转换。1989 年之后，在向市场经济的转变过程中，前苏联、东欧国家采取了激进式改革方式。而我国在经济体制改革中，采取的是渐进式改革。

我国的这种渐进式改革具有以下特点。

第一，采取试验与摸索的方式来为全国性变革积累经验。20 世纪 80 年代，邓小平同志曾讲，我国的改革是"摸着石头过河"。由于没有成功经验可供借鉴，我国通过创办试验区、试点单位等途径，考察新制度不同模式的效果，在积累经验后再向全国推广。这种方式避免了大规模突发性变革对经济造成的巨大冲击力，减少了因政策失误而导致经济激烈动荡的可能性，对于稳定经济主体的预期、保持已有改革成果具有稳定效应。

第二，以"体制外"因素为突破口，逐步向"体制内"因素的改革过渡，同时，对于"体制内"因素的改革，也先易后难，逐步推进。例如，改革开放之初，国家先放宽政策，允许各种非公有制经济发展，改革集体所有制企业的经营方式、管理体制，然后待国有企业改革试点积累经验后，再大规模推进后者经营方式的转变。并且，对于国有经济的改革，也不是一步到位的：先是下放经营自主权和流通体制改革，然后在生产资料流转体制和劳动用工制度方面进行变革，再以建立现代企业制度为契机，实现企业经营方式的根本转变，最后上升到包括国有资产管理、运营体制在内的资本管理、运营体制和国有经济布局调整等领域。

第三，在资源配置方面，以"增量"改革为突破口，带动"存量"改革。即：在资源配置方面，采取两步走的办法，先是在保证社会资源和财富计划调配所需量的基础上，允许增量即剩余部分按市场方式来配置，然后再对原有计划部分的资源和财富进行市场化改革。改革过程中，我国对国有企业生产的产品和创造的利润，对集体农民生产的粮食，对生产资料价格，对国有企业职工的劳动用工制度，诸多领域都采取的是这种办法。

第四，渐进式改革具有逐层推进和倒逼性的特点。国民经济和一种体制的各个方面，构成为一个系统，在其运行过程中，构成它们的各个因素和环节是相互影响、相互制约的。我国的改革是对原有计划体制的根本性变革。这就意味着，当我们变革旧体制的某一环节或部分环节的时候，要使这一改革顺利推进并使已有改革成果得以巩固和深化，必然要求其他方面的改革来加以配套。于是，改革就会展现出逐层推进和倒逼的特点。例如，对企业经营方式的变革，使企业拥有自主经营权，这客观上要求变革企业的劳动用工制度和国家对生产资料的管理体制，改革国有资产管理体制，于是，先期改革就会引发后续改革。

第四，改革的目的是为了更好地发展，不同发展阶段的战略目标和突出矛盾影响着改革各时期的侧重点。激进式改革以新自由主义思想为指导，将市场对资源配置的有效性提高到至高无上的地位，这使得体制转轨具有首要地位。而我国在处理改革、发展、稳定关系时，强调发展是目的，改革是途径，是为了更好的发展。这种对改革与发展关系的理念，决定了我国的经济体制改革需要与我国的经济发展战略相适应，要为既定战略目标的实现来服务，不同时期改革的目标和侧重点会受不同阶段战略目标和国民经济运行突出矛盾的影响。例如，从小的方面来看，在改革之初，国家将重心放在农村，同时优先发展轻工业，这是与我国当时的国内环境相适应的。从大的方面来看，与实现基本小康目标的阶段相对应，我国经济体制改革的目标是基本建立社会主义市场经济体制，这一阶段工作的重点是通过改革资源配置方式，激发经济运动的活力，满足人民群众的基本需要；与全面小康建设相对应，我国改革的目标是完善社会主义市场经济体制，这一阶段的侧重点是在完善市场经济体制的基础上实现经济增长方式转变，调整经济结构，改善民生。

二、建立社会主义市场经济体制的客观必然性

1992 年，中共十四大正式将建立社会主义市场经济体制确立为我国经济体制改革的目标模式，这标志着建设有中国特色社会主义理论和经济体制目标模式选择的重大突破，对于继续推进并深化我国以市场化为方向的经济体制改革具有重要意义。从国际国内发展的历史经验和我国的现实国情来看，将社会主义市场经济体制确立为我国经济体制改革的目标模式，具有客观必然性。

（1）这是社会主义初级阶段商品经济发展的客观要求。

商品经济发展到一定程度，必然要求市场在资源配置中发挥基础性作用，采取市场经济体制，反过来，采取市场经济体制，又会推动商品经济的进一步发展。改革开放以后，我国多种所有制经济的发展，各类经济主体的存在，使得商品生产和商品交换在种类、数量和规模上不断得到增进，市场在资源配置中的作用也由此不断增强。这为我国实行市场经济提供了客观条件。同时，从我国商品经济发展的趋势来看，虽然初级阶段的商品经济还不发达，但大力发展商品经济，尊重和利用价值规律，对于我国社会主义现代化建设具有重要意义。这有利于调动各方面的积极性，发挥各个企业、各个地区的经济优势，增加社会财富总量；有利于增强经济主体的创新意识，促进企业和整个社会劳动生产率的提高，促进社会生产力的发展，节约生产要素使用，提高经济效益；有利于引导资源的流动与配置，让供给与需求更有效地衔接起来，优化经济结构；有利于发挥竞争机制的作用，优胜劣汰，优化资源配置。总之，商品经济的充分发展，是社会主义不可逾越的阶段，从商品经济与市场经济的相互关系上讲，我国需要实行社会主义市场经济体制。

（2）这是由计划与市场两种资源配置方式的特点及其在资源配置中的优缺点所决定的。

经济资源的有限性和稀缺性，决定了人类社会需要在不同资源配置方式之中作出选择，以保证经济运动的效率。与自然经济中以家庭或庄园为组织单位，依靠血缘纽带来实现资源配置不同，现代经济是建立在社会化大生产基础上的，生产社会化和社会分工的发展要求在整个社会范围内考虑资源配

置问题，与此相对应，可行的资源配置方式有两种，即计划和市场。其中，计划方式是指以国家的强制性权力为主要依托，由政府作为主导性力量来进行资源配置，市场方式是指以微观经济主体为主导力量，以自愿交换为原则，通过市场运行中的价格、供求、竞争等机制的作用来实现资源配置。

两种资源配置方式的区别在于：① 微观经济主体的地位不同。计划方式下，各微观经济主体只是政府行为的从属物，需要根据政府的决策和指示来开展各种经济活动，为实现政府制定的目标来服务，个体利益和目标服从于整体利益和目标。市场方式下，各经济主体是相对独立的经济单元和决策单元，它们以追求自身利益最大化为目标，在平等竞争的环境下开展各种经济活动。② 资源配置的主导性力量及其依托权力不同。计划方式的资源配置手段主要是各种指令性计划和指导性计划，政府是这些计划的决策者和领导者，他们依托国家的强制性权力行事，资源配置以命令和服从为原则。市场方式下的资源配置，主要是借助于各类微观经济主体的活动来实现，他们所依托的是法律所赋予的独立产权，资源配置以平等竞争、等价交换为原则。③ 经济运行方式不同。计划方式下，政府根据自下而上传递上来的信息负责制订计划，在全国范围内调配人、财、物，统一筹划产、供、销，保证并监督计划的实施，各微观经济主体根据自上而下传达下来的指示行事，具体负责各类计划的实施工作。市场方式下，经济运行主要由价格、供求、竞争等机制来引导和调节。

计划和市场两种方式的特点决定了它们在资源配置中各有优缺点。其中，计划的优点主要集中在宏观领域和对市场失灵环节的矫正等方面，如保证经济总量平衡和促进经济结构优化，对垄断、公共产品供给和外部性等市场失灵的矫正，防止和矫正收入差距偏大问题，制定市场规则，维护市场运行的有序性等。而市场的优势主要集中在微观领域，对竞争性物品和劳务的配置方面。在这类资源的配置中，利用市场机制调节，一是具有激励效应，可以在尊重各微观主体自身利益的前提下，调动他们发展生产经营活动的积极性、主动性；二是具有信息优势，能够克服计划方式信息分散发生与集中决策之间的矛盾；三是具有学习和创新效应，各类主体从自身利益出发，在竞争机制的作用下，会主动研发、学习、仿效新技术、新的管理经验、新的工艺流程；四是增强人们加强经济与社会联系的自觉性、主动性，与生产社会化的发展相适应，形成社会化的生活方式、组织方式。

由此可以看出，计划和市场两种资源配置方式或手段，是完全可以实现优势互补的，在国家宏观调控和微观规制的前提下，发挥市场在资源配置中的基础性作用，能够使二者相得益彰，更好地为经济发展服务。

（3）这是对计划体制经验教训和我国经济体制改革成功经验总结的结果，是解放和发展生产力的客观需要。

高度集权的计划体制，曾经在社会主义制度建立之初，在经济资源极其有限的背景下，借助于国家人、财、物的统一调配和对产、供、销的统一筹划，对于确保重点建设和改善薄弱环节，起到了重要作用。但是，当国民经济建设全面展开，其弊端就逐步暴露出来。这主要表现为：① 所有制单一。脱离生产力发展的低水平、多层次性，急于过渡，搞单一的生产资料公有制，使得生产力发展受到束缚。② 条块分割、地区封锁。中央各部门、各地方自成体系，自行其是，致使重复建设较为严重，造成人、财、物力的浪费，也人为破坏了社会化大生产所要求的国民经济各部门、各环节、各区域内在联系的规律性。③ 政企不分。国家对企业管得太多、统得太死，使企业成为上级主管机关的附属物，缺乏从事生产经营活动应有的动力和压力，也缺乏从事创造性活动应有的活力。④ 国民经济结构严重失调。计划体制下，计划与人民需求严重脱节，导致供销矛盾比较突出；重工业畸形发展，忽视了农业和轻工业发展，致使后者发展不足；积累与消费矛盾严重，重积累、轻消费，重生产、轻生活，造成经济发展与人民生活水平提高之间存在背离。⑤ 平均主义的分配倾向，挫伤了劳动者发展生产的积极性。这些矛盾和问题说明，不改革传统计划体制，社会主义就没有出路，中国的现代化也不可能实现。

1978 年以来，我国实施了经济体制改革。在这一进程中，市场因素逐步增多，虽然由此也带来了一些新问题、新矛盾，如经济的波动等，但总体上看，市场因素的增多带来的是经济的快速增长，人民生活水平的切实改善。

三、社会主义市场经济的基本框架

在社会主义条件下搞市场经济，是一项前所未有的事业，尤其是我国当前正处在业已残损的集中性计划经济体制与正在初步形成的市场经济体制的交替时期，情况复杂，困难重重，需要做的工作很多，但关键的是要搞好那些对社会主义市场经济体制建设起决定性作用的基本点建设。

（一）在坚持和完善社会主义初级阶段基本经济制度的前提下健全企业制度

以公有制为主体、多种所有制经济共同发展的基本经济制度，规定了我国市场经济的性质和方向。我国发展市场经济，就是要在国家宏观调控的前提下，利用市场配置资源的优势，通过探寻适合公有制发展的各种实现形式，健全国有资产管理、运营体制，调整国有经济布局，努力发展集体经济，来巩固、壮大公有制经济，增强国有经济对国民经济的控制力；就是要使非公有制经济有一个平等竞争的发展舞台和环境，更好地为社会主义现代化服务。

作为社会主义市场经济微观基础的企业，其制度一方面要体现社会主义基本经济制度的要求，采取国家所有、集体所有、其他经济主体所有等多种所有制形式，并使国家所有制企业掌握国民经济命脉，公有制经济占主体地位；另一方面，还要根据实际经济运行和市场经济体制的要求，探索各类企业的具体管理制度、经营和组织方式。特别是，对于国有大中型企业，要以公司制为典型形式，建立以产权清晰、权责明确、政企分开、管理科学为特征的现代企业制度，实现企业经营方式的转变；采取改组、联合、兼并、租赁、承包经营和股份合作制等形式，放开、搞活国有中小型企业。

（二）培育和完善社会主义市场体系

所谓市场体系，就是各类市场密切联系、相互制约、相互作用所构成的有机统一体。现代市场体系包括有机联系的两部分，即：由消费资料市场和生产资料市场构成的传统商品市场，由金融市场、劳动力市场、技术市场、信息市场、房地产市场、产权市场等构成的要素市场。培育和完善市场体系，就是在各类市场发展的基础上，建立以统一、开放、竞争、有序为主要特征的现代市场体系。为此，在继续完善消费资料和生产资料市场的基础上，以资本市场为核心，重点抓好要素市场建设；打破地区封锁、部门分割、行业垄断的局面，为各类经济主体的平等参与和公平竞争创造条件；建立和完善主要由市场形成价格的机制和其他各种市场机制，发挥市场在资源配置中的基础性作用；根据对内搞活、对外开放的要求，改革流通体制，提高国内和国际两个市场的开放程度；健全市场规则，整顿市场秩序，加强市场管理，保证各类市场的健康运行。

（三）建立健全社会主义宏观调控体系

建立以间接调控为主的宏观调控体系，是社会主义市场经济健康运行的重要保障。建立健全以间接调控为主的宏观调控体系，一是在调控方式上，要求在一般情况下，国家不直接干预微观经济主体的合法行为与活动，而是主要通过对各类市场信号，包括价格、利率、汇率等产生作用，使之发生预定变化，借以引导微观经济主体的行为和资源配置活动；二是在调控目标上，不是给各微观经济主体直接下达具体指令，而是注重保持经济总量的大体平衡，保持适度的经济增长，促进国民经济结构整体优化，保持物价总水平的大体稳定和国际收支的大体平衡，实现充分就业，防止收入分化等；三是在调控手段和政策工具上，主要借助于各种经济手段和法律手段，辅之以必要的行政手段。其中，国家调控经济的经济政策和工具主要有：以税收、政府购买支出和转移支付为工具的财政政策；以货币总供给调控为中介目标，使用法定准备金率政策、再贴现率政策和公开市场业务等工具的货币政策；利用所得税政策、最低工资立法等手段实施的收入政策；以扶持特定产业或地区，或规制个别产业发展为目标，综合利用税收、信贷、补贴、市场准入限制等政策工具实施的产业政策和区域政策等。

（四）完善个人收入分配制度

社会主义市场经济条件下，必须坚持以按劳分配为主体、多种分配方式并存的收入分配制度，这是由社会主义初级阶段的基本经济制度所决定的。在完善个人收入分配制度的过程中，要坚持劳动、资本、土地、技术、管理等多种要素按贡献参与分配的原则，兼顾效率和公平，走让一部分人、一部分地区先富起来，逐步实现共同富裕的道路。同时，国家还需要通过保障最低收入、矫正过高收入、扩大中等收入者的比重、打击非法收入等方式，优化收入分配结构。

（五）健全社会保障制度

社会保障是维护社会稳定的安全网，是保障人民基本生活需要的防护网，是保持经济发展的减震器。在经济发展的过程中，一方面，市场竞争机制的优胜劣汰功能，经济结构变迁等所引起的就业工种转换，都有可能使部分人群失去收入来源，增大社会成员生存和生活的风险，需要建立健全社会保障体系和制度，来为他们提供基本生活保障，减少经济发展中的不稳定因素；另一方面，社会保障支出的规模，往往具有反经济周期的特点，具有维护经济平稳运行的调节功能。因此，建立社会主义市场经济，需要以社会保险、社会救助、社会福利为基础，以基本养老、基本医疗、最低生活保障为重点，建立多层次、全方位、覆盖全社会的社会保障体系，健全社会保障制度。

四、完善社会主义市场经济体制

经过30多年的改革，我国已经初步建立了社会主义市场经济体制。社会主义基本经济制度业已确立，企业经营方式的转变取得长足进步，各类市场初步形成，市场在资源配置中开始发挥基础性作用，全方位、多层次、宽领域的对外开放格局基本形成，个人收入分配制度正在逐步完善，社会保障制度初步建立起来。但是，这并不意味着困扰经济社会发展的体制问题已彻底解决。21世纪初，这些体制性障碍主要表现为：国有企业建立现代企业制度、国有经济布局的战略性调整和完善国有资产管理运营体制的任务还没有彻底完成；要素市场发育滞后，资本市场不健全，经理市场尚未形成，普通劳动力市场就业压力较大，市场秩序在局部环节和个别时期还存在混乱状况；个人收入差距存在偏大问题，垄断行业高收入和各种灰色收入、非法收入尚未得到有效矫正；政府管理体制改革滞后，政府职能转变不到位，转变经济增长方式、优化经济结构和改善民生的任务还比较艰巨，区域经济发展不平衡的问题尚需进一步解决；科技、教育、文化、卫生和社会保障体制还不完善，等等。为此，2002年，中共十六大报告指出，我国要坚持社会主义市场经济的改革方向，在20世纪头二十年，在全面建设小康社会的过程中，建成完善的社会主义市场经济体制。

我国完善社会主义市场经济体制的基本目标是：按照统筹城乡发展、统筹区域发展、统筹经济社会发展、统筹人与自然和谐发展、统筹国内发展和对外开放的要求，更大程度地发挥市场在资源配置中的基础性作用，为全面建设小康社会提供强有力的体制保障。

我国完善社会主义市场经济体制的主要任务是：完善公有制为主体、多种所有制经济共同发展的基本经济制度，建立有利于逐步改变城乡二元经济结构的体制，形成促进区域经济协调发展的机制，建设统一开放竞争有序的现代市场体系，完善宏观调控体系、行政管理体制和经济法律制度，健全就业、收入分配和社会保障制度，建立促进经济社会可持续发展的机制。

第三节　社会主义经济中的市场运行

一、市场机制及其运行特征

市场经济要求市场对资源配置起基础性作用，市场资源配置的作用是通过市场机制和市场体系来实现的，同时，这种作用的发挥也离不开一定的市场规则及其约束下的市场秩序。

"机制"一词最早源于希腊文，原意是指机器的构造和运行原理。经济学将这一词引入进来，提出了市场机制等经济机制的概念。所谓经济机制，是指经济机体的各个构成要素在相互制约和作用的过程中所表现出来的运动特征、相互关系及其功能的总称。相应地，市场机制也就是市场各构成要素之间的相互联系及其运行机制。从构成要素来看，市场机制由供求、竞争、价格、利率、风险、工资、汇率等多个因素构成，这些要素之间既相对独立，又相互联系和作用，从而形成了诸如供求机制、竞争机制、价格机制、利率机制、风险机制、工资机制、汇率机制等市场机制的组成部分。这里主要分析供求机制、价格机制和竞争机制。

（1）供求机制。供求机制是市场上供给和需求两种力量的决定及其相互影响关系的总称。由于市场上的交换是供给与需求两种力量的相互作用，所以，在各类市场上，虽然供求机制的具体表现不同，但它都在发生作用。这里以商品市场为例。商品的需求来自于商品的购买者，特定市场上的需求是指一定时期内购买者愿意而且有能力支付的购买数量。这主要受商品自身价格、相关商品价格、消费者的收入水平和社会收入分配状况、消费者预期及其他因素影响。商品的供给来自于商品生产者或销售者，特定市场上的供给通常是指在一定时期内生产者愿意而且能够出售的商品数量。这主要受商品自身的价格、相关商品的价格、生产要素的价格、生产技术水平、生产者预期、政府政策等因素的影响和决定。在上述各种因素中，商品自身价格是需求和供给的最主要影响因素，通常情况下，对于大多数商品而言，需求量与商品自身价格反方向变动，供给量与商品自身价格同方向变动。供给和需求两种力量相互依存和制约：首先，它们二者在质的方面相互依存。商品供给以满足市场需求为目的，受市场需求的制约，而反过来，市场需求的满足和实现程度又依赖于商品供给。其次，从量的方面来看，供给量和需求量的相对关系决定了市场的均衡与非均衡状态，由此也决定了某个市场是买方市场还是卖方市场的特征。

（2）价格机制。市场经济中，价格对配置资源、市场运行和经济主体行为具有信号指示、供求平衡的作用，其他市场机制大多也要借助于价格机制来实现，受价格机制的影响。另外，人们的经济利益及其实现程度也受制于价格机制的作用，所以，价格机制是市场机制的核心。所谓价格机制，就是价格决定、形成及其变动的机制。商品价值是其价格的基础，但其他因素，特别是商品供求关系的影响，价格与价值又会存在质和量的背离。市场经济主要实行的是由供求关系形成价格的机制，即除少数公益性物品和劳务外，大多数商品，尤其是具有竞争性特征的私人物品和劳务，其价格由市场上供求两种力量的自发作用来形成，并随着供求关系的变动而变化，反映供求关系的性质和变动趋势。价格机制和包括供求机制在内的其他机制相互作用，具有传递经济信息、调节利益关系和核算经济效益的功能，引导着资源在不同商品之间的配置。

（3）竞争机制。所谓竞争机制，就是竞争与供求关系、价格变动、要素流动和利益分配等因素相互制约、相互作用的内在联系和运动机制。市场经济中竞争无处不在，竞争机制及其作用也借助于各种形式的竞争体现或反映出来。从竞争主体来分类，竞争可分为买卖双方的竞争、买者之间的竞争和卖者之间的竞争；从竞争手段来划分，可分为价格竞争和非价格竞争；从竞争领域来分类，可分为部门内部竞争和部门之间的竞争；从交易对象来分类，可分为商品市场的竞争和各类要素市场的竞争。在这些竞争形式中，竞争机制要充分发挥作用，其必要条件是：各类经济主体必须是相对独立的经济利益单元和决策单元，是相当独立的行动主体；具有公平竞争、运行有序的良好市场环境和健全的市场体系。

二、现代市场体系的基本结构和特征

（一）市场体系及其基本结构

市场体系是各类市场密切联系、相互制约、相互作用所构成的有机统一体。它是市场机制发挥作用的必要条件。在人类历史的发展中，市场体系是一个不断完善的动态过程，生产力发展水平和社会分工的发育程度对市场体系的构成及其内部联系具有决定性作用，而商品经济的发展状况则直接影响着市场体系的发育。与简单商品经济相适应的市场，主要是商品市场，即消费资料市场和有形的物质生产资料市场。随着生产力的不断变革和商品经济范围、领域的不断拓展，不仅传统商品市场获得了进一步发展的空间，而且进入市场交换的生产要素越来越多。在资本主义市场经济中，各类生产要素已经商品化，形成了各种特殊的要素市场。

市场是买者与买者的接洽点，市场的基本构成要素包括：由买卖双方及各类中介组织构成的市场主体，由各类交易物品和劳务即交易对象构成的市场客体，由交易时限构成的时间要素，由交易场所或地域构成的空间要素，由市场服务设施、条件和交易方式构成的市场服务手段要素等五个。根据这五类要素的不同性质和特征，现代市场体系的基本结构可以从不同角度加以认识。

从交易对象来看，现代市场体系主要由商品市场和要素市场构成，商品市场包括消费资料市场和生产资料市场，要素市场包括金融市场、劳动力市场、技术市场、信息市场、房地产市场和产权市场等。此外，除这两大类市场外，现代市场体系还包括诸如旅游市场、娱乐市场、文化市场、运输市场、邮电市场，教育市场等。并且，对于上述各类具体的市场形式，人们又可以根据其交易对象特征的差异性，进一步作出分类。例如，生产资料市场可分为能源市场、原材料市场、普通设备制造业市场、专用设备制造业市场等多种，金融市场可进一步分为货币市场和资本市场两类，劳动力市场可分为普通劳动力市场、专业化技术人才市场、经理市场等类型。

现代市场体系也可以从其他角度进行分类。例如，根据买卖双方市场地位的不同，可将其分为买方市场和卖方市场；根据交易主体的数量、单个交易主体对价格的影响力、进入和退出市场的难易程度、各类生产者所提供的产品有无差异等因素，可分为完全竞争市场、垄断竞争市场、寡头市场和垄断市场四类；根据交易的时间要素不同，可分为现货市场、远期交易市场和期货市场；根据交易的空间要素不同，可分为各区域性市场、全国性市场、农村市场、城市市场和国际市场，等等。

（二）现代市场体系的基本特征

作为各类市场互相联系、相互制约构成的有机整体，现代市场体系具有以下基本特征。

（1）统一性。市场体系的统一性，是指构成市场体系的各类市场完整不缺，它们在相互作用、相互制约的过程中构成为有机统一的整体。这具体表现为：第一，从交易对象上看，既要有发育成熟的商品市场，又要有适应经济发展需要的各类要素市场，既包括现货市场，又包括期货市场，既包含零售市场，又包含批发市场；第二，从地区经济的互动性和行业关联及部门管理的角度看，各类市场在发展中不应人为地处于地区分锁、部门分割的封闭状态，应当使它们突破地域界限，并在部门管理上协调统一，从而确保资源的自由流动和各类市场在运行中的相互配合。

（2）开放性。市场体系的开放性，是指将国内市场和国际市场联系起来，在坚持对内对外开放原则的前提下，充分参与两个市场的竞争，利用两个市场的价格等信号引导资源，实现资源有效配置。市场体系的开放性针对区域经济和市场处于封闭状态而言，强调在各类市场发展中，市场空间范围应不断拓展和延伸，通过加强国内市场和国际市场的资源流动，在强化国内国际分工的基础上增强资源配置的有效性。

（3）竞争性。市场体系的竞争性，是指在市场运行的过程中，各类市场主体平等竞争，从而促使资源在各类市场合理流动、优化配置。这主要是针对市场运行中出现的行政分割、行业垄断和不正当竞争现象而言的，强调的是在市场体系的发育和完善过程中，需要利用国家法律法规的约束力，保护各类经济主体的合理权利，为公平竞争、要素自由流动创造良好的市场环境。

（4）有序性。市场体系的有序性，是指各类市场及其构成要素在密切联系、结构合理的基础上，通过国家法令和政策规范的约束，使其运转顺畅、秩序井然。市场体系的有序性相对于市场运行的无序化、规则紊乱和无政府状态而言，其中，健全、合理、规范的市场规则是保证市场体系有序性的基础性条件。

三、社会主义市场机制和市场体系建设

建立和完善社会主义市场经济，让市场机制在资源配置中发挥基础性作用，需要按照现代市场经济中市场机制的运行特征和市场体系的基本要求，结合我国不同发展阶段的实际，循序渐进、有针对性、有重点地采取相应措施，完善各类具体制度。

经过30多年的改革，我国市场机制和市场体系建设取得了突破性进展，基本形成了产权多元化的市场经济微观基础，由市场供求形成价格的商品市场体系基本形成，土地、资本、劳动力及技术和信息等要素市场体系初步建立，并正在进一步发展和完善，市场配置资源的基础性地位已经确立。但从整体上来看，统一、开放、竞争、有序的现代市场体系还有待于进一步完善，市场机制的功能也尚待健全，当前市场运行中还存在诸多问题。这主要表现在以下几方面。

（1）市场主体的发育尚不成熟。首先，国有企业改革进入攻坚阶段，建立现代企业制度的任务尚未完成，国有资产经营管理体制改革还有待于进一步深化，这些方面的因素制约了国有企业参与市场活动、开展市场竞争的活力。其次，各种非国有经济实体组织制度不健全，生产经营规模偏小，投融资等方面受体制性因素的约束较大，难以与国有经济展开公平竞争；第三，在参与国际竞争的过程中，我国企业整体上竞争力偏弱，还不能适应经济全球化和国际竞争的要求。

（2）市场体系发育的不平衡性。这主要表现为：第一，生产要素市场的发育明显滞后于商品市场；第二，在商品市场上，相关商品的比价体系和差价体系还未完全理顺，能源产品的价格改革有待深化，特别是，个别时期，相关商品的价格甚至存在"倒挂"现象，这些都束缚了行业间有效竞争关系的形成和资源的流动与转让；第三，城乡二元结构的矛盾比较突出；第四，区域市场发育不平衡，西部内陆地区的市场发育滞后于东部地区；第四，各类市场供求关系不协调，个别时期部分市场供求矛盾比较突出。

（3）二元体制矛盾依然存在。在体制转轨过程中，传统计划体制的影响依然存在，这使得市场运行过程中，行政权力对经济的过多干预引起市场行为和资源配置的扭曲，部分行业因进入规则等因素的限制引起行业垄断，地区市场的分割和封锁现象未能完全消除，关联产品定价机制二元化引起价格关系未能理顺。

（4）各类中介组织发展较慢，功能不健全，制约了市场化进程。社会中介组织，如会计师事务所、资产评估中心、信息咨询机构、仲裁机构等，在市场运作中发挥着媒介、传达、协调和服务的功能，是市场运转顺畅、运行高效、有序的重要保障。我国中介组织从无到有，不断壮大，但各类中介组织在发展中还存在与政府部门没有完全脱钩、中介组织的服务意识不强、人员素质不高、专业化水平偏低、规模偏小、社会信用较低等问题，需要进一步完善。

（5）政府对市场运行的宏观管理和微观规制机制不健全。市场经济要求建立主要由市场形成价格的机制，但对于部分公用事业、公益服务、自然垄断产品和关系国计民生的重要物品和服务，则需要通过宏观管理和微观规制措施，保障经济发展和人民生活的需要。当前，在医疗卫生服务、住宅、水电气、铁路运输、石油及成品油、农产品等领域，价格机制尚未理顺，政府管理体制也还不健全，经济生活中尚存在一些矛盾和问题有待解决。

针对上述问题，我国完善社会主义市场经济体制，在市场机制和市场体系的建设中，需要做好以下工作。

（1）积极培育和发展各类市场主体，促进各类市场主体平等参与市场竞争。首先，坚持政企分开的原则，健全国有资产管理体制，深化国有企业改革，完善公司法人治理结构，实行所有权和经营权分离，使企业自主经营、自负盈亏，真正成为具有独立经济利益的市场参与者和竞争者；其次，鼓励和支持各类非公有制经济实体在市场竞争中做大做强；第三，在建立现代企业制度的过程中，建立归属清晰、权责明确、保护严格、流转顺畅的现代产权制度，保护各类产权主体的合法权益，促进各类资本的流动和重组，推动混合所有制经济发展；第四，大力发展各类中介组织，增强他们在经济发展中的作用，规范他们的市场行为；第五，通过兼并、重组等方式，努力培养一批跨行业、跨地区、跨所有制且具有国际竞争优势的大企业和大企业集团，在对外开放的过程中将"引进来"和"走出去"战略相结合，在积极参与国际市场竞争的过程中增强我国企业和经济的整体竞争力。

（2）健全市场机制。首先，对于具有竞争性特征的商品和劳务，特别是资本品和能源、原材料等产品，需要继续深化价格体制改革，健全主要由市场形成价格的机制，在更大程度上发挥市场配置资源的作用；其次，在价格体制的改革中，根据各行业的经济关联性，着力培育相关商品的合理比价体系和差价体系；第三是以建立和完善现代产权制度为契机，通过法律法规的修改、完善和政策措施的调整，为各类经济主体提供公开、公平、公正的市场竞争环境；第四是健全政府对市场运行的宏观管理和微观规制体系，理顺公用事业和公益服务的价格形成机制；第五是加快政府职能转换的步伐，减少和规范行政审批，规范和发展市场中介组织，提高经济的市场化程度。

（3）继续培育和完善现代市场体系。一是在继续发展和完善商品市场的同时，重点培育和规范包括资本、劳动力、土地、技术、房地产、信息和产权等在内的生产要素市场；二是在继续发展城市和东南沿海发达地区市场的同时，根据农村经济和中西部地区经济发展的具体情况，因地制宜，大力培育和发展农村和中西部地区市场；三是在区域市场的发展过程中，坚持对内开放的原则，协调地区经济利益关系，破除地区封锁的局面，促使商品和要素跨地区流动，发展国内统一大市场；四是深化流通体制改革，发展现代流通方式；五是根据我国加入世界贸易组织的承诺，积极参与加入国际大市场，促进国内市场与国际市场的有效衔接。

四、社会主义的市场秩序和市场规则

(一) 规范社会主义市场秩序

市场秩序是指市场在运行中各类行为主体都必须遵循的行为规范和行为准则的总称。它是与市场运行相关的各种制度和规则相互作用的结果，也是市场运行内在规律的外在表现。等价交换、公平竞争、规范有序是市场经济对市场秩序的最基本要求，这对于各类经济主体形成稳定预期，稳定和巩固各种经济关系，增强经济主体参与市场活动的积极性、主动性和创造性，具有重要意义，因此，市场秩序是保障市场运行的基础性条件。

建立和规范社会主义市场秩序，也是社会主义市场经济的基本要求。首先，它是社会主义市场经济中各类经济主体积极参与市场活动的基础条件。规范的市场秩序，对于社会主义经济中的各类企业形成稳定预期、自主开展各类经济活动具有重要意义。当市场秩序混乱，违规行为不能得到有效遏制并受到应有制裁时，经济主体的合法活动难以正常开展。其次，它是促进社会主义经济运行中市场机制正常发挥作用的保障。可以想像得到，如果市场秩序混乱，市场运行无章可循，各种欺诈、强权行为肆虐，假冒伪劣产品盛行，市场机制就很难发挥作用。最后，它是确保国家对市场进行必要的宏观干预和调控的必要条件。社会主义市场经济中，作为国家意志化身的政府也需要按照一定规则来办事，以保证微观主体处于一种稳定的、可预期的经济环境下。同时，规范有序的市场环境有助于政府获得真实、有效的市场信息，而这些信息又是国家制定各类调控政策或措施的主要依据。另外，国家所制定的宏观经济政策和措施，要达到既定的政策目标，也需要在规范、有序的市场秩序下，借助于市场机制的传导功能才能作用于各类微观经济主体。

改革开放以来，随着我国经济体制改革的不断深入，市场法制建设日趋完善，国家对市场监管能力和力度的加强，社会主义市场秩序逐步建立了起来。但当前尚存在一些问题还需要加以治理和解决。例如，行业垄断和地区封锁致使公平竞争原则的贯彻受到制约；在资本市场的发展中存在信息不透明，大股东、公司管理层牟取私利，致使其他股东或公司利益受损，股票市场的违规买卖行为屡禁不止；非法传销、财务造假、招投标活动中的暗箱操作和和企业违规行为及假冒伪劣产品，成为市场秩序混乱的诱因；经济运行中出现的一些新行为、新现象还存在无规则可依的问题；部分法规在执行中存在不严格执法的问题；政府对市场运行的监督和管理存在一些不合理、不规范和不科学的地方，等等。因此，规范社会主义市场秩序，需要做好以下工作：一是要继续培育市场主体，规范企业行为；二是要深化改革，转变政府行为；三是要营造公开、公平、公正的市场环境；四是要健全有关市场运行的各项法律法规，并做到严格执法；五是要完善市场监督机制，加大市场监管力度；六是要培育诚实守信的社会信用体系和信用制度。

(二) 健全社会主义市场规则

市场规则是国家为了保证市场有序运行而依据市场运行规律制定的规范

市场主体活动的各种规章制度，包括法律、法规、契约和公约等。就实质而言，市场规则是以具有法律效力的形式确定下来的市场运行准则。它们通过对市场主体行为的规范和约束，可以规范市场运行过程，协调经济主体之间的利益关系，从而促使市场运行有序化、规范化和制度化。

市场规则的具体内容涉及市场运行的主要方面和主要环节，通常，人们将其分为市场进出规则、市场竞争规则、市场交易规则和市场仲裁规则等四个方面。健全社会主义市场规则，也需要从这四个方面着手。

市场进出规则是约束经济主体和客体进入或退出市场的行为准则与规范。从市场主体的角度看，这包括：① 界定经济主体进入市场的资格。这是根据国家相关政策对经济主体进入市场的条件的规范，也是对市场主体从事某类生产经营活动合法身份的界定；② 界定市场主体性质，即依法确认市场主体的组织制度、经营规模与范围等特征；③ 规范经济主体退出市场的行为。这是对破产、兼并、歇业、收购等引起市场主体不再具有相对独立的合法市场地位的经济行为的法律、制度和政策规范。从市场客体来看，市场进出规则界定了上市交易的市场客体的品种和类型，规定了商品和劳务进行交易的市场范围、渠道和场所，也对商品的质量、计量及包装等作出了合法规定。

市场交易规则，是各类市场主体的市场交易行为和方式必须遵循的准则与规范。市场交易规则对市场主体的交易方式、定价规则、信息披露、交割支付、清算方式、商品服务的检验检疫等形成了约束。例如，在通常情况下，市场规则禁止强买强卖、囤积居奇、哄抬物价、黑市交易和内幕交易，要求公开交易、明码标价、等价交换、商品和服务的质量检测和计量符合某种标准等。

市场竞争规则，是指国家为维护各类市场主体之间的公平竞争关系，依法确立的市场竞争行为准则和规范。市场竞争规则的具体内容由禁止各种不正当竞争行为、禁止各种限制竞争的行为和防止垄断行为三部分构成，旨在保障各类市场主体之间地位平等、机会均等、等价交换和公平竞争。

市场仲裁规则，是市场仲裁机构在对市场主体之间的经济纠纷进行仲裁时必须遵守的准则和规范。在市场经济中，对市场纠纷的仲裁，由仲裁机构的活动来实现。这些仲裁机构需要以法律权威为基础才能具有公信力。同时，他们的行为还必须建立在公开、公平、公正的基础上，对发生纠纷的各方一视同仁，不偏袒任何一方，这样才能维护各类经济主体的合法权益。因此，作为对市场仲裁机构的行为准则和规范，市场仲裁规则也必须贯彻公平公正的原则。

现阶段，我国市场规则还存在法制不健全、规则未能充分贯彻等问题。为此，健全社会主义市场规则，需要做好以下工作：一是清理原有的与经济发展不相适应的法律法规，针对经济发展中出现的新问题、新变化和新现象，制定或修改相关法律法规，实现社会主义经济的法制化；二是转变政府行为模式，增强政府部门的服务功能，增强法律法规的社会宣传力度，提高市场规则的公信力和社会认知程度；三是依法打击各类违规行为和活动，增强市场规则的贯彻力度，加强对市场规则实施的监督力度；四是破除市场规则在制定、实施过程中的区域分割现象，打破因所有制、企业规模等因素引起的市场规则不统一现象，矫正因行业管理引起的市场规则不公平等不合理现象。

📖 本章小结

市场经济是市场在资源配置中发挥基础性作用的经济体制。市场经济与商品经济既有联系又有区别。现代市场经济的主要特征是，企业行为自主化，微观经济活动和经济运行市场化，市场体系完善化，宏观调控间接化，市场规则法制化和社会保障制度化。

经济体制不同于基本经济制度，社会主义也可以实行市场经济。社会主义市场经济是社会主义基本经济制度与市场经济的有机结合。其特殊性表现在所有制结构、分配制度和宏观调控等方面。

中国的经济体制改革具有阶段性的特征。社会主义市场经济体制是我国经济体制改革的目标模式。建立社会主义市场经济，需要在坚持和完善社会主义初级阶段基本经济制度的前提下健全企业制度，培育和完善社会主义市场体系，建立健全宏观调控体系，完善个人收入分配制度，健全社会保障制度。

现阶段，我国的社会主义市场经济体制已经初步建立，但经济发展仍然面临着一些体制性障碍，因此，今后还要进一步完善这一体制。

❓ 思考题

1. 解释下列概念：社会主义市场经济、经济体制、市场机制、市场体系、市场秩序、市场规则。

2. 现代市场经济具有哪些特征？为什么社会主义基本经济制度可以而且应当与市场经济有机结合？

3. 如何理解社会主义市场经济的特殊性？

4. 我国经济体制改革的进程具有哪些特点？为什么说社会主义市场经济是我国经济体制改革的目标模式？

5. 为什么说我国的社会主义市场经济体制已经初步建立？

6. 现阶段我国完善社会主义市场经济的基本目标和主要任务是什么？

7. 现代市场体系具有哪些特征？当前我国市场机制和市场体系建设还存在哪些问题？如何完善社会主义市场机制和市场体系？

第十三章　社会主义市场经济的微观主体

确立市场经济的微观主体是构建社会主义市场经济微观基础的重要内容，构建和完善市场经济的微观基础是建立有中国特色社会主义市场经济体制的基础性工作。在社会主义市场经济的基本制度框架下，各类微观经济主体按照各自不同的经济目标从事经济活动，不同经济主体的行为又表现出不同的特征。那么，如何理解社会主义市场经济中微观主体的内涵、构成，微观主体在市场经济中的地位及其行为等内容是本章要探讨的主要问题。

第一节　市场经济的微观主体

一、市场经济微观主体的内涵

市场经济中最基本的经济关系就是发生在各类市场主体间的交易关系，交易是将基于社会分工而形成的处于分散状态的利益主体连接在一起的纽带。交易关系与协作关系的总和构成市场的基本内涵。市场经济的微观主体即市场主体，指的是参与市场交易的组织和个人，包括企业、居民、政府、非营利性机构（如医院、学校等）和一些中介组织（如律师事务所、会计师事务所）等。其中，企业和居民是市场经济最重要的微观主体。各类市场主体是市场经济中进行商品、劳务生产和交换的执行者，各类主体间交易行为所指向的对象——商品和劳务是市场经济的客体。主客体间的经济活动构成市场经济的微观基础。市场经济中的微观主体是由各类交易主体组成的。无论是企业、居民或其他组织，也无论其规模大小和构成状况如何，其形成交易关系的前提是每个市场主体具有独立的产权并独立存在。市场经济的交易关系将无数处于分离状态的具有独立产权的主体连接在一起并构成市场经济的"总体"。市场经济微观主体是构成市场经济微观基础的基本要素之一，发生在各类微观经济主体之间的交易关系都是由自然人完成的，他们的能动性是整个经济体活力的重要源泉。

微观主体是市场经济中最具有活力的部分。原因在于：第一，从市场经济的结构上看，具有独立产权的主体是市场经济中最基本的经济单位。市场经济中以个人或组织形式存在的这些主体是经济体的最小细胞。具有相同属性的最基本经济单位又构成一个个产业部门，国民经济的产业整体又是由各个相互联系的产业部门的总和构成的。第二，从市场机制的形成和市场功能的发挥来看，市场机制形成和市场经济功能得以发挥的微观基础正是这些具有独立产权的各个市场主体。市场经济的微观主体都是市场交易的参与者，既是市场机制的调节对象，又是市场机制和市场经济功能形成的基础。如果各类经济主体不是真正的市场交易主体，其行为不是或不完全是受市场的调节和约束，那么，市场的价格机制就无法正常地发挥调节作用，最终导致市场价格的扭曲，进而市场的竞争机制、优胜劣汰机制、风险机制等都无法真正形成，市场机制就是不完善的。

尽管市场主体间的交易关系都是由自然人承担的，其所代表的利益主体性质也有所不同，但是，其在市场经济中的基本权利和责任则没有区别。这种基本权利主要指的是：第一，各类主体必须具有对交换对象直接的占有、使用、支配和处置的权利。这是市场微观经济主体必须具备的最基本的权利。市场交换关系的实质是各类经济主体对占有物使用、支配和权利进行的让渡。缺失这些权利的组织或个人就没有可供交换的对象，就不可能成为市场交换的真正主体。第二，各类主体必须具有从事经济活动的自主权。市场主体的经济行为都具有盈利性。微观主体必须以拥有自主权为前提展开其盈利性的经济活动，即拥有其市场交换中交换对象、交换地点、交换形式选择的决策权利。据此，经济主体才能对市场供求信息和价格信号作出灵敏的反应，不断地以最低的成本调整自身的经济行为。第三，各类主体必须保持权利与责任、利益与风险的对称。各类经济主体支配自己所占用的生产要素或产品从事生产和交换，具有自主地支配和处置归自己占有的财产的权利，同时又要为此承担责任。如果二者出现不对称的情况就会导致微观主体经济行为的扭曲，使得市场经济的运行绩效、资源配置效果和社会福利受损。除了权利与义务的对称外，要避免经济主体的行为扭曲，还必须使风险与收益对称。通常而言，风险越大，收益越多；风险越小，收益越少。因而，要发挥市场机制在资源配置中的基础性作用，就需要确立社会主义市场经济条件下的微观经济主体，使其成为真正面向市场经营、对市场调节和市场约束能够作出灵敏反应的经济"细胞"，建构社会主义市场经济的微观经济基础。

二、市场经济微观主体的构成及其联系

市场经济的微观主体包括企业、居民、政府、其他非营利性机构和一些中介组织等。从严格意义上讲，市场经济的微观主体主要指的是企业和居民。尽管政府也是市场的交易主体之一，但政府不是典型意义上的商品和劳务的供给者和需求者。政府一方面以调节者的身份运用各种手段对经济运行进行调节和干预，执行宏观经济调控的职能；另一方面，政府还参与或主导市场制度的建设、交易秩序的维护，履行协调社会经济等各方面平衡发展的职责。

企业是市场经济中最重要的交易主体，是市场上最重要的需求方和供给方。企业需要从市场上获取各类生产要素，同时作为供给者，企业向市场提供商品或服务以实现市场交易。企业只有通过市场交易才能使商品的价值得以实现，企业才能收回投资和实现盈利。同样，居民个人也具有这种双重属性。居民既是市场经济中的需求主体，也是市场经济中的供给主体。居民个

人的多层次需要，虽然也可以通过自给自足的方式得到部分或全部满足，尤其是农村居民在这方面表现得更为明显。但随着城市化的不断深入、社会分工的不断深化，由分工所引起的个人专业化程度也会不断提高，居民个人的需要只能越来越在更大程度和更大范围上依赖市场交易得到满足。因而，居民个人作为消费者，成为市场经济中的购买主体之一，在由可支配收入水平决定的预算约束条件下，按照个人效用最大化原则，根据个人的偏好购买消费品；居民个人作为要素供给主体提供人力资源或非人力资源，并借此取得相应的收益，这些收益居民作为购买主体时就表现为他的支付能力和可支配收入水平。

在市场经济中，所有参与交易活动的买方、卖方都是市场的交易主体，但最重要的市场经济的微观主体则是企业和居民这两类。企业和居民等这些微观经济主体间的交易是在市场上得以完成的，市场是微观主体相互联系的纽带。企业要进入市场进行生产要素的购买和产品的销售，居民个人则要在市场上依据市场供求和自身需要、偏好进行相应的决策和选择。企业、居民都必须通过市场建立经济联系以完成微观经济活动。微观经济主体既是市场价格的制定者，又是价格的接受者；既决定着市场运行，又接受市场调节。企业和居民的经济联系表现为商品价值关系，因而受到价值规律的制约。价值规律支配着企业和居民的生产决策、储蓄决策、消费决策和投资决策，使之符合市场经济对社会资源进行有效配置的要求。在价值规律的调节之下，企业和居民之间会形成相互竞争与合作的关系。这种竞争与合作有时发生在买卖双方之间，有时发生在买方之间或卖方之间。竞争与合作成为市场经济条件下推动资源优化配置和经济发展的最大动因。

总之，市场经济条件下，微观经济主体之间的经济活动是通过市场上的交易关系体现，通过市场而完成的，市场对资源配置起基础性的作用，并且承载微观经济主体的交易活动。微观经济主体间交易活动效率的提高是市场运行效率提高的前提，同时，市场运行的效率又受到市场供求机制、竞争机制、价格机制的制约，并最终制约微观经济主体间交易活动的效率。微观经济主体间交易活动的效率依赖于市场机制的真正确立和完善，市场机制的真正确立和完善同样离不开微观经济主体交易活动的规范。

第二节 现代企业制度与社会主义市场经济中的企业

一、现代企业制度

（一）基本概念
现代企业制度是现代市场经济条件下企业的最重要特点。在数百年的资本主义经济发展过程中，企业制度先后经历了业主制、合伙制和公司制三种典型的制度形态。前两种企业形态是自然人企业制度，实行"两权合一"的治理方式；而公司制企业形态则是法人企业制度，实行"两权分离"的治理结构，这构成二者之间的实质区别。因此，以公司制为特征的企业制度又被称为现代企业制度。在企业发展史上，公司制是最晚出现的企业制度形态，在数量上并没有表现出优势，但却是国际上占据着支配地位、起主导作用、富有活力的企业制度。众多跨国企业纷纷采取公司制的企业制度形式，向市场化转轨国家的企业更是以公司制企业形式为参照进行改革。

现代企业制度是一种以完善的企业法人制度为基础，以产权制度为核心，以有限责任制度为保证，以公司制企业为主要形式，以科学管理为手段，适应现代社会化大生产和市场经济体制要求的新型企业制度。现代企业制度的建立可以促使企业成为真正的自主经营、自负盈亏、自我发展、自我约束的企业法人和市场竞争主体，有助于市场经济微观基础的完善。就现代企业制度的组成而言，现代企业法人制度、现代企业组织制度和现代企业管理制度是三大基本要素，三者之间相辅相成，共同构成了现代企业的总体制度框架。

（1）现代企业法人制度。现代企业法人制度确立了企业的法人地位和企业法人财产权权力，使企业不但真正有人负责，而且有能力负责，实现了企业的民事权利能力和行为能力在企业中的统一。在法人企业的所有资产中，所有权分散于所有股东，企业通过独立的法人地位行使对全部资产的运营。企业与国家、企业与分散的股东拥有明确的责任与权利范围。企业内部拥有相互制衡的公司治理结构以保障企业法人财产权的有效实施：股东大会、董事会、监事会和经理部门各司其职。产权归属的明晰化、产权结构的多元化、责任权利的有限性和治理结构的法人化是现代企业法人制度的基本特征。现代企业法人制度是现代企业制度最重要的组成部分，也是企业做到产权清晰、权责明确、政企分开和管理科学的根本前提。

（2）现代企业组织制度。现代企业制度有一套完整的组织制度，其基本特征是：通过公司的决策机构、执行机构、监督机构在所有者、经营者和生产者之间形成各自独立、责权分明、相互制约的关系，并以国家相关的法律法规和公司章程加以确立和实现。现代企业组织制度存在两个相互联系的原则：一是企业所有权和经营权相分离，二是公司决策权、执行权和监督权三权分立。在此原则基础上形成股东大会、董事会、监事会和经理层并存的组织机构框架。公司的组织机构通常包括股东大会、董事会、监事会和经理人员四部分，与其职能对应分别形成的是权力机构、执行机构、监督机构和管理机构。股东大会作为权力机构，它由国家授权投资的机构或部门及其他出资者选派代表组成。股东是公司实际的所有者，股东大会所形成的决议是最终决议，具有法律效力；董事会作为公司的常设机构，是股东大会的执行机构，也是公司的经营决策机构，其主要职责是执行股东大会的决议，制定公司的大政方针、战略决策、投资方向、收益分配；监事会作为公司的另一常设机构，其主要职能是对董事会和经理人员行使职权的活动进行监督，审核公司的财务和资产状况，提请召开临时股东会等；经理人员是企业的管理阶层，包括公司的总经理、副总经理和部门经理等，负责公司日常的经营管理活动，依照公司的章程和董事会的决议行使职权。经理层对董事会负责，实行聘任制，不实行上级任命制。由股东大会、董事会、监事会及经理层相互制衡的现代企业组织制度为现代企业制度提供了组织依托。

（3）现代企业管理制度。现代企业管理制度是现代企业制度建立的根本保障。现代企业管理制度的内容要涵盖和涉及企业的公司治理结构，能够行之有效的经营思想和经营战略，适应现代化生产要求的领导制度，能够熟练掌握现代管理知识与技能的管理人才和职工队伍，能够有效运作的现代化管理方法和手段，以企业精神、企业形象、企业规范等为核心的组织文化等。建立现代企业管理制度的目的是按照市场经济发展的需要，通过一系列管理体系的建立，在企业内部设置科学合理的运作机制以保证企业内外部环境的相互协调与适应，优化企业各项资源的合理配置，提高企业的运行效率。

企业法人制度构成现代企业制度的基础，而企业组织制度和企业管理制度则为现代企业制度提供了运行的保障。而现代企业制度的运行效率取决于企业内部委托－代理关系问题的治理程度。现代企业的委托－代理关系包括两类：一类指的是企业中的上下级关系，另一类指的是资本所有者和经营管理者之间的关系。在企业的经营过程中，上级和资本所有者是委托人，下级和企业经营者是代理人。上级需要对下级进行授权，资本的所有者将经营权授予经营管理者。由于代理人与委托人的目标未必总是一致的，因此，代理人有可能为了自身利益而危害委托人的利益。委托代理问题的治理程度制约着现代企业制度的运行效率。委托代理问题的治理在一定程度上可以通过制度安排和设计的方式得到解决。企业内部的制度安排包括对代理人的激励和监督机制，企业外部竞争性的市场制度也可以起到监督的作用。

（二）现代企业制度的基本特征

现代企业制度的基本特征是"产权清晰、权责明确、政企分开、管理科学"。

（1）产权清晰是指产权关系与责任的清晰。完整意义上的产权关系是多层次的，它表明企业财产的最终归属，由谁实际占有、谁来使用、谁享受收益、归谁处分等财产权中的一系列的权利关系。在现代企业制度中，产权利益与责任是分离的，而且是清晰的。产权关系明晰化，所有权和法人财产权的界定，既有利于保证出资者资产的保值增值，又赋予企业独立的法人地位，使其成为享有民事权利、承担民事责任的法人实体。

（2）权责明确是指投资人与企业之间的权利和责任划分。投资人作为投资主体在企业中行使出资者权利，并以出资额为限对企业的债务承担有限责任；企业拥有投资人投资及借贷形成的法人财产，对其享有占有、使用、依法处分的权利，同时负有对投资者投资形成的法人财产保值增值的责任和义务。

（3）政企分开是指实现政府和企业职责分开、职能到位。市场经济赋予企业经营活动职能；国有企业的社会服务职能应该由政府或市场主体承担，使企业真正成为自主经营、自负盈亏、自我约束、自我发展的市场主体。

（4）管理科学是指现代企业制度确立了一套科学完整的组织管理制度。比如建立规范的组织制度，使企业的权利机构、监督机构、决策机构和执行机构之间职责分明、相互制约。通过建立科学的领导体制和组织管理制度，调节所有者、经营者和职工之间的关系，形成激励和约束相结合的经营机制。

现代企业制度的基本特征是一个有机整体，它们相互间有很强的关联性，互为因果，又互为条件。在企业中，这些特征都应得到充分的体现，才能解决企业的深层次问题和运行机制问题，进而确立起现代企业制度，完善市场经济的微观基础。

二、现代企业的组织形式

现代企业的组织形式是公司制。公司制企业是所有权与控制权相对分离的法人企业，其典型形式可以分为有限责任公司和股份有限公司两类。

1. 有限责任公司

有限责任公司是由两个以上股东共同出资，每个股东以其所认缴的出资额对公司承担有限责任，公司以其全部资产对其债务承担责任的企业法人。有限责任公司的基本特征：一是有限责任公司股东人数较少，《公司法》对股东人数规定有最高限额。在我国《公司法》中就规定，有限责任公司必须由2个人以上50个人以下的股东设立。二是有限责任公司的资本无须划分为等额股份，不公开发行股票，股东的出资额在公司总资本中占多大的份额，由出资者协商决定，股东的权益凭证不是股票，而是公司出具的书面股权证书。三是有限责任公司不邀请公众公开认购股份，不允许股权证书在证券交易所公开出售，也不允许任意转让，如遇特殊情况需要转让时，必须经全体股东一致同意，并优先转让给本公司股东。四是有限责任公司股东可以直接参与公司的经营管理。由于股东之间往往是亲属、亲友，关系比较密切，因而组成的管理机构比较灵活、精干，彼此矛盾较少，运转效率较高。五是有限责任公司的财务信息无须向社会公开披露。以上有限责任公司所具有的特点决定了这种组织形式更适合中小企业采用。它的不足是其筹资范围有限，不能在短期内向公众筹措大量资金和发行股票，股权转让也会存在一定困难，较小的公司规模使其市场竞争力受到限制。

2. 股份有限公司

股份有限公司是指由一定数目以上的股东发起组织，全部注册资本被划分为等额股份，通过发行股票筹集资本，股东以其所认购股份为限、公司以其全部资产有限对公司债务承担责任的企业法人。股份有限公司的主要特征：一是全部资本被划分为若干等额股份；二是股东以其所认购股份对公司负有限责任；三是公司可向社会公开发行股票，经批准上市的股份公司，其股票可以上市自由转让；四是股东数目不得小于法律规定的数目，但没有上限，股东以其持有的股份享受公司的权利，承担义务。我国《公司法》规定股份有限公司应当有5人以上为发起人，国有企业改建的，发起人可以少于5人，但应当采取募集设立方式；五是股东只承担有限责任，实行终极所有权与法人财产权分离，债权人只能对公司的资产提出要求，而无权对股东起诉；六是须向社会公开其资产负债、经营损益等财务状况，而且这些报告必须是经注册会计师审查检验过的。从股本形成的角度看，股份有限公司的设立有两种方式：一种是发起设立，即公司股本由发起人全部认购，即不向发起人之外的任何人募集；另一种是募集设立，即发起人先认购首次发行总额的一部分，其余部分向其他法人、社会自然人募集。

股份有限公司的优点：一是它是进行大规模筹集资本的有效组织形式，为企业提供融资渠道，使某些需要巨额资本的产业得以成立；二是股份有限公司有一套严格的管理组织，能够保证大规模企业的有效经营；三是这种组织形式有利于资本产权的社会化和公开化，把大企业的经营置于社会的监督之下。同时股份有限公司也存在一些不足，一是设立程序繁杂；二是公司经营情况必须向社会公开，难以保守商业秘密；三是股东流动性大，公司控制有难度，股东购买股票多数为获得股利，对公司缺乏责任感。总之，到目前为止，作为现代企业制度最为典型的组织形式，股份有限公司仍然是最能适应社会化大生产需要的有效组织形式。

3. 两种组织形式的区别

作为公司制企业中最典型的组织形式，股份有限公司和有限责任公司之间的异同点如下。

二者的共同点：一是股东都是以其所认缴的出资额为限对公司承担有限责任，公司以其全部资产对其债务承担有限责任；二是股东权益的大小取决于股东对公司出资的多少。出资多，享受的权利就多，承担的义务也大，反之亦然。

二者的差异：一是公司设立时对股东人数的要求不一样。设立股份有限公司，大多数国家规定最低不得少于 7 人，我国规定 5 人以上，多者不限；而设立有限责任公司，股东不得少于法定数目，我国规定必须有 2 人以上 50 人以下的股东。二是股东对公司的股权表现形式不一样。在股份有限公司中，公司的资本总额划分为若干等额股份，股东的股权以其持有的股份来表示。而有限责任公司的资本总额不作等额划分，股东的股权是通过其出资额占总资本比例的大小来表示的。三是股权转让限制不一样。股份有限公司通过股票表明股东的股权，按规定股票可以自由转让和交易，而有限责任公司不得发行股票，对股东出具相应的股权证书，股东转让出资，须经公司的股东会或董事会讨论通过后，方可进行。并且在同等转让条件下，本公司股东有优先购买权。股份有限公司可以区分为上市公司和非上市公司。上市公司是获准可对公众发行股票和挂牌买卖股票的公司。上市的股份有限公司必须具备规定的条件，并按规定程序办理所要求的手续。

三、现代企业的行为

现代企业的行为是指企业作为经济主体，在一定经营目标支配下，对经济环境的变化所作出的现实反应，包括生产行为、分配行为、企业金融行为、企业重组与并购行为和企业创新行为等五方面。现代企业的行为构成企业经营管理活动的主要内容。

（一）企业生产行为

现代企业的生产行为是指企业为了实现利润最大化目标，按照投入产出相抵收益最大的原则，对发生在生产过程中的生产要素投入和产品产出进行决策的行为。它主要涉及生产要素的最佳配置、短期最优产出决策和长期最优产出决策三个方面的内容。

生产要素的最佳配置指的是在成本约束条件下，企业所做出的与实现产量最大化生产要素组合相关的决策行为。生产要素组合有两种基本实现形式：一是固定比例组合，就是生产某种产品所需的各种生产要素之间不能相互替代的情形。这种固定的比例关系通常是由生产的技术条件决定的，其经济上的最优组合也就是技术上的最优组合；二是可变比例组合，即生产某种产品所需的各种生产要素的组合可以按某种方式相互替代的情形。此时，生产要素组合的价格和生产要素组合的产量成为制约生产要素最佳组合能否实现的两个决定因素，即要使生产要素的价格最低和与生产要素组合对应的边际产量最高。边际生产力理论认为在其他生产要素投入不变情况下，增加某种生产要素投入所带来的边际产量是递减的。因此，任意两种生产要素边际产量之比（技术替代率）等于这两种生产要素价格之比时生产要素组合达到最优配置。

短期最优产出决策指的是与企业短期内的最优产出相关的选择行为。短期最优产出则是指在固定投入一定的条件下，能使企业利润最大化的产量水平。经济学上短期和长期的内涵除了包含时间因素之外，还与生产的技术条件相关。短期是指来不及变更固定投入的时间限度；长期则是指固定投入可以变动的时间限度，由于生产不同产品的生产技术条件存在很大差异，其变更固定投入所需的时间长短有很大差别。根据微观经济学的厂商理论可知，当边际成本等于边际收益时，企业在短期内可以实现最优产出。不过，这只是企业实现短期最优产出的一个必要条件，产品价格大于平均成本才能保证企业盈利。

长期最优产出决策指的是与企业长期内的最优产出相关的选择行为。企业长期最优产出则是指企业可以变动固定投入来实现利润最大化目标的经营规模。内部规模经济与内部规模不经济的交叉点决定长期最优产出产量。内部规模经济是指企业规模扩大后引起成本降低、收益增加的情况；内部规模不经济是指企业规模扩大后引起成本增加、收益减少的情况。那么，企业规模扩大后哪些因素会影响内部规模经济呢？概括起来有：分工细化引起的劳动生产效率的提高，管理人员数量减少引起的管理费用下降，高效率设备和班次增加引起的设备利用率的提高，产品种类增加引起的营业收入上升，产品质量提高，以及由大批量采购和销售便利引起的交易费用的降低等。同样，企业规模扩大后影响内部规模不经济的主要因素是：管理不善造成的生产效率下降，内部组织成本的增加，人际关系复杂化引起的内耗增加，质量管理难度加大导致的质量下降，营销机构增设增加的交易费用等。导致规模经济和规模不经济的因素在企业规模变化时会同时发生作用，其规律性是企业最优产出决定时要着重考虑的。通常而言，初始阶段影响内部规模经济的那些因素的作用明显，而影响内部规模不经济的因素作用不明显；在规模继续扩大时，二者的作用更加趋近并可能发生逆转。

（二）企业分配行为

工资性收入分配和利润分配构成现代企业的分配行为。工资性收入分配是在企业生产过程中作为劳动力生产要素支出进入成本，而利润分配发生在生产经营过程结束之后，是对企业盈利进行的分配。企业盈利分配与个人分配的区别就在于它涉及在国家、企业所有者、作为法人的企业及职工等多个经济主体之间进行的利益分割。

1. 企业对国家的纳税行为

按照统一的国家税法纳税是所有企业法人的义务。企业向国家缴纳的税收主要有三类：一是收益税类（流转税），如增值税。这类税收是按照一定税率，以企业收益为计税基数计算的税收，特点是无论企业盈利与否，只要企业从事生产经营活动，就必须缴纳税金。二是所得税类。这类税收是按照一定税率，以企业利润为计税基数计算的税收，其特点是只有企业在盈利条件下，才必须缴税。三是其他税收，如资源占用税、专项基金税等。

2. 企业税后利润的分配

企业税后利润的分配发生在现代企业完成国家规定的税收之后。税后利润分配发生在企业所有者和职工（包括经营者）之间。首先，企业出资人要从税后利润中实现所有者权益。如果所有者是国家，那么它就以所有者的身份参与利润分配，是作为国有资本的所有者而获得利润；其次是在企业职工中进行利润分配。职工获得作为职工公共消费支出的集体福利基金，这时分配的集体福利基金与职工的工资、津贴不同，工资和津贴在经营期间已经作为要素成本计入总成本。最后剩余的利润则形成企业的生产发展基金，用于企业积累和扩大再生产。

（三）企业金融行为

广义上的金融行为指的是经济主体与资金融通相关的活动，这里的经济主体既可以是金融机构，也可以是工商企业。企业金融行为指的则是企业在生产、经营过程中进行的资金筹集、资金运用等活动。企业金融行为是企业财务金融化的产物，其原因在于现代市场经济是货币化的经济形态，金融市场在市场体系中占据主导地位，金融活动引导着商品的交换和生产要素的配置，制约着经济发展的进程和速度。现代企业的财务活动逐步由企业内部扩展到企业外部，与金融市场交融在一起，这与企业组织形式和金融市场的演化有着密切的联系。

企业金融与企业财务既有区别又有联系。企业金融与企业的资金筹集、资金运用相关，而企业财务是企业对资金流动的管理活动，与企业资金的收支活动相关，其主要任务是按财务计划有效地组织企业资金的流转。二者的相关之处就是都围绕资金运营展开。那么，企业金融与金融机构的金融活动有哪些异同呢？金融机构是以聚集、贷放社会闲散资金为工作目标，服务于全社会的经济发展和运行，以运营资金、获取利差为目的的货币资金中介机构；企业金融则是为企业自身的生产经营服务的，为了自身的再生产或商业活动而筹集资金，它的资金运用不是为了生息，而是谋求更高的收益。现代企业金融行为与专业金融机构的金融活动存在互补性，企业金融构成现代银行业生存和发展的重要基础。企业金融行为的职能主要包括从事财务分析、预测、计划和预算，进行与资金筹集和使用相关的金融决策，开展金融行为控制和金融行为监督，参与金融市场，防范资金风险等。

现代企业的金融行为主要分为企业融资行为和企业投资行为两类。

1. 企业融资行为

企业融资行为是指企业从自身生产经营现状及资金运用情况出发，根据经营策略与发展需要，经过科学的预测和决策，通过一定的渠道，采用一定的方式，利用内部积累或向企业的外部资金供给者筹集资金，以保证企业生产经营需要的经济行为。通过融资行为，企业在资金短缺时，以最小的代价筹措到适当期限、适当额度的资金；资金盈余时，以最低的风险、适当的期限投放出去，以取得最大的收益，从而实现资金供求的平衡。

企业融资的方式按照有无金融中介分为两种：直接融资和间接融资。直接融资是不经过任何金融中介机构，而由资金短缺的单位直接与资金盈余的单位协商进行借贷的行为，或通过有价证券及合资等方式进行的资金融通，如企业债券、股票、合资合作经营、企业内部融资等；间接融资是通过金融机构为媒介进行融资的行为，如银行信贷、非银行金融机构信贷、委托贷款、融资租赁、项目融资贷款等。直接融资方式的优点是资金流动比较迅速，成本低，受法律限制少；缺点是对交易双方筹资与投资技能要求高，而且有的要求双方会面才能成交。间接融资通过金融中介机构，可以充分利用规模经济，降低成本，分散风险，实现多元化负债。但直接融资又是发展现代化大企业、筹措资金必不可少的手段，故两种融资方式不能偏废。企业融资的过程就是资金资源再配置的过程，不仅能够提高社会资源配置的效率，而且还会促使资金从低效率部门向高效率部门的流动。

2. 企业投资行为

企业投资行为是企业以自有的资本投入，承担相应的风险，以期合法地取得更多的资产或权益的一种经济行为。企业投资行为可作如下分类：① 按投资与企业生产经营的关系，可划分为直接投资和间接投资。直接投资是把资金投放于生产经营环节中，以期获取利益的投资。在非金融性企业中，直接投资所占比重较大；间接投资又称证券投资，是把资金投放于证券等金融性资产，以期获取股利或利息收入的投资。② 按投资回收时间的长短，可划分为短期投资和长期投资。短期投资是准备在一年以内收回的投资，主要包括对现金应收账款、存货、短期有价证券等的投资；长期投资是一年以上才能收回的投资，主要包括对房屋、建筑物、机器、设备等能够形成生产能力的物质技术基础的投资，也包括对无形资产和长期有价证券的投资。③ 按投资的方向和范围，可划分为对内投资和对外投资。对内投资是把资金投放在企业内部，购置各种生产经营用资产的投资；对外投资是指企业以现金、实物、无形资产等方式或者以购买股票、债券等有价证券方式向其他单位的投资。④ 按照投资对象的形态，可以划分为金融资产投资和实物投资。金融资产投资是企业购买股票、债券等金融资产的行为；实物资产投资又分为扩大经营规模的生产性投资及非生产性投资，生产性投资又分为固定资产投资和非固定资产投资。现代企业在确定投资项目时必须考虑两个因素：一是所选定投资项目的盈利性，二是在若干项目中对最佳方案的筛选。

（四）企业重组与并购行为

企业重组行为是对企业的资金、资产、劳动力、技术、管理等要素进行重新配置，构建新的生产经营模式，使企业在发展中保持竞争优势的经营活动。企业是各种生产要素的有机组合，对各种生产要素进行最佳组合、实现资源的优化配置和利用是企业的基本功能。在外部竞争日益加剧的情况下，由企业重组来实现企业要素的再组合就成为企业保持竞争优势，培育和发展企业的核心竞争力的重要手段。

企业重组行为主要包括兼并、合并与收购三类：① 兼并是一个企业通过购买等有偿方式取得其他企业的产权，使其失去法人资格或虽保留法人资格但变更投资主体的一种行为。② 合并是两个或更多企业组合在一起，原有所有企业都不以法律实体形式存在，而建立一个新企业的行为。企业合并可分为吸收合并与新设合并两种。一个企业吸收其他企业为吸收合并，被吸收的企业解散并取消法人资格，吸收方存续；两个以上企业合并设立一个新的企业为新设合并，合并各方解散，取消原法人资格。③ 收购是一个企业以购买另一企业的全部或部分股票或资产的方式获取对该企业的控制权的行为。收购的目标是获得对方企业的控制权，对方企业的法人地位并不消失。收购的对象一般分为两种：股权和资产。其区别在于收购股权为购买一家企业的股份，同时承担相应的债务，收购方将成为被收购方的股东；收购资产仅为一种资产买卖行为，收购方并未获得被收购方的股份，因而不用承担起债务。

企业并购行为是企业法人在平等自愿、等价有偿基础上，以一定的经济方式取得其他法人产权，致使其他企业丧失法人资格或改变法人实体，并取得对这些企业的决策控制权的经济行为，是企业进行资本运作和经营的一种主要活动。企业并购从行业角度划分，可将其分为以下三种方式：① 横向并购。横向并购是指同属于一个产业或行业，或产品处于同一市场的企业之间发生的并购行为。横向并购可以扩大同类产品的生产规模，降低生产成本，消除竞争，提高市场占有率。② 纵向并购。纵向并购是指生产过程或经营环节紧密相关的企业之间的并购行为。纵向并购可以加速生产流程，节约运输、仓储等费用。③ 混合并购。混合并购是指生产和经营彼此没有关联的产品或服务的企业之间的并购行为。混合并购的主要目的是分散经营风险，提高企业的市场适应能力。

按企业并购的实现方式划分，并购可主要分为以下五种方式：① 用现金购买资产。这一方式是并购企业使用现款购买目标企业绝大部分资产或全部资产，以实现对目标公司的控制。② 用现金购买股票。这一方式是并购企业以现金购买目标企业的大部分或全部股票，以实现对目标企业的控制。③ 以股票购买资产。这一方式是并购企业向目标企业发行并购企业自己的股票以交换目标企业的大部分或全部资产。④ 用股票交换股票。此种并购方式又称"换股"。一般是并购企业直接向目标企业的股东发行股票以交换目标企业的大部分或全部股票，通常要达到控股的股数。通过这种形式并购，目标企业往往会成为并购企业的子公司。⑤ 债权转股权方式。债权转股权式企业并购是指最大债权人在企业无力归还债务时，将债权转为投资，从而取得企业的控制权。我国金融资产管理公司控制的企业大部分为债转股，金融资产管理公司进行阶段性持股，并最终将持有的股权转让变现。

从并购企业的行为来划分，可以分为善意并购和恶意并购。① 善意并购主要通过双方友好协商，互相配合，制定并购协议。② 恶意并购是指并购企业秘密收购目标企业股票等，最后使目标企业不得不接受出售条件，从而实现控制权的转移。

企业重组行为和企业并购行为涉及的都是企业产权关系的变动，但它们所指向的侧重点则有所不同：企业重组侧重于由各项生产要素变动而引起的企业资产关系的变化，通过实业资本、金融资本、产权资本和无形资本的重新组合，实现优化企业资产结构，提高企业的总体质量，最终建立起在市场中具有强势地位的资产组织体系，以应对日益激烈的市场竞争。资产重组后，企业所占有的资产形态和数量通常会发生改变；而企业并购则侧重于企业股权、控制权的转移和变动。对于企业来说，即使企业的控股权发生了变化，只要不发生资产的注入或剥离，其所拥有的资产总量并未发生变化，变化的只是企业的所有权结构而已。在现实的经济活动当中，企业重组与企业并购常常是交互发生的，先收购后重组，或先重组、再并购、再重组在资本运作中是经常发生的，这些行为之间并没有严格的界限。在市场经济中，企业重组和企业并购都是服从企业追求利润最大化经营目标和适应竞争需要的市场化的产权交易行为。

（五）企业创新行为

企业创新行为是企业通过引进新产品或提供产品的新质量、引进新技术或采用新的生产方法、开辟新市场、获得一种新原材料或半成品的新的供给来源、实行新的企业组织形式等方式而获得超额利润、赢得竞争优势的经济活动。企业创新行为可以概括为技术创新和制度创新两种类型。技术创新是运用新技术以开发新资源、创造新产品为内容的活动，它与技术变革有密切关系，但也不仅仅限于技术变革本身。新原材料或半成品的新来源就是依赖于技术改变的结果，技术创新强调技术变革的商业价值的实现；制度创新是对企业组织形式的变革，它包括企业制度、企业组织方式和管理体制等方面的创新。实行新的企业组织形式是由适应技术变化而发生的管理创新和组织创新引起的。技术创新和制度创新的主要推动者都是企业家，而不是工程技术人员。

技术创新和制度创新是两个不可分割的范畴，一个企业要想实现可持续发展，必须同时开展技术创新和制度创新，并使二者形成良性互动。否则，只有技术创新没有制度创新，就会使技术创新出现"闭锁"效应；只有制度创新而没有技术创新，又会使制度创新的意义无法彰显。激励现代企业不断创新的动力是对利润最大化的追逐，企业在进行创新之前需要对创新带来的创新成本和创新收益进行权衡和对比，尤其是要获得超额利润往往需要巨额创新成本投入。技术创新的成本和收益还与创新周期联系在一起。它一般可以分为三个阶段：一是发明阶段，即开发或购买新技术阶段，这一阶段构思或引进对生产活动有用的新产品或新的生产方法以解决相关的技术问题，这一阶段往往只有成本而没有收益。二是成熟阶段，即新技术应用于批量生产阶段。由于这时没有竞争对手，创新收益大大超过生产成本，它不仅可以弥补初始阶段支付的创新成本，而且可以给企业带来丰厚的创新利润。三是扩散阶段，这时由于创新技术的扩散效应，更多的竞争者的纷纷仿效致使企业自身的超额利润逐渐消失，企业获取超额利润的优势逐渐消失，创新技术随之成为一般技术。技术创新在企业中更多的体现为人与物之间关系的调整和变革。对于现代企业而言，新的创新行为要不断地发生。技术创新需要企业先期支付巨大的创新成本，使创新成为一种风险很大的经营活动。而且技术创新所具有的显著特点就是非独占性，技术创新容易被效仿，这会削弱创新企业的积极性。为了鼓励技术创新和保护创新积极性，避免创新衰退的过早到来，人们设计了专利保护、技术有偿转让、商标注册等制度。但是，这种保护也不能过度，过度保护会阻止新技术的推广和扩散，不利于企业的技术创新和社会的技术进步。制度创新可以通过变革企业组织形式和管理方式，以降低制度交易成本来达到增加盈利的目的，在企业当中更多的体现为人与人之间关系的调整和变革。只是制度创新较难像技术创新那样在事前进行周密的成本收益核算和实施有效的制度保护，但是，企业的制度创新更具有基础性作用。

四、社会主义市场经济中的企业

历经三十多年的市场化改革，我国企业和居民等市场经济微观主体的主体性和基础性地位逐渐得以稳固和强化。作为我国社会主义市场经济最重要的微观主体之一的企业可以区分为国有企业和非国有企业两类。我国通常把企业全部资产或主要资产归国家所有、资产的投入主体是国有资产管理部门的企业称为国有企业，国有企业是我国国民经济的重要支柱和建设小康社会的重要力量；非国有企业指的则是包含私营企业、外资企业和其他非公有制企业在内的经济组织。作为非公有制经济，非国有企业是社会主义市场经济的重要组成部分，对充分调动社会各方面的积极性、加快生产力发展具有重要作用。不同所有制性质的企业组织可以在市场竞争中发挥各自的优势，相互促进，共同发展。

（一）国有企业

不同的经济体制下存在着不同的微观基础。自给自足性质的个人或组织是自然经济赖以存在的微观基础，面向市场并接受市场调节的个人或组织是市场经济赖以存在的微观基础。传统的社会主义经济体制下，计划经济体制赖以存在的最主要微观基础就是面向政府计划并受其直接控制的国有企业。企业不必面向市场，也不是独立的经济实体，不具备企业应该具有的基本特征，企业的生产计划、生产方式、原材料获得及产品的流向都是由上级行政主管部门的指令性计划决定的，国有企业是执行和实施政府指令性计划的基本单位。政府是国有经济所有权的代理人，又是社会经济活动的调节者，计划经济体制下的中国没有真正意义上的企业。

我国有中国特色社会主义市场经济体制的确立必然要求确立和完善能够支撑起新体制框架的微观基础。作为市场经济微观基础的企业应该是完全面向市场的自主经营、自负盈亏、自我约束、自我发展的商品生产者和经营者。我国要真正实现由传统的计划经济体制向社会主义市场经济体制的转变，就必须将支撑传统计划经济体制的最主要微观基础——国有企业转变成为与社会主义市场经济发展要求相适应的微观主体，成为真正的商品生产者、经营者和独立法人。

然而，对微观经济主体认识的转变却经历了相当长时间的摸索。改革开放之前我国一直存在对国有企业认识上的误区，将国有企业等同于国有经济，将国有制等同于公有制，将国有制视为公有制的高级形式，忽视特定历史阶段下生产力发展水平的要求，把国有企业最大可能的分布作为社会主义经济发展的主要标志。在党的十五大以后，社会主义市场经济中国有制及国有企业的地位和基本功能问题得以重新阐释，国有经济的发展和国有企业改革的目标和方向才得以最终确立。在新体制下，国有经济和国有企业必须起主导作用，这种主导作用主要通过国有企业的控制力体现。在关系国民经济命脉的重要产业和关键领域，国有经济必须占支配地位。在此前提下，国有经济比重减少，推进对国有企业进行战略性改组和深化改革。

企业成为市场经济微观主体的关键前提是企业必须要有明确的产权，以及基于产权的投资主体地位。在计划经济体制下，虽然国有企业属于全体人民所有，并由国家具体代理管理经营职责，但是，投资主体究竟是谁，对投入资金和所形成资产负责任的主体是不明确的。投资主体和责任主体的缺位，使国有资产的保值、增值、资产效益等关键性问题无人真正关心，相关行政主管部门可以代理国有资产但并不实质性承担风险。在从传统计划经济体制向市场经济体制转轨过程中，只有使国有企业成为真正的投资主体，并且为其投资行为承担风险责任，使其从自身利益出发，关心投资的成本、收益及收益与风险的比较，确立起国有资本的主体性地位，形成合理有效的产权结构，才能使计划经济体制中的国有企业转变成市场经济中的自负盈亏、自主经营、自我发展和自我约束的微观经济主体。遵循这样的思路，我国在三十年来的经济体制改革当中，一直把国有企业的改革置于中心地位，使国有企业实现了从政府行政机关的附属物向市场经济微观主体的逐步转变。这一过程大体可划分为以下三个阶段。

（1）扩大经营自主权阶段。这个阶段从改革开放初期到党的十四届三中全会，用了 15 年时间。党的十一届三中全会提出，要让企业有更多的经营管理自主权。国家先后在国有企业推进了扩大企业经营自主权、利润递增包干和承包经营责任制的试点，调整了国家与企业的责权利关系，进一步明确了企业的利益主体地位，调动了企业和职工的生产经营积极性，增强了企业活力，为企业进入市场奠定了初步基础。

（2）制度创新和结构调整阶段。这个阶段从党的十四届三中全会到党的十六大之前，用了 10 年时间。十四届三中全会明确了国有企业改革的方向是建立"产权清晰、权责明确、政企分开、管理科学"的现代企业制度。党的十五大提出，要把国有企业改革同改组、改造、加强管理结合起来。要着眼于搞好整个国有经济，抓好大的，放活小的，对国有企业实施战略性改组。要实行鼓励兼并、规范破产、下岗分流、减员增效和再就业工程，形成企业优胜劣汰的竞争机制。在十五届四中全会通过的决定中，进一步阐明了国有企业改革发展的基本方向、主要目标和指导方针，明确了国有经济布局战略性调整的方向。这 10 年间，在国有大中型企业推进建立现代企业制度试点，采取改组、联合、兼并、租赁、承包经营和股份合作制、出售等形式放开搞活国有中小企业。特别是 1998—2000 年，党中央、国务院带领国有企业实施了改革脱困 3 年攻坚，通过债转股、技改贴息、政策性关闭破产等一系列政策措施，减轻企业负担，推动企业技术进步和产业升级，促进国有企业的优胜劣汰，实现了国有企业的整体扭亏为盈，为国有企业持续快速健康发展打下了良好基础。

（3）以国有资产管理体制改革推动国有企业改革发展阶段。这个阶段以党的十六大为开端。针对长期制约国有企业改革发展的体制性矛盾和问题，十六大提出深化国有资产管理体制改革的重大任务，明确提出：国家要制定法律法规，建立中央政府和地方政府分别代表国家履行出资人职责，享有所有者权益，权利、义务和责任相统一，管资产和管人、管事相结合的国有资产管理体制。贯彻落实十六大精神，中央、省、市（地）三级国有资产监管机构相继组建，《企业国有资产监督管理暂行条例》等法规规章相继出台，在国有企业逐步实施了企业负责人经营业绩考核，国有资产保值增值责任层层落实，国有资产监管进一步加强。国有资产管理体制的创新和国有企业改革取得重大进展。

随着国有企业管理体制和运行机制的根本性变化，以及国有企业市场主体地位的逐步确立，国有经济的运行质量和发展速度随之显著提高，国有经济的控制力和影响力大大增强。

（二）非国有企业

在我国社会主义市场经济的发展中，非国有企业与国有企业相互补充、相互促进，共同构成社会主义市场经济的微观基础。非国有企业发挥着国有企业无法替代的作用。对非国有企业地位、作用的认识经过了一个较长的历史过程，经过党的十五大和十六大才最终得以确立。党的十五大报告指出，以公有制为主体、多种所有制经济成分共同发展是我国初级阶段的基本经济制度。党的十六大报告特别强调，在毫不动摇地巩固和发展公有制经济的同时，必须毫不动摇地鼓励、支持和引导非公有制经济的发展。不同所有制性质企业的存在，从根本上说是由生产力发展的要求决定的，各种所有制形式都与特定的生产力相联系，具有各自适用的范围和相对的效率优势。我国现阶段的社会生产力具有多层次和多样性，地区之间和行业之间有着很大的差异，不同部门、地区和不同企业具有不同的技术特征和劳动方式，这是我国当前的现实国情。

在我国现阶段，非国有企业主要包含私营企业、外资企业和其他非公有制企业等几种形式。在现实的经济发展中，非国有企业除了涉及国家安全的行业、自然垄断的行业、提供重要公共产品和服务的行业之外，其他的经营领域都允许非国有企业的进入，非国有企业拥有越来越广阔的发展空间，对国民经济的贡献也与日俱增。

第三节　社会主义市场经济中的居民

一、居民的内涵

随着我国社会主义市场经济和城市化水平的不断发展及户籍制度的松动，居民的内涵也发生着显著的变化。城镇居民与非农人口、农村居民与农业人口不再严格地对应。农村居民指的是拥有农业户口且在农村居住、生活并以农业生产和劳动作为自己生活来源的人员，即农村常住人口。那些虽然拥有农业户口，但"人户分离"，到城镇连续工作、居住、生活达一年以上的，而且其经济收入生活来源已与农村和农业生产相分离的人员，即被视为城镇常住人口，亦即城镇居民。尽管居民的内涵发生了变化，但是，作为市场经济微观主体的居民与企业之间仍然存在四种基本联系：一是居民向企业提供生产要素（包括劳动力、资本等）；二是企业向居民支付生产要素的回报（居民的劳动收入、资本收入等）；三是企业运用生产要素生产产品和服务；四是居民用可支配收入向企业购买产品和服务。如果居民将一部分收入作为储蓄，这部分储蓄将通过银行或其他金融机构转化为企业投资和政府投资。

居民是市场经济的微观经济主体之一，在形成市场经济主体间利益循环关系中具有重要地位。居民既是市场经济活动中的消费主体，又是投资主体和劳动力的供给主体，与其他市场主体形成广泛的利益交往关系，共同构成国民经济的整体。居民的消费行为、投资行为、储蓄行为、劳动力供给行为的方式及其变化对国民经济运行具有重大影响。

二、居民的地位

社会主义市场经济中的居民既是市场经济活动中的消费主体，又是投资主体和劳动力的供给主体，社会主义市场经济体制逐步确立的过程也是居民市场主体地位不断确立的过程。计划经济体制下的居民并不是真正的市场主体，只是受政府计划支配的被动经济主体。首先，居民不是投资主体，居民不拥有独立的生产资料所有权，不具有独立的投资决策权、生产资料的支配权和直接的生产资料收益权。其次，居民虽然拥有劳动收入，但是，在平均主义分配体制条件下，收入分配也不能真正体现居民的劳动贡献，在一定意义上，居民也不是真正的收益主体。再次，居民不是真正的劳动力的供给主体。居民就业受到行政部门和户籍管理制度的严格控制，劳动力的配置由相关的行政部门主导，居民不拥有自主的择业权和自由流动的权力。最后，居民也不是完全意义上的具有消费者主权的消费主体，供给不足导致的限量供应使得居民缺乏实际的消费选择权，作为消费者的居民只是被动的价格接受者。

要建立社会主义市场经济体制，使市场机制在资源配置过程中发挥基础性作用，就要确立居民在市场机制运行中的微观经济主体地位。要使居民成为真正的在市场经济活动中具有一定自主决策权的经济主体，其着力点就在于在坚持公有制为主体的同时，促进多种所有制经济成分共同发展，畅通投融资渠道，在培育多元投资主体过程中，使居民成为社会主义市场经济的投资主体之一；实现劳动力配置市场化，增强居民的自由择业权和合理流动权，使之成为社会主义市场经济中的真正的劳动力资源的供给主体；坚持按劳分配为主、多种分配形式相结合的分配制度和效率优先、兼顾公平的原则，在承认劳动收入和合法的非劳动收入并存的前提下，通过分配制度的改革，使居民真正成为社会主义市场经济中的多元收益主体之一；通过流通体制、价格体制等方面的改革，使居民真正成为社会主义市场经济中的具有充分消费者主权的消费者。总之，只有使居民成为真正的投资主体、劳动力供给主体、要素收益主体和市场需求主体，社会主义市场经济的微观经济基础才能逐步得到完善。

三、居民的经济行为

（一）居民的收入与消费

居民收入是居民消费行为、储蓄行为和投资行为的前提和基础。居民收入指的是居民在一定时期内（通常是一年），通过不同途径或来源获得收入的总和。居民获取收入的途径或收入来源受社会经济制度及经济体制的制约。在社会主义市场经济中，按劳分配是个人收入分配的主要形式，劳动收入是大多数居民的主要收入来源。由于所有制结构和分配结构呈现出多元化，居民的收入除了通过按劳分配获得外，还存在其他收入来源。

居民的收入主要包括以下几种形式：一是劳动收入，包括工资、奖金、承包收入等；二是福利性收入，包括政府或企事业单位提供的多种补贴、救济金和其他福利性收入；三是利息收入，即因持有债券、银行存款和以其他形式贷出的货币获得的收入；四是投资收入，包括股票投资的股息、红利和股票价格上涨获得的收入；五是租金收入，即向他人出租自有的房屋或其他资产获得的收入；六是经营收入，即因从事个体或私营经济活动获得的收入和利润；七是其他收入，如保险公司赔款、馈赠、遗产继承等收入。按照国家有关规定，居民个人收入扣除各种形式税金之后的余额就是居民个人的可支配收入。居民的可支配收入可用于个人消费，也可用于储蓄和投资。

影响居民收入的主要因素很多，但经常起作用的因素有以下几种：一是国民收入的总量、增长幅度和分配比例；二是社会分配制度和体制；三是社会劳动生产率的提高、居民对生产经营投入的各种要素的数量和质量；四是通货膨胀、通货紧缩及其控制。居民消费是居民经济行为的最终目标。作为市场需求，居民消费同市场供求内在地联系在一起，影响着市场调节过程，也受市场机制的调节，从而构成微观经济活动的重要组成部分。

居民消费行为是受消费动机支配的。居民的消费动机可归纳为三类：一是为了满足自身生存的需要；二是为了满足自身发展的需要；三是为了满足自身享受的需要。在现实经济生活中，居民为了满足自身需要所进行的消费活动，要受到收入、价格、商品、社会等诸多因素的制约。第一，居民可支配收入是制约其消费行为的首要因素。第二，从价格因素看，居民的收入和消费倾向一定的情况下，商品价格成为影响消费者行为的决定性因素。第三，从商品因素看，商品本身的性能、质量、外观、包装等，是影响居民购买的重要因素。第四，从社会因素看，居民消费是一种社会行为。个人的消费支出不仅受到收入、价格和商品因素的影响，也受到周围人们消费行为的影响。

居民的消费结构是指各项消费支出占总支出的比重及其关系。它可以从不同的角度进行划分。从满足人们需要的层次性来看，消费结构可分为生存资料、享受资料、发展资料。根据消费资料满足人们需要的内容及消费行为来看，消费结构可分为吃穿用住行、教育、娱乐、保健等方面。各类消费支出的比例关系是反映消费结构变动的重要参数。居民消费结构主要取决于居民收入水平和产业结构的状况，归根结底是由社会发展水平决定的。因此，不同的国家或一个国家的不同时期，居民消费结构是不同的。随着生产力的发展，居民消费结构的变动顺序，总是先生存，再发展，然后才是享受。改革开放以来，我国居民的消费结构呈现出以下几个方面的变动趋势：一是恩格尔系数下降，食品消费质量提高；二是非食品消费显著增加，消费档次不断提高；三是消费领域不断拓宽，并且从生存型向发展型和享受型演变。

（二）居民的储蓄与投资

居民的储蓄是个人可支配收入减去个人消费的差额，其形态有金融储蓄与实物储蓄两部分。金融储蓄包括现金、存款及各种有价证券的增加量；实物储蓄包括本期购买的各种耐用消费品及住房等价值非一次性损耗的商品扣除折旧后余额的增加量。居民投资来自于居民储蓄，而居民投资收益的一部分又会转化为居民储蓄。因此，居民储蓄的范围要比居民投资宽泛，不仅包括转化为居民投资的那一部分，而且包括未转化为居民投资的部分，如手持现金。

居民投资是指居民运用自己的收入直接或间接地参加各种生产经营活动，并由此取得一定收入。也就是说，居民的投资是一种通过个人支出取得一定收入的经济行为。居民投资的支出，表现为居民个人直接或间接购买生产资料。个人间接购买生产资料是指居民个人参加社会集资，可以获得相应的利息和股息等收入；个人直接投资是指居民个人直接购买生产资料，直接从事生产经营活动。在现实经济生活中，居民作为投资者进行投资选择时，有以下多种资产形式可供选择，如证券投资、个人银行存款、个人直接从事生产经营活动（包括承包经营、个人经营等）、个人房地产投资、个人购买其他保值商品和个人手中的现金等。不同资产形式的选择其风险大小和收益大小也存在很大差别。居民在投资时总是希望收益率越高越好，风险越低越好。但是，对于投资者来说，收益和风险是一枚硬币的两面，这就要求居民在投资选择时要广泛收集有关信息，进行深入的分析，最后做出比较合理的投资决策，尽可能地规避风险，提高收益。在商品价格不变的条件下，持有现金、购买保值商品、银行存款、购买国债等都是风险程度小的资产选择形式。这些资产形式的风险性、收益率和流动性之间存在相关性。通常而言，风险性与收益率呈正相关关系，收益率与流动性呈反相关关系。如居民持有的股票风险性高，其收益率也可能很高；居民的银行存款具有很大的灵活性，其收益率就较低，现金最具有灵活性，其收益率最低。居民选择何种资产形式取决于诸多因素，概括说来，主要有经济因素和非经济因素。影响居民选择资产形式的经济因素有预期个人可支配收入增量、资产和资产收入的风险程度、资产的灵活性等。影响居民选择个人资产形式的非经济因素包括政府的政策和调节，个人对客观经济状况的预期等。

四、农村居民的家庭联产承包责任制

改革开放之前，中国农村实行的是"政社合一"的集体所有制经营管理形式。实践证明，这种经营管理形式不适合中国农村生产力发展的现状，挫伤了农民的生产积极性，阻碍了农业生产力的提高。至今在我国农村居民中广泛实行的家庭联产承包责任制是我国农村经济体制改革的重大成果，其实质是对农村原有经营方式的创新和产权关系的调整。家庭联产承包责任制扩大了农民的自主权，发挥了小规模经营的优点，促进了农业生产的发展。

联产承包责任制是一种由农村居民对其生产成果负责并按产量或产值计算劳动报酬的一种生产责任制。家庭联产承包责任制是由集体统一经营与农户分散经营相结合的双层经营体制，农村居民通过以家庭为单位向集体组织承包土地等生产资料和生产任务，获得了相应范围内生产劳动的剩余索取权。这种体制是通过承包合同这一契约形式把集体经济利益和农户经济利益有机地结合起来，使集体所有制内部所有权和经营权发生分离，农村居民获得了

生产经营自主权和自身经济利益的实现形式，从而真正成为自主经营和自负盈亏的商品生产经营者。

联产承包责任制在承包形式上有两种：① 包产到户。以土地等主要生产资料公有制为前提，以户为单位承包，包工、包产、包费用。按合同规定在限定的生产费用范围内完成一定的生产任务，实现承包合同指标受奖，达不到承包指标受罚。② 包干到户，又称大包干。承包合同中不规定生产费用限额和产量指标，由承包者自行安排生产活动，产品除向国家交纳农业税、向集体交纳公共提留以外，完全归承包者所有。即"交够国家的，留够集体的，剩下都是自己的"。家庭联产承包责任制的作用在于调动起农民的生产积极性和创造性，有利于市场经济微观基础的形成，有利于农业生产力的提高和农业生产的发展，有利于农村集体经济和各项社会事业的发展，有利于改善农业生产环境，有利于增强农业发展的潜力。其基本特点是在保留集体经济必要的统一经营的同时，集体将土地和其他生产资料承包给农户，承包户根据承包合同规定的权限，独立作出经营决策，并在完成国家和集体任务的前提下分享经营成果。集体统一经营表现在：管理集体所有的土地、农业设施和公共财产；确定公共提留的数量、比例和用途；组织农民从事某些农业基本建设；为承包户提供农业生产的产前、产中、产后等各种服务。农户分散经营表现在：集体所有的土地分别由各家农户承包使用；耕畜和一般农具归农户所有；流动资金由农户投放；农户自主决策、自主经营和自负盈亏；劳动成果在集体提留后归农户所有。

家庭联产承包制在经营方式和产权关系方面的变革，使农村集体与农户个人的经济利益关系在分配层面得到调整，极大地释放了潜在的农业生产力，推动了农业经济的发展。但是，这种变革的局限性在于，一方面，农村居民独立的市场经济主体地位还受到一定约束。另一方面，以户为单位的经济组织并不是符合农业社会化大生产要求的制度形态。农村居民获得了进行日常生产和经营活动的充分自主权，在履行承包合同的前提下，独立地从事生产和经营活动。但农户的经营权并不是完全独立的，因为家庭联产承包制并没有完全取消集体经营，在集体统一经营与农户分散经营相结合的双层经营体制下，农户的经营权受到集体经营层次的制约。这种集体经营权与以户籍制度、城乡分割政策、县乡政府体制等为基础的各种行政管理权相结合，在一定程度上削弱了微观经济主体地位的独立性。在市场经济条件下，农户对纯收入最大化目标的追求，是在各种经济因素的制约中进行的。这些制约因素构成了对农户的经营约束。具体说来，第一，作为自主经营、自负盈亏的商品生产和经营者，农户面临硬预算约束、市场约束和国家政策约束。第二，作为承包者，农户面临乡村集体经营承包协议的约束。第三，作为农业生产者，农户还要面对气候等自然条件和土地资源的约束。同为生产经营者，农户又不完全等同于企业，农户是市场经济中特殊的权利主体和义务主体。同时，农村居民以分散的农户为单位在成为农业产业化和农业规模化生产主体过程中会受到种种限制。因此，随着农村经济的发展，特别是农产品商品率的提高、农业产业化的发展和农业生产社会化服务体系的形成，家庭联产承包责任制将会在生产方式和经营方式上实现新的历史性跨越，未来的发展将朝着适应农业社会化大生产的方向发展。社会化的分工协作体系将取代家庭式的自然分工方式，适度的规模经营将取代小规模的分散经营，"公司＋农户"等各类新型的农业合作组织形式将取代以单个农户为单位的自产自销的生产组织形式。

📖 本章小结

市场经济的微观主体是市场经济中进行商品、劳务生产和交换的执行者，商品和劳务是市场经济的客体，主客体间的经济活动构成了市场经济的微观基础。企业和居民是市场经济最重要的微观主体。

现代企业制度是以产权制度为核心的适应现代社会化大生产和市场经济体制要求的新型企业制度，其基本特征是"产权清晰、权责明确、政企分开、管理科学"。现代企业制度的建立有助于市场经济微观基础的完善。现代企业的行为包括生产行为、分配行为、企业金融行为、企业重组与并购行为和企业创新行为等，企业行为构成企业经营管理活动的主要内容。作为我国社会主义市场经济最重要的微观主体的企业可以划分为国有企业和非国有企业两类。

我国居民的内涵已经发生了不小的变化，城镇居民与非农人口、农村居民与农业人口不再严格地对应。居民是市场经济的微观经济主体之一，在形成市场经济主体间利益循环关系中具有重要地位。居民既是市场经济活动中的消费主体，又是投资主体和劳动力的供给主体，与其他市场主体形成广泛的利益交往关系，共同构成国民经济的整体。居民收入是居民消费行为、储蓄行为和投资行为的前提和基础。居民的消费行为、投资行为、储蓄行为、劳动力供给行为的方式及其变化，对国民经济运行具有重大影响。社会主义市场经济体制逐步确立的过程也是居民市场主体地位不断确立的过程。

联产承包责任制使农村居民通过以家庭为单位向集体组织承包土地等生产资料和生产任务，以契约形式实现了集体经济利益和农户经济利益的有机结合。在农村使集体所有制内部的所有权和经营权发生分离，农村居民由此获得了一定范围内的劳动剩余索取权。随着农村集体与农村居民个人的经济利益关系在分配层面上得到调整，潜在的农业生产力得以释放，对农业经济的发展起到极大的推动作用。但是，随着农村经济的发展，特别是农产品商品率的提高、农业产业化的发展和农业生产社会化服务体系的形成，未来的联产承包责任制发展将朝着适应农业社会化大生产的方向发展。

❓ 思考题

1. 解释下列概念：市场经济的微观主体、现代企业制度。

2. 简述现代企业制度的内涵及其基本特征。

3. 为什么传统体制下的国有企业不能真正成为市场经济的微观主体？

4. 简述现代企业行为的种类及其内涵。

5. 如何理解我国居民的内涵、地位及其经济行为？

6. 如何理解我国农村实行联产承包责任制的积极意义及其未来的发展？

第十四章　国民经济的总量平衡

本章主要讨论国民经济的总量平衡，讲述社会总供给与社会总需求的基本概念及其构成、社会总供给与社会总需求的决定及其相互作用和影响。在此基础上说明社会总供给与社会总需求的均衡与非均衡状态，揭示社会总供给的均衡条件，进而阐述社会总供求失衡的表现形式及其形成原因，为深入理解宏观调控政策奠定基础。

第一节　社会总供给与社会总需求

一、社会总供给的含义及其构成

社会总供给是指一个国家在一定时期内向社会提供的最终产品和劳务的总量。

所谓最终产品，即所生产的产品，不需要再加工，可直接供人们最终消费和使用的产品。之所以将这些产品称为最终产品，是相对于初级产品和中间产品而言的。产品按其在生产过程中完成的状况和相互衔接的程度，以及使用去向，可分为初级产品、中间产品和最终产品。人们从自然界直接取得的、未经加工，也不能直接供消费的资源和产品称为初级产品。所生产的产品并非直接供人们消费和使用，而是有待于加工或继续加工后才能供人们消费和使用的产品称为中间产品。

形成社会总供给的是最终产品，而不是初级产品和中间产品，因而在对社会总供给进行计量时，要抛开初级产品和中间产品，以避免重复计算的问题发生。

所谓劳务，即劳动服务。与物质产品相比，其特点是它的生产过程和消费过程在时间上直接结合在一起，它只提供某种特殊的使用价值（没有实物形态），以满足人们的需要。但这种特殊的使用价值与物质产品具有同样的功能和性质，都可以满足人们的生产或生活需要。在商品经济条件下，它们都是价值的承担者，都是社会总供给的构成部分。

社会总供给是由国内供给和国外供给两部分构成的。国内供给，即国内生产总值减去不可分配的部分。国内生产总值，是指一个国家（或地区）在一定时期内国内所生产的最终产品和提供的劳务总量的货币表现。从生产角度来说，它是国民经济各部门增加值之和；从分配角度来说，它是这些部门的劳动者个人收入、税金、利润、利息和固定资产折旧等项目之和；从使用的角度来说，它是最终使用于消费、固定资产投资、增加库存及净出口的产品和劳务。不可分配的部分，指包括在国内生产总值内的林业和畜牧业的自然增长部分。

国外供给，是指海关统计的进口总值。由于国内生产总值一般都是以人民币为计量单位的，所以对进口值的计量，也应以人民币为单位。

综上所述，社会总供给可以用公式表述为：

社会总供给＝国内供给＋国外供给＝国内生产总值（扣除不可分
配部分）＋进口总值

上述公式主要是从统计意义上将社会总供给区分为若干个组成部分，从宏观分析的需要而言，则有必要进一步将社会总供给区分为技术潜在总供给、意愿总供给和实际有效总供给。所谓技术潜在总供给，是指当一种经济能够按照客观规律充分有效率地利用现有的一切资源（包括劳动、资本、现存技术和创造能力）生产的最大量产出。之所以称为技术潜在总供给，一方面是因为这样的一种总供给是由一定的技术水平，即生产力水平决定的，在既定的生产力条件下，它是客观的一定量；另一方面则是因为这样一种总供给又是潜在的，而不是现实的。给出这样一个范畴，是为了建立一个理论分析的参照系，以便可以较方便地分析社会总供给的状况及社会总供给与社会总需求的关系状态。所谓意愿总供给，是指在既定的生产力水平和经济体制下，整个社会经济主体所愿意提供的产量，它反映出社会经济主体在一定行为规律的支配和一定客观经济条件约束下的要求和计划。意愿总供给也可称为事前总供给，因为无论是行为规律还是客观经济条件，在短期内都不变，可以事先察知并加以测定。根据这种测定，可以得到相应的意愿供给量。意愿总供给范畴的提出，将为社会主义市场经济的宏观分析提供良好的基础，特别是对于分析计划总供给与实际总供给的偏离有重要的意义。所谓实际有效总供给，则是指社会经济主体根据既定生产技术条件和销售数量限制，为达到最大利润而实际形成的总供给。它是事后形成的客观存在的总供给。在进行宏观经济分析时，引进实际有效总供给范畴是十分有意义的，不仅可以将它与实际有效需求相比较，而且也便于同技术潜在总供给和意愿总供给相比较，从而能清楚地揭示社会主义市场经济的宏观运行规律和问题。

二、社会总需求的含义及其形成

社会总需求是与社会总供给相对应的范畴，它是指在一定支付能力下社会对生产出来供最终消费和使用的物质产品和劳务的需求的总和，即消费需求、投资需求和国外需求三者的总和。

对社会总需求的理解，需要注意两点：第一，要区分"需要"和"需求"。"需要"是指在一定的社会经济制度和生产力水平下，人们想获得某种物质资料的要求。如通常所说的，社会主义的生产目的是为了保证最大限度地满足整个社会经常增长的物质和文化生活需要。这里说的需要，即是指在社会主义制度和一定生产力条件下，人们对物质和文化享受上提出的要求，这种要求随着社会生产力的发展而日益增长。可见"需要"是在不同经济条件下都可通用的一个概念。而"需求"则是一个与商品经济相联系的经济范畴。有了商品经济后，才出现了需求。需求是指在商品经济条件下人们的需要，是相对于一定的价格而言的，并受到人们所能支配的收入即支付能力的制约。在人们收入限度内所能支付的、并按一定价格支付而形成物质和文化生活需要，才是有效的需要，才能形成对物质产品和劳务的实际需要。这种有支付能力并愿支付的有效需要，便称为需求。所以，社会总需求是指有效的、具有支付能力的需求。第二，要区分对社会最终产品的需求和对社会总产品的需求。在分析社会总供给时，曾区分了中间产品和最终产品，在理解社会总需求的范畴时，也同样要注意二者的区分。社会总需求指的是对最终产品的需求，而不是对中间产品与最终产品总和的需求。

社会总需求是由投资需求、消费需求和国外需求三部分构成的。

投资需求作为一个总量范畴，是指整个社会在一定时期（如一年）内对投资品的需求。由于对各种投资品的需求，一般通过货币资金的支出表现出来，因此又称投资支出。从构成上说，社会总投资需求，既包括对固定资产的投资需求，又包括对流动资产的投资需求。用公式表示：

投资需求（支出）＝固定资产投资需求（支出）＋流动资产投资需求（支出）

固定资产投资需求表现为全社会固定资产投资总量。它是反映固定资产投资规模、速度、比例关系和使用方向的综合性指标。全社会固定资产投资包括国有经济单位投资、城乡集体所有制单位投资、股份制企业、中外合资企业和城乡居民个人投资。

消费需求作为一个总量范畴是指整个社会在一定时期（如一年）内对消费品的需求。由于这种需求一般是通过货币资金的支出表现的，因此又称作消费支出。从构成上看，社会消费需求包括公共消费需求和个人消费需求两部分。用公式表示：

消费需求（支出）＝个人消费需求（支出）＋公共消费需求（支出）

公共消费需求主要包括两部分：一是指非物质生产部门对公共消费品的需求，即为提高科学文化水平和居民素质服务的部门（如科学、教育、卫生体育和社会福利事业等）和为社会公共需要服务的部门（如国家机关、政党、社会团体和军队、警察等）对各种公共消费品的需求；二是指物质生产部门对公共消费品的需求（主要指用于集体消费的部分）。

个人消费需求是指居民个人日常生活中对各种消费品和直接为生活服务的劳务的需求。在个人消费需求中，小部分是自给性消费，如农民对农产品的自产自用，手工业者将部分产品留归己用等，都属于这种情况，其绝大部分为商品性消费。商品性消费需求是反映商品经济发展程度和居民消费水平的一个重要标志。但由于社会总供给中包括农民或手工业者自己生产、自己消费的那一部分，相应地在社会消费需求中，也应包括这一部分自给性消费，从而使社会总需求和社会总供给在范围和口径上相互协调。

社会总需求的另一构成部分即国外需求。国外需求，是指海关统计的出口总值。随着开放的扩大，这部分需求不断增长，所以在考察社会总需求时，必须给予充分的重视。

综合上述，社会总需求的构成可以用公式表示：

社会总需求 = 投资需求 + 消费需求 + 国外需求 =

固定资产投资需求 + 流动资产投资需求 +

社会消费需求 + 个人消费需求 + 出口总值

与社会总供给区分为技术潜在总供给、意愿总供给和实际有效总供给相对应，社会总需求也可以区分为技术潜在总需求、意愿总需求和实际有效总需求。技术潜在总需求即由技术潜在总供给决定的在量上与技术潜在总供给相适应的总需求，在宏观经济分析中，它是一个理论量，而不是一个现实量。意愿总需求是指在既定的生产力水平和经济体制下，整个社会经济主体意愿（或计划）需求总量，它与意愿总供给相对应，也是一个事先的概念。实际有效总需求是指整个社会实际形成的总需求，与实际有效总供给相对应，它是一个事后概念，通常一个国家或一个地区公布的某一时期内社会总需求数都是指实际形成的社会总需求。

第二节 社会总供给决定与社会总需求决定

一、社会总供给决定

从总量角度考察社会总供给，主要是分析社会总供给规模。由于衡量社会总供给的指标与衡量经济增长、经济发展的指标有很大的一致性，所以总供给的决定因素同经济增长、经济发展的决定因素也具有一致性，其差别只是观察的角度不同。

影响总供给水平的因素是多方面的，这些因素影响总供给水平的方式也有所不同。总的说来，社会的总需求规模、市场上的物价水平、统计期内的经济资源可供量、社会平均的单位资源利用效率、国家的经济政策及经济制度等，是影响总供给水平的主要因素。

第一，总需求规模对总供给的影响。

在任何情况下，商品的供给都可能通过满足市场的需要使其价值得以实现，因此，从微观的角度看，市场上对商品的需求引导着生产者向社会提供的商品的品种和数量。从宏观的角度看，社会对商品的总需求规模，影响总供给的水平。

社会对商品的总需求规模影响总供给水平，有两种情况：① 在商品的总供给大于总需求的背景下，总供给的水平是由总需求的规模决定的。这时，所有厂商都是根据市场的需求状况来调整自己的产量，从而使商品的总供给水平能够保持在与社会的总需求相适应的状态上（对总供给水平的需求约束）。② 在商品的总供给小于总需求的背景下，总需求规模虽然无法决定总供给的水平，但它对总供给水平在短期内的提高，具有一定的拉动作用。可以说，无论在什么样的总量环境中，社会的总需求规模都会对总供给水平产生影响，从这个意义上说，社会的总需求规模是影响总供给水平的经常性因素。

第二，物价总水平对总供给的影响。

在微观经济运行中，某种商品价格的高低对这种商品的供给量产生影响。从宏观的角度看，由于商品的总供给是市场上所有商品的供给之和，商品的价格总水平是各种商品价格的加权平均值。因此，每种商品的价格高低对其供给量的影响，必定汇总为商品的物价总水平对商品总供给水平的影响，使之表现出一种正相关的关系。

应该注意的是，即使是在市场经济条件下，也会出现价格"刚性"的情况，即价格不能随供求关系的变动而变动，因而也就缩小甚至失去了对供给状况的影响。再加上从单个商品的价格到所有商品的物价总水平，加权平均的过程有时会使不同商品价格的涨落相互抵消，使物价总水平保持相对稳定。但这时，总供给水平却仍可能发生变动。

从上述情况可以看出，物价总水平对总供给水平的影响不同于社会总需求规模对总供给水平的影响。只是我们在进行宏观经济运行分析时，总是先假定总供给水平的变动与物价总水平变动的相关性。因此，一般都把物价总水平仍看作是影响总供给水平的经常性因素。

第三，统计期内的资源可供量。

在市场经济条件下，总供给水平也不是始终能够随着社会的总需求规模或物价总水平的变动而变动。当总供给的增加已经趋近于潜在总供给的规模时，无论社会的总需求怎样增加，物价总水平怎样上涨，总供给水平都难以继续提高。在这里，对总供给水平的限制性影响，显然来自于潜在总供给所依托的资源可供量。从这个意义上说，在短期内，资源可供量是决定总供给水平的限制性因素。如果从长期的情况来看，在总需求大于总供给的环境中，资源可供量的变动是决定总供给水平的首要因素（对总供给水平的资源约束）。

第四，社会平均的单位资源利用效率。

在统计期内经济资源的可供量既定的情况下，当总供给的增加遇到资源可供量的约束时，如果单位资源的利用效率发生变化，总供给的水平仍然有可能发生变化。这时，如果单位资源的利用效率提高了，同量的经济资源便能形成更大规模的总供给。而如果单位资源的利用效率降低了，同量的经济资源所能形成的总供给数量便会减少。总供给规模的这一增一减，实际上是通过松动或收紧统计期内对总供给水平的资源约束状况，来影响总供给的水平。因此，从一般的意义上说，社会平均的单位资源利用效率，首先是在现期资源可供量对总供给水平的变动形成条件约束的基础上，对总供给的水平发生影响的。这是因为，提高资源的利用效率一般是在没有闲置资源的状况下才被置于重要位置的。如果没有资源相对稀缺的问题，一般不会产生节约资源、提高资源利用效率的问题。当然，问题也不是绝对的，这取决于利用闲置资源与提高单位资源利用率的比较成本。

第五，经济制度。

经济制度不仅通过所有制关系、分配关系等影响劳动者积极性、创造性的发挥，从而影响人力资源的利用程度，而且也通过财政、金融、计划等体制影响资源的配置方式，进而影响资本的利用程度和资本利用效率。可见，经济制度合理与否会直接关系到社会生产的发展，关系供给总水平的提高或降低。同人力资源、资本、技术进步等因素相比，经济制度对总供给水平的影响看来似乎抽象，然而却更为实际和深刻。

第六，国家的经济政策对总供给水平的影响。

国家的经济政策对总供给水平的影响是显而易见的。比如，国家通过税收政策的调整，会直接影响所有厂商的产品供给规模。一般来说，国家的经济政策对总供给水平的影响，是通过对供给主体的经济利益施加直接影响的方式达到的。这种影响可以是中长期的，也可以是短期的，甚至可以是随机的。关键取决于国家宏观调控目标的要求。从这个意义上说，国家的经济政策是影响总供给水平的调节性因素，它与影响总供给水平的前几个因素是有所不同的。

二、社会总需求决定

社会总需求主要是由投资需求和消费需求两个基本部分构成。此外，国外需求对社会总需求有一定影响。这里主要分析前两个因素，即投资需求和消费需求。

第一，投资需求。

从总量上看，投资需求表现为投资总规模。投资规模是由多种因素决定的。其中最根本最主要的因素是社会总供给（也即社会总生产）。假设技术已定，又假设社会总供给等于社会最终产值，暂将社会提供的劳务予以舍象，则在一定时期内的（如一年）社会投资规模，首先取决于社会最终产值及其增长率。假定社会最终产值中用于投资的比例已定，最终产值的量越大，投资规模则越大，反之，则越小。

投资规模的确定还取决于积累效果。积累效果可定义为新增社会最终产值与积累资金之比。如果积累效果是好的，那么等量的积累资金可以带来更多的社会供给，从而使投资规模增大，反之，则会使投资规模缩小。提高积累资金的使用效果，是一条有效而实际的增产途径。在这方面我国的潜力是巨大的，要实现这一目标，则必须彻底转变经济发展方式。这是我国经济建设和经济改革中的一项带有根本性的任务。

除上述社会总供给对投资规模起决定性作用之外，价格、利率、经济体制，乃至人们对投资收益的预期等也是影响投资规模的不可忽视的因素。价格对投资规模的影响是双向的，投资品价格上涨（或下跌），一方面可以加大（或减小）以这些投资品为原材料的投资成本，即在产出品价格不变的情况下，使投资收益减少（或增大），从而抑制（或刺激）投资的增加；另一方面，又可以使生产这些投资品的收益增加（或减少），从而刺激（或抑制）生产这些投资品的投资增加。利率对投资规模的影响要具体分析。储蓄利率增加，以至高于投资利润率时，会抑制投资的增加；贷款利率增加（或下降），以至高于（或小于）投资利润率时，也会抑制（或刺激）投资增加。投资主体的投资收益预期对投资规模的影响则表现为：当预期投资收益增加时，投资将会增加；反之，则会减少。

价格、利率、预期对投资规模的作用大小，要受经济体制的制约。在传统社会主义经济体制下，既存在扩大投资规模的"内在冲动"和相互攀比的"外在压力"，又缺乏有效约束的经济机制，所以，社会经常出现投资饥渴、投资膨胀的问题。

第二，消费需求。

消费需求是社会总需求的另一个构成部分。消费需求总量，即居民和社会集团对消费品和劳务消费量的总和，也称消费水平。消费水平主要由三个因素决定：一是国民收入及国民收入中用于消费基金的多少；二是消费基金中形成的可支配收入的多少；三是可支配收入中最终实现消费的多少。

在一定时期内，一个社会最终产值中应有多少用于消费，是由客观经济条件决定的。消费基金的直接决定因素包括：社会总供给增长率、社会最终产值分为积累基金和消费基金的比率、消费品总量和人口基数及其自然增长率。

社会总供给的增长是消费基金增长的最根本的决定性因素。因为消费从根本上说是受生产发展程度制约的，用于消费的只能是已生产出来的产品和劳务。在社会主义社会中，只有生产发展了，社会总供给增长了，消费基金才能够增长，人民的物质文化需要才能够得到满足。反之，消费增长也就成了无源之水。

消费基金的最高限，从经济上说是由积累基金的最低增长率决定的。其确定原则是：必须保证社会最终产值中积累资金的最低需要，即保证原有企业简单再生产的正常进行。由最低积累率决定的积累资金的最低限确定之后，由社会最终产值中减去由这个最低积累率计算得出的积累基金量，剩下的就是消费基金量的最高限。

消费基金的最低限是由人口的基数及其自然增长率决定的。其确定的原则是：要保证计划期按人口平均计算的消费水平不低于基数水平，并争取有适当增长。如果低于这个最低限度，就会影响劳动力的再生产，影响劳动力素质的改善，挫伤劳动者的生产积极性，进而影响劳动生产率的提高，阻碍生产的发展。

无论是消费基金的最高限还是最低限，从物质上看，都还要受消费品使用价值构成及总量的制约。马克思在谈到资本主义条件下的社会再生产运动时指出："这个运动不仅是价值补偿，而且是物质补偿，因而既受社会产品的价值组成部分相互之间的比例制约，又要受它们的使用价值、它们的物质形式的制约"。① 这个原理对于社会主义社会同样适用。因为，社会主义国家在确定消费基数数量时，也必须考虑它的实物形式，以使其价值形式与实物形式相适应。

上述因素，客观上规定了社会主义消费基金的可行区间。在这一区间内确定的社会消费基金计划，是可能实现的。但为了将可能性变成现实，社会主义国家还应该依据一定时期的政治经济形势、一定阶段的发展战略，在充分考虑原有的消费水平、消费习惯、消费方式，以及人民群众的消费期望等因素的情况下，选择一个最优的消费率，以保证将消费和积累、人民群众提高生活的眼前利益和推动国家现代化建设的长远利益恰当地结合起来。

以上关于消费基金决定因素的分析是理论上的。从经济运行的实际过程看，消费基金来源于收入，各经济主体占有的可支配收入是经过国民收入分配和再分配过程最终形成的，因而，一切影响国民收入分配、再分配的因素，都会影响消费基金的水平。

国民收入分配体制是影响收入，从而影响实际消费基金形成的一个重要因素。在高度集中的经济管理体制下，企业和职工对分配和收入的形成几乎没有什么决策权，消费基金的形成与企业经济效益没有联系，都是直接由国家规定、控制和调节的。这种体制下，容易出现追求高速度的倾向，因而也容易产生重积累、轻消费，重长远利益、忽视当前利益的倾向。同时，在重工业畸形发展和消费资料生产落后的条件下，扩大消费也很困难。结果，使消费率经常偏低，劳动者的积极性受挫伤，又势必会阻碍生产发展。在高度分散经济体制下，国家在客观上虽然也可以制定某种社会计划，但它对企业没有约束力。国家也不能集中足够的纯收入，缺乏足够的宏观调节约束力。经济权力多分散在企业手中，消费基金的形成也由企业自行决定。由于企业决策多倾向于当前经济利益，往往以企业职工的短期收入最大化为经济目标，所以也可能产生片面追求消费、忽视积累的倾向，由此导致消费基金的膨胀。按照社会主义市场经济体制的要求，应该建立起有利于微观搞活的分配机制。在这种体制下，国家代表劳动者的整体利益和长远利益，运用计划的、经济的、法律的诸种手段，对企业进行必要的指导和调节；企业成为独立的经济实体，成为自负盈亏的商品生产者，拥有微观的经济活动自主权，具有自我发展、自我改造的能力。企业职工的消费基金，一方面作为社会消费基金的组成部分，要受国家的宏观调控；另一方面，它又与企业经济效益挂钩浮动。这样，在国家与劳动者之间整体利益和局部利益、长远利益和当前利益可以恰当地结合起来，以形成最优的消费率，使消费基金的增长与生产的增长相适应，促进国民经济持续发展。

税收是影响可支配的收入，从而影响实际消费基金形成的另一个重要因素。税收可以直接影响国家、企业、个人对于纯收入的分配比例。国家征税越多，可供企业分配的纯收入越少，反之，则越多。社会纯收入减去国家集

---

① 马克思恩格斯全集：第24卷．北京：人民出版社，1979：437－438.

中的纯收入以后，剩余的则构成企业纯收入，即企业基金。它按一定比例分为生产发展基金、福利基金和奖励基金三部分。后两部分主要用于消费。可见，影响企业纯收入的因素也间接影响消费基金的形式。

价格水平是影响居民实际消费水平的另一个重要因素。在物价总水平上涨时，如果居民以货币表现的可支配收入及消费支出按同一幅度提高，则居民的实际消费水平不变；如果居民的货币收入提高的速度超过物价总水平的上涨，则居民的实际消费还会增加。反之，居民实际消费水平则会下降。价格水平的变化，还会通过与储蓄利率相关的变动影响消费基金的形成。如果价格总水平的提高超过利率的提高，即出现"负利率"，居民将会减少或停止新的储蓄，甚至向银行提取存款，这样便会大大增加现实消费基金的形成，从而提高消费水平。

三、社会总供给与社会总需求的相互作用和影响

社会总供求除了分别决定于其他若干因素之外，它们之间也是相互影响和决定的。在二者相互关系中，总需求对总供给的影响是第一位的，这是市场经济的一般性特征。总供给对于总需求的决定作用在分析总需求决定时已经作了分析，现在集中分析总需求对总供给的决定和影响。

在市场经济条件下，社会实际有效总供给的形成，最终取决于市场实现的社会总需求，在市场上未能实现的供给只是潜在的供给，而不是现实的供给。从这个意义上可以说，社会总需求也是社会总供给的决定因素之一。

社会总需求对总供给的作用是通过其自身变动发生的。社会总需求变动在不同时期规模呈现扩张或收缩，它包括两个方面的内容：一是总需求绝对量的变动，二是总需求相对量的变动。前者是指不涉及总供给关系，仅就其自身而言的扩张或收缩；后者是指相对于总供给而言的需求总量的扩张或收缩。由于总需求变动不是孤立存在的，而是与总供给一起作为一个统一体，两个集合力量来相互发生作用的。因此，考察总需求变动对总供给的影响，不仅要重视总需求绝对量的变动，更要重视其相对量的变动。

根据总需求变动的性质划分，我国主要存在两种形式的总需求变动：均衡变动和失衡变动。

总需求的均衡变动，是指总需求的总量上的扩张或收缩与供给大体一致或者均等的那样一种状态。由于总需求完全等于总供给只是一种理论抽象，在实际经济生活中存在的只是近似的相等，因此，总需求的均衡变动是相对的而不是绝对的，只要总需求在总量上的变动与总供给变动的差值不足以影响经济的正常运行，则可以认为总需求处于均衡变动状态。

总需求的失衡变动（也称非均衡变动），是指总需求在总量上的扩张和收缩与总供给脱节的变动状态。如果总需求扩张过度，就是需求膨胀型失衡变动；如果总需求收缩过度，则是需求不足型失衡变动。可见，总需求的失衡变动具有膨胀型失衡变动和不足型失衡变动两种形式。

社会总需求变动对社会总供给产生的效应可能是积极的，也可能是消极

的。实际后果如何，一方面取决于社会总需求变动的经济环境，另一方面取决于社会总需求变动的状态。

假定社会总需求变动的状态是合理的，则社会总需求变动效应就取决于当时的经济环境。

一定时期内，一个国家可供利用的生产资源总量，包括资本、劳动力等已确定，所达到的技术水平和管理水平及各个生产部门的组成（即产业结构）也已确定。这些生产要素供应的条件就可决定这一时期最大可能的总供给水平。但是，在一定时期一个国家实际达到的社会总供给水平不一定就是最大可能的供给水平。既存的生产能力利用程度低，一部分生产能力出现闲置，在这种条件下，社会总需求变动（扩张）对于刺激生产发展和社会供给增加就具有决定性的意义。社会总需求增长，社会总供给将随之增长，直至现存的生产资源和生产能力得到充分利用为止。在市场经济条件下，任何生产总是根据社会需求进行的。如果实际达到的社会总供给水平超过了最大可能的供给水平即经济过热，如生产设备超负荷运转、劳动力广泛加班加点等，这时社会总需求的收缩对于抑制经济"过热"状态也同样具有决定性的意义。在上述两种情况下，社会总需求变动对于社会总供给的影响都有积极意义。如果情况相反，即在生产能力闲置时，压缩社会总需求；在经济过热时，扩张社会总需求，这种社会总需求变动对社会总供给的效应将是消极的，后果将是严重的。

假定社会总供给的变动是合理的，那么社会总需求变动对社会总供给的效应将取决于社会总需求变动的合理程度。

当社会总需求的变动与总供给的变动相适应，即呈现均衡变动时，它对社会总供给的影响将是积极的、合理的。反之，它对社会总供给的影响将是消极的。这有两种情况：一种情况是社会总需求过度扩张，其负效应表现为刺激"短、平、快"产业发展，加剧产业结构失衡，刺激资产增量迅速扩张，抑制资产存量的有效调整；刺激即期消费，可能引发通货膨胀，并使居民实际收入水平和消费水平下降。最终导致经济处于"过热"状态和出现经济增长的波动。另一种情况是社会总需求过度收缩，其负效应表现为现有生产能力和资源的闲置和浪费；抑制消费需求增加和人民生活改善；影响生产发展和总供给增加，最终造成生产萎缩和下降。

上述关于社会总需求变动对于社会总供给影响的分析告诉我们，要认真把握经济的真实状况，把握总需求变动的"度"，使之与社会总供给的变动状况相适应。我国在传统体制下一般总是总需求过旺，而供给相对"短缺"，因此采取措施刺激供给的增加，适当引导需求的增长，以防止总需求过度膨胀。但在一定时期，总需求的变动状态也会发生变化。所以，在防止总需求过度膨胀的同时，也要预防总需求的过度收缩，以求保持社会总需求的变动与总供给的变动基本适应，促进社会主义经济的持续、健康发展。

要使社会总需求的变动保持在与总供给的变动相适应的范围内，就必须把握社会总需求变动对社会总供给的作用机制。

由于社会总需求主要是由投资需求和消费需求构成的，因此，以下分别分析这两个构成部分对总供给的作用机制。现在先分析投资需求变动对社会总供给的影响。

在投入产出率一定，现存生产资源尚未充分利用，投资可以得到物资保证，消费率也是既定的条件下，投资变动可以直接导致总供给变动。当投资增加时，产出增长，供给增加；当投资减少时，产出相应减少，供给也随之下降。

但在实际上，投资对产出的影响要复杂得多，在同样的条件下，投资需求的增长可以导致大于甚至比投资需求增长本身大几倍的社会总需求和社会总供给的增长。这是因为，在一般情况下，一笔资金投入后，首先会引起对基建材料、机械设备和劳动力的需求；投资完成后，不仅增加了产出（即供给），而且会引发一层又一层新的投资需求；新的投资需求又增加了新的产出并导致更多的投资需求，这是一个连续发生的过程。不管是在商品经济条件下，还是在非商品经济条件下，只要投资是以社会规模进行的，它就不会是一种完全孤立的现象，商品、货币关系的发展进一步强化了这种连续性。由于投资需求增长而引起的社会总需求和社会总供给的扩张过程称为"投资乘数原理"。

需要注意的是，投资需求变动对社会总供给变动作用机制的发挥会受到经济体制的制约。在传统体制下，投资主体单一，投资数量、投资方向、投资比例结构都是由指令性计划控制的，人们往往只重视投资数量，忽视投资效益，致使投资对供给的作用受到极大限制。随着新体制的建立和充分发挥作用，投资需求的变动对总供给变动机制的作用将发挥得越来越充分，因而进一步研究这种机制作用的规律性是很必要的。相对于投资需求而言，虽然消费需求在社会总需求中占的份额较大，但它的变动对社会总供给的影响直接而明了，即消费直接也是生产（劳动力供给），消费为供给提供观念对象，消费创造生产。

第三节　社会总供给与社会总需求
的均衡与非均衡

一、总量平衡公式

在分析社会总供给与社会总需求总量平衡公式之前，我们首先考察一下国民经济中收入流量的流转过程，这是讨论社会总供求均衡的基础。

在开放经济条件下，整个国民经济包括四个部门，它们是企业部门、家庭部门、政府部门和国外部门。这四个部门之间相互提供产品、劳务及服务活动，与此同时相应获得销售收入、要素收入等各种形式的报酬。彼此之间这些联系通过三大市场来实现，它们分别是产品市场、要素市场及金融市场。整个国民经济的收入流转过程可以通过图 14-1 来描述。

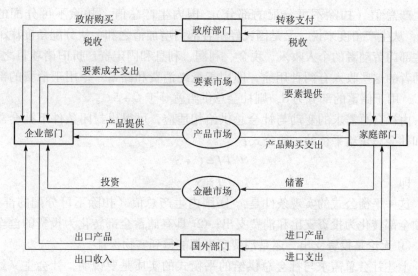

图 14 - 1 国民经济收入的流转过程

国民经济中的四大部门在任何市场上的任何交易都可以分为两方面：供给和需求。就一国的市场交易而言，可以分为总供给和总需求两大类。

从总供给角度看，一国的总供给是所有产品及劳务的供给总和，由产品的市场总值来体现。而这些产品是由各种生产要素生产出来的，根据产值耗尽原理，产品的市场总值可以分解为各种生产要素得到的收入总和，所有这些收入又可进一步细分为消费、储蓄、税收和进口四部分。因此有公式：

总供给 = 所有产品的供给总和 = 各种生产要素得到的收入总和 =
　　消费 + 储蓄 + 税收 + 进口

从总需求的角度看，一国的总需求就是对产品的需求总和，它由消费需求、投资需求、政府购买及出口构成，于是有公式：

总需求 = 对产品的需求总和 = 消费需求 + 投资需求 + 政府购买 + 出口

总量平衡就是总供给等于总需求的状态，由上面分析可知总量平衡公式应表示为：

消费 + 储蓄 + 税收 + 进口 = 消费需求 + 投资需求 + 政府购买 + 出口

二、社会总供求的均衡条件

均衡是指某种事物双方力量保持一种均等的态势。经济学中的均衡包括两方面含义：一是市场供给和需求两个变量相等；二是决定供求的各经济行为主体不存在改变自身和他人行为的动因和能力。在实际经济运行中，均衡是相对的、暂时的，非均衡则是绝对的、长期的。下面对社会总供求的均衡条件做具体讨论。

第一，封闭条件下社会总供求均衡的一般条件。

在封闭条件下，社会总需求 = 投资需求 + 消费需求，如果令 I 代表投资需求，C 代表消费需求，社会总需求即等于 $C + I$。社会总供给 = 国内供给 = 国内生产总值（扣除不可分配的部分）。国内生产总值（扣除不可分配的部分），从生产角度来说，又是国民经济各部门增加值之和；从分配角度说，是这些部门劳动者的个人收入、税金、利润、利息和固定资产折旧诸项目之和。劳动者的这些收入有两种用途，即用于最终消费和储蓄。令用于消费的部分为 C，用于储蓄的部分为 S，则社会总供给就等于 $C + S$。

由社会总需求的变动与社会总供给相适应，可得出封闭条件下社会总需求和社会总供给平衡的一般公式：

$$C + I = C + S$$

即

$$I = S$$

这一平衡公式的实现条件是：① 国内生产总值（扣除不可分配的部分）必须全部转化为投资支出和消费支出；② 具有储蓄全部转化为投资的健全机制；③ 无论是投资支出，还是消费支出都能得到实物保证。

上述社会总需求与社会总供给的平衡式的实质是要说明，社会主义经济要顺畅运行，就必须保持总量平衡，即价值要得到实现，实物上也得到补偿。

需要指出的是，在实际经济生活中，这一平衡公式要求的条件不一定完全具备。例如，在社会主义初级阶段条件下，储蓄转化为投资，实际上是把一部分消费基金转化为积累基金，这将会受到物质方面的限制，它要求有足够的生产资料作保证。同时，储蓄转化为投资，对一定时期现实消费基金形成不能不产生巨大影响，储蓄愈多，消费基金转化为积累基金愈多，现实的消费支出就愈是受到限制。因而要妥善处理这个问题，创造条件以保持社会主义经济的协调发展。

在实际生活中，社会总需求完全等于社会总供给的情况是极为偶然的。如果以"（社会总供给－社会总需求）÷社会总供给"表示供需差率，则只要供需差率保持在一定幅度内，而不影响国民经济正常运行，便可以认为社会总供给与社会总需求是基本平衡的。

第二，引入财政收支后社会总需求和社会总供给的均衡条件。

社会主义国家的财政收支，包括中央和地方的财政收支，为简明起见，可统称为政府收支。传统体制下政府财政收入包括：企业收入（企业上交的利润和事业费收入）、税收收入、企业上交折旧基金、债务收入和其他收入五大类。如果以 G 表示政府收入，以 G_1、G_2、G_3、G_4、G_5 分别表示这五类收入，则

$$G = G_1 + G_2 + G_3 + G_4 + G_5$$

政府财政支出包括：固定资产投资额（包括更新改造和基本建设投资，相当于重置投资和净投资）；流动资产投资（用于企业增加库存）；国家物资储蓄；文教、科研、卫生事业费开支；行政机关经费；国防费用支出等六类。如果以 G_T 表示政府支出，以 G_{t1}、G_{t2}、G_{t3}、G_{t4}、G_{t5}、G_{t6} 分别表示这六类支出，则

$$G_T = G_{t1} + G_{t2} + G_{t3} + G_{t4} + G_{t5} + G_{t6}$$

由于财政支出不是用于投资就是用于消费，财政收入实际来源于国内生

产总值，所以财政收支（即政府收支）实际是包含在社会总供给和社会总需求之中，财政收支平衡应该作为社会总供求平衡的构成因素来分析。考虑到社会主义国家财政收支状况对于社会总供给与总需求的状况有重大影响，在社会总供求的平衡条件公式中，可以将政府收支因素突出，变为：

$$C + I + G_T = C + S + G$$

但须注意，加入政府收支后，原来平衡式中的 $C + S$ 就不再代表全部的社会总供给，而是代表扣除政府财政收入的总供给，原来平衡公式中的 $C + I$ 也不再代表全部的社会总需求，而是代表扣除政府财政支出的总需求。

在社会总供求平衡条件公式中，将政府财政收支因素加以突出的意义在于，它强调在市场经济条件下，政府收支平衡对于整个宏观经济平衡的重要作用。在上式中，如果 $C + I$ 与 $C + S$ 是平衡的，整个宏观经济平衡与否就取决于 G_T 与 G 是否相等了。如果 $C + I$ 与 $C + S$ 是不平衡的，也可以通过 G_T 与 G 的差额来弥补。故政府的财政收支可以作为宏观经济调控的重要杠杆。

第三，引入信贷收支后社会总需求和社会总供给的均衡条件。

银行信贷收入（存款）的正常来源是社会再生产过程中游离出来的闲置资金，包括居民个人收入中暂不用于消费和投资的部分，以及国家集中的折旧费和社会纯收入中暂不用于投资和公共消费的部分。

银行信贷支出（贷款），主要用于企业和个人进行投资（包括固定资产投资和流动资产投资）。

由于信贷收入与形成国内供给的收入是重复的，在社会总供给 $C + S$ 中已经包含了信贷收入（S），而信贷支出直接形成对投资品需求，间接引起对消费品的需求，在社会总需求 $C + I$ 中也包括了信贷支出。所以引入信贷收支后，社会总供求的平衡式仍然是适用的。

需要说明的是，式 $C + I = C + S$ 适应于发达的市场经济条件。在这种条件下，金融业发达，信贷可成为宏观经济运行的重要调节者，各经济主体的经济活动，特别是投资活动都要通过信贷进行。对于我国来说，需要进一步深化改革后才可能达到这种状态。尽管这样，作为理论分析还是可以以此作为分析对象。否则，如果像传统体制下那样，社会经济活动的相当部分不经过银行信贷来进行，那么 $C + I = C + S$ 的平衡式就需要修正，应变为：

$$(C + I) + S_t = (C + S) + S_Q$$

式中，$(C + I)$ 与原来的意义也有了区别，它代表不经信贷形成的投资需求和消费需求，S_t 表示经信贷形成的投资需求和消费需求，即信贷支出；$(C + S)$ 也与原来的意义有了区别，表示各种未经信贷过程的收入；S_Q 则表示信贷收入。

移项整理得：

$$(C + I) + (S_t - S_Q) = (C + S)$$

式中，$S_t - S_Q$ 表示净信贷余额。

这个等式的含义是：不存在信贷形式的社会总需求加上净信贷余额，等于不存在信贷形式的各种收入（社会总供给）。其经济学意义在于它反映信贷平衡在宏观经济总量平衡中的作用。当社会总供求不平衡时，可以通过信贷的差额弥补，因而信贷是进行宏观经济调控的有力杠杆。

第四，同时引入财政收支和信贷收支后社会总需求和社会总供给的均衡条件。

根据前面的分析，同时引入财政收支和信贷收支后，社会总需求和社会总供给的平衡条件应该是：

$$C + I + G_T + S_t = C + S + G + S_Q$$

其含义为：包括财政支出和信贷支出在内的社会总需求，应该等于包括财政收入和信贷收入在内的社会总供给，在这种状态下，社会主义经济才可能顺利运行。

$$[(C + I) - (C + S)] + (G_T - G) + (S_t - S_Q) = 0$$

这个等式的意义在于，社会主义经济可以通过财政的平衡、信贷的平衡，以及二者的综合平衡，实现社会主义总供求的平衡。

但上述平衡条件是以实物在总量和结构两方面都相适应为前提的。如果实物总量或结构不能与之相适应，即使在价值上实现了总量平衡，社会主义经济也仍不能顺利运行，这也就是过去在宏观经济管理的实践中，一直强调物资平衡及其与财政、信贷综合平衡的意义所在。

三、社会总供求失衡的表现形式及其成因

在社会主义市场经济体制下，由于经济活动是分散的，其决策是按照各自的利益和意图进行的，它们的活动不可能完全和国民经济运行的整体目标相适应；同时，在纸币流通的情况下，由于信息的不完全性和人们处理信息能力的局限，货币发行量要达到与流通中实际需要的货币量完全相符，也是极其困难的，由此就产生了社会总供给与社会总需求失衡的可能。其表现形式是：一是社会总供给大于社会总需求；二是社会总需求大于社会总供给。

社会总供给大于社会总需求是指社会总需求绝对或相对不足而形成社会总供给绝对或相对过剩的情况。在假定资源得到充分利用，社会生产力水平得到充分发挥，亦即社会总供给处于正常状态的前提下，如社会总供给大于社会总需求，则意味着社会总需求绝对不足而社会总供给相对过剩。其主要表现是：① 经济停滞，即经济呈现零增长、负增长或只有微量增长；② 社会劳动力的需求减少，就业水平下降；③ 企业产品销售困难，实际存货水平上升。

社会总供给大于社会总需求的后果是显而易见的。如果一种经济长期陷于这种失衡状态，首先受到冲击的是企业，企业的产品要么卖不出去而造成积压，并由此导致资金周转不灵，甚至不得不停产或减产；要么就只好降价销售，企业减少盈利甚至发生亏损乃至破产。其次，居民也将受到严重影响。由于整个经济陷于不景气状态，社会就业机会明显减少，一部分劳动者陷于失业或半失业状态，收入会受到直接影响。即使仍处于就业状态的劳动者，也会由于企业不景气而使工资水平下降，因而导致生活水平下降。最后，就

整个国民经济而言，由于供给大于需求，经济将陷于停滞状态，而一旦陷于这种状态，经济的发展，效益的提高，人民生活的改善，则都受到严重制约。

导致社会总供给大于社会总需求的可能性存在于商品的生产和交换之中。在货币作为一般等价物成为流通媒介之后，商品生产者不再为使用价值而生产，而是为价值生产，商品必须转化为它的对立物——货币，其价值才能得到实现。然而，商品、货币之间往往不能及时、顺利地实现转化，于是便发生了买和卖的分离、供给和需求的分离、生产过程和流通过程的分离、于是供给大于需求的矛盾就具有了一般的可能性。但是，如果社会上存在的是简单商品生产而不是社会化大生产，这种供给大于需求的现象还只表现在局部的狭小范围内，尚不致形成为全社会的供给和需求失衡。而一旦商品生产发展到社会化大生产阶段，随着生产规模和市场规模的扩大，商品生产的基本矛盾即私人劳动（或局部社会劳动）和社会劳动的矛盾也将随之扩大，当生产和市场的扩大不能同步进行而又缺乏有力的宏观调控时，就会逐渐演变成社会总供给与社会总需求的失衡。这种失衡，在资本主义条件下，由于生产社会化同财产的私人占有之间的矛盾等制度方面的原因，可以表现得非常尖锐，以致发生严重的生产过剩危机。在社会主义市场经济条件下，如不及时进行有效的宏观调控，也有导致资源浪费和经济超常波动的可能。社会总供给大于社会总需求的失衡状态是否演变成现实，主要不在于商品生产的基本矛盾和买卖在时间和空间上的分离，而在于社会能否对国民经济进行有效的宏观调控。

如果社会总需求持续地超过社会总供给，影响了国民经济的正常运行，这种社会总需求大于社会总供给的状态，便是需求膨胀。

需求膨胀有如下一些表现：① 经济增长过快，超过资源的供给能力和国民经济所能承受的程度，由此引起结构失调，效益下降，瓶颈制约突出。② 投资基金和消费基金的增长超过国民收入的增长，呈现"双膨胀"的态势。③ 信贷支出额大于存款额，出现信贷膨胀。④ 作为以上几种状态的综合表现，便是通货膨胀。流通中的货币量过多，从而导致货币贬值，物价上涨。通货膨胀也有不同形式，在非限制性市场条件下，如果流通中的货币量过多，会表现为物价的直接上涨，这可称之为公开型通货膨胀。但在限制性市场条件下，如在传统的计划体制下，流通中的货币量过多不直接表现为物价上涨，而可能首先表现为货币流通速度减慢，商品脱销或供应紧张。这可称之为抑制型或隐蔽型通货膨胀。如果流通中的货币量继续增大，则即便在限制性市场上，由于经济规律的客观强制作用，也会最终迫使限制性市场价格突破原来的限制而有所上涨。所以公开型通货膨胀同隐蔽型通货膨胀在实质上是一致的。

社会总需求持续地大于社会总供给会产生严重的后果：首先，它会使经济处于过热状态，最终损害经济增长。在供给既定合理的情况下，社会总需求持续地大于总供给有几种可能：或者是消费适中而投资膨胀，或者是投资适中而消费膨胀，也可能是投资消费双膨胀。无论是哪种情况，都将会导致资源的过度利用，损害经济持续增长，并导致结构扭曲，浪费大量劳动。其次，当社会总需求大于社会总供给所导致的经济过热状态难以为继时，国民经济运行就会由热变冷，形成大起大落的经济超常波动。再次，还将导致价格扭曲，使资源配置非合理化。最后，社会总需求大于社会总供给所导致的通货膨胀还会使居民的实际生活水平下降。

造成社会总需求大于社会总供给的原因，除了前面分析的以货币为媒介的商品交换所导致的买卖分离、供求分离、生产流通分离和宏观调控不力等一般原因外，不同体制下还有不同的具体原因，因此应进行具体分析。

在非市场机制条件下，社会总需求大于社会总供给的原因可以从两个方面说明：一种来自需求方面。在公有制条件下，通行软预算约束，所以政府和企业都存在持续的投资饥渴倾向。在货币发行不能受到严格控制时，由投资饥渴导致的投资膨胀便表现为名义国民收入大于实际国民收入，并由此导致社会总需求大于社会总供给。这种状况有时甚至与总供给的绝对水平无关，总供给增长，总需求也增长，而且总需求的增长速度总是大于总供给的增长速度。另一种来自供给方面。直接原因在于供给效率过低，包括资源配置效率过低、组织效率过低和由技术创新不足引起的动态技术效率过低；深层的原因则是特定的决策机制、动力机制及收入与资源分配机制等，还有同所有制及经济体制有关的一系列更深层次的基本因素，尤其是缺乏动力机制或激励机制所致。通常所说的"大锅饭"、"铁饭碗"所产生的弊端就是这种情形的描述。

一方面是供给不足，一方面是需求过旺，二者作用的结果，就会出现持续的社会总供给小于社会总需求状态。

在市场机制条件下，如果价格调整能在瞬间完全实现，那么至少从理论上说，社会总需求同社会总供给可以保持平衡。然而，由于信息的不完全性和不及时性，以及经济运行的不确定性，社会总需求和社会总供给要实现完全平衡几乎是不可能的，特别是由于制度因素所导致的社会总需求大于社会总供给的情况也难以完全避免。

📖 本章小结

社会总供给是指一个国家在一定时期内向社会提供的最终产品和劳务的总量。影响总供给的因素是多方面的，社会的总需求规模、市场上的物价水平、统计期内的经济资源可供量、社会平均的单位资源利用效率、国家的经济政策及经济制度等，是影响总供给水平的主要因素。

社会总需求是与社会总供给相对应的范畴，它是指在一定支付能力下社会对生产出来供最终消费和使用的物质产品和劳务的需求的总和，即消费需求、投资需求和国外需求三者的总和。

社会总供求的均衡是总供给与总需求保持基本均等的态势。经济学中均衡的含义是：一是市场供给和需求两个变量相等；二是指决定供求的各经济行为主体不存在改变自身和他人行为的动因和能力。在实际经济运行中，均衡是相对的、暂时的，非均衡则是绝对的、长期的。

在社会主义市场经济体制下，由于经济活动是分散的。其决策是按照各自的利益和意图进行的，它们的活动不可能完全和国民经济运行的整体目标相适应。而且，在纸币流通的情况下，由于信息的不完全性和人们处理信息能力的局限，货币发行量要达到与流通中实际需要的货币量完全相符，也是极其困难的。由此就产生了社会总供给与社会总需求失衡的可能，其表现形式是：一是社会总供给大于社会总需求；二是社会总需求大于社会总供给。

❓ 思考题

1. 解释下列概念：社会总供给、社会总需求、国内生产总值、均衡。
2. 社会总供给与社会总需求各由哪些部分构成？
3. 影响社会总供给的因素有哪些？
4. 国民经济总量平衡的公式是什么？
5. 简述社会总供给与总需求均衡的条件。
6. 社会总供给与总需求失衡的形式及原因是什么？

第十五章　社会主义经济增长和经济发展

经济的持续增长与健康发展是改善人民生活水平、提高经济竞争力和综合国力的决定性因素，是宏观经济政策的重要目标，也是现代经济学关注的主要方面之一。本章在解释经济增长与经济发展内涵、决定因素的基础上，揭示社会主义经济增长方式的转变、经济发展道路的选择与经济结构调整等问题。

第一节　经济增长与经济发展

一、经济增长

经济增长是指在一定时期内一国或某地区国民财富即社会产出（包括产品和劳务）的数量增加。对于社会产出的增加状况，当不考虑人口因素时，可以利用社会总产出的增加来加以衡量，反之，如果考虑人口因素的影响，则需要根据人均产出的变动来加以认识。同时，由于国民财富的数量可以从使用价值和价值两方面来分析，所以，对经济增长的计量和反映，也可以从产品和劳务与价值的总量变化或人均量的变动来说明。

在衡量经济增长时，除了利用绝对数额的变动情况来说明外，经济学研究中更多地使用经济增长率来反映。所谓经济增长率，就是一定时期内，一国或某地区经济总量或人均量的相对变动，即经济总量或人均量的增加值除以基期的数量。以 Y_t 和 y_t 分别表示 t 期末的国民收入和人均国民收入，用 Y_0 和 y_0 分别表示基期时的水平，以 g 表示经济增长率，则有：

$$g = \frac{Y_t - Y_0}{Y_0} \text{ 或 } g = \frac{y_t - y_0}{y_0}$$

（一）经济增长的影响因素

影响经济增长的因素是多方面的，而且，在一国或某地区的不同发展时期，在某一时期的不同国家或地区，起决定性作用的因素也有所不同。概括地来看，可以将这些因素大体上归于需求和供给两个方面。

1. 影响经济增长的需求因素

这主要包括社会消费、投资、政府购买及净出口。其中，消费、投资和净出口被称为拉动经济增长的"三驾马车"。

其中，消费是一定社会对消费品和劳务的有支付能力的购买行为，它主要取决于人们的收入水平、价格水平、社会信用发展程度及利率等因素。在经济的周期性波动中，与投资相比较，消费具有相对稳定的特征。而对于经济增长而言，消费增加能够对国民收入的变化产生"加速"效应。同时，它构成为社会的最终需求，也会对投资需求也具有制约作用。

投资需求是社会增加或更换资本资产的支出行为，它主要取决于一定时期的利率水平、资本物品的供给价格、投资的预期收益和人们可支配的收入水平等因素。与消费相比较，它在拉动经济增长中具有更快捷、更容易受政策驾驭的特征。投资增加对经济增长的拉动具有"乘数"效应，会促使国民收入以更大比例增长，而这又会引起消费增长，并通过消费增长的"加速"效应，带动国民收入进一步增长。

政府购买是各级政府购买商品和劳务的支出行为。在现代市场经济中，政府对商品和劳务的采购，一方面出于政府部门自身正常运转的需要，另一方面也与政府执行既定的宏观调控政策有关。政府购买支出也能够对经济增长产生"乘数"效应。当经济增长出现停滞问题时，出于刺激经济的考虑，政府可以增长购买支出的规模；反之，当经济中存在虚假繁荣和需求过热问题时，政府可以适当削减自身的购买支出。但是，需要注意的是，政府购买支出作为政府行为的一部分，往往与政府机构的运转相关联，当政府部门的规模过度膨胀时，当政府支出不能与经济发展的需要相适应时，与此相关联的政府购买支出的增加有可能会加剧经济的过热和虚假繁荣问题，从而会影响未来经济增长的持续性。

净出口是一国或地区出口与进口之间的差额。在国际贸易中，净出口的规模主要取决于本国与其他国家经济技术结构的互补性程度、本国产品和劳务的国际竞争力、本国与国际市场的联系程度、汇率和国外人民的收入水平等因素。净出口的增加也能够带动经济增长，但这种作用的力度大小要受制于本国净出口额占本国经济总量的比重、出口产品的结构、出口产品和劳务对本国其他产业或行业的市场关联效应的大小，以及产品和劳务出口对国内需求的影响等方面。

2. 影响经济增长的供给因素

社会财富和总产出的增加是扩大再生产的结果，因此，影响再生产的各种因素都会对经济增长产生作用。这包括初始资源总量或投入量、技术水平和结构、制度因素和经济结构因素等。

初始资源是一定经济所能投入到生产当中的可用物品和劳务的总称。这些资源主要包括三类：劳动力、资本或资本品和自然资源。其中，劳动力是生产力发展的能动要素，一定时期投入生产的劳动力的数量和质量对经济增长具有重要的决定作用。劳动力的质量表现为劳动者的知识水平、对生产技术的掌握和应用能力、劳动熟练程度、在生产中的创造能力等。劳动力的投入数量则通常用就业人口数来表示。资本品和自然资源都属于耐用物品，虽然它们不创造新价值，但却是进行再生产的必要条件。所不同的是，资本或资本品是作为前期生产的结果被投入生产当中，其投入生产的规模变化主要取决于净投资的数量和上期生产的资本品数量；而自然资源则不是前期生产的结果，是自然界存在的可以被投入社会生产过程的一切自然物和自然力，其投入生产的规模主要受制于一定社会的自然资源拥有量和人们对自然资源的开发、利用能力。

社会的技术水平和结构是影响经济增长的另一个重要因素。它对经济增长的推动作用主要表现为：第一，初始资源投入的生产效率由技术水平所决定，它决定了初始资源投入所能带来的最大产出量，从而也决定了增加初始资源投入所能带来的经济增长程度；第二，技术进步对于提高初始要素的利用效率具有决定意义。技术进步不仅可以增加社会可利用的资本品和自然资源数量，还可以增进劳动者的知识水平，提高劳动者的素质和他们驾驭生产的能力，促使生产工具革新，改进生产工艺，提高原材料的加工深度，促使生产资料和劳动力的结合方式、经济管理模式等发生变革，改善产品的质量和性能，从而提高各类初始要素的利用效率；第三，技术进步还具有强化社会分工关系、增强经济联系的结构效应。一国或某一地区的各经济部门或各区域在技术上具有关联关系，这种技术联系既反映了部门之间、行业之间的分工关系，也使经济社会形成为一定的技术体系和结构。技术进步有助于增进部门之间、区域之间的经济联动性，并借助于这种经济联动性的增强进一步加强技术进步对经济增长的作用，加快整体经济的增长步伐和速度。

制度因素是影响经济增长的又一因素。任何社会的经济增长都是在一定的制度环境和制度安排下进行的。所谓制度，就是规范行为主体行为活动的一系列规则或约束的总称，它包括硬约束和软约束两方面。前者如产权制度、法律规章等，后者如价值观、伦理规范、道德观念、风俗习惯和意识形态等。制度对经济主体开展各种生产经营等活动具有稳定预期、内生激励、激发创新和行为规范等作用，是维护市场公平原则的必要条件，从而也是实现持续经济增长的保障。同时，合理的制度变革会促使各类资源的结合方式、配置比例发生变化，提高现有技术和生产能力的利用效率，还会引导资源更为合理的配置，从而为经济增长提供动力。

最后，经济结构也会对经济增长产生作用。在各国或地区的经济发展中，影响经济增长的经济结构因素主要包括所有制结构、产业或行业结构、地区结构、进出口结构等。它们虽然对经济增长具有不同的作用路径和机制，但都与经济增长密切相关、相互影响、相互制约。例如，就地区结构而言，生产力的合理布局和地区结构的优化，一方面，有助于强化区域经济分工关系，发挥区域经济的竞争优势，促使资源向优势地区和部门合理流动，从而增强区域经济发展的极化效应和行业发展的集聚效应，带动整体经济的快速增长；另一方面，技术进步的区域传递和扩散效应，行业发展重心的空间转移，也有助于保持一国经济总量的持续增长。

（二）经济增长与经济波动

经济增长考察的是一国或某地区经济总量或人均量的动态变化。与这一动态变化相联系，在经济增长的过程中，往往还伴随着经济波动，即：经济增长率在不同时期高低起伏和剧烈变动；就业率因经济增长速度的变化而发生大幅度改变；物价水平受商品、劳务和货币市场供求的变化而发生持续变动，产生通货膨胀和通货紧缩两种现象，等等。这里，我们主要说明经济增长率的波动。

通常，人们将经济增长从一个低谷走向另一个低谷的发展过程称为一个经济周期。在这个时间周期中，经济将经历危机、萧条、复苏和高涨四个阶段。其中，从高涨到危机和萧条阶段，经济增长率逐步下降，且在后两个阶段呈现相对较低的水平，甚至会出现零增长或负增长的情况；而从萧条到复苏和高涨阶段，经济增长率则表现为逐步攀升、直至达到最高峰值的变动趋势。

引起经济波动的因素是多方面的，这包括了上述影响经济增长的各种因素数量的变化，以及促使它们发生变化的各种因素的变动等。其中，最主要的因素包括以下几点。

(1) 固定资产投资规模的剧烈变动。与流动资产相比较，固定资产具有一次性预付、价值分批回收、投资周期长、投资风险高、沉没成本大、进行更新所需要的资源数量较多等特点。同时，随着国民经济的重工业化，固定资产的规模会进一步扩张，其在社会总资产中的比重也加大。由这些特点和固定资产在国民经济发展中的地位所决定，大规模固定资产更新既是经济走出危机和萧条阶段的物质基础，也为下一次危机埋下了伏笔，会对经济增长率的变动产生较大影响。而与此相对应，由于固定资产更新依赖于社会财富在投资和消费两种用途中的分配，取决于一定社会的积累率，所以，正确处理积累（或投资）与消费的关系，就成为保持持续经济增长的重要条件。

(2) 产业结构及其调整和转换。首先，不同的产业结构会导致不同的经济增长率。一定的经济增长率与特定时期构成国民经济的各个产业或行业的发展状况相联系，会受到各产业或行业特别是主导产业和支柱产业的成长能力、增长程度和技术进步步伐等方面的制约，当主导产业和支柱产业的增长能力较强时，整体经济的增长率会高一些，反之，经济增长率会低一些。其次，产业结构的适应性调整会引起经济增长率的变化。一定时期，当部分产业或行业出现供求矛盾时，客观上要求对产业结构做适应性调整。此时，一方面，如果结构调整不及时，会使经济增长因部分产业或行业的发展不足或过度发展而受到制约，另一方面，当产业结构发生适应性调整时，会局部地改变各产业或行业在国民经济中的比重，也会引起它们的增长率发生改变，从而对整体经济的增长率产生作用，引起后者变动。第三，产业结构的战略性调整更会影响经济增长速度。在经济发展的某些时期，当原来的支柱产业和主导产业逐步步入成熟期后，持续的经济增长客观上要求对产业结构做战略性调整，同时，社会需求结构和技术结构的质变，也会对产业结构的战略性调整提出需要，要求资源向高技术、高效率和具有更大市场发展空间的产业或行业不断流动，使这类产业在国民经济中的比重不断上升，传统产业在国民经济中的比重下降，进而使支柱产业和主导产业发生变更。如果产业结构战略性调整的任务不能顺利完成，经济增长率会因原来的支柱产业和主导产业缺乏持续增长能力而逐步下降，而战略性调整任务的完成，则意味着经济增长具有了新的物质基础和增长引擎，这也会带来增长率的变化。

（3）技术进步和制度创新。特定时期的经济增长总是建立在一定的技术结构和制度结构基础上的。通常，人们认为，对于给定的技术结构和制度结构，各类要素的边际产量具有递减的趋势。由此，不难推论出，如果没有技术进步和制度变革，对于给定的资源存量，持续的经济增长很难一直维持下去。

此外，人口增长、资源存量的变化和社会环境的变迁，有时候也会引起经济波动。

二、经济发展

发展作为一个专门术语，是在"二战"之后产生的。在这一时期，特别是20世纪50年代以后，广大的亚非拉国家纷纷取得民族解放、国家独立，开始走上自主发展的道路。此时，振兴经济、改变经济的落后面貌成为它们普遍面临的迫切任务和历史课题。为了帮助这些国家解决经济发展问题，1960年以后，联合国以每隔十年为一个期限，规划国际发展战略，由此也使得该问题受到国际社会的广泛关注，并逐步兴起了包括发展经济学、发展社会学、发展政治学、可持续发展等一系列理论。

早期的发展理论主要是指经济意义上的发展。1956年英国经济学家刘易斯的《经济增长理论》成为了发展经济学的开山之作。刘易斯将发展等同于经济增长，认为发展就是"人均产出的增长"。这种观点在当时颇具代表性。它将"发展"与"增长"混同起来，认为发展中国家经济落后的原因在于工业化程度不够，经济馅饼不大；而加快工业化的步伐，提高工业化的程度，把经济馅饼做大，就会导致经济发展和社会进步。因此，发展问题，尤其是发展中国家的发展问题就是经济增长问题。

20世纪60年代末以后，一些发展中国家在实现经济增长的同时，出现了社会分配严重不公、政局动荡和社会腐败等"有增长无发展"的问题。相应地，上述将发展等同于增长的理念也引起了一些学者的质疑。例如，美国学者托达罗认为，"从最终意义上说，发展不仅仅包括人民生活的物质和经济方面，还包括其他更广泛的方面。因此，应该把发展看为包括整个经济和社会体制的重组和重整在内的多维过程。"1987年，联合国世界环境和发展委员会在《我们共同的未来》一书中也提出，发展必须是"既满足当代人的需求又不危及后代人满足其需求的发展"。

由此可以看出，与经济增长相比较，经济发展是一个内涵更为丰富的动态概念。它是指某一时期一国或地区经济社会的整体演进与改善，即经济社会的良性化。这不仅包括由经济增长所反映出来的整体经济在量上的变化，而且涉及整体经济在质上的变化。具体而言，它由三个层面的内容构成：一是经济总量的增长及其变动趋势；二是经济结构的演进与调整，包括所有制结构、产业结构、区域结构、投资结构、就业结构、分配结构和消费结构等

方面的优化；三是经济社会整体质量的提高，这主要由经济在动态变化过程
中所实现的经济效益、社会效益和整体竞争力的提高、经济发展与其他领域
如环境质量等协调性的增强、人民生活状况和生活质量的改善等方面来体现。

（一）经济发展与经济增长的关系

经济增长既是经济发展的一个层面，同时又与经济发展的其他方面相互
促进、相互制约，存在着密不可分的关系。

第一，经济增长为经济发展提供了物质前提和基础，是实现经济发展的
手段。不断增进的社会财富，是实现经济结构优化、人民生活水平提高、国
家综合国力增强的最主要的筹码。

第二，经济发展是保持一定经济增长的目的。首先，二者之间的关系是
由人类社会从事经济活动的最终目的所决定的。人类社会从事经济活动的最
终目的在于不断满足日益增长的物质文化需要，这不仅取决于经济增长，而
且依赖于经济发展的其他方面，如产业结构、分配结构和消费结构的优化等。
从这个意义上讲，经济发展与这一最终目的更具有一致性。其次，如果忽视
经济发展的其他环节，过分强调经济增长，既不可能解决经济运动中的全部
问题，又会产生一些新问题，使经济增长在长期内受到抑制。经济增长更侧
重于强调经济总量的变化，特别是总量增长的速度和幅度，过分重视经济增
长，有可能会导致对资源的过度利用或低效率利用，使一定社会的长期发展
受到存量资源的限制；也有可能形成不合理的经济结构，使经济增长因结构
不协调而受到制约。因此，在经济运动的过程中，必须将数量与质量并重，
处理好速度与效益之间的关系。

第三，经济发展能够为经济的持续增长提供动力。在经济发展的过程中，
一方面，经济结构的合理化，可以因为各领域、各环节关联程度的提高、协
调性的增强，使经济增长速度加快，使经济增长的周期延长；另一方面，产
业结构的高度化、人口素质提高、知识增进和技术进步等，也可以为经济增
长提供新动力和新的增长点。

（二）衡量经济发展的指标体系

经济发展是一个全方位、多层次的概念，需要根据其内涵和不同时期经
济发展的基本特征，综合利用各类指标构成的指标体系来对一国或某地区的
发展状况做整体评价和分析。一般而言，这类指标体系主要由以下内容构成。

一是衡量经济总体水平的指标，如人均 GDP 或 GNP 指标。

二是反映经济结构的各类指标，例如，若要反映一国产业结构的总体特
征，可以采用服务业增加值占 GDP 的比重、重工业产值或增加值占工业总产
值或增加值的比重、国民生产总值中制造业所占份额等；若要反映收入分配
结构，可以使用基尼系数、经济活动中工资和薪水收入的百分比、劳动所得
占国民收入的比重等指标；若要反映城乡结构、就业结构，可以使用城镇人
口比重、实际失业率、各产业从业人口占社会总就业量的比重、就业人口中
男女性别比例等。

三是体现一国或某地区人民生活状况、生活质量和人口素质的指标，如

恩格尔系数、人均收入或可支配收入水平、人均重要物资的消费量、人均住房面积、人均报纸发行量、各类学校入学率、不同文化水平的人口占社会总人口的比重、每万人医生数、人口自然增长率等。

四是反映经济效益状况的指标，如以每万元产值计算的能源性产品和重要物资的消耗量、总资产贡献率、企业平均的净利润或净利润率水平。

五是衡量生态环境改善和社会进步程度的指标，如环境污染指数、每万人口刑事案件立案件数、每十万人交通事故死亡人数等。

第二节　经济增长方式及其转变

一、经济增长方式的内涵

经济增长方式，亦即经济增长的实现方式，也就是一国或某地区在一定时期内主要借助于何种途径和手段来实现经济增长。通常，人们将经济增长方式分为两种：粗放型经济增长方式和集约型经济增长方式。

所谓粗放型经济增长方式，是指主要依靠资本、劳动力等生产要素投入数量的增加，而不是主要依靠技术进步，来实现经济增长。从经济运行的整体来看，在这种经济增长方式下，技术水平的提高不显著，意味着投入－产出比没有太大改善，资源利用效率和经济效益相对比较低下，产业结构也主要以劳动密集型和资源密集型产业为支柱，技术变革步伐较快的新兴产业特别是高技术行业所占比重不大，产业结构的低级化特征较为明显。

所谓集约型经济增长方式，是指主要依靠技术进步而不是生产要素投入量的增加来实现经济增长。在这种增长方式下，技术进步具体表现为劳动者素质的提高、机器设备等资本品的性能改善、知识的增进、生产流程和工艺环节的改进、劳动分工关系的更加合理化和生产要素的节约使用等方面，它们对生产领域和经济运行整体的作用，意味着要素生产率、资源利用效率的提高和经济社会效益的改善。

经济增长是在扩大再生产的基础上实现的，经济增长方式也与扩大再生产的实现方式密切相关。扩大再生产有两种实现方式，即：依靠要素投入数量增加来实现生产规模扩大的外延型扩大再生产和依靠技术进步、劳动者素质提高、生产要素节约使用来实现生产规模扩大的内涵型扩大再生产。显然，与粗放型经济增长方式相对应的是外延型扩大再生产，而与集约型经济增长方式相对应的则是内涵型扩大再生产。但需要注意的是，虽然它们分别具有关联性，却不能完全等同起来。在一个经济社会中，扩大再生产是在各微观经济主体，主要是企业内相对独立地进行的，而经济增长则是就整体经济而言的，所以，粗放型经济增长方式，是指一定社会的大多数企业采取外延型扩大再生产所实现的经济增长；而集约型经济增长方式，则是指大多数企业采取内涵型扩大再生产所实现的经济增长。这里，在粗放型经济增长方式下，不排除有少数企业进行内涵型扩大再生产；在集约型经济增长方式下，也不排除有些企业存在外延型扩大再生产。

二、经济增长方式的转变

两种经济增长方式的实现途径决定了它们所依赖的社会经济条件各不相同，从而在各国或各地区的不同发展阶段，地位和作用也不一样。就人类历史的整体演进进程而言，在经济总量规模较小、技术进步的步伐较为缓慢的发展阶段，各国主要采取粗放型经济增长方式来增加社会财富总量。而当经济发展到一定阶段后，一方面，稀缺资源的大规模需求与其有限供给之间的矛盾会日益突出，为克服这一矛盾，需要更多地借助于技术进步来实现经济增长；另一方面，人类在总结发展经验的基础上，思想文化的进步和文明程度的提高，也会从意识上推动战略指导思想的转型，要求改变传统增长方式，采取集约化的经济增长方式。而对于那些采取赶超战略的国家和地区而言，在物质财富积累到一定程度后，受发达国家发展理念的影响，可以更快地完成经济增长方式的这一转变。

所谓经济增长方式的转变，就是指从粗放型经济增长方式转向集约型经济增长方式。显然，要实现这种转变，关键在于技术进步。具体而言，这需要以下条件。

（1）一定社会对投资、研发先进技术的重视程度和将先进技术应用于生产实践的观念意识。先进技术要能够发明，前提条件是需要整个社会对这种生产要素给予足够的重视，并做出相应的投资和生产力布局。

（2）具有培育、获取先进技术的有效途径。在世界市场发展的基础上，先进技术既可以由本国自身研发而成，也可以借助于劳动者参加国外教育培训或利用国际贸易和国外投资的方式来获得。一般而言，后一种途径下获取某项技术的速度更快、投入相对较少，但这取决于相关国家或地区经济联系的紧密程度，取决于国际技术合作的自由化程度，也取决于技术引进国家对新技术的消化、吸收能力。同时，从长远来看，一国或某地区，不可能长期依赖于别国，要实现增长方式的根本转变和经济赶超，最终还要依赖于本国的自主创新能力和技术的自生能力。

（3）社会整体的知识增进程度和劳动者素质提高的程度。先进技术的研发、推广、应用和传播扩散，需要有具备一定知识和技能的人才能进行，这对劳动者素质提出了更高的要求。特别是，在依靠自身条件来实现技术进步时，正所谓"独木不成林"，更需要有一定规模、经验、技能和创新意识的科技工作者队伍。

（4）与先进技术从研发到应用整个过程相适应的有效的组织管理制度和机制。受社会分工和部门管理等因素的影响，技术的研发、推广、应用和传播扩散，有时候是在不同部门、不同经济主体之间相对独立地来进行的，现代经济的这一特征决定了，一方面，需要合适的制度设计以保证相应经济个体有足够的动力或积极性去从事相关工作；另一方面，在这些具有独特经济利益的部门和单位之间，还需要有合适的沟通、联系机制。

（5）具备应用和发挥先进技术作用的社会物质条件，如资本品的性能、微观经济主体的生产经营规模等。

三、我国经济增长方式的转变

改革开放以来，我国在粗放型增长方式下，经济社会发展取得了前所未有的成就。但应当看到，这种增长方式也导致了一些不断加深的矛盾和问题，例如，在一些时期经济运行出现过大起大落，盲目投资和重复建设导致部分行业产能过剩，高消耗、低效率引起资源品价格进而物价总水平在一段时期上涨过快，经济发展中基础产业和基础设施的"瓶颈"问题比较突出，经济运行中投资与消费不平衡的结构性矛盾尚未解决，部分领域和行业国际竞争力不强、经济效益较低，经济发展中的环境压力越来越大，等等。为解决这些问题，必须实现经济增长方式的根本转变，使经济增长从主要依靠增加投入、追求数量，转到主要依靠科技进步和提高劳动者素质上来，转到注重质量和以提高经济效益为中心的轨道上来。这是保持我国经济平稳运行、较快发展的需要，是切实提高经济质量和经济效益、增强国际竞争力的需要，也是减轻资源环境压力、实现可持续发展的需要。

应当看到，经济增长方式的转变是一项重大的系统工程，不能一蹴而就，需要长期不懈的艰苦努力。为此，应做好以下工作。

（1）以培育和提高自主创新能力为中心，依靠科技进步，优化产业结构。

经过30多年的发展，我国已经形成了一批具有创新精神、达到一定规模、能够驾驭先进生产力的科技骨干和科技队伍；在一些领域，已经形成具有竞争优势且转化为现实生产力的高科技产品，它们正在或已经实现了产业化经营；在国际竞争中，一些优势企业和优势产品逐步脱颖而出。这些积极因素的存在和发展，为我国实现经济增长方式的转变提供了基础性条件。今后，针对经济发展中的尚存问题，结构调整还要进一步加快和深化。一是要加快研发对经济集约化增长具有重大带动作用的关键技术，通过前沿技术和核心技术的创新，推动高新技术产业的突破性发展；通过共性技术、重点技术和配套技术的研发、应用，推动传统产业升级。二是加大对高新技术产业的支持力度，大力发展电子信息、生物医药和装备制造等高新技术产业。三是积极发展现代服务业，提升第三产业在国民经济中的比重。四是有重点、有区别地加强基础产业和基础设施建设。五是处理好科技进步与扩大就业的关系，在发展资金技术密集型产业的同时，适度发展劳动密集型产业，努力探索适合劳动密集型产业发展的新思路、新途径、新制度。

（2）深化科技体制改革，完善鼓励技术研发和创新的政策体系。

改革开放以来，我国科技体制改革围绕着促进科技与经济相结合，以加强科技创新、促进科技成果转化和产业化为目标，以调整结构、转换机制为重点，采取了一系列重大改革措施，取得了重大突破和实质性进展。同时，必须清楚地看到，我国现行科技体制还存在着社会主义市场经济和现代化建设不相适应的许多方面：一是企业尚未真正成为技术创新的主体，自主创新能力不强；二是各方面科技力量自成体系、分散重复，整体运行效率不高，社会公益领域科技创新能力尤其薄弱；三是科技宏观管理各自为政，科技资源配置方式、评价制度等不能适应科技发展新形势和政府职能转变的要求；四是激励优秀人才、鼓励创新创业的机制还不完善。这些问题严重制约了国家整体创新能力的提高。

今后，深化科技体制改革的指导思想是：以服务经济与现代化建设为目标，以调动广大科技人员的积极性和创造性为出发点，以促进全社会科技资源高效配置和综合集成为重点，以建立企业为主体、产学研结合的技术创新体系为突破口，全面推进有中国特色的国家创新体系建设，大幅度提高国家自主创新能力。

（3）坚持市场化的改革方向，深化经济体制和政府管理体制改革，以体制改革促进经济增长方式转变。

转变经济增长方式必须考虑其体制基础，改革束缚增长方式转变的体制因素。除科技创新体制改革外，这主要还包括：一是优化所有制结构，完善市场竞争机制。需要坚持"有进有退"、"有所为、有所不为"的方针，在加强国有经济主导作用和公有制经济主体地位的同时，逐步放宽竞争性领域非国有经济主体的市场准入限制，大力发展混合所有制经济，并通过法制建设，依法保护各类投资主体的合法权益，营造公平竞争的市场环境。二是深化金融体制改革，增强金融对经济的服务功能。三是改革政府管理体制，实现政府职能转变，建设好服务型政府。

此外，实现经济增长方式转变，还要坚持走可持续发展的道路，实现经济与社会、人与自然的协调发展。

第三节　社会主义经济发展

一、以人为本的科学发展观

促进经济发展，是中国特色社会主义建设的重要组成部分。坚持什么样的发展观，直接决定了我国经济发展战略、策略和政策的选择，也决定了我国社会主义现代化建设的进展和实现程度。中共十六大以来，以胡锦涛同志为总书记的党中央在全面建设小康社会伟大实践中创造性地提出了科学发展观的重大战略思想，进一步明确回答了这一问题。中共十七大报告指出："科学发展观，是对党的三代中央领导集体关于发展的重要思想的继承和发展，是马克思主义关于发展的世界观和方法论的集中体现，是同马克思列宁主义、毛泽东思想、邓小平理论和'三个代表'重要思想既一脉相承又与时俱进的科学理论，是我国经济社会发展的重要指导方针，是发展中国特色社会主义必须坚持和贯彻的重大战略思想。"

科学发展观的基本内容是，坚持以人为本，树立全面、协调、可持续的发展观，统筹城乡发展，统筹区域发展，统筹经济社会发展，统筹人与自然和谐发展，统筹国内发展和对外开放，继续发展社会主义市场经济、社会主义民主政治和社会主义先进文化，促进经济社会和人的全面发展。

首先，科学发展观继续坚持将发展作为执政兴国的第一要务，强调了发展的重要性，回答了"为什么要发展"的问题。从根本上讲，发展是解决中国一切问题的关键所在：只有发展，才能不断满足人民日益增长的物质文化需要，切实提高人民群众的生活水平，实现社会主义的根本目的和最终目标；只有发展，才能解决我国社会主义初级阶段生产力不发达的问题，实现社会主义现代化的初级阶段奋斗目标；只有发展，才能提高我国综合国力，在国际上赢得竞争优势，不断巩固我国的国际地位；只有发展，才能在两个制度的竞争中取胜。因此，树立和落实科学发展观，必须坚持以经济建设为中心，坚持用发展和改革的办法解决前进中的问题，聚精会神搞建设，一心一意谋发展。

其次，以人为本是科学发展观的本质与核心，它回答了"为谁发展"和"靠谁发展"等问题，规划了中国发展的价值理念。它体现了科学社会主义理想，是对马克思主义"人的自由而全面发展"思想的继承和发展。坚持以人为本，一是要求在我国社会主义建设中，要把人民利益作为一切工作的出发点和落脚点，以实现人的全面发展为目标，不断满足人民群众的多方面需求，使发展成果惠及全体人民；二是要求在发展中，必须依靠广大人民群众，把人民群众作为经济社会发展的主体和原动力，尊重他们的首创精神，发挥他们的创造力和对经济社会建设的主动性、积极性。

最后，全面、协调、可持续发展是科学发展观的基本要求，统筹兼顾是其根本方法和途径，它与以人为本相结合，回答了"坚持什么样的发展理念"、"怎样来发展"的问题。全面发展，就是要以经济建设为中心，全面推进经济、政治、文化和社会建设，实现经济发展和社会全面进步；协调发展，就是要统筹城乡发展、统筹区域发展、统筹经济社会发展、统筹人与自然和谐发展、统筹国内发展和对外开放，推进生产力和生产关系、经济基础和上层建筑相协调，推进经济、政治、文化建设的各个环节、各个方面相协调。可持续发展，就是要促进人与自然的和谐，实现经济发展和人口、资源、环境相协调，坚持走生产发展、生活富裕、生态良好的文明发展道路，保证一代接一代地永续发展。

二、走新型工业化道路

（一）新型工业化道路

社会主义初级阶段，我国面临着工业化的历史重任，这是我们实现社会主义现代化的重要条件和不可逾越的历史阶段。

一般而言，工业化包含两个层面的内容：一是要求工业在国民经济和就业结构中的比重不断上升，并取代传统农业上升为经济的主体部门，这可以看作是狭义的工业化概念；二是指在工业经济上升为主体部门的基础上，工业技术、生产方式、管理理念和思想观念渗透到全部经济领域，这可以看作是广义的工业化概念。

工业化道路的选择决定了工业化的水平和基本特征。所谓工业化道路，是指一国推进本国工业化的途径、方式和办法的总称。工业化及其道路选择是一个历史范畴，它与世界近现代经济发展的不同时期相联系，具有不同的具体内容、发展途径和方式。西方发达国家和传统社会主义国家工业化道路的一般特征是：第一，以机器大生产为代表的工业技术革命，使社会生产走向机械化、电气化和自动化，由此也推动了生产方式的变革；第二，专业化分工日益加深，促使产业结构由以农业为主向以轻工业为主进而以重工业为主转变，生产的集约化程度也从以劳动密集型为主向以资金密集型和资本技术密集型为主转变；第三，以粗放型或资源消耗型经济增长方式为主，注重经济增长的高速度，经济发展面临的人口、资源和环境等硬约束日益严重。

走新型工业化道路，是我国在 21 世纪初期，在充分考虑现阶段世界经济发展趋势和我国具体国情的基础上提出来的。它是指在我国新世纪的发展中，要以信息化带动工业化，以工业化促进信息化，走出一条科技含量高、经济效益好、资源消耗低、环境污染少、人力资源优势得到充分发挥的新型工业化路子。

与传统工业化道路相比较，我国选择的新型工业化道路具有以下特征。

第一，发达国家都是在工业化之后推行信息化的，中国作为一个后发展的国家，需要而且可以发挥后发优势，将信息化与工业化进程相互融合，把信息化作为加速我国工业化发展的新动力，这体现了该道路跨越式发展的本质。

第二，发达国家实现工业化，过多地偏重经济增长速度的加快，大多数是以大量消耗资源的粗放型经济增长为主，我国的新型工业化注重发挥科技进步的作用，以提高经济效益和竞争力为中心，强调集约型经济增长，注重经济效益提升和经济结构的优化，而不是一味追求不计成本和消耗的快速增长。

第三，发达国家的工业化以牺牲环境为代价，我国的新型工业化道路注重可持续发展，强调生态建设和环境保护，要求将经济发展与人口、资源、环境相互协调，而不是走"先发展、后治理"的老路子。

第四，发达国家实现工业化的过程中注重机械化和自动化，与此同时出现了一些失业问题，我国的新型工业化道路强调发挥人力资源优势，注重经济发展与扩大就业的相互统一。

（二）走新型工业化道路的必要性

新型工业化道路与科学发展观相辅相成，在一定意义上讲，是践行科学发展观的具体体现。同时，它也是总结人类工业化进程的一般规律和当代世界经济发展的客观趋势，吸取包括发达国家、一些社会主义国家和我国在内的各国过去工业化进程的经验教训，克服我国经济发展中目前存在的资源环境压力大、就业矛盾比较突出等问题的必然要求。

首先，走新型工业化道路，是工业化进程与当代世界经济发展趋势的有机结合，是我国实现跨越式发展的要求。

工业化的具体途径和方式与不同时期的生产力发展水平相联系，是一个动态的概念。西方发达国家的工业化正是工业生产技术迅猛发展的阶段，所以，此时的工业化表现为生产的机械化、电气化和自动化。20世纪90年代以来，世界经济和科技发展出现了巨大变化，信息化已成为当今世界发展的一个重要趋势。一是以信息技术为代表的新科技革命突飞猛进，带动了一系列新兴产业的崛起和发展，使产业结构升级获得了新的动力；二是在互联网等新技术发展的基础上，国内分工和国际分工纵深发展，各类市场的信息、资金、技术、人员和商品流动加快，各类市场的相互依存性进一步加强，市场竞争更加激烈，这促使资源配置的空间范围不断拓展，也引起传统产业发展的物质条件、技术与市场联系、管理方式、经营理念和市场营销等方面发生了深刻革新；三是信息化为宏观经济管理、政治、文化和社会生活的发展提供了新的平台，导致各领域及国际联系的各方面也正在经历一系列变革。因此，利用后发优势，促使信息化与工业化相互融合，走新型工业化道路，是我国顺应世界经济和科技发展新趋势的必然选择。

其次，走新型工业化道路，是我国和其他国家工业化进程经验教训的有益总结。

发达国家的传统工业化道路在促进经济增长与发展的同时，引起了一系列经济社会问题，如资源过度消耗、生态环境破坏、失业问题比较突出、社会矛盾加剧等，这些矛盾成为我国选择工业化道路的前车之鉴，为我国工业化进程提供了宝贵经验。

从社会主义改造基本完成开始，我国的工业化已经历了半个世纪。虽然在这一阶段，我们把一个落后的农业大国转变为了一个经济总量规模不断增长、工业门类比较齐全、拥有完整工业体系、技术水平不断提高且在一些领域达到或接近国际先进水平的社会主义大国，但从整体上看，我国的工业化任务还没有完成，一系列更为深刻的经济社会矛盾有待破解，例如，工业化进程受到城镇化和市场化水平低的约束，工业技术对农业部门的渗透力度还不够，工业发展的一些领域和环节还存在技术落后、生产规模狭小、难以形成规模经济优势，需要通过资本运营、技术改造和企业重组来加以解决等。这些问题和矛盾决定了我国的工业化进程需要继续推进。同时，另一方面，我国前期的工业化进程基本上是采取传统工业化道路进行的，经济社会发展也存在类似于发达国家工业化进程所带来的相似问题，如部分行业和企业经济效益低，就业压力大，社会收入分配差距偏大，经济发展的资源、环境"瓶颈"日益严重等。这些矛盾决定了我们在继续推进工业化的过程中，必须走新型工业化道路，只有这样，才能体现社会主义的根本原则，也才能处理好眼前利益与长远利益，实现经济社会的全面、协调、可持续发展和人的全面进步。

最后，走新型工业化道路是适应我国现阶段国情的正确决策。

我国正处于社会主义初级阶段，人口数量大、人均资源占有量偏低、劳动力供给大于需求的矛盾突出，是我国基本国情。在这样的国家，以资源的过度消耗和生态环境破坏为代价推进工业化，不仅资源难以支撑，工业化和经济发展难以为继，而且破坏生态、污染环境、妨碍人民生活质量的提高。因此，必须高度重视科技进步的作用，着力提高经济效益，节约和合理利用资源，保护生态环境，走可持续发展的道路。同时，为了充分发挥我国劳动力资源丰富的优势，缓解巨大的就业压力，维护社会公平和政治稳定，必须在推进工业化的进程中，十分注意广辟就业岗位，努力扩大就业。走新型工业化道路，有利于资源的永续利用和生态环境保护，有利于就业和劳动者福利的增加，符合最广大的中国人民的根本利益和长远利益。

（三）走新型工业化道路的具体途径

走新型工业化道路，需要依靠科技进步，在调整经济结构的同时，实施科教兴国战略，走可持续发展道路。

（1）提高科技创新能力，依靠科技进步促进工业化和信息化的发展。

坚持以信息化带动工业化，以工业化促进信息化，把工业化与信息化结合起来。

实现工业化与信息化的相互融合，首先是要大力发展以计算机、通信和网络技术为代表的信息技术，加速信息技术的产业化进程，培育、发展以智能化工具为代表的新的生产力，提高它们对经济增长的贡献；其次是要在国家统一规划和组织下，在农业、工业、科学技术、国防及社会生活各个方面应用现代信息技术，用信息技术武装国民经济的各个领域，深入开发、广泛利用各类信息资源，提高它们的信息化程度；三是要利用现代信息技术，加大信息网络平台和信息共享机制的建设，提高信息资源的管理和利用水平；四是要大力培育信息化人才，制定和完善信息化政策。

（2）要大力发展信息产业和高新技术产业，形成以高新技术产业为先导、基础产业和制造业为支撑、服务业全面发展的产业格局，推进产业结构优化升级。

新型工业化道路是一条推进产业结构优化升级的道路。今后一段时期，促进我国产业结构的优化升级，重点是：优先发展以信息产业为代表的高新技术产业，提高它们在国民经济中的比重，增强它们对国民经济发展的带动作用；用高新技术和先进适用技术改造传统产业，大力振兴装备制造业，继续加强基础设施建设和基础产业的发展；加快发展包括现代金融业等在内的现代服务业，提高第三产业在国民经济中的比重；正确处理发展高新技术产业和改造传统产业、发展资金技术密集型产业和支持劳动密集型产业发展的关系，实现国民经济的协调发展。

（3）继续实施科教兴国战略，依靠科技进步和劳动者素质的提高，改善经济增长质量和效益。

科学和创新的技术是现代化的根本动力和知识源泉。没有科学的发展和普及，没有科学技术的创新和国家创新体系建设的推进，就不会有真正的现代化，也不可能完成工业化的历史重任。为此，我们必须实施科教兴国战略，全面落实科学技术是第一生产力的思想，坚持教育为本，把科技和教育摆在经济、社会发展的重要位置，增强国家的科技实力及向现实生产力转化的能力，提高全民族的科技文化素质，把经济建设转移到依靠科技进步和提高劳动者素质的轨道上来，加速实现国家的繁荣强盛。

（4）继续实施可持续发展战略，合理处理好工业化与环境保护的关系。

实施可持续发展战略，既是我国客观国情的要求，也成为当代世界各国、各地区为促进经济社会协调发展而形成的共识。在推进工业化的过程中实施可持续发展战略，要坚持以经济建设为中心，从经济与人口、资源、环境、社会的相互协调中推动经济建设，并在经济发展过程中带动人口、资源、环境和社会问题的解决。当前，特别是要做好建立健全环境保护制度，加强环境保护性法律法规的立法工作，提高相关法律的执法监督力度；建立健全资源利用制度，以制度规定的强制性确保有限资源的合理利用，提高资源利用效率；制定与经济社会发展相适应的人口增长制度、教育培训制度、劳动就业制度和社会保障制度，在实施计划生育政策的同时，优化我国人力资源结构，增强人口增长、劳动者素质提高和经济发展之间的协调性。

三、转变城乡二元经济结构

二元经济结构，一般是指在工业化和现代化进程中，一国或某地区所出现的传统部门（如农业）和现代经济部门同时并存，而且它们在技术水平、生产率、生产方式、经营理念、经济联系的密切程度、经济效益和发展速度等方面存在显著差异的现象。与此相对应，城乡二元经济结构，就是指以社会化生产为主要特点的城市经济和以小生产为主要特点的农村经济并存的经济结构。

（一）城乡二元经济结构及其危害

在二元经济结构下，城市经济以社会化大生产为主要特征，它们的技术水平高，各类要素具有相对较高的生产率；在先进技术和现代经营管理理念的支配下，单个经济主体的生产经营规模较大，更能够获得规模经济的好处；各类市场相对较为发达，生产要素的流动较快，资源配置具有更好的市场环境支撑；社会分工程度较高，各部门、各领域和各经济单元之间的经济联系较为广泛和密切；基础设施和基础建设较为发达，微观经济主体的经济活动更容易获得外部经济效应的支持。其特点是城市经济具有相对较好的经济效益，就业人员的收入水平也相对较高，经济增长速度也比较快。而与之形成鲜明对比的是，虽然在农村经济中就业人口多，但受生产技术、经营规模、就业人员素质、市场、社会分工程度与分工地位，以及外部经济环境等方面的限制，农村经济的生产率、经济效益、发展速度都比较低下。城乡经济在发展中的明显差异，一方面推动了劳动力和其他各类生产要素不断向城市流动，另一方面也是工业化背景下经济存在结构性矛盾的一种重要表现，导致经济发展中工业与农业、城市与农村之间形成对立。

应当看到，在大多数国家工业化的进程中，都或多或少地存在二元经济结构问题，但相比较而言，进入工业化中期的中国，城乡二元结构矛盾更加明显和突出。这主要表现为：① 中国的城市化进程滞后，农村就业人数较多，比重较大。截止到 2007 年底，我国乡村就业人员达 47 640 万人，约占城乡全部就业人员总数的 61.87%，扣除农村乡镇企业、私营企业和个体经济中的就业人员，乡村其他经济实体中的就业总数（主要是农业和农村商业经营活动者）为 27 691 万人，占全部就业人数的 35.97%。② 农业生产经营条件差，生产经营方式还比较落后，经济效益较低。例如，在提高农业生产技术水平方面，我国目前正处于大面积普及机械化作业的阶段，智能化、自动化等代表先进生产力发展方向的农业技术装备在研发、利用中还存在严重不足的问题，就机械化本身而言，到 2003 年，机械化耕地、播种、收获水平也分别只有 46.8%、26.7% 和 19%。③ 城乡经济成分的构成存在较大差别。与生产力发展的不同层次相适应，在城市经济中，各类所有制经济都取得了较快发展，尤其是具有资金、技术、人才、生产经营规模和政策优势的国有经济在其中发挥着主导作用，而农村经济则主要是在家庭联产承包责任制基础上发展起来的，尽管在国家政策的支持下，乡镇企业、私营企业、个体经济取得了长足进步，但就其整体而言，它们在技术、资金、生产经营规模、市场开拓能力和从业人员素质等方面，与城市国有企业相比都还具有显著劣势。④ 城乡居民收入水平、社会保障、生活福利等方面存在明显差距。城市居民收入水平较高，社会保障条件好于农村居民，并可以享受到各种社会公共设施的方便。农村居民收入水平低，在就业、医疗、养老、教育等方面享受的社会福利较低。

城乡经济发展的严重不平衡对保持国民经济持续健康快速发展具有较大危害。一是二元经济结构在城乡之间形成资金、生产资料、劳动力、技术和信息流动的壁垒，容易导致城乡市场分割的局面，割裂或弱化了国民经济发展中各部门之间的关联性；二是二元经济结构使资金、人才等要素不断流向城市工业部门，容易使农业经济发展面临越来越大的资金、技术和人才缺口，使农业成为国民经济发展的薄弱环节；三是城乡收入差距偏大既会抑制消费，缩小农产品和工业品的市场销售空间，加重有效需求不足问题，也会影响社会的整体生活水平和国民经济的整体竞争力，影响消费升级的步伐，扭曲整个社会的消费结构，成为制约经济社会全面发展和人的全面发展的障碍；四是较大的贫富差距和农村居民在教育、就业、医疗、生活等方面的不平等，也会制约社会文明的进步，滋生一系列社会问题，成为诱发社会不稳定的重要因素。

（二）解决城乡二元经济结构的途径

应当看到，我国出现的城乡二元经济结构，既有城乡工业化进程本身发展不同步、不平衡方面的原因，也有体制、政策等方面的原因。特别是，在我国开始社会主义建设以来的较长时期，依靠工农业价格"剪刀差"，满足了工业发展的巨额资金需要，在生产经营和人民生活方面，长期实行了向城市经济和居民倾斜的战略和政策，在体制上也形成了不利于农村经济发展的一系列障碍，这些因素都对二元经济结构的形成具有重要作用。因此，在全面建设小康社会和构建和谐社会的新时期，解决和破除二元结构矛盾，必须将发展农村经济、实现城乡良性互动和破除政策、体制障碍同时并重。

首先，城市化是解决二元经济结构矛盾的根本出路。通过城市化建设，加快城乡一体化进程，可以促进城乡人口比例和就业结构的优化，加快农村劳动力向非农产业转移，提高他们的收入、生活和消费水平，优化产业结构，克服城乡发展中的体制矛盾。现阶段，加快推进城市化建设，一是要坚持走大中小城市和小城镇协调发展的道路，增强大中城市在经济社会发展中的核心作用和对周边经济的辐射带动，充分发挥中小城市和小城镇在吸收就业、加速农村城镇化方面的优势；二是要按照循序渐进、节约土地、集约发展、合理布局的原则，推进城镇化进程，实现经济社会和人与自然的协调发展；三是要坚持以人为本的发展观，在城镇化建设中努力增加就业机会，完善科教、文化和卫生体制和社会保障制度。

其次，以社会主义新农村建设为契机，加大农村经济结构的调整力度，繁荣农村经济。一是要对农业产业结构进行战略性调整，在全面提升农产品品质的基础上，将以种粮为主和以种植业为主的传统农业产业结构转向多元化、高级化的现代农业产业结构；二是要在继续稳定和完善农村家庭联产承包责任制的基础上走农业产业化道路，实现农业经济的规模化生产、集约化经营和市场化发展，推进农工贸向一体化方向发展，努力形成农户、加工企业和贸易经销商互利共赢、共担风险的利益联动机制；三是要增强财税、金融、科技、信息和人员培训等方面的支持力度，大力促进农村非农产业的发展，并使之做大做强；四是要加大农村基础设施、基础条件的建设，深化户籍制度改革，促进城乡居民在教育、就业、医疗、养老等方面的机会平等，为农村经济发展提供良好的公共服务设施和服务环境。

最后，致力于政策调整和制度创新，破除束缚城乡经济发展的体制障碍。消除城乡差别，不仅要清除不合理的制度，解决制度不公和失当的问题，也要进行制度创新，解决制度无力和失效问题。为此，必须进一步深化农村人口的劳动就业和户籍管理制度，完善城乡流动人口管理制度，逐步统一城乡劳动力市场，引导农村富余劳动力平稳有序转移，形成城乡劳动者平等就业的制度；继续推行城乡一体化的社会保障制度，加快建立农村最低生活保障制度的建设；继续实施农村税费制度和金融体制改革，加快农村信息化建设，改革科技、教育、文化、卫生体制，优化农村经济发展的社会服务环境，引导资金、技术、物资、人才、信息和优秀人才向农村经济流动，努力形成"生产发展、生活宽裕、乡风文明、村容整洁、管理民主"的社会主义新农村。

📖 本章小结

　　经济增长是指一定时期内一国或某地区国民财富即社会产出（包括产品

和劳务）的数量增加。影响经济增长的因素来自于社会需求和社会供给两个方面。在经济增长的过程中，还伴随着经济的周期性波动，这主要是由固定资产投资规模的剧烈变动、产业结构的调整和转换、技术进步和制度创新等因素引起的。

经济发展是一个全方位、多层次的概念，不仅包括由经济增长所反映出来的整体经济在量上的变化，而且涉及整体经济在质上的变化。经济发展与经济增长相互促进、相互制约、密不可分。

经济增长方式分为粗放型和集约型两种。从粗放型经济增长方式转变为集约型经济增长方式，是我国现阶段经济工作的主要任务之一。

经济发展是经济社会的整体演进和改善，在我国现阶段，需要在科学发展观的指引下，走新型工业化道路，促进经济结构的调整来实现。

❓ 思考题

1. 解释下列概念：经济增长、经济波动、经济发展、可持续发展、二元经济结构。

2. 现代经济中，影响经济增长的因素主要有哪些？

3. 什么是经济增长方式？我国如何实现经济增长方式的根本转变？

4. 怎样理解以人为本的科学发展观？

5. 什么是新型工业化道路？它具有何种特征？

6. 什么是二元经济结构？其危害有哪些？怎样转变我国目前存在的城乡二元经济结构？

第十六章　社会主义国家的对外经济关系

经济全球化背景下，社会主义国家必然要广泛参与国际经济活动，发展对外经济关系。现阶段，我国全方位、多层次、宽领域的对外开放格局已经形成，在今后的发展中，必须坚持"引进来"和"走出去"相结合的战略，在发展国际贸易、加快国际资本流动和保持国际收支大体平衡的基础上，维护我国的经济安全。

第一节　社会主义国家的对外开放

一、社会主义国家对外开放的必要性

在经济全球化的背景下，发展对外经济关系，实行对外开放政策，是社会主义国家经济发展的必由之路。社会主义初级阶段，对外开放是我国的一项长期基本国策，我们需要利用对外贸易、国际资金流动、对外技术交流和国际劳务合作等形式，提高人民生活水平，为社会主义现代化建设服务。社会主义国家必须融入世界经济大舞台，积极发展对外经济关系，实行对外开放政策，才能更好地实现自身发展。对于社会主义国家而言，实行对外开放具有客观必然性和必要性。

首先，对外开放是经济全球化和社会化大生产的客观要求。在经济全球化的背景下，随着国际分工、国际交换和世界市场的纵深发展，生产社会化的程度进一步得到提高，使各国的生产和消费都具有了世界性的特点。在这种环境下，包括社会主义国家在内的任何国家和地区，都不可能脱离国际经济而独立存在，也不可能仅靠自身力量来实现经济腾飞。

闭关自守是没有出路的，只有积极参与国际经济交流，大力发展对外经济关系，提高本国、本地区经济的国际化程度，才能在互通有无中解决我国社会主义发展中面临的资金、技术、人才、管理、知识、信息等资源短缺问题，为经济发展提供更好的经济技术条件和社会人文环境；才能加快我国经济结构优化的步伐，为经济增长提供新动力，为经济的持续、快速、健康发展提供经济结构保障。

其次，对外开放是社会主义生产方式运动规律的内在要求。社会主义是一种以实现共同富裕为目标的开放的生产方式和制度，自觉促进生产力的发展，自觉根据生产力的发展水平和发展趋势来调整生产关系和上层建筑，自觉将已发展起来的文明成果用于满足最大多数人物质文化需要，是这种生产

方式和制度的本质要求。这种本质属性决定了社会主义必须实行对外开放。因为只有这样，才能够把人类文明的最新成果应用于社会主义生产力的发展中，增强生产力发展的技术基础、物质基础和社会人文基石；也只有这样，才能将资本主义业已发展起来的先进管理经验、组织模式、经营方式，应用于驾驭生产力尤其是先进生产力发展的经济活动中，应用于不断满足人民群众文化需要的实践中，促进社会主义经济关系的自觉调整和自我升华。因此，实行对外开放，是增强社会主义凝聚力、创造力和竞争力的必要保证，是实现当代世界最先进的科学技术、最进步的文明成果与社会主义制度有机结合的客观条件，是社会主义最终战胜资本主义的有力武器。

最后，对外开放是社会主义市场经济的内在要求。社会主义市场经济是社会主义基本经济制度与市场经济的有机结合。实行对外开放，有利于完善社会主义市场经济体制。这主要表现为：一是可以借鉴国际经验，利用国外资本、先进技术和管理知识，探索更有利于公有制经济发挥作用的实现形式，支持、鼓励包括外资经济在内的各种非公有制经济的发展，完善以公有制为主体、多种所有制经济共同发展的社会主义基本经济制度；二是可以更好地总结社会化大生产的内在规律和市场经济发展的共同特征，加快现代企业制度和现代产权制度建设的步伐，并利用国际市场竞争和国外资源，增强企业的经营管理能力和市场竞争能力，为社会主义市场经济发展提供良好的微观基础；三是有利于将国内市场与国外市场相结合，加快现代市场体系的建设，培育和完善市场机制，增强市场对资源配置的基础性作用；四是有利于借鉴国际经验，加强社会主义法制和市场规则建设，维护市场秩序，确保社会主义市场经济的有序运行；五是有利于结合国际经验、社会主义的本质要求和本国经济不同发展阶段的特殊性，探索更有利于国民经济健康发展的收入分配制度、宏观管理制度和社会保障制度，增强社会主义国家对经济的调控能力；六是通过加强国际交流与合作，可以为防范和化解经济运行中的各类风险提供良好的外部条件，为解决全球性经济问题和社会问题提供新的途径和渠道。

十一届三中全会以来，我国实施了对外开放的方针政策，并将它作为我国的一项长期基本国策。应当看到，实行对外开放，既是全球经济发展客观趋势、社会主义生产方式运动规律和社会主义市场经济发展的要求，也是我国特殊国情的必然要求，是对我国社会主义建设历史经验的总结，对我国经济发展具有特殊意义。这具体表现为：① 对外开放是我国加速社会主义现代化建设的需要。对于中国这样的社会主义国家而言，由于历史的原因，目前仍处于生产力不太发达、商品经济未能充分发展的社会主义初级阶段，需要通过较长时间的努力，来完成别的国家在资本主义条件下已经实现的工业化和现代化的历史任务。而要实现工业化和现代化，需要获得必要的资金、技术、设备和人才等生产要素投入保障，需要实现对各类要素的集约化使用，提高经济效益。只有实行对外开放，才能够在短时期内获得经济建设所需要的这些资源，在参与国际分工的过程中取长补短、发挥各类资源的经济价值，也才能在国际竞争中增强我国企业的竞争能力，提高资源利用效率和经济效益，加快社会主义现代化建设的步伐，缩短现代化建设的进程；② 对外开放是实现我国经济协调发展的需要。在对外开放的过程中，利用国际市场，可以促进我国产业结构的合理化，解决部分行业在发展中存在的供给不足和生产能力过剩问题；可以借助于国外先进技术和先进的管理方法，促进我国产业结构的升级转换；可以通过国际竞争，提升市场机制的激励效应和创新效应，增强市场机制的优胜劣汰功能，加快经济结构的调整步伐；可以利用国际分工和国际贸易，集中国内资源发展优势产业，提升经济的竞争力；③ 对外开放是也我国深化经济体制改革的需要。为了从根本上破除束缚生产力发展的经济体制，必须按照市场经济的基本要求，深化经济体制改革。通过对外开放，学习市场经济国家的成熟经验和一切反映社会化大生产要求的先进做法，可以使我国的体制改革少走弯路，加快改革的进程；可以在国内市场与国外市场的有效衔接中增强市场的资源配置功能，提高经济的市场化程度；可以为经济体制改革营造更好的社会环境和外部氛围。

二、我国的对外开放格局

从 1980 年创办经济特区开始，经过 30 年的奋斗，我国逐步形成了全方位、多层次、宽领域的对外开放基本格局，对外开放事业放取得了巨大发展。回顾这一历程，它大体上经历了经济特区—沿海开放城市—沿海经济开发区—沿江、沿边和以内陆省会城市为中心的内陆开放区—沿线和中西部地区开放逐层推进、滚动发展的几个战略阶段。

1. 经济特区

经济特区是一个国家和地区在其所辖地域范围中所划出的对外实行更为开放的特殊政策和特殊措施的特别经济区域。经济特区是世界各国或地区，特别是后起国家和地区利用外部条件促进本国、本地区经济发展的一种重要手段。到 1981 年，世界上已有 30 多个国家和地区建立了 350 多个经济特区。经济特区按其经济政策内容和目的可分为：自由贸易区、出口加工区、综合性经济特区等形式。

我国 1980 年开辟了深圳、珠海、厦门、汕头四个经济特区，1988 年又建立了海南经济特区。我国的经济特区属于综合性经济特区，它们与内地经济相比较，具有以下特点：一是资金来源外向化，外资是其经济发展的主要资金来源；二是经济成分"三资化"，特区以中外合资、中外合作经营和外商独资经营为主要经济成分；三是经济活动国际化，特区企业主要面向国际市场，产品以外销为主；四是经济管理权限大，特区政府在审批建设项目、财政、外汇等方面拥有较大的自主权；五是经济政策优惠大，为鼓励特区发展，中央政府赋予特区经济较大的优惠政策，如降低或免征某些税收、简化客商出入境手续等。

经济特区在我国对外开放总格局中处于前沿阵地的战略地位，对我国现代化建设发挥了重要作用。发展经济特区，不仅吸引了外资，增加了建设资金，引进来国外的先进技术和管理经验，促进了我国国际贸易的发展，增加了外汇，增强了产品的国际竞争力，培养和训练了一大批技术和管理人才，增加了就业机会，而且，它也成为我国改革开放的"试验田"，为积累经济体制改革和对外开放的经验提供了场所，为世界了解中国提供了窗口。

2. 沿海开放城市和沿海经济开放区

沿海开放城市是实行特殊开放政策的沿海港口城市，它们是我国对外开放的第二个层次。1984年，我国政府决定开放大连、秦皇岛、天津、烟台、青岛、连云港、上海、宁波、温州、福州、广州、湛江、北海等14个沿海城市。对于这些开放城市，国家扩大了它们对外经济活动的管理权限，在出入境、投资、税收和外贸等方面对前来投资的外商给予优惠政策。

随后，1985年1月，长江三角洲、珠江三角洲和由厦门、泉州、漳州连成的闽南三角地带被开辟为沿海经济开放区，1987年又将山东半岛、辽东半岛列入其中。这样，沿海开放城市和开放区连成一片，从南到北，使我国广大的沿海区域都成为对外开放的地区，实现了对外开放由点到线再到片的发展。这些沿海地区地理位置优越、交通通信条件相对发达、工业基础较好，对这些地区的开放，对于促进沿海地区发展外向型经济、增强它们对内地经济乃至全国经济的牵引和带动起到了重要作用。

另外，从1984年开始，国家还规定，在沿海开放城市和部分内陆城市中，经批准可以划出部分地区，设立经济技术开发区，通过实施优惠政策，促进高新技术产业的发展，加快经济结构的调整和产品升级换代，在外引内联的基础上鼓励出口加工和转口贸易的发展。此后，继经济特区、经济技术开发区、国家高新技术产业开发区之后，我国还开展了保税区建设。1990年6月经中央批准创办的上海外高桥保税区是我国改革开放以后的第一个保税区。1992年以来，国务院又陆续批准设立了14个保税区和一个享有保税区优惠政策的经济开发区，即天津港、大连、张家港、深圳沙头角、深圳福田、福州、海口、厦门象屿、广州、青岛、宁波、汕头、深圳盐田港、珠海保税区及海南洋浦经济开发区。保税区按照国际惯例运作，实行比其他开放地区更为灵活优惠的政策，具有进出口加工、国际贸易、保税仓储商品展示等功能，享有"免证、免税、保税"政策，实行"境内关外"运作方式，是中国对外开放程度最高、运作机制最便捷、政策最优惠的经济区域之一，也是中国与国际市场接轨的"桥头堡"。

3. 沿边、沿江和内陆中心城市的开放

从1991年开始，中国对外开放新政策的着眼点开始逐步向沿江、沿边和内陆开放区倾斜，1992年邓小平视察南方的讲话发表后，对外开放掀起了新高潮：一是以上海浦东开放为龙头，进一步开放长江沿岸的芜湖、九江、武汉、岳阳、重庆等内陆城市，逐步使长江沿线形成为继沿海地区之后的又一个开放程度较高、分布范围较广的对外开放城市群；二是在东北、西北和西南三大地区，开辟了黑河、珲春、满洲里、伊宁、瑞丽、凭祥等13个沿边开放城市，实行了鼓励外商投资、促进边境贸易的各项优惠政策，形成了沿边开放的格局；三是开放了哈尔滨、太原等 18 个省会城市，形成了以省会城市为中心的内陆新开放区。沿江、沿边和内陆省会城市的开放，有利于缓解东、西部地区对外开放发展不平衡的问题，带动、促进中西部地区的发展，从而缩小内地与沿海、中西部地区与东部地区之间的经济发展差距。

4. 沿线开放与中西部地区的开发、开放

主要交通线沿线地带和中西部地区的开放，是我国对外开放格局的又一新发展。特别是，在 21 世纪初，为配合西部大开发和促进中部地区崛起等区域发展规划，国家对中西部地区加大了对外开放的力度。例如，在鼓励外商投资中西部地区方面，根据《指导外商投资方向规定》，专门针对中西部地区经济发展的实际情况，于 2000 年颁布实施《中西部地区外商投资优势产业目录》，随后又在 2004 年和 2008 年进行了两次修订，进一步扩大了中西部地区开放的领域和范围，适当放宽了对外资企业的相关限制。

主要交通线沿线地带具有便利的交通运输条件，中西部地区拥有自然资源、历史文化资源等发展条件，对这些地区开发、开放有着广阔的前景和潜力。国家采取支持、鼓励外商和东部企业向这些地区投资、成熟技术转移及鼓励优秀人才在这些地区就业的系列政策，解决它们发展中面临的资金、技术、人才短缺难题，加快这些地区特色产业、优势产业的成长、壮大，发挥它们各自的比较优势，对于振兴中西部地区经济具有重要意义。同时，利用外部资金改善中西部地区的生态环境，加快基础设施建设，也能够对刺激全国经济增长、实现可持续发展和夯实本地经济发展基础，起到推动作用。

三、发展对外经济关系的主要形式

社会主义国家发展对外经济关系的形式是多样的，在我国，主要的形式有：对外贸易、对外资金往来、对外技术交流和合作、对外承包工程与劳务合作等。

（一）对外贸易

对外贸易，亦即进出口贸易，主要是指一个国家或地区同其他国家或地区之间发生的商品交换活动及关系，它是国内商品流通在国际市场的延伸和发展，一般由商品的出口和进口两方面构成。

一个国家或地区的不同发展时期或同一时期的不同国家或地区，对外贸易的总体状况会有所不同。衡量一国对外贸易的总体状况，可以从净出口、外贸依存度和进出口的商品结构等方面进行。其中，从净出口的角度看，在以同一币种衡量的前提下，当在一国的出口额与进口额相等，净出口为零时，称为外贸平衡；若出口额超过进口额，净出口大于零，则称外贸顺差或出超；若出口额小于进口额，净出口为负值时，称为外贸逆差或入超。影响对外贸易水平和结构的因素很多，大体上可以分为国内因素和国际因素两个方面。其中，影响一国出口的主要因素是：本国可开采的自然资源储量与其开发、利用能力，本国生产能力的大小与商品供给结构，本国货币的汇率水平，对外贸易相关国家的汇率水平、人均可支配收入水平和投资、消费倾向，世界经济的总体走势与人们的预期等。影响进口的主要因素是：本国居民的人均可支配收入水平与投资、消费倾向，本国经济的资源供给状况，产业结构和消费结构，各国汇率水平的高低，对外贸易相关国家的产业结构等。另外，在现代市场经济中，各国的宏观经济政策，特别是关税和货币政策，也对对外贸易起着重要影响。

对外贸易是社会主义国家发展对外经济关系的最重要形式。对外贸易对经济发展的促进作用主要表现为：一是它可以为相关国家和地区增加外汇收入，补充经济建设所需要的资金来源；二是可以促进分工与专业化水平的提高，促进需求结构乃至产业结构的调整与升级，提升本国资源的利用效率，更好地发挥比较优势，营造竞争优势，加快社会主义现代化进程；三是通过国际国内市场上产品与服务的竞争，促使企业改进技术，改善产品与服务的质量，提高劳动生产率，节约利用资源，从而促进社会生产力的发展；四是可以加速商品流通，既为企业节省流通费用和时间，也推动本国商业与贸易的发展；五是可以调剂产品余缺，协调国民经济中出现的不平衡问题，促进市场经济健康运行；六是可以改善人民生活水平，促进消费升级。

改革开放以来，我国对外贸易的水平和结构发生了深刻变化。从贸易总额来看，2004 年以来，中国的对外贸易总额已超过日本，成为继美国和德国之后的第三大贸易国，2008 年，中国对外贸易进出口总值达 25 616.3 亿美元，其中，出口 14 285.5 亿美元，进口 11 330.8 亿美元，实现贸易顺差 2 954.7 亿美元。从贸易伙伴来看，2008 年，欧盟、美国和日本依次在我国进出口中占据前三名的位置；从进出口商品的结构来看，当年我国机电产品出口8 229.3 亿美元，占出口总值的一半以上，而高新技术产品出口占了出口总值的29.1%，在进口方面，初级产品占当年我国进口总值的32%，工业制品占68%。这种状况说明，随着我国生产力的发展，进出口产品的结构有了较大改善。当然，也应当看到，为适应我国经济增长方式转变、加入世界贸易组织和国际贸易发展趋势的要求，当前我国对外贸易工作还面临着转变贸易增长方式和深化外贸体制改革等艰巨任务。

首先，必须转变外贸增长模式。过去我国出口贸易的快速增长主要是依靠国内劳动力等要素在低成本基础上的数量扩张来实现的，不仅出口商品价格未能充分反映劳动力、土地等要素的成本和资源环境代价，而且自主品牌商品比重较低，高技术产品的出口还有较大发展空间，同时，在进口贸易中，对原材料和关键技术的依赖性较高，也是问题之一。为了解决这些问题，提高对外贸易的经济社会效益，必须建立主要依靠质量、效益实现贸易增长的模式。这要求我国在今后的外贸工作中，一是需要优化出口商品结构，加大力度提高出口商品质量、档次、技术含量和附加值，加快培育具有自主知识产权的自主品牌和高技术产品，推动加工贸易的转型升级，提高高技术、高附加值产品在出口总额中的比重；二是在继续发挥进口对缓解国内资源短缺的同时，建立健全国际大宗商品的储备制度，减缓大宗商品价格剧烈波动对我国经济的冲击和负面影响；三是在继续发挥进口对我国产业升级促进作用的同时，努力提高进口产品的技术含量和适用性，并通过技术的消化、吸收和再开发，使之逐步转向国内生产。

其次，必须根据国际规则和惯例，深化外贸体制改革。按照扩大对外开放程度和加入世界贸易组织的要求，深化外贸体制改革，主要做好以下工作：一是要深化外贸企业改革，转换外贸企业经营机制。深化外贸企业改革，就是要按照建立现代企业制度的要求，使其由国家计划的单纯执行者真正转变为国家宏观政策指导下的进出口商品经营者，在注重经济效益的基础上，实行一业为主、多种经营，坚持"以质取胜"战略，多元化开拓市场，走实业化、集团化、国际化经营的发展道路。二是按照《中华人民共和国对外贸易法》的要求，深化外贸经营资格管理方式改革，积极引导外贸代理制的发展，建立外贸诚信经营和退出机制，完善进出口商会体制。三是主要运用经济和法律手段调节外贸经济活动，完善外贸宏观管理制度和政策。四是深化人民币汇率制度改革，创造外贸平等竞争环境，推动对外贸易持续发展。

（二）对外资金往来

对外资金往来，是指不同国家或地区之间的国际信贷和对外投资活动与关系。一国对外资金往来活动的构成，从资金流向上看，包括外部资金流入和本国或本地区资金流出两方面；从资金流动的具体形式和交易主体来看，主要包括：由政府、国际组织和商业性金融机构提供信贷的国际资金往来，在补偿贸易和加工装配业务中利用国际信贷资金的商业信贷，以及主要为从事跨国生产经营活动而进行的对外直接投资，等等。

概括地来看，国外资金流入和本国资金输出的规模和变化趋势主要取决于各国经济发展水平与变动趋势、国际国内分工程度和资本市场的开放程度等因素。具体而言，主要影响因素有：① 预期资本收益率的国际差异。投资者进行对外直接投资和间接投资的主要目的是为了获得更高的收益，为此，他们会将资金投向具有较高预期收益率的国家和地区，这样就会引起国际资金在不同国家和地区之间的转移和流动。② 利息率差异。一个国家的利息率水平主要取决于本国金融市场货币资金的供求关系、本国企业的利润率水平和宏观经济政策等因素。在其他因素给定的情况下，资金短缺国的利息率会高于资金充裕国，从而会导致国际资金尤其是间接投资资金由资金充裕国向资金短缺国流动。③ 汇率因素。汇率是不同国家货币之间的交换比率，它反映了一国货币在国际市场的币值大小，是影响国际资本流动尤其是短期资本跨国流动的重要因素。一般而言，一国货币的对外汇率上升，意味着本币的国际购买力上升，外币在该国的购买力下降，从而导致国际资本在本国的投资成本会上升，而本币在国外的投资成本会下降，于是，在利益驱动之下，这就会引起该国资本流出；反过来，若本国货币的对外汇率下降，使得外资在本国投资的成本下降，本国资本在国外的投资成本上升，这又会引起国际资本向本国流入。④ 风险因素。由于各国或地区经济社会发展的不平衡性，必然会使在不同国家或地区投资的经济、政治等风险程度各不相同。在给定相同收益率的前提下，显然，资本会由高风险国家或地区向低风险国家或地区转移。⑤ 其他影响因素，例如，对外资和外资企业的管理制度与政策，产业结构，行业与产品的生命周期，行业技术水平和国内分工程度，要素市场发育程度，基础设施与关联产业的发展状况等。

1978 年到 1991 年期间，内地主要以吸收港澳台投资为主，来自于发达国家跨国公司的投资只占很小比例。作为一个发展中的社会主义国家，积极开展对外资金往来，对我国经济建设具有重要意义。1992 年之后，随着社会主义市场经济体制改革目标模式的确立，全方位、多层次、宽领域对外开放新格局的形成，以及各种投资软硬环境的不断改善，以全球 500 强为代表的大型跨国公司在华直接投资迅速增长，这不仅使外国直接投资成为我国利用外资的主要形式，而且逐步实现了外资来源的多元化和形式的多样化，外资的规模和质量水平也不断提高。截止到 2008 年 7 月底，我国已累计批准了外商直接投资项目 63.4 万个，实际利用外资金额累计达 8 204 亿美元。吸收、利用外资，缓解了我国现代化建设中面临的资金短缺困境，弥补国内积累资金的不足，而且，在这一过程中我国还引进了先进技术，提高了我国经济的科技水平、劳动生产率和资源使用效率，推动了外向型经济的发展，促进产业结构、产品结构和外贸结构的升级转换。同时，这也部分地缓解了一些产业发展不足的问题，提升了产业结构的合理化程度，并增加了就业机会，提高了人民群众的收入和消费水平。

在吸收利用外资的同时，支持和鼓励有比较优势的大中型企业从事跨国投资和经营活动，是我国对外资金往来的另一个重要方面，也是关系我国发展全局和前途的重大战略之举。截至 2008 年底，中资企业的境外投资存量达到 1 840 亿美元，境外资产总额超过 10 000 亿美元。在逐步成为一支新生投资生力军的同时，中国对外投资领域、投资主体、投资方式等也更加多元化，已经从过去以贸易服务和小型加工为主逐步发展到能源、矿产资源开发、家电轻纺等加工制造、基础设施和高新技术产业等领域；从国有和国有控股企业占主导地位转变为有限责任公司、国有企业和民营企业共同发展的跨国投资主体结构；在传统的创建投资或新建投资方式继续发展的同时，境外上市、股权置换、收购兼并、战略联盟等国际通行的对外投资方式越来越多地被我国企业运用，投资方式更加灵活。正如江泽民同志所讲，"只有大胆地积极地走出去，才能弥补我们国内资源和市场的不足；才能把我们的技术、设备、产品带出去，我们也才更有条件引进更新的技术，发展新的产业；才能由小到大逐步形成我们自己的跨国公司，更好地参与经济全球化的竞争；也才能更好地促进发展中国家的经济发展，从而增强反对霸权主义和强权政治、维护世界和平的国际力量。在这个问题上，不仅要从我国现在的实际出发，还要着眼于国家长远的发展和安全。"

（三）对外技术交流与合作

"二战"以来科学技术的迅猛发展，科技成果产业化进程的加速，各国科学技术发展的不平衡性和经济全球化趋势，使国际间的科技交流与合作成为发展国际经济关系的重要内容。对于社会主义国家而言，积极发展对外技术交流与合作，具有重要意义。首先，引进国外先进技术，可以加快本国技术进步的步伐，促进国民经济的技术改造和设备更新；其次，可以节约现代化建设的资金投入，提高劳动生产率和经济效益；第三，利用国际市场进行对外技术输出，可以延长国内成熟技术的生命周期，最大限度地挖掘其市场应用价值，并带动成套设备、产品和服务出口，推动国内产业结构升级和发展方式转变；第四，技术出口还可以促进科技成果的产业化和商品化，提高本国科技发展的自力更生能力和自主创新能力，增强经济的国际竞争力。

引进国外先进适用技术，是我国缩小与发达国家技术差距的重要途径。改革开放以来，我国引进先进技术的规模不断扩大，仅"十五"期间，我国签订技术引进合同就达 3.5 万项，合同金额近 730 亿美元。在技术引进方式上，实现了多元化的发展，主要方式有：购买国外的专利权和非专利技术；以先进技术为依托的许可证贸易；通过举办中外合资企业、中外合作经营企业和外商独资企业等形式进行合作生产；开展各种形式的技术咨询、技术培训和技术服务；与技术引进相配套，购进国外先进装备和材料；引进国外先进管理方法和人才等。结合我国经济发展的新形势、新任务，在科学发展观的指导下，今后一段时期，我国技术引进的总体目标是优化技术引进结构，提高技术引进质量和效益。为实现这一目标，需要坚持的基本原则：一是把大力引进先进技术和优化引进结构相结合，提高产品设计、制造工艺等方面的专利或专有技术在技术引进中的比例；二是把引进技术和开发创新结合起来，强化技术引进与消化吸收的有效衔接，注重引进技术的消化吸收和再创新，使企业在核心产品和核心技术上拥有更多的自主知识产权；三是把发展高新技术产业和改造传统产业结合起来，选择重点领域和产业，扩大引进规模，实现传统产业结构优化和技术升级；四是把整体推进和重点扶持结合起来，培育技术引进和消化创新的主体；五是把提高引进外资质量和国内产业发展结合起来，鼓励外商投资高新技术企业，发展配套产业，延伸产业链，培育和支持出口型企业的发展。

改革开放以来，我国已形成较为完整的工业体系，拥有了大量成熟的产业化技术，技术出口配套能力也大大加强，这为我国的技术出口创造了有利条件。20 世纪 90 年代至今，我国已成功实现了电力、通信、建材生产、石油勘探、汽车制造、化工和冶金等领域的技术出口，并带动大量成套设备出口，这对提高我国优化出口结构、促进经济社会发展发挥了重要作用。但是，由于我国经济的整体技术水平还不高，技术出口起步比较晚，所以，不仅我国的技术出口与发达国家还存在较大差距，而且多年以来，我国技术出口金额远低于进口金额，技术进出口逆差较大。为了扭转这些不利局面，当前及今后一段时期，我国需要在深刻认识技术出口重要意义的基础上，用足用好税收、金融、保险等多项措施，支持和鼓励企业出口成熟的产业化技术，支持科研机构承接境外研发业务，鼓励科技型企业通过对外投资、承包工程、技术与知识产权入股等方式开展对外技术合作，推动服务贸易领域自主创新，提高服务出口的技术含量，加强技术出口服务体系建设，加强对知识产权的管理和保护。

（四）对外承包工程与劳务合作

对外承包工程又称国际承包，是指在一国法律的许可下，具有对外承包资格的企业通过签订国际承包合同，在境外承揽国外政府、国际组织和私人业主的建设项目、进行物资采购与其他业务的一种国际经济合作形式。劳务合作主要是指一国向国外企业或承包商提供所需要的工程技术人员、管理人员、技术工人及其他劳务合作人员的一种国际合作形式。虽然对外承包工程是集人力、物力和设备出口等多方面内容于一体的综合性业务，但是，由于它和劳务合作都是以活劳动为主要方式向其他国家或地区提供服务，所以从广义上讲，它们都属于国际劳务合作的范畴。发展对外承包工程和劳务合作，不仅可以有效地缓解就业压力，增加外汇收入，而且还可以在国际竞争中培养高素质人才，提高企业对全球经济发展新趋势和国际竞争的适应能力，促进分工与专业化协作的发展，推动商业模式的创新。

国际劳务合作是我国贯彻、落实"走出去"战略的重要内容，近年来呈现较快的发展势头。例如，2000年以后，中国企业对外承包工程完成营业额年均增长保持在30%左右，即使是在2009年前三季度，尽管国际金融危机的影响尚未消退，也完成了508.9亿美元的营业额，实现同比增长34.3%。但需要注意的是，我国对外承包工程和劳务合作还存在规模偏小、层次偏低等问题，这与我国劳动力资源丰富的比较优势和国际经济地位不太相称，因此，今后还需要通过立法、税收、金融、保险等领域的改革，规范、促进该项事业的发展。

第二节　对外开放中的几个重要关系

对外开放是顺应经济全球化趋势、促进中国经济发展的必然选择。但在这一进程中，我们必须处理好全球化与民族经济利益之间的关系、对外开放与自力更生之间的关系，加强经济安全，防范和化解各种经济风险。

一、经济全球化与民族经济利益的关系

生产国际化基础上发展起来的经济全球化，是社会生产力和国际分工发展的必然结果，是不可阻挡的历史潮流。只有尊重这一客观趋势，科学把握全球经济发展的规律性，充分挖掘和利用全球化给人类带来的各种机遇，才能使社会主义国家经济发展更快，经济质量和经济效益更高，综合国力更强，也才能更好地满足人民日益增长的物质文化需要。但与此同时，应当看到，经济全球化势必在一定程度上对国家主权和国家利益提出挑战，特别是对发展中国家和地区的民族经济利益造成冲击，并由此形成全球化与民族经济利益之间矛盾。

在中国特色社会主义建设的过程中，我们必须警惕和避免将全球化与民族经济利益完全割裂开来的两种错误观念，一种是滋生于小生产习惯势力和

传统计划经济的狭隘民族经济利益观，这种观点将发展民族经济绝对化，认为对外开放必将导致民族经济利益受到侵害，引起资本主义因素增多，经济的对外依附程度提高，甚至是经济主权的丧失，因此，他们认为，要保护民族经济利益，限制与资本主义国家打交道，走封闭和孤立的发展道路；另一种是来自于西方国家一些人鼓吹的新自由主义思潮，这种思想在坚持市场"自动出清"观点的基础上，将高效率的经济增长与经济自由化、私有化和政府对包括国际经济活动在内的各领域尽可能少的干预和调控等同起来，从而无视民族利益的存在。对于前一种观点，我国对外开放实践业已取得的巨大成就已经给予了回答，那就是，封闭起来搞建设是没有出路的，只有实行对外开放，才能更好地实现经济发展。而对于后一种观点而言，其根本性错误在于，它忽视了全球化背景下民族国家存在的现实，也忽视了世界各国或地区经济发展的不平衡性。当今社会，民族、国家依然是世界的基础，各国开展对外经济活动，从根本上讲，都是以民族利益或国家利益为出发点和归宿的。同时，保护民族经济利益，对于发展中国家和社会主义国家而言，是维护国家经济安全和经济主权、提高经济自主性的重要保证，是爱国主义的重要体现和反映，也是发扬民族精神、增强国家凝聚力的前提。

正确处理全球化与民族经济利益之间的关系，必须将全球化与维护和实现民族经济利益有机统一于我国社会主义现代化建设的进程中，既要看到经济全球化的客观趋势，通过对外贸易、对外资金往来等多种形式的对外开放，把握和利用全球化所带来的各种机遇，又要坚持科学的民族利益观，尊重民族经济利益的客观存在性和相对独立性，从本国人民根本利益出发，以维护和实现本国民族经济利益为宗旨，以有利于社会主义生产力的发展、有利于社会主义国家综合国力的增强和有利于人民生活水平提高为判断标准，坚持平等互利原则，走符合我国国情的对外开放道路。

二、对外开放与独立自主、自力更生的关系

对外开放政策是我国长期坚持和发展的一项基本国策。这一政策的基本含义是，在坚持社会主义制度和中国共产党领导的前提下，在独立自主、自力更生的基础上，以平等互利为原则，根据生产社会化、生产国际化、经济全球化和社会主义市场经济的要求，积极发展与世界各国和地区的经济贸易往来和科技、教育、文化等方面的交流与合作，促进社会主义物质文明、精神文明和社会文明建设。理解我国的对外开放政策，必须既要看到对外开放的重要性、紧迫性和长期性，利用对外开放战略，促进我国经济发展，又要注意处理好对外开放与独立自主、自力更生之间的关系。

独立自主、自力更生，就是指在坚持政治独立、经济自主的基础上，从本国具体情况出发，主要依靠本国力量发展民族经济。独立自主是我国实行对外开放的前提，自力更生是实行对外开放的基础，发展对外经济关系，必须坚持独立自主、自力更生的原则。从鸦片战争到新中国成立百余年的历史已经证明，没有政治独立、经济自主，就不可能使中国走上富民强国的道路，

也不可能在平等互利的原则下发展对外经济关系。在社会主义制度建立之后，我们既不能依靠对外剥削和掠夺来发展自己的经济，也不能依靠别国的力量来实现现代化，只有依靠自己的力量，勤俭建国，艰苦奋斗，把立足点放在自力更生上，才能实现社会主义现代化。同时，发展对外经济关系的效果如何，也要看我国对国外新技术、新产业、新产品和新的管理经验和方法吸收、消化和利用的能力怎样，取决于这些引进来的因素是否及其在多大程度上能够增强我国自力更生的能力。

同时，坚持独立自主、自力更生原则，绝不意味着闭关锁国、故步自封，关起门来搞建设。中国的发展离不开世界，只有实行对外开放，充分利用两种资源、两个市场，学会组织国内建设和发展对外经济关系两套本领，才能更好地发展我国经济，增强自力更生的能力，独立自主也才能有更可靠的物质基础。

三、对外开放与经济安全的关系

与对外开放、世界经济一体化相联系，还有一个确保经济安全的问题。所谓经济安全，是指一个国家在其经济发展过程中，具备抗拒内外部风险、抵御外部冲击的能力，从而确保经济主权不受侵害、维持国民经济持续、快速、健康发展的一种正常态势。

国家经济安全既与经济发展有密切关系，也在概念上存在明显区别。没有国家经济发展就没有经济安全，经济发展是确保经济安全的基石，能够为保持经济安全提供更好的物质基础和手段。而反过来讲，经济安全不仅要求在经济发展中不存在重大经济风险和隐患，而且还要求经济主权不受损害，即：一国人民能够独立自主地选择经济制度，决定本国的经济发展方针和政策，能够有效控制本国的重要资源和战略产业，能够在国际经济秩序的制定和运行中拥有平等参与权，能够自由地利用国际市场和通道发展本国经济，并在这些领域不受外国的干涉、操纵、控制、排斥和封锁。显然，一个国家在经济主权受到侵害甚至失去控制的情况下发展经济，是毫无安全可言的。

作为一个快速成长中的发展中国家，我国在对外开放、积极参与国际经济交流与合作的过程中，必须将对外开放与确保国家经济安全辩证地统一起来。首先，实施对外开放是我国的一项基本国策，有助于提高人民生活水平，增加就业，并利用自身的比较优势，从经济全球化趋势中获得发展机遇和动力，加快社会主义现代化建设，为本国经济安全提供更好的物质基础；其次，国家经济安全涉及国家的整体利益和长远利益，关系到国家经济主权的独立性、民族经济的发展和民族的兴衰荣辱，对于社会主义国家而言，也关系到社会主义的前途和命运，因此，没有经济安全，对外开放也就失去了意义，只有确保经济安全，才能使对外开放更好地为我国经济建设服务；第三，由于当代世界经济的全球化是由发达资本主义国家主导的，其运行规则本质上反映并符合的是发达资本主义国家的利益，国际经济新秩序也还没有建立起来，所以，在对外开放的过程中，两种制度的斗争，发达国家和发展中国家在经济发展中的利益矛盾和冲突，以及资本主义经济危机在世界范围内的蔓延、传播和转嫁，都会对我国的经济安全构成一定威胁，这要求我国积极采取应对措施，把冲击转化为动力，既利用对外开放发展本国经济，又合理控制经济风险，确保本国经济安全。

📖 本章小结

经济全球化是当代世界经济发展的重要特征和客观趋势，这主要是由科技革命和社会生产力巨大进步、世界各国经济体制的趋同发展及跨国公司的对外直接投资活动共同推动而产生和发展起来的。生产全球化、贸易全球化和金融全球化是经济全球化的最主要的表现。

经济全球化对于发展中国家既是机遇也是调整。它在促使资源在全球范围内优化配置、加快世界各国产业结构调整和升级的速度、促进国际经济合作的同时，也会加速宏观经济问题的全球蔓延和扩散，对各国的宏观经济调控带来更大困难，加剧世界经济发展的不平衡性。

发展对外经济关系，实行对外开放政策，是社会主义国家经济发展的必由之路。现阶段，我国已经形成了全方位、多层次、宽领域的对外开放基本格局，对外贸易、对外资金往来、对外技术交流和国际劳务合作等对外经济关系获得了较快发展。

对外开放是顺应经济全球化趋势、促进中国经济发展的必然选择。但在这一进程中，我们必须处理好全球化与保护民族经济利益之间的关系、对外开放与自力更生之间的关系，加强经济安全，防范和化解各种经济风险。

❓ 思考题

1. 解释下列概念：经济全球化、经济特区、对外贸易、经济安全。

2. 为什么说经济全球化是一把"双刃剑"？面对经济全球化趋势，发展中国家应当采取何种应对策略？

3. 为什么说对外开放是我国的一项长期基本国策？

4. 在经济全球化的背景下，我国应当怎样发展对外经济关系？

5. 简述对外贸易对我国经济发展的重要意义。

6. 影响对外资金往来的因素有哪些？现阶段，我国应当如何发展对外资金往来关系？

7. 如何认识对外开放与保持经济安全之间的关系？

第十七章　社会主义国家的宏观调控

市场经济的有序运行和健康发展，离不开政府作用。社会主义市场经济中，政府作为国有资产的所有者、社会经济的管理者和宏观经济的调控者，通过运营国有资产，制定微观规制政策，监督其实施情况，以及采取各种宏观经济政策，介入、干预、调节和规范经济运行，为保持经济持续、快速、健康发展服务。市场经济运行中出现的供给和需求总量失衡、结构失调、收入分配差距过大等问题，对政府进行经济调节和干预提出了客观需要。本章在说明社会主义市场经济中的政府职能的基础上，重点分析宏观调控的必须性、目标和主要政策工具。

第一节　社会主义市场经济中
政府的公共经济职能

一、市场失灵及其主要表现

第二次世界大战以来，各个实行市场经济的国家都或多或少地采取各种措施，对宏观经济进行必要的干预和调节，从而使传统市场经济体制转变为现代市场经济体制。促成这种转变的其中一个重要方面来自于人们对市场失灵问题的认识。

所谓市场失灵，就是指市场运行过程中所表现出来的低效率、有失公平和无序的状态。之所以会存在市场失灵问题，主要是因为依靠市场机制在配置资源方面也存在内生缺陷：一是私人经济部门的自利性，在一些场合，会造成个人利益、局部利益与国家整体利益之间的矛盾；二是市场运行中的盲目性、自发性和事后调节特征，会导致经济总量失衡和结构失调问题；三是在经济文化落后的背景下进行经济建设，会因为市场力量发育不成熟、制度缺失和生产的社会化程度较低等原因，导致需要大规模投入、在全社会范围内调配资源的行业或部门发展不足，从而延缓经济发展速度；四是市场竞争在促使生产者优胜劣汰的同时，也会产生收入分化的倾向，甚至由于收入差距过大而危害社会稳定。市场失灵，除了表现为失业、通货膨胀、收入分配不公平等总量失衡和结构失调问题外，在微观经济领域，还表现在以下方面。

（1）竞争失效。主张新古典主义的学者认为，竞争性市场能够导致经济出清。但是，现实的市场经济中，这种完全竞争的状态几乎是不存在的。一是同类产品之间是有差异的，存在不同程度的不可替代性，从而影响竞争程度；二是在自然垄断行业，生产技术的发展要求大规模生产才能实现规模经济，而由此导致的垄断现象，又会限制竞争，导致管理低效率、技术进步步伐被延滞、资源浪费和垄断收入的不公平等问题；三是无论是产品生产的交易还是要素市场的交易，都是有成本的，交易成本的存在也会限制要素在各部门、各行业和企业的流动，从而限制竞争。

（2）公共产品的供给问题。在消费和效用上具有非排他性和非竞争性的公共产品，在自利性的市场驱动机制作用下，会因为私人部门的"搭便车"倾向而导致供给不足问题。在市场本身无力解决公共产品的有效供给情况下，需要政府部门加以干预。

（3）生产和消费中存在的外部影响问题。现实生活中的许多产品，在生产和消费过程中会带来外部影响，给他人造成影响，但依靠市场机制不能将这些额外的收益或成本包含在交易价格当中，从而会产生私人收益与社会收益、私人成本与社会成本不对称的问题，并引起供给和消费的不足或过剩问题。在这种情况下，需要政府利用规制办法或税收措施对行为者的行为加以矫正。

（4）市场不完全问题。市场的不完全性表现在多个方面，除不完全竞争外，还包括因信息不完全、有限理性、私人成本与收益的不对称以及市场力量不够强大而导致的不完全性。以信息不完全为例，在市场运行过程中，随着市场规模不断扩大，信息分散发生与集中处理的矛盾会日渐突出，这使得一些私人经济部门有时候很难应对瞬息万变的市场行情变化，其信息搜集、筛选和处理成本也会加大。此时，他们可能会没有能力去获取生产经营所需要的足够信息，同时，很多信息也具有共享的公共产品特征，只在局部范围内使用这些信息会导致信息不能被充分利用的问题，所以，在这些情况下，就需要政府在提供信息方面的社会服务功能，为市场发展营造更好的条件。

二、社会主义市场经济中政府的公共经济职能

党的十六大报告指出，要"完善政府的经济调节、市场监管、社会管理和公共服务的职能，减少和规范行政审批。"这一论断既界定了我国社会主义市场经济中政府的公共经济职能，也明确了我国今后转变政府职能的方向。

（一）经济调节职能

社会主义市场经济中，随着政府的国有资产管理职能与其社会经济管理职能相分离，以及多种所有制经济的共同发展，政府所负担的经济调节职能，不再是直接干预企业的生产经营活动，而是主要依靠对宏观经济的调控来达到既定的经济目标。这包括：第一，对宏观经济总量的调控，即通过运用各种经济手段、法律手段和必要的行政手段，以间接调控为主，调节社会总供给和总需求，实现二者的均衡；第二，对经济结构的调节，即在总量平衡的前提下，政府通过实施各种产业政策、区域发展规划和政策等，对局部存在的结构失衡问题加以矫正，并从国家中长期发展战略的角度出发，优先扶持部分行业或地区发展，促进经济社会的可持续发展；三是通过运用收入等政策，调节经济利益关系，矫正社会收入分配中存在的问题；四是通过政府间

的合作和对汇率等杠杆的调控，促进对外贸易发展，促进国际资金、资本在我国的有序流动，保持国际收支大体平衡。

（二）市场监管职能

市场监管职能是指政府综合运用法律法规、社会舆论监督和行业自律等手段，明确微观经济主体的权责利关系，规范微观经济主体的经济行为，整顿和规范经济秩序，维护市场体系的统一性、开放性、竞争性和有效性。与社会主义市场经济的发展相适应，建立健全政府的市场监管制度，首先要理顺政府与企业之间的关系，明确二者的权责利关系，一方面，政府作为微观规制的制定者、市场活动的管理者和监督者，必须公正无私，不偏不倚，在法律认可的条件下，对各类所有制企业和个人一视同仁，做到有法可依，有法必依，执法必严，违法必究，另一方面，政府不能包办微观主体的行为，直接干预企业内部活动；其次，为提高监管力度和效力，市场监管需要将微观规制政策的制定和实施结合起来，在完善相关政策的同时，明确各级政府部门的权利、责任和义务，避免相互扯皮等现象；三是在监管措施上，需要辩证地运用经常性措施和临时性措施，特别是在价格监管中，不能将针对特殊情况的临时性措施经常化，也不能弱化一般性规制在实施中的刚性；四是为提高政府行政效率，必须简化市场准入，逐步放宽对非公有制经济的准入限制；五是需要将政府的市场监管职能与社会信用体系建设结合起来，将政策监管与舆论监督、行业自律结合起来。

（三）社会管理职能

政府的社会管理职能在经济工作中体现为，与政府的经济调节和市场监管职能相结合，为经济发展、市场运行提供稳定而良性的市场环境和社会环境。这主要包括：推进市场体系建设，加快市场机制培育，促进各类市场的有效衔接和协调；协调部门、地区之间的利益关系，促使其协调发展；以社会公平为目标，促进社会保险、社会福利事业的发展，健全相关制度，调节收入差距；以可持续发展为目标，改善社会生态环境，促进人口素质提高，加快教育、文化等事业的发展；建立健全突发事件预案制度，及时、有效地应对突发事件，缓解突发事件对经济发展的冲击。

（四）公共服务职能

这主要是指政府提供公共产品和服务的职能，具体包括：提供基础设施、公共资源等基础类公共服务，降低微观经济活动的外部成本；提供经济类公共服务，为企业和个人提供帮助，如举办科技推广、咨询服务及政策性信贷等活动；提供公共安全服务，维护社会稳定，保障人民的生命财产安全；提供社会性公共服务，促进教育、科学普及、医疗卫生、社会保障及环境保护等领域的发展；提供制度性服务，为市场运行创造良好的法律法规、基本制度和规则保障。

在新旧两种体制的交织过程中，为适应完善社会主义市场经济的需要，必须转变我国的政府经济职能。在国有资产管理职能和社会公共经济职能相分离的前提下，要让政府从管理微观经济活动为主转变为管理宏观经济活动为主，从直接调控为主转变为以间接调控为主，从主要运用行政手段为主转变为以经济手段和经济政策为主，从管理企业的生产经营活动为主转变为以培育市场体系、规范市场秩序为主。

<h1>第二节　社会主义宏观调控的
必要性和主要目标</h1>

一、社会主义宏观调控的必要性

在社会主义市场经济条件下，对国民经济的运行和发展实行宏观调控，是政府的一项重要职能。所谓宏观调控，就是政府以满足人民需要和国民经济持续、协调、健康发展为目标，综合运用经济的、计划的、法律的和必要的行政手段，对整个国民经济的运行和发展进行调节和控制。

在社会主义市场经济条件下，政府对国民经济进行宏观调控是十分必要的，这是因为：

第一，实行宏观调控是实现社会主义生产目的和经济社会发展战略目标的需要。社会主义的生产目的是为了满足人民日益增长的物质文化需要，为最大多数人的利益服务。这个根本目的决定了社会主义在主要依靠市场机制来配置资源的同时，也应当借助于国家的力量，通过制定和实施分阶段的经济社会发展战略，规划经济布局，采取适当的政策，灵活运用各种经济手段、法律手段及必要的行政手段，以更快的速度、更高的质量促进经济社会发展，并让广大人民群众从经济社会发展中获得更大的利益或福利。同时，要实现这一生产目的，还需要把人民的眼前利益与长远利益、局部利益和整体利益结合起来，而在市场机制配置资源的过程中，尽管可以在较多的场合下实现资源有效配置，但也会因为微观经济主体对自我利益、局部利益的追求，而产生局部利益与整体利益、眼前利益与长远利益的矛盾，造成诸如收入差距偏大、分配不公平、经济发展与人口资源环境不协调、社会经济转型和结构转换升级进展缓慢等问题，这些都会与社会主义的生产目的和经济社会发展战略相违背。因此，面对此类问题，政府也有必要在宏观上对国民经济进行调控，以体现社会主义的生产目的，贯彻经济社会发展目标。

第二，实行宏观调控是保持社会主义经济总量平衡、实现按比例地进行资源配置的需要。市场在运行过程中，由于微观经济主体的有限理性、生产经营活动的自发性和盲目性等原因，不可避免地会产生经济的周期性波动，由此就会出现个别时期经济陷入危机或萧条状态，带来失业率偏高、产品滞销严重、较多企业存在资金周转不灵等情况，或者，会造成经济发展过热、物价上升速度过快的问题。同时，即使总量经济保持大体平衡，也有可能会出现经济的结构性失调问题，如部分行业产能过剩、生产能力利用不足等。面对这些问题，如果仅仅依靠市场自身力量来让经济恢复到正常状态，需要经历较长的时间，花费较大的代价，而政府通过运用各种宏观经济政策，一方面可以做到事前调节，避免经济遭受潜在威胁的巨大打击和创伤，另一方面也可以使经济从危机、萧条、通货膨胀和结构失调等"病症"中尽快恢复过来，使国民经济保持健康发展的态势。

第三，实行宏观调控是弥补市场缺陷的需要。一般来说，总量关系的调整是一种覆盖全社会的行为，通常需要依赖强制性的权力才能实现。改革和发展必然涉及利益关系的调整，为了协调多元化、多层次的经济主体的利益关系，克服各地区、各部门经济利益的不平衡性，协调国家的整体利益、企业的局部利益及个人利益，必须排斥社会诸多因素的干扰和阻挠。而这是倡导自愿交易原则的市场机制无法实现的。在现代社会中，只有政府才具有排斥这些阻力和干扰的强制性权力。因此，为了弥补市场机制的这种缺陷和不足，就必须由政府运用经济手段、法律手段和其他调控手段规范和调节市场，并通过市场引导国民经济按照预定的宏观经济的目标运行。

第四，实现宏观调控，也是促进国际经济合作与交流、防范和化解世界性经济风险的需要。随着经济的快速成长和加入世界贸易组织，我国与世界经济的融合度日益加强，在新的背景下，我国企业面临的国际竞争日趋激烈，国际间的经济贸易摩擦会不断增多，同时，国际金融、经济危机，世界性的通货膨胀等因素，也对我国经济的正常运行带来了越来越大的干扰。为了能够在广泛参与国际经济合作与交流的过程中求同存异、实现共赢，特别是让这些国际经济活动更好地为我国的经济建设服务，要求我国政府以国家利益为根本，积极开展政府间的合作与交流，与其他国家和地区共谋发展，化解贸易纠纷和摩擦，并利用各种宏观经济政策和手段，积极应对世界性的经济发展问题。

二、社会主义宏观调控的主要目标

社会主义市场经济宏观调控的主要目标是：促进经济稳定增长，增加就业，稳定物价，保持国际收支大体平衡。

（一）促进经济稳定增长

促进经济稳定增长就是指以适当的速度保持经济持续增长。这是社会主义经济的一个极其重要的问题。历史已经证明，经济落后就是被动，就会受制于人，而当前我国面临的现实是，我国既要弥补过去失去的发展机遇，完成别的国家业已实现的工业化、现代化任务，加大力气迎头赶上发达国家的发展水平，逐步缩小与他们在经济发展水平上的差距，又要在以经济和科技实力为基础的综合国力的较量中，在世界经济飞速发展、科学技术日新月异的时代背景下，吸收、学习世界发展的最新文明成果，并逐步培育和提高自己的自主创新能力。因此，如果没有一定的经济增长速度，发展滞后，我国就谈不上缩小同发达国家发展水平的差距，也就谈不上国家富强和人民生活的改善，从而社会主义制度的巩固也将会遇到极大的困难。这些因素综合决定了社会主义国家的宏观调控要把促进经济增长摆在重要位置。

当然，经济增长速度的确定，必须根据我国的客观实际，量力而行，讲求实效。因为经济增长速度是否适度，直接关系到社会总需求和总供给能否保持基本平衡，社会经济效益能否得到提高。如果经济增长速度过快，超越了国民经济的承受能力，就会造成经济生活的紧张和紊乱，导致国民经济比例失调，最终经济增长速度将被迫降下来。在过去计划经济体制下，我国国民经济发生总量失控，往往首先表现为速度的失控：由于赶超经济战略特点，以及各部门、各地区、各企业在建设问题上的急于求成和攀比行为，只顾争上建设项目不顾投资效益的现象多有发生，这必然引起固定资产投资规模的膨胀，而投资的膨胀又会直接或间接地引起消费基金的快速增长；投资与消费的膨胀又会引发货币的过度投放，从而导致通货膨胀。所以，从我国实际情况来看，一方面，要紧紧抓住有利时机，加快发展，有条件发展快一些的时期和地区尽量快一些；另一方面，又要搞好综合平衡，重视比例，讲求效益，走出一条既有较高速度又有较好效益的国民经济发展路子，正确处理好经济增长与效益提高、结构优化、经济可持续发展和人民生活改善之间的关系，努力实现经济增长方式由粗放型向集约型转变。

（二）增加就业

增加就业是经济增长的必要条件，也是提高居民收入的重要途径。增加就业就是创造更多的就业岗位，以实现充分就业状态，即：每个有劳动能力并愿意工作的劳动者都能获得就业机会。就业是劳动主权的重要体现，社会主义国家更应该实行促进就业的发展战略和政策。

在我国，劳动力供大于求的矛盾将是我国长期的突出矛盾，解决城镇失业和农村剩余劳动力转移是一项十分艰巨的任务，经济体制转型和结构调整也会使这一问题更加突出。为此，在全面建设小康社会的新时期，我国必须将就业摆在更加突出的位置，各级政府都需要重视就业问题，利用各种途径，发展多种就业方式，千方百计地扩大就业。一方面，增加就业的根本途径还是促进经济增长，需要利用各种宏观经济政策促进经济发展，以发展经济、带动就业增长；另一方面，还需要用足用好财政、税收和信贷等政策，鼓励各类企业吸收失业人员，支持和鼓励企业增加劳动者培训支出和教育经费，支持和鼓励各类就业培训机构的发展，做好下岗失业职工的人员安置和再就业工作，破除对农村进城务工人员的就业歧视政策，加快创业风险基金建设。

（三）维持物价总水平的基本稳定

保持物价总水平的基本稳定是国民经济健康、协调发展的重要标志，也是企业和个人在较为稳定的价格预期下安排生产和消费的重要前提。无论是通货膨胀还是通货紧缩，都会带来价格预期的紊乱，影响各市场主体的经济行为，从而扭曲资源配置。但是在市场经济条件下，维持物价稳定不能绝对化，因为物价绝对稳定既不利于经济发展，也不可能真正实现。保持物价总水平的基本稳定，就是将物价变动保持在经济顺畅运行所允许而居民又能承受的范围内，既不发生严重的通货膨胀，也不发生严重的通货紧缩。

物价总水平稳定的主要标志是，零售商品物价总指数上升的幅度应低于银行存款利率，职工生活费用指数上升的幅度应低于职工平均工资的增长速度。为了保持物价水平的基本稳定，必须采取各种措施正确处理积累和消费的比例关系、社会总供求的平衡关系、劳动生产率增长与平均工资增长的比例关系，坚持社会购买力与可供商品量的平衡，生产建设与物资供应的平衡，财政、信贷、进出口收支平衡，严格控制货币发行量，使货币的发行与经济发展的需要相适应。

（四）保持国际收支的大体平衡

保持国际收支大体平衡主要指商品、劳务的进出口平衡和资本流入、流出的平衡。

在开放经济条件下，出口是社会总需求的组成部分，进口是社会总供给的组成部分，因此，对外贸易的规模和结构对社会总供求的平衡具有重要影响，结合国内社会总需求和社会总供给的状况，调整好外贸的规模和结构是保持国内总供求平衡的重要条件。我国实行对外开放以来，国际贸易不断发展，保持贸易收支的大体平衡在我国宏观经济调控目标中的地位越来越重要。

在开放条件下，国际间的资本流入与流出也对社会总供求产生重要影响。在实行结汇制度的情况下，资本的流动和资本净流量的变化会导致本国货币供给量的变化，进而影响一国的社会总需求。因此，我国对于开放资本市场、推进金融自由化采取了比较谨慎的态度，目前只对经常项目下的货币兑换给予放开，对资本流出还做严格的限制。

加入世界贸易组织之后，我国经济融入全球经济的广度和深度大大加强，政府宏观调控的政策和工具也开始受到世界贸易规则的制约和影响。这些条件对我国的宏观调控提出了更高要求。我们必须根据本国国内市场的发展状况，学习、应用国际惯例，借鉴其他国家的成熟经验，调控好国际贸易的规模和结构，促进国际资本的有序流动，保持国内总供求和国际收支的综合平衡。

总之，宏观调控就是主要通过上述目标的实现，促进生产力的发展，不断提高人民生活水平。在实施宏观调控的过程中，要妥善处理生产建设与人民生活水平改善的关系，使两者相互适应、互相促进，这既有利于调动劳动者的积极性，又有利于社会主义的协调发展。

第三节　社会主义宏观调控的主要手段和政策工具

一、社会主义宏观调控的主要手段

实现既定的宏观调控目标，需要运用相应的宏观调控手段。适应社会主义市场经济的发展需要，我们要建立以间接调控为主的宏观调控体系，主要运用经济手段和法律手段，并辅之以必要的行政手段来调控经济。

（一）经济手段

主要依靠经济手段来调控经济，是建立和完善以间接调控为主的宏观调控体系的具体体现。所谓经济手段，就是政府根据市场运行态势和国民经济的发展需要，通过采取各种经济政策和经济计划，自觉运用各类经济杠杆，影响经济主体的经济利益关系，以引导经济主体的经济活动，达到预定的宏观经济目标。主要运用经济手段来调控经济，是规范社会主义市场经济中政府与企业关系的需要，是尊重和利用所有权规律、充分发挥价值规律作用的必然要求，也是适应商品货币关系多变复杂特点的需要。

与行政手段相比较，经济手段具有宏观性、战略性、间接性和灵活性的特点。宏观性和战略性，就是指经济手段以实现某种宏观经济目标为宗旨，侧重于总量调控、重大经济结构的调整和生产力布局；间接性是指经济手段不依靠强制命令的方式来直接干预微观经济主体的合法行为，而是借助于各类经济杠杆，通过对利益关系的调整来间接影响经济主体的行为；灵活性是指政府可以通过选择不同的经济杠杆，根据不同时期的经济发展形势和发展战略要求，灵活采取不同措施。

经济手段的应用主要是借助于各类经济杠杆来实现的。宏观调控中所运用的经济杠杆很多，主要有价格、税收、信贷、利率、汇率、工资等。各种经济杠杆具有其固有的特殊性和不同功能，为了达到一定的宏观经济目标，需要政府在其中做出取舍，并注意它们之间的相互配合与协调。

（二）法律手段

市场经济是法制经济。严格地说，法律是实行宏观调控和维持市场经济秩序的保证。但从一些法律条文对经济也能起调节作用的角度来看，法律也可以被视为一种宏观调控手段。在社会经济活动中，一方面，国家通过经济立法，制定各种必要的经济法规，可以规定企业行为的基本准则和政府行为的规范，调整各方面的经济关系，保证各种政策、经济措施、经济合同等的贯彻执行，以保证社会生产和流通的有序进行。另一方面，政府还可通过经济司法，审理各种经济案件，制止和纠正经济发展过程中的消极现象，打击和惩处各种经济犯罪活动。这些都是市场经济运行所不可缺少的。

（三）行政手段

用行政手段进行宏观调控，主要是指依靠行政机构采用强制性的命令、指示，规定和下达带有指令性的任务或某些具体限制等行政方式调控经济的运行。在一定时期内，这种手段有它存在的必要性，这是因为：第一，国民经济是一个宏大而复杂的系统，影响战略目标实现及总供给与总需求平衡的因素，不只限于经济部门的经济活动，同时也包括一些非常情况下其他因素的干扰及行政部门的干预，所以从一定时期的需要出发，为了保证重点建设，满足社会急需事项，对国民经济的宏观调控不能完全排斥行政手段；第二，在市场体系发育不充分、市场机制功能不完备的情况下，国家还不得不通过一定的行政手段干预市场活动，如规定利率和价格浮动范围，或直接调配一些产品和资金的供求等。但这种行政手段往往也会带来一定的消极影响，因而采用时须持谨慎态度。

二、社会主义宏观调控的政策工具

经济手段是市场经济中政府宏观调控的主要依靠。经济手段的应用，除了各种指导性计划外，主要是各种经济政策。其中，最主要的经济政策有：财政政策、货币政策、汇率政策、收入分配政策等。在社会主义市场经济条件下，应结合不同时期国民经济运行的不同态势，科学而灵活地运用这些政策。

（一）财政政策

财政政策是国家根据一定时期的社会经济发展目标和经济状况，所制定的用来指导财政工作和处理财政关系的基本方针和基本准则。它包括财政收入政策、财政支出政策和财政收支总量关系政策。

1. 财政收入政策

财政收入政策的基本内容是税收政策。市场经济条件下，对企业和个人资金的使用，主要是通过税收政策进行调节，即通过税金的免征、多征或少征，税率的变化及税种的选择进行间接调节，以实现社会总需求与社会总供给的平衡。在社会总需求小于总供给的经济不景气时期，工人失业增加，企业开工不足，一部分经济资源未被利用，经济运行和发展主要受需求不足的制约，这时，国家可以用减税的方式，增加居民可支配收入，降低企业的投资成本和消费者的消费成本，促使他们增加投资支出和消费支出，进而刺激总需求的增长。在社会总需求大于社会总供给的经济过热时期，国家可以通过增加税收，如扩大税种或提高税率的方式，减少居民可支配收入，提高企业和个人的投资成本和消费成本，促使他们减少投资支出和消费支出，从而使社会总需求与总供给趋于平衡。

财政收入政策是借助于对企业和个人的收入影响，以及对他们的消费或投资成本的影响，作用于社会总需求的。这决定了财政收入政策对总需求的调节是间接的，其调节效应在很大程度上取决于企业和个人对成本和收入变动的反应程度。

2. 财政支出政策

财政支出政策是国家对财政资金分配和使用的政策。其主要内容包括：① 根据财政收入的实际可能和国民经济总量平衡的需要，确定财政支出的总量；② 根据国民经济总量平衡和结构平衡的需要，确定财政支出的方向和积累性支出与消费性支出的比例；③ 根据国民经济发展的需要及调整国家、企业、劳动者个人三方面利益关系的需要，确定财政支出的重点；④ 确定财政支出的程序和制度。

财政支出无论是用于投资支出还是消费支出，都是社会总需求的重要组成部分。财政支出的增加会增加社会总需求，收缩则会减少社会总需求。因此，当社会总需求大于社会总供给时，可以减少政府的投资和其他支出，降低社会总需求；反之，则可以增加政府的投资和其他支出，提高社会总需求，以使其与社会总供给相适应。

3. 财政收支总量关系政策

通过财政收入总量和支出总量的变化调节社会总需求，会形成不同的财政收支总量关系。这是因为要使社会总需求发生一定变化，往往需要将财政支出政策和财政收入政策结合起来，并且在收入总量与支出总量的变动上采取相反的方向。例如，当需要增加社会总需求时，政府在减税、减少财政收入的同时，还可以增加财政支出，扩大政府购买和投资的规模；当需要抑制社会总需求的过快增长时，政府可以增加税收，进而增加财政收入，但同时也可以减少财政支出的规模。

根据财政收支总量关系的变化，可以将财政政策区分为平衡财政政策、盈余财政政策和赤字财政政策。同时，根据财政政策对社会总需求的影响方向，也可以将财政政策分为扩张性财政政策、紧缩性财政政策和中性财政政策。使用财政政策总的原则是，要根据经济发展的实际需求因地制宜、因势利导，而不能一味地强调财政收支的平衡关系。

（二）货币政策

货币政策是指中央银行通过增加或减少货币供给量来影响利率，进而影响投资和消费的政策。

货币政策涉及货币供给和货币需求，这两个方面与社会总供给和总需求之间存在内在联系：社会总供给的价格总额即国内生产总值决定着货币的实际需求量；社会总需求则是由货币供给量即一定时期经济中实际流通的货币量所形成的对社会产品的需求。这种内在联系是货币政策作用于宏观经济运行的基础。在其他条件不变的情况下，货币供求状况会对社会生产产生重要影响：① 当货币供给量小于货币需求量时，货币供给量所形成的社会需求小于货币需求量所反映的社会总供给。这就会造成有效需求不足，一部分产品价值得不到实现，最终会引起生产萎缩。② 当货币供给量大于货币需求量时，货币供给量所形成的社会总需求大于货币需求量所反映的社会总供给，这将会导致商品供应短缺、物价总水平上涨。

正因为货币供求变动具有宏观经济效应，所以，社会总需求与总供给的平衡关系，就可以通过运用货币政策、调节货币供求关系来实现。并且，由于货币的实际需求量是由按市场价格计算的国内生产总值决定的，是微观经济活动的总量表现，因此，以调节社会总供求平衡为目标的货币政策，就需要通过调节货币供给量（货币流通量）来实现。

对货币供给量的调控，主要的政策工具包括法定准备金率、公开市场业务和再贴现率等。当需要刺激经济、增加社会总需求时，政府可以通过降低法定准备金率、在公开市场上买入债券和降低再贴现率的办法来增加货币供给量；当需要抑制社会总需求增长时，则可以通过提高法定准备金率、卖出债券和提高再贴现率的办法来减少货币供给量。

另外，财政政策和货币政策各自具有相对优势，它们对不同经济部门的作用也是不同的。在宏观调控中，货币政策需要与财政政策相互配合才能发挥应有的调控作用。就二者结合的形式而言，可以分为两类和四种形态：一类是正结合，即宽松的财政政策和宽松的货币政策、紧缩的财政政策和紧缩的货币政策两种形态；另一类是逆结合，即紧缩的财政政策和宽松的货币政策、宽松的财政政策和紧缩的货币政策两种形态。在进行宏观调控中，可以根据不同时期面临的问题和重点，选择适当的政策组合。

（三）汇率政策

在计划经济体制下，汇率对经济的调节作用非常有限。但随着社会主义市场经济的发展和改革开放的深入，我国国民经济的对外依存度逐步提高，对外经济关系纵深发展，从而汇率政策的重要性也显著增强。

汇率政策的作用主要体现在对国际贸易、国际资本流动和外汇收支的调节上。在开放条件下，社会总需求除了国内的投资需求和消费需求以外，还包括出口；社会总供给除了国内生产的消费品和投资品以外，还包括进口。如果在社会总供求的平衡公式中，国内的供给与需求是平衡的，那么进出口是否平衡，就直接影响着经济总量的平衡。在这种情况下，就需要运用汇率政策进行调节。例如，可以通过本币贬值来鼓励出口、限制进口，以缓解外贸上的赤字，或用相反的政策缓解贸易盈余。

与商品的进出口相对应，外汇的收支状况也是影响一国总供求平衡的重要方面。即使国内的需求和供给是平衡的，外汇的需求和供给是否平衡也会直接影响经济总量的平衡。汇率实际上是本国货币以外币计算的"价格"，因此，可以通过汇率的调整改善外汇的供给和需求，通过实现国际收支的平衡促进经济总量的平衡。

（四）收入分配政策

收入分配政策是对国民收入初次分配和再分配进行调节的政策，是政府根据既定的目标而制定的个人收入总量及结构的变动方向，以及政府调节个人收入分配的基本方针和原则。社会主义经济中实施收入分配政策的目的，主要是：促进国民经济的总量平衡，避免通货膨胀或通货紧缩；促进分配的公平和效率，避免收入分配差距过大；调动劳动者的积极性，促进经济发展，提高人民生活水平。

收入分配政策是通过工资、财政预算、税收等手段实施的。其中，工资是决定社会总需求的重要因素，运用工资手段进行调节的主要措施和目标是：政府规定最低工资标准，以保障社会成员的最低生活水平；通过财政预算对积累和消费的比例和工资总水平进行调节，使工资总量保持在合理的幅度内。在通货膨胀的情况下，降低工资水平；在通货紧缩的情况下，提高工资水平。

三、健全社会主义宏观调控体系

要实现有效的宏观调控，必须有健全而完善的宏观调控体系作保证。一个完善的宏观调控体系应该包括调控的目标、调控的手段、调控体制和法律法规支撑体系等。健全宏观调控体系应从目标体系、政策手段体系的建立着手，重点是建立有效的宏观调控体制。

健全和完善宏观调控体系是一个与市场运行主体的确立、市场体系的发育和政府体制改革同步进行的过程，需要做好以下工作。

第一，建立、健全科学的经济决策体系和制度。

推进国家规划改革，完善国家规划体系，使国家的发展规划和地方的发展规划相衔接，改变地方发展规划在先、国家发展规划在后的不正常情况。深化投资体制改革，减少审批，需保留审批的事项，要规范操作和简化程序。按照科学发展、节约资源和保护环境的要求，健全和严格市场准入制度，严格限制和禁止高消耗、高污染项目建设。发挥国家发展规划如五年规划、年度计划和产业政策在宏观调控中的导向作用和协调作用，并综合运用财政政策和货币政策，不断提高宏观调控水平，为国民经济的运行提供稳定环境。

对宏观调控的长期目标和短期目标，经济发展的战略、规划、重大的政策措施及重大经济活动和基础设施项目，都应广泛征求社会各方面的意见，包括有关专家、学者和企业的意见，认真进行可行性研究和科学论证，有的还需要提出不同思路和不同方案加以比较，择优选用。国民经济和社会发展中的重要指标，重大的基本建设和技术改造项目，都必须按照国家规定的审批权限和审批程序予以确定，加强经济决策和经济管理的责任制度，杜绝随意决策或由领导者个人决定项目和随意变更国家计划指标的积弊。

第二，深化财税体制改革，完善公共财政体系，推进基本公共服务均等化。

我国已经进入全面建设小康社会、加快推进现代化的新阶段。2006年人均GDP已超过2 000美元。在工业化、城市化快速推进和经济体制转轨、社会转型过程中，人们对公共物品的需求增长迅速。但是，长期以来，由于受经济发展水平限制和思想认识不足的影响，公共物品不仅供给不足，供给结构也不合理，不适应基本公共服务均等化的新要求。这突出地表现在城乡、地区和不同群体之间公共服务资源分配差距较大等方面。

为改变基本公共服务分配的不均衡状态，在我国向公共财政体系转型过程中，需要大力调整财政支出结构。一是国家财政投入应更多地投向长期"短缺"的社会事业，包括公共政策和财政投入；二是要更多地关注农村特别是西部农村，除免除农业税和实施农村义务教育免费政策外，要尽快构建全面覆盖的农村新型合作医疗体系，建立农村最低生活保障制度，着力逐步解决农村基础设施建设薄弱，公共卫生和医疗条件差，农业发展面临的技术、信息瓶颈等问题；三是要加大力度提高欠发达地区的基本公共服务水平，加大中央财政向中西部地区转移支付的力度，提高具有扶贫济困性质的一般转移支付的规模和比例；四是政府的基本公共服务还要更好地面向困难群众，除建立最低保障、基本卫生和医疗服务、社会救助等制度外，还要关注困难群众的就业问题，加强就业培训，消除"零就业家庭"等。

第三，深化金融改革，发展各类金融体系。

在社会主义市场经济条件下，要积极稳妥地建立和发展资金市场，进行专业银行、保险公司等金融组织的企业化、商业化，同时，要优化金融资源配置，进一步强化和改进中央银行的宏观调控职能，加强金融监管，防范和化解金融风险，使金融更好地为经济发展服务。

深化国有银行改革，有条件上市的争取上市。稳步推进政策性银行改革。深化农村信用社改革，使之成为服务"三农"的社区性金融机构。加大城市商业银行改革的力度，发展地方中小金融机构。推进金融资产管理公司改革。放宽市场准入，鼓励和引导各类社会资金投资发展金融业。通过改革提高我国金融业竞争力。

稳步推进利率市场化改革，实现金融产品价格和服务收费的市场化。完善人民币汇率形成机制，逐步实现资本项目可兑换。深化外汇管理体制改革，放宽境内企业、个人使用和持有外汇的限制。

加强和改进金融监管，防止和化解金融风险。坚持国家对大型商业银行的控股地位，加强登记、托管、交易、清算等金融基础建设，确保对外开放格局下的国家金融安全。在继续实行银行、证券、保险分业监管的同时，根据金融业务的综合经营大趋势，强化按照金融产品和业务属性实施的功能监管，完善对金融控股公司、交叉性金融业务的监管。尽快建立和健全存款保险、投资者保护和保险保障制度。建立有效防范系统性金融风险、维护金融稳定的应急处置机制等。

第四，深化政府体制改革，建立、健全宏观调控管理体制。

政府体制改革的实质是转换政府职能，从全能型政府转变为公共服务型政府。加快推进政企分开、政资分开、政府与市场中介组织分开，规范政府行为，加强行政执法部门建设，减少和规范行政审批，减少政府对微观经济运行的干预。

同时，行政管理体制改革也是深化政府体制改革、增强宏观调控效力的重要环节。要抓紧制定行政管理体制改革总体方案，着力转变职能、理顺关系、优化结构、提高效能，形成权责一致、分工合理、决策科学、执行顺畅、监督有力的行政管理体制。

📖 本章小结

市场经济在运行中会存在市场失灵问题，为解决总量失衡、结构失调、竞争失效、公共产品供给、外部影响和市场不完全等问题，要求政府在现代市场经济中负有必要的职能，发挥应用的作用。

社会主义市场经济中，政府作为国有资产的所有者、社会经济的管理者和宏观经济的调控者，其公共经济职能主要包括经济调节、市场监管、社会管理和公共服务四个方面。

社会主义国家政府利用宏观调控措施干预和调节经济，是实现社会主义生产目的和经济社会发展战略目标的需要，是保持社会主义经济总量平衡、按比例配置资源的需要，也是弥补市场缺陷的要求。政府宏观调控的主要目标是促进经济稳定增长、增加就业、稳定物价和保持国际收支大体平衡。

为适应社会主义市场经济的发展需要，我国要建立以间接调控为主的宏观调控体系，主要运用经济手段和法律手段，并辅之以必要的行政手段来调控经济。其中，经济手段的使用主要借助于财政政策、货币政策、汇率政策和收入分配政策等来实现。

提高我国宏观调控的效力，需要健全宏观调控体系。为此，要建立、健全科学的经济决策体系和制度；深化财税体制改革，完善公共财政体系，推进基本公共服务均等化；深化金融改革，发展各类金融体系；深化政府体制改革，建立、健全宏观调控管理体制。

❓ 思考题

1. 解释下列概念：市场失灵、市场监管、充分就业、国际收支平衡、财政政策、货币政策。

2. 为什么会存在市场失灵现象？市场失灵主要表现在哪些方面？

3. 社会主义市场经济中，政府具有何种角色？其公共经济职能体现在哪些方面？

4. 为什么在发挥市场机制对资源配置的基础性作用的同时，还要政府利用宏观调控干预和调节经济？如何认识宏观调控与主要由市场来配置资源的关系？

5. 如何理解经济稳定增长的含义？社会主义市场经济中政府如何利用宏观调控来实现经济稳定增长的目标？

6. 为什么要建立、健全以间接调控为主的宏观调控体系，当前我国在这一方面需要做好哪些工作？